KB107067

대한제국의 패망과 그림자

原題: 高宗 · 閔妃

기무라 간(木村 幹) 저

김 세덕(金世德) 역

제이앤씨
Publishing Company

대한제국의 패망과 그림자
原題: 高宗 · 閔妃

초판인쇄 2017년 8월 11일
초판발행 2017년 8월 25일

저 자 기무라 간(木村 幹)
역 자 김세덕(金世德)
발행처 제이앤씨
발행인 윤석현
등 록 제7-220호

주소 서울시 도봉구 우이천로 353 성주빌딩 3F
전화 (02) 992-3253 (대)
전송 (02) 991-1285
전자우편 jncbook@daum.net
홈페이지 http://www.jncbms.co.kr
책임편집 차수연

ⓒ 김세덕, 2017. Printed in KOREA.

ISBN 979-11-5917-071-3 03910   정가 27,000원

고종(『사진으로 보는 독립운동』上에서 발췌)

운현궁(흥선대원군 옛 집, 서울시 종로구 운니동)

경복궁 안 경회루(서울시 종로구 세종로)

고종의 행차(『사진으로 보는 독립운동』上에서 발췌)

1915년 무렵의 조선 왕가
(『사진으로 보는 독립운동』上에서 발췌)
왼쪽부터 황태자 영친왕, 순종, 고종, 순종비, 덕혜옹주

고종이 묻혀 있는 홍릉(서울시 동대문구 청량리)

서문

한국의 근대사를 어떻게 볼지는 일본인에게 있어서 무거운 과제다. 물론, 그 큰 이유는 그것이 한반도에 있어서 일본에 의한 강점기에 직결하는 것이기 때문이라 생각한다. 제2차 세계 대전 이전에 존재한 식민지지배를 정당화 혹은 옹호하는 시각을 가지는 「식민지 사관」으로부터, 이 반성에 근거해서 태어난 「내재적 발전론 사관」, 그리고 90년대 후반이 되어서 빠른 속도로 퍼진, 다시 과거의 식민지화를 정당화하는 「역사 수정 주의적 사관」 등, 일본 사회는 여전히 스스로가 깊이 관여한 한국의 근대사에 대한 확고한 인식이 없는 것 같다.

그렇다 해도, 한국의 근대사를 어떻게 볼 것인가 하는 문제는, 한국인들에게도 무거운 과제일 것이다. 김옥균 일파에 의한 갑신정변이나, 김홍집 등이 참여한 갑오개혁을 볼 때, 한국 근대사에 일본이 관여해서 끼치게 된 영향은, 각각의 정치가나 운동 등의 평가에도 영향을 주고 있다. 물론 중요한 것은 한국 사회 그 자체의 변화다. 민족주의적인 이승만 정권으로부터, 개발 독재의 경향을 띤 박정희 정권기, 정부가 호소한 「반공주의」는 당연히 한국 자신의 역사 인식에 깊게 영향을 주었다. 문제는 1987년에 민주화를 겪고도 해소되지 않았다. 한국에서는 보수 세력과 진보 세력 사이에 역사 인식을 둘러싼 격렬한 투쟁이 벌어졌으며, 그것은 때로 그 당시의 정치적 대립과 직결하고 있었다. 박근혜 정권에서의 교과서 국정화를 둘러싼 논의는 그 전형이며, 한일 양국은 이미 100년 이상의 때를 지나 스스로에 관계되는 역사에 단락을 지을 수 없게 되었다.

그리고 이러한 상황은 한 사람의 연구자인 필자에게도 큰 문제이었다. 지금부터 거슬러 올라가 27년 전, 1990년에 대학원에 들어간 이후, 한국 근현대 정치사를 둘러싼 연구에 열을 올려 온 필자에게 생긴 큰 문제 중 하나는, 어떻게 식민지지배에 이르기까지의 한국의 역사를 「전체로서」 볼까 하는 것이었다. 필자가 이렇게 생각한 이유는 다음과 같은 것이다. 당시의 한국은 민주화가 이뤄진 직후로, 그 전까지 있었던 정치적 속박에서 벗어나 역사 연구를 자유롭게 할 수 있게 된 시기였고, 그에 따라 활발한 연구 성과가 발표되던 시기였다. 이러한 연구 동향은 일본에서도 마찬가지였다. 극적인 민주화와 병행된 경제성장, 거기에 또 세계의 시선을 끈 서울 올림픽의 성공으로, 많은 일본인이 다시 한국에 주목하게 되고, 활발한 연구가 진행되었기 때문이다. 지금 이 글을 집필하고 있는 필자 자신도, 그러한 시대적 배경 안에서 한국에 대한 연구를 시작한 것이다.

그렇지만, 이러한 활발한 연구에도 불구하고, 우리들의 눈앞에 있었던 그 성과에는 큰 문제가 있었다. 당시는 개화파 연구나 동학 농민 운동에 관련된 연구가 활발하게 진행되었던 시기이며, 때문에 각각의 정치가나 운동에 영향을 미치는 부분에 대해서는, 상세히 알 수 있게 되어 가고 있었다. 그렇지만 이러한 연구 동향은, 동시에 많은 연구의 공백을 초래하는 것이 되었다. 예를 들면, 동학 농민 운동과 갑오개혁이 있었기에 1890년대 중반의 한국사에 연관된 정보는 풍부해졌다. 그러나, 그 직전인 1880년대 후반의 한국에 관련된 연구는 전무하다고 말할 수 있었다. 1880년대 전반과 1870년대 후반에 관한 연구에서도 같은 양상이 드러났다.

서양 열강을 향한 개국으로부터 임오군란, 갑신정변과 어지러운 정치정세가 계속된 1880년대 전반에 대해서는, 이미 자세한 연구가 진행되고 있었다. 그러나 그 직전, 1870년대 후반의 한국이 어떠했는지에는 큰 관심이 없었고, 그렇기 때문에 연구 성과도 모자랐다.

그리고 이러한 수많은 공백의 존재는, 연구에 큰 장해를 초래하게 되었다. 왜냐하면 어느 시대의 어떤 사건을 보려고 해도, 앞선 상황을 모르면 정확한 이해를 할 수 없기 때문이었다.

그렇다는 것은 결국 개별적인 역사연구와는 달리 통시적인 역사 이해가 필요하고, 그것을 어떻게 「역사」로 풀어낼 것인가가 관건이라는 이야기였다. 변화무쌍한 한국 근대사 속에서는 많은 정치가가 나타나고 실각하는 것이 되풀이된다. 그러한 상황 속에서, 이 시대 전체를 전망하는 하나의 「축」을 어디에서 찾아낼 것인가? 그러한 것을 생각하고 있었던 필자가 우연히 만난 것이, 『근대한일관계사연구』(도쿄대학 출판회, 1987년), 『일한병합』(요시카와 히로후미관, 1992년)이라는 모리야마 시게노리 선생님의 저작이었다. 모리야마 선생님의 메시지는 명백했다. 「한국 근대정치사의 중심으로 있었던 것은, 개화파도 농민운동도 아니다. 거기에서 가장 중요한 것은 주권자이었던 고종이며, 그에게 관련하는 이해야말로 한국 근대사에 있어서 가장 중요한 것이다」.

그 지적은 그야말로 백번 옳은 말씀이었다. 이토 히로부미나 야마가타 아리토모와 같은 메이지 유신 혁명의 「원로」에 의해 천황의 좌에 추대되었고, 실제로 정치지도를 할 기회는 박탈당했던 메이지 천황과는 다르게, 고종은 국왕 혹은 황제로서의 권위를 가지고, 실제로 자기 의사에 의해 그 나라를 통치해 나갔다. 박규수, 이유원, 이최응, 김옥균, 김홍집, 김윤식, 민영준(민영휘) 등, 본서에도 나타나는 양반 관료가 나타나고 사라지는 중에, 그는 실로 1863년에서 1907년에 이르기까지 한국에서 「국왕」 또는 「황제」로 계속해서 군림했다.

이러한 사실은 고종에 관한 연구가 중요하고, 또 고종의 눈을 통해서 「하나의」 일관된 한국 근대사상을 볼 수 있다는 것을 의미한다. 필자가 왜 고종과 그 가족을 통해 한 권의 서적으로 정리하고자 했는가 하는 이유가 바로 여기 있다.

이러한 본서를 집필하는 것에 즈음하여, 필자는 한일 양국의 여러 가지 사료를 이용했다. 특히 한국의 독자에게 강조하고 싶은 것은, 일본 측의 외교 문서를 많이 인용했다는 것이다. 물론 외교 문서에는 외교 문서의 성격상 특유의 선입관이 있어, 그 취급을 신중히 해야 할 필요가 있다. 그러나, 동시에 거기에는 한국인과는 다른 시점을 지닌, 「동시대 일본인이 본 고종의 모습」이 적나라하게 그려져 있다. 그것을 어떻게 생각하고, 본서에도 인용되고 있는 한국 측의 문서와 정합성을 어떻게 생각할 것인가가 앞으로의 큰 과제가 될 것이다.

번역자인 김세덕 교수는, 필자가 고베대학에서 가르친, 최초로 박사를 수여한 애제자이며, 문하 중 영재이다. 뛰어난 제자를 가진 것이 무엇보다도 기쁜 일이다. 또 본서의 번역에 있어서, 김세덕 교수와 함께 수고한 전성혜 씨를 비롯한 번역팀에게도 감사의 말을 전한다. 정성껏 원사료를 하나하나 확인하면서 번역을 하는 모습은, 우리들 연구자도 한번 더 배워야 할 것이며, 이러한 뛰어난 번역자에게 본서 번역을 맡긴 것은 큰 행운이라 생각한다. 표현에 대해서도 마찬가지로, 본서의 역사 기술은 오늘날 한국의 역사 기술에 맞추는 형식으로, 번역자 측과 협의 후 일부 변경하였다.

결과를 보면 본서는 원저인 일본어판보다도, 역사적 사실뿐만 아니라, 그 기술의 본연의 자세에 있어서도, 훨씬 정확하면서 동시에 적절한 것이 되어 있다. 그러한 의미에서 본서는 필자 개인의 손에 의한 것인 동시에, 윤석현 사장님, 김세덕 교수, 그리고 번역팀 사이의 「합작」이라고 말해야 할 것이다. 좋은 「인연」을 얻은 것을 축하하면서, 본문의 붓을 놓기로 하자.

차례

제7장 을미사변 － 명성황후의 죽음 · 265

제8장 아관파천과 대한제국 － 고종의 고독한 패권 · 295

제9장 **파국―러일전쟁** · 349

19

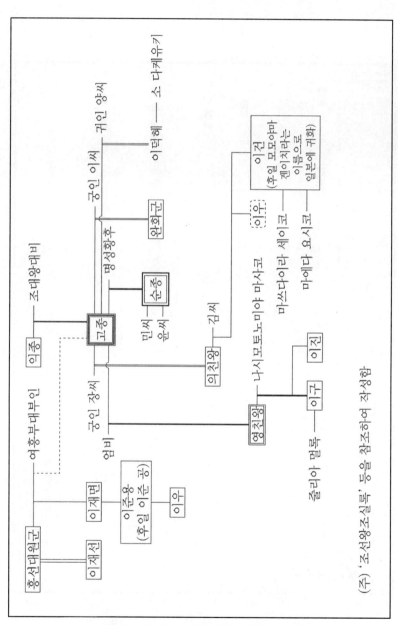

조선왕조 왕족 / 대한제국 황족 등계도

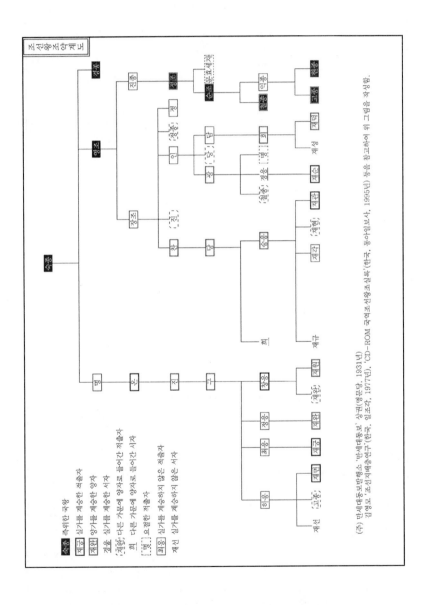

조선왕실세계도

<table>
<tr><td>숙종</td><td>죽위한 국왕</td></tr>
<tr><td>[계승]</td><td>실가를 계승한 적출자</td></tr>
<tr><td>[계[외]]</td><td>양가를 계승한 양자</td></tr>
<tr><td>경종</td><td>실가를 계승한 서자</td></tr>
<tr><td>'계[외]'</td><td>다른 가문에 양자로 들어간 적출자</td></tr>
<tr><td>회</td><td>다른 가문에 양자로 들어간 서자</td></tr>
<tr><td>[영]</td><td>요절한 적출자</td></tr>
<tr><td>[계[외]]</td><td>실가를 계승하지 않은 적출자</td></tr>
<tr><td>계선</td><td>실가를 계승하지 않은 서자</td></tr>
</table>

(주) 민세대동보발행소 '민세대동보' 상권(명륜당, 1931년)
김영모 '조선지배층연구'(한국, 일조각, 1977년), 'CD-ROM 국역조선왕조실록'(한국, 동아일보사, 1995년) 등을 참고하여 위 그림을 작성함.

생가와의 결별

대한제국의 패망과 그림자

프롤로그 - 생가와의 결별

어느 사서史書에는 '그 날'에 대해 이렇게 기술되어 있다.

'그 날'이란 철종 14년 12월 8일로, 서력으로는 1864년 1월 16일을 가리킨다. 양력 1월 하순, 얼어붙은 한반도의 찬 공기를 가르며 연을 날리고 있는 소년이 있다. 장소는 조선왕조의 수도인 한성부(현재의 서울시) 정선방貞善坊, 당시 국왕의 궁전이 자리하고 있었던 창덕궁에서 매우 가까운 곳이다. 한반도의 겨울은 매서워서 날씨가 좋은 날 아침은 오늘날의 서울에서도 기온이 영하 10도 이하까지 내려가는 날들이 계속된다. 연을 날리고 있었을 정도이니 이 날도 아마 추운 날씨에 푸른 하늘이 펼쳐진 날이었을 것이라 짐작된다.

연을 날리고 있던 이는 주위 사람들로부터 '명복命福'이라 불리는 소년이다. 햇수로 12살이었다고 하니 지금으로부터 150년 전인 19세기의 한반도에서는 슬슬 어린이라고 부르기 힘든 나이에 접어들었을 터이다. 그런 그가 이날 극한의 날씨에 바깥에서 연을 날리는 실없는 놀이를 하며 시간을 보내고 있었던 데에는 이유가 있었다. 그 이유는 아마도 명복의 아버지와 어머니가 곧 이 집안에 찾아올 굉장한 경사를 앞두고 정신없이 준비를 하고 있었기 때문일 것이다. 어찌 되었든 간에 얼마 되지 않아 '그것'은 찾아 왔다. 사료에는 '그것'이 찾아올 줄 몰랐던 소년이 놀라 두려워했다고 기술되어 있으나, 주위에 총명하다고 알려질 정도였던 소년이 스스로를 둘러싼 범상치 않은 분위기를 느끼지 못했을 리 없다. 그리 크지 않은 명복의 생가 문을 열고 화려하게 차려 입은 사람들이 들어왔다. 그리고 그 중 몇몇은 빈 가마를 짊어지고 있었다. 맨 앞에는 조선왕조의 영의정이며, 일본으로 치자면 다이조다이진太政大臣의 지위에 해당하는 김좌근金左根이 서 있었다. 김좌근은 성큼성큼 명복의 앞으로 다가가 공손하게 손을 내밀고 이렇게 이야기하였다. "국왕으로 모시기 위해 왔습니다." 소년의 아버지와 어머니도 명복의 앞으로 다가가 손을 꼭 잡고 소년에게 이야기하였다. "이렇게 너의 손을 잡는 것도 이것이 마지막이다." 명복의 부모가 한 이 말이 왕조에 전해지는 마치 의식과 같은 말이었는지, 아니면 부모로서 마음에서 우러나온 말이었는지, 이제와서는 알 수 없다.

새 옷으로 갈아입은 명복은 마중 나온 사람들의 부축을 받아 그들이 짊어지고 온 가마에 올랐고 궁으로 향했다. 당시는 조선왕조 본래의 정궁인 경복궁이 250년 이상 이전에 일어났던 임진왜란 이래로 불에 타 없어졌기 때문에, 그 대신 창덕궁을 왕조의 정궁으로 삼고 있었다. 서울 시내에 지금도 남아있는 이 궁에서 명복이 이날까지 소년 시절을 보냈던 집까지는 겨우 수백 미터. 그러나 궁으로 향하는 이 짧은 여정은 명복에게 평생 잊을 수 없는 것이었음이 틀림없다. 왜냐하면 그의 집에서 궁으로 향하는 이 짧은 여정이야말로 앞으로의 인생을 극적으로 바꾼 서막이었기 때문이다.

『근세조선정감』에 의하면 이 날 명복의 생가로부터 창덕궁으로 이어지는 짧은 길은 이 일대 이벤트를 보려는 군중들로 꽉 찼다고 한다. 이는 이 날 명복의 집에 궁으로부터 마중 나온 사자가 오는 것이 사람들 사이에 알려졌음을 보여주고 있다. 군중 사이에는 명복의 어린 시절 친구들도 섞여 있었을지 모른다.

군중에게 막혀 움직이지 못하는 가마를 앞으로 내보내기 위해 호위들은 할 수 없이 그들에게 채찍을 휘두를 수밖에 없었다. 이 때 명복이 호위에게 던진 말이 전해지고 있다.

> 왕이란 백성을 다스리는 존재입니다. 나는 이제 실로 그 왕이 되어 이 거리를 떠나려 하고 있습니다. 백성이 모이는 것은 백성들이 나를 사랑하고 있음을 보여주는 것입니다. 나를 사랑하는 백성들에게 채찍을 휘두르는 것은 잘못된 일입니다.

사료가 기록하고 있는 소년의 말, 아니 새로운 임금의 말은 그의 영민함을 알리기 위해 만들어진 이야기일까 아니면 오랫동안 친했던 사람들이 채찍을 맞는 장면을 본 소년의 마음에서 우러나온 외침이었을까. (『근세조선정감』113-114쪽)

어쨌든 '그 날'부터 명복의 인생은 완전히 바뀌었다. 물론 그 이유 중 하나는 왕이 된 명복이 좋든 싫든 조선왕조를 둘러싼 가혹한 정치 상황 속에 녹아 들어갔기 때문이다. 그러나 명복의 이후를 생각해 보았을 때 더욱 중요한 점은 명복이 이날부터 또 하나의 가족을 갖게 되었다는 사실인지도 모른다. 한반도에서 왕족 종가의 적통이 아닌 자가 왕이 된다는 것은, 그 자신이 생가에서 나와 왕족 종가의 양자가 됨을 의미하였다. 자신이 태어난 가족과 양자로 들어간 왕족의 종가. 이 두 '가족'은 유사시마다 명복의 인생을 찢어놓고, 그를 농락한다. 소년은 이윽고 성장하여, 자신도 이 후 민비-명성황후라 불리는 처를 얻어 새로운 가족을 갖게 된다. 왕족 종가와 그가 태어난 생가, 그리고 그 자신의 가족. 세 가족은 복잡하게 얽힌 가운데 조선왕조 말기와 대한제국의 운명을 결정하게 된다.

　이 책은 오늘날 일본에서 고종이라는 이름으로 가르치고 있는 조선왕조의 제26대 왕과 그의 처 명성황후 그리고 이 두 사람을 둘러싼 세 가족에 대한 기록이다.

제1장
생가와 양가
조선의 왕족으로 태어나

대한제국의 패망과 그림자

1. 생가 - 빈곤한 왕족과 생부 대원군

고종과 그 시대

우선 이 책의 주인공 중 하나인 고종에 대해 좀 더 자세히 써보겠다. 소년은 이 당시 재황載晃이라는 본명을 가지고 있었다. 명복은 아명 즉 어릴 때 불리던 이름이다. 당시 조선의 연호로 보면 철종 3년 7월 25일에 태어났으니 서력으로 고치면 1852년 9월 8일생이 된다(이 책에서는 양력을 기본으로 표기하겠다). 일본에서는 페리 제독이 우라가浦賀에 입항하기까지 1년도 채 남지 않은 때였다. 우연히도 비슷한 시기에 대한해협(일본명: 쓰시마해협)을 끼고 마주보고 있는 일본에서 후일 군림하는 메이지 천황도 같은 해에 태어났다.

출생지는 한성부 정선방, 지금의 서울시 종로구 운니동으로 훗날 대원군의 저택인 '운현궁雲峴宮'으로 유명해진 곳이다. 그는 만 11살의 나이로(이하 나이는 기본적으로 만 나이로 표기한다) 궁에 입궐하기 전까지 이곳에서 생활하였다. 당연히 앞의 에피소드에 등장하는 명복의 집과 같은 곳이다. 본래 즉위 이전의 고종과 그 일가는 조선 전역에 흩어져 있는 수많은 왕족 중 하나에 지나지 않았기에 고종이 유년시절을 보낸 집은 오늘날 '운현궁'으로서 보존되고 있는 구역의 일각으로, 한성부 내에서도 눈에 띄지 않는 작은 한옥이었음이 분명하다.

한편 명복은 국왕으로 발탁되었으니 당연히 1392년 이래 한반도를 지배해 온 조선왕조의 왕족 '전주 이씨' 출신이다. 여기서 '전주 이씨'란 '전주'라는 지역에 뿌리를 둔 '이씨'라는 의미이다. 당시 조선의 지배층이 었던 양반은 예외 없이 이렇게 '본관'이라 불리는 본적지와 성을 가지고 있었으며 이 두 개가 같으면 동일한 일족으로 간주되었다.

왕족인 전주 이씨 출신이기는 하지만, 고종의 가계는 국왕을 배출하는 왕족 종가에서 많이 떨어져 있었다. 조선왕조의 왕족인 전주 이씨에는 여러 시대를 거치면서 왕족 종가에서 갈라져 나온 분가가 무수히 많았는데, 그 중 고종의 생가는 '연령군파'라는 가계에 속해 있었다. 다시 말해 '연령군延齡君'이라는 인물에서 분가한 일족이라는 뜻이다. 연령군은 17세기 후반에서 18세기 초엽에 걸쳐 재위한 임금인 숙종의 아들로, 고종으로부터 가계도를 거슬러 올라가 6대를 지나면 숙종에 이른다. 더 정확하게는 숙종부터 고종 사이에 다른 분파에서 2명의 양자를 들였으니 물리적 혈연만 따지면 고종과 왕족 종가 사이의 간격은 더욱 벌어진다. 고종의 친조부인 남연군南延君 이구李球는 숙종에서 다시 3대를 거슬러 올라간 인조의 셋째 아들, 인평대군麟平大君의 계보에서 연령군파에 양자로 들어간 인물이다. 인조의 치세는 고종이 태어난 시대에서 200년 이상이나 앞선 시대이다.

참고로 일본의 도쿠가와 고산케德川御三家가 도쿠가와 종가에서 갈라져 나온 때는 인조가 국왕 자리에 앉아 있던 시기와 같은 17세기 전반이므로 당시의 조선왕조 왕족 종가와 고종의 관계는 막부 말의 도쿠가와 종가와 쇼군을 배출하지 못한 오와리尾張 가문이나 미토水戸 가문과 거의 유사하다고 할 수 있을지도 모른다.

그렇다고는 하나 고산케와 고종 가계의 유사성은 어디까지나 종가와의 혈연적 거리에 국한된다. 각 집안은 독자적인 봉지封地를 보유하고 경제적 기반을 바탕으로 안정적인 정치적 영향력 그리고 심지어는 군사적 영향력까지 행사한 막번 체제하의 일본 다이묘大名들과 달리, 왕조가 수도 한성부에서 한반도 전역을 직접 통치하는 중국식 중앙집권제를 채택하고 있던 조선왕조에서는 왕족이라 해도 일정 지위와 보수가 따로 보장되지는 않았다. 아니, 한 번 왕조에서 관직을 잃었다간 왕족도 서민과 마찬가지로 극빈한 생활을 꾸릴 수밖에 없는 것이 오히려 일반적인 경우였던 것이다.

고난 속의 왕족

이 점을 이해하기 위해서는 왕족을 둘러싼 당시의 상황을 좀 더 자세하게 설명해 둘 필요가 있다. 조선왕조의 왕통은 고종의 일족이 갈라져 나온 숙종 이후 그의 장남인 경종, 경종의 아우인 영조, 그리고 영조의 손자인 정조, 또 정조의 아들인 순조로 이어졌다. 순조롭던 왕족 종가 내부의 상황에 갑자기 변화가 일어난 것은 순조가 1800년에 11살의 나이로 즉위한 무렵부터이다. 순조의 치세는 무려 34년간에 이르며 그 사이 순조의 장남 효명세자가 서거하면서 왕위는 순조의 적손이기는 해도 고작 7살이었던 헌종에게 이어졌다. 순조, 헌종으로 2대 동안 이어진 어린 국왕의 즉위는 결국 국왕의 후견자 역할을 담당하게 되는 역대 국왕의 처인 왕비, 또는 그 척족戚族들이 정치를 함부로 주무르는 결과를 초래했다. 조선의 역사에서는 통상적으로 19세기의 조선왕조에서 두드러진 국왕 척족의 전제 정치를 '세도勢道, 世道 라고도 한다 정치'라 부른다.

그럼 조선왕조에서는 어떻게 척족이 막강한 힘을 휘두르게 되었을까. 이는 당시 조선왕조의 궁이 공적으로 정국을 운영하는 부분과 국왕 및 그 가족의 거주 부분으로 크게 나뉘어져 있었다는 사실을 이해하면 쉽게 알 수 있다. 이 책에서는 그것을 편의상 '외궁'과 '내궁'이라 부르겠다.

이 중 내궁에는 국왕과 그의 가족을 중심으로 때로는 수백 명의 다양한 직급을 가진 비나 궁녀가 있었으므로, 신하들이 대기하는 외궁과는 사뭇 다른 세계를 형성하고 있었다.

그리고 조선왕조에서는 아무리 높은 지위의 관료라 할지라도 국왕과 그의 가족의 사적 공간인 내궁에 허락 없이 출입할 수 없었다. 이에 반해 국왕과 왕비의 친족들은 관직의 높고 낮음에 상관없이 친족으로서 국왕이나 왕비의 허락을 얻어 쉽게 내궁을 출입했다. 그렇기에 그들은 그 기회를 십분 이용해 제도적으로는 절대적 권력을 가지고 있는 어린 국왕에 영향력을 미쳐, 조선왕조의 정치를 좌지우지할 수 있었다. 이처럼 조선왕조의 실권은 점차 왕족에서 척족에게로 이행하기에 이르렀다.

왕족 종가의 권력 약화와 권력의 척족 이행은 결과적으로 왕족 전체의 정치적 지위를 하락시켰다. 이러한 상황 속에서 왕족들이 살아남을 수 있는 방법은 세 가지 선택지밖에 없었다. 하나는 다른 가문의 수재들과 함께 과거에 응시해 합격하는 것이었다. 본래 과거에서는 왕족에게 주어지는 특권이 전무에 가까웠던 탓에 그들은 여타 응시자들과 길고도 치열한 경쟁을 벌여 승리해야 했다.

또 하나는 왕족이라는 이유로 특별히 관직을 할당 받는 것이었다. 조선왕조에서는 이를 '음직蔭職'이라 불렀는데, 왕족뿐만 아니라 고위 고관의 자녀들도 이 혜택을 받았다. 그러나 그 중 왕족에게 주어진 관직은 늘 한정되어 있었고 그래서 그들은 때로는 권세를 휘두르는 척족의 유력자들에게 무릎을 꿇고 관직을 구걸할 수밖에 없었다. 이처럼 치열한 경쟁 속에서 수많은 왕족들이 탈락했고 대부분은 생계를 위해 궁에서 멀리 떨어지게 되었다. 그 결과로 나타난 것이 셋째 부류로, 어떤 자는 북적대는 한성부 안에서 시정잡배와 함께 생활하였고 어떤 자는 한성부를 떠나 지방에서 농민으로 살아갈 수밖에 없었다.

당시의 왕족이 처한 어려운 상황을 가장 잘 보여주는 예는 고종의 선대인 제25대 국왕 철종의 생가일지도 모르겠다. 철종은 고종과 마찬가지로 왕족 종가에 양자로 들어갔는데, 그의 생가는 제21대 국왕인 영조의 피를 이어받은 가계로, 왕족 종가와의 가계도상 거리는 제18대 숙종의 피를 이어받은 고종의 가계보다 훨씬 가깝다. 철종의 조부 은언군恩彦君은 정조의 이복동생이었기 때문이다.

하지만 이렇게 왕족 종가와 극히 가까운 사이였음에도 불구하고 유년 시절 철종의 처지는 가혹했다. 자신의 장남인 상계군常溪君을 왕에 앉히려 했다는 역모 혐의로 은언군이 강화도로 유배되어 버렸기 때문이다. 강화도로 쫓겨난 일가는 극심한 가난에 시달렸고, 은언군의 여섯째 아들이며 철종의 생부인 이광李㼉은 그런 상황 속에서 요절하였다. 남겨진 철종과 형들은 매일 입에 풀칠을 하기 위해 밭을 갈고 베를 짜면서 어떻게 해서든 목숨을 부지하는 생활을 이어나갔다. 철종의 형 중 하나는 생활고로 결혼조차 못했으며, 셋째 아들이던 철종은 교육다운 교육조차 받지 못했다.

그런 연유로 철종은 국왕에 즉위한 이후에도 읽기쓰기를 하지 못했고 왕궁에서 사용하는 난해한 궁중용어를 이해하지 못했다고 전해진다. 그는 조선왕조 역대 국왕의 가르침인 강학講學 즉 유학서를 강독하지 않고 주색에 빠져 스스로 수명을 단축시켰다고도 전해지고 있다. 다섯이나 되는 철종의 아들이 잇달아 요절한 배경에는 그의 무절제한 왕궁생활이 있었을지도 모르겠다(『근세조선정감』 106-107쪽).

생부 대원군

다시 고종과 그의 생가로 돌아가보자. 전술한 바와 같이 철종과 그의 생가의 몰락상을 생각하면, 한성부 내 더더구나 왕궁에서 극히 가까운 거리에 거주지를 둔 고종의 생가는 왕족 중에서는 그래도 유복한 부류에 속했다고 말해야 할 것이다. 그리고 여기에는 이 집의 주인인 고종의 친부의 역할이 컸을 것이다.

고종 아버지의 본명은 이하응李昰應. 왕족의 한 사람으로 흥선군이라는 거창한 군호까지 가지고 있다. 일본에서는 통상적으로 '대원군'이라는 이름으로 알려진 인물이다. 그러나 '대원군'이란 본래 왕위에 오르지 못한 국왕의 즉위 이전 직계존속에 주어지는 일반적 칭호에 지나지 않기에 5백 년 이상이나 이어진 조선왕조의 역사에서 '대원군'이라는 칭호가 붙은 인물은 그 말고도 무수히 많다. 이하응의 경우에는 군호를 같이 붙여 '흥선대원군'이라 부르는 게 옳으며 또 고종 즉위 이전에는 아직 '대원군' 즉 국왕 생가의 직계존속이 아니므로 군호에 이름을 붙여 '흥선군 이하응'이라 부르는 게 정확하다. 하지만 그때그때 상황에 맞춰 동일 인물의 이름을 바꾸어 부르는 것은 혼란스러울 뿐이므로 이 책에서는 통일해서 '대원군'이라 부르겠다.

대원군은 1820년 한성부 내 안국동에서 남연군 이구의 넷째 아들로 태어났다. 일본 메이지 시대의 주요 정치가와 비교하면 가쓰 가이슈勝海舟보다 3살, 이와쿠라 도모미岩倉具視보다 5살 그리고 사이고 다카모리西鄕隆盛보다 7살 많다. 31살인 1852년에 고종이 태어났고 43살에 고종이 즉위한 셈이 된다. 조선왕조에서는 이미 젊다고 말할 수 없는 나이였다.

대원군은 26살 때 처음 왕조에 출사한 이래 주원廚院, 전의감典醫監,

사포서司圃署, 전설사典設司, 조지소造紙所와 같은 실무 색채가 짙은 관아
의 관리 역할을 역임하면서 능력을 발휘했다. 하지만 실무 관직은 실학
實學보다 교학敎學을 중시하는 유학이 강하게 영향을 미치던 당시 조선
왕조에서는 본디 별로 환영 받지 못하던 관직이었다는 점에 주의해야
한다. 왕족 종가에서 멀리 갈라져 나온 가계에 위치하며 더더구나 넷째
아들로 태어난 대원군은, 굳이 말하자면 유력 가문의 자손이 종사하기
에는 어울리지 않는 관직에 적극적으로 나감으로써 생계를 꾸리고 왕조
에서 출세를 위한 기반을 다지려 했을 것이다. 그리고 대원군은 그런 상
황 속에서 다른 왕족이나 유력 가문 출신들과는 다른 독자적인 인맥을
형성한다. 이는 후에 그가 정치적 권력을 장악했을 때 커다란 정치적 자
산으로 작용했다.

흥선대원군
(『사진으로 보는 독립운동』上에서 발췌)

하지만 대원군의 방식에는 그 대가도
따랐다. 실무적 관직에 종사하면서 시정
사람들과의 교류에 노력을 아끼지 않던
대원군을 보고 조선왕조의 핵심에 자리하
던 자들은 강한 경멸감을 표했었기 때문
이다. 1880년대에 나온 한국의 한 역사서
는 고종 즉위 이전의 대원군에 대한 평판
을 다음과 같이 전하고 있다.

흥선군 이하응은 재주와 지략이 뛰어났
으나 집이 가난하여 죽도 잇대지 못하였다. 성품이 경솔하고 방탕하여
무뢰한과 잘 어울렸다. 기생집에 놀이하다가 가끔 부랑군에게 욕을 당
하니 사람들이 모두 조관朝官으로 여기지 않았다. 매양 여러 김씨에게

아첨하였으나 김씨들은 그 사람됨을 좋지 않게 여겨서 모두 냉정하게
대했다. (『근세조선정감』26쪽)

그러나 대원군이 '무뢰한'의 무리하고만 어울렸던 이유는 먹고 살 양
식을 얻기 위해서였으며, 또한 권력 다툼이 치열했던 당시 조선왕조의
정계에서 살아남기가 여의치 않음을 충분히 알고 있었기 때문이다. 그
렇기에 그는 '무뢰한' 들과의 관계뿐만 아니라 동시에 왕조의 유력자들
과도 관계를 맺는 데에 노력을 아끼지 않았다.

이쯤에서 그러한 하급관료시절의 대원군과 관련된 에피소드를 두 가
지 소개하고자 한다.

첫 번째 에피소드는 다음과 같다. 다양한 재능을 타고 난 대원군은
대담한 성격을 갖춘 동시에 당시 한반도의 지식인으로서 높은 문인적
교양도 갖추고 있었는데 특히 그가 그리는 난초 그림은 시중에서 높은
평가를 받았다. 어느 날 대원군은 이러한 자신의 특기를 정치적 입장을
확보하기 위한 발판으로 이용하면 어떨까 하는 생각에 이르게 된다. 즉
그는 수백 금의 빚을 내 고급 비단을 산 후 직접 난초를 그려 호젓한
병풍을 만들었고, 이를 척족의 세도가에게 바침으로써 그들의 환심을
사고자 했던 것이다.

바야흐로 시절은 고종의 전 국왕, 철종의 치세로 그 무렵에는 철종
왕비의 친정인 안동 김씨 일족이 절대적인 권세를 휘두르고 있었다. 대
원군은 이 안동 김씨의 세도가 가운데 한 사람이면서도 대원군과 마찬
가지로 호방뇌락豪放磊落한 성격으로 알려진 김병기金炳基를 타깃으로 정
하고, 그 귀중한 병풍을 헌상함으로써 척족과의 관계를 구축하는 발판
으로 삼고자 하였다.

대원군은 김병기를 보필하는 사람들에게도 주도면밀하게 선물을 쥐어준 결과 순조롭게 김병기에게 금병풍을 전달하는데 성공한다. 그러나 권력의 절정에 서있던 김병기가 대원군이 몸소 헌상한 중요한 금병풍에 시선을 주는 일은 일어나지 않았다. 그는 측근에게 명하여 병풍을 창고에 집어넣으라고 하였다.

당대의 권력자에게 가난한 왕족의 헌상품 따위는 돌아볼 가치조차 없었기 때문이리라. 이 모습을 본 대원군은 수치심을 느꼈으며 크게 실망했다고 전해진다.

자, 이제 두 번째 에피소드를 살펴보자. 관직을 얻는 길만이 자신과 가족의 생명줄임을 잘 알고 있던 대원군은 자식을 위한 노력도 아끼지 않았다. 대원군의 차남이었던 고종 위에는 이재면李載冕이라는 형, 즉 장남이 있었다. 어느 날 대원군은 이재면의 관직을 얻기 위해 한 가지 계책을 궁리해냈다. 대원군은 자신의 부인과 도모해 이재면의 생일에 화려한 의복이며 연회를 위한 도구와 기생, 음악을 갖춘 연회를 준비하고 이 연회에 당시 왕조의 유력자를 초대하고자 했던 것이다. 대원군은 그 자리에서 자신의 장남인 이재면을 소개함으로써 자신의 자식과 세도가의 연결고리를 만들고자 했다. 타깃은 또다시 안동 김씨의 세도가, 김병기였다. 연회에 초대하기 위해 대원군은 다시금 김병기의 저택으로 발길을 옮겼다.

이러한 대원군의 권유에 김병기는 조건을 달았다. 그는 같은 날에 남병철南秉哲을 만나야 할 용무가 있다고 했다. 그렇기 때문에 남병철이 자신과 함께 대원군의 집에 간다면 두 가지 용무를 동시에 볼 수 있으므로 갈 수 있다고 대답했다. 철종 치세하의 남병철로 말할 것 같으면 안동 김씨 전성 시대에 그들과 대항할 힘을 가진 얼마 안 되는 정치가 중 한 사람으로, 말할 것도 없이 조선왕조의 최고급 관료였다. 상식적으로 생각하면 김병기와 더불어 남병철까지 동시에 가난한 왕족의 집에 부르기란 참으로 어려운 일이었다. 김병기는 아마도 무리한 조건을 달아 대원군의 권유를 거절할 생각이었던 것이리라.

그러나 대원군은 여기서 포기할 인물이 아니었다. 압도적인 행동력을 지닌 그는 김병기의 집을 나와, 그 길로 즉시 남병철의 집으로 향해 자신이 준비한 연회에 참석해 줄 것을 간곡히 청했다. 대원군의 간청에 남병철 또한 조건을 달았다. 그도 김병기와 만나야 하기 때문에 김병기가 참석한다면 자신도 연회에 가겠노라고 약속했던 것이다. 대원군은 이 대답을 김병기와 남병철, 두 실력자 모두가 자신의 간청을 흔쾌히 승낙한 것으로 받아들였다. 자신의 자식을 세상에 소개하는 절호의 기회가 찾아왔음에 대원군과 그의 처는 무척 기뻐했으리라.

이렇게 해서 대원군은 처와 함께 만반의 준비를 갖추고 연회의 날을 맞이했다. 그렇지만 중요한 연회 당일 그의 집에는 그 누구도 오지 않았다. 대원군은 초조해하며 김병기와 남병철 두 사람의 집에 다시금 찾아가 약속 이행을 요청했다. 하지만 두 사람 모두 상대가 출석하지 않았음을 이유로 초청을 거절하고 연회에는 발길조차 옮기려고 하지 않았다. 처음부터 그럴 생각으로 건 조건이었다. 결국 김병기와 남병철 두 사람 모두 애초에 가난한 왕족의 집을 찾고자 하는 생각 따위 없었던 것이다. 훗날 이재면이 관직을 얻는 데 성공하기는 했으나 대원군은 나중에도 이때의 두 사람의 처사에 강한 원한을 품고 있었다고 한다(『근세조선정감』110-111쪽).

당시 대원군에 대하여 『근세조선정감』에서는 이 에피소드를 다음과 같이 기록하고 있다. 그러나 이 시점에서는 자신의 자식이 왕위에 오를지 어떨지 몰랐을 터이므로 이는 그저 나중에 끼워 맞춘 것에 지나지 않을지도 모르겠다.

> 대원군은 인걸人傑이다. 집에 용이 있는 것을 어찌 모를 리가 있겠는가. 한창 종실宗室이 주륙誅戮이 되는 즈음에 자신을 보호하는 방책이 뒤떨어질까 염려하였던 연고로 낌새가 있기 전에 미리 요량하고 몸가짐을 일부러 경박輕薄하게 하여서 스스로 명망을 손상시켰다. 머리를 숙여 아첨하며 자식을 위해 벼슬을 구하여 비루鄙陋하기가 심하니, 정권 잡은 자의 주의하는 바가 되지 않았다.
>
> (『근세조선정감』30-31쪽)

생모 그리고 그 외의 친족들

그러면 여기서 행동력과 개성 넘치는 생부였던 대원군의 그림자에 가려지기 십상인 고종의 다른 가족들에게도 눈길을 돌려보도록 하자.

장남을 위해 대원군과 함께 앞서 언급한 연회 준비에 힘을 쏟았던 고종의 생모는 민치구閔致久의 딸이다. 여흥 민씨라는 본관과 성을 가지는 일족의 출신이다. 훗날 고종의 정비가 되는 명성왕후 또한 여흥 민씨 출신이므로 대원군의 처와 고종의 아내는 동족인 셈이다. 고종의 어머니는 1818년생이므로 대원군보다 2년 연상이다. 본디 한반도의 지배층인 양반 사회에서는 연상의 처를 갖는 것이 보다 일반적이었으므로, 이를 가지고 이 가족의 어떠한 특징이라 말하기는 어렵다. 참고로 대원군의 어머니도 같은 여흥 민씨 출신인 민경혁閔景爀의 딸이다. 그러니까 대원군과 고종 모두 어머니의 일족으로부터 자신의 배우자를 맞이한 셈이다.

훗날 첨예하게 대립하게 되는 대원군과 여흥 민씨 일족이 이처럼 사실은 본디 지극히 밀접한 관계였음을 여기에서 강조해 둘 필요가 있다. 참고로 자신의 자식이 국왕으로 즉위한 뒤 '여흥부대부인'이라 불리게 되는 그녀는 조선왕조가 공식 교의로 유교를 내세웠음에도 비밀리에 천주교에 호의를 베푼 것으로 알려져 있다(『대원군전 부 왕비의 일생』44쪽).

고종의 조부 두 명 중 친조부인 남연군 이구는 고종이 태어나기 이전인 1836년에 사망하였다. 이에 반해 1795년에 태어난 외조부 민치구는 고종이 즉위한 시점에도 아직 건재했다. 실제로 민치구는 고종이 즉위한 직후 공조참의工曹參議의 직책에 오르게 된다. 당시 조선왕조에는 이조, 호조, 예조, 병조, 형조, 공조 등 여섯 개의 '조曹', 즉 '부처'가 존재했으며, 각각의 '조'에는 장관인 '판서', 차관인 '참판', 그리고 서열 3위의 '참의'가 설치되어 있었는데 이 6조 중에서도 '공조'는 가장 지위가 낮은 부처였다. 즉 국왕의 외조부인 민치구에게 주어진 것은 가장 격이 낮은 부처에서도 서열 3위의 직무에 지나지 않았던 것이다. 그뿐 아니라 조선왕조의 의사결정 기관인 묘당廟堂에는 참석할 수조차 없었다. 자신의 외손이 국왕에 즉위하는 보기 드문 요행을 얻었음에도 불구하고 이 정도의 관직밖에 차지할 수 없었던 것은 고종 즉위 이전의 민치구가 정치적으로는 거의 무력한 존재였음을 의미한다.

게다가 민치구뿐만 아니라 당시의 여흥 민씨는 전체적으로 그다지 세력을 키우지 못하고 있던 상태였다. 사실 고종을 국왕으로 맞이했을 당시, 묘당을 구성하고 있던 관료의 수는 총 54명인데, 그 중에 여흥 민씨 출신은 한 명도 존재하지 않았다.

이는 당시의 조선왕조에서 여흥 민씨가 묘당에 자신들의 대표자를 보내기 어려운 연약한 씨족이었음을 의미한다. 그렇기에 민치구의 정치적 무력함을 그 개인의 책임으로 돌리기는 어려운 일이리라.

고종에게는 친형과 누이도 있었다. 대원군의 장남은 이미 이 책에서도 등장한 이재면이고, 고종은 차남이었다. 이재면은 아버지 대원군으로부터 사사건건 트집을 잡혔다고 알려져 있으므로, 부친과는 달리 평판이 좋은 남동생에게 다소 불편한 감정을 안고 있었는지도 모른다. 누이는 둘이다. 장녀는 임천 조씨 조경호, 차녀는 풍양 조씨 조정구에게 각각 시집을 갔다. 대원군의 두 사위는 그 후 정치적으로 눈에 띄는 활약은 보이지 않는다.

또한 호방뇌락한 성격을 자랑하는 대원군으로서는 당연한 일이라고 해야 할 지 모르겠으나, 고종에게는 이복 남매도 있었다. 서형庶兄의 이름은 이재선李載先으로 고종이 대원군의 영리한 구석을 이어받았다면 이재선은 그 탁월한 행동력과 결단력을 가장 많이 물려받았다고 할 수 있겠다. 당시 한반도에서 서자는 적자에 비해 극히 낮은 지위에 있었으므로, 이재선 또한 고종과 그 형제에게 복잡한 심경을 갖고 있었다고 한다. 마지막으로 서출 여동생이 한 명 있다. 그녀는 마찬가지로 서자 태생인 이윤용李允用이라는 인물에게 시집을 갔다. 대원군의 세 사위 중 가장 정치적으로 활약을 하는 사람이 바로 이윤용이다. 그리고 이 이윤용의 적출 남동생이 이완용李完用으로 한일 병합 시 대한제국 총리대신을 수행하게 되는 인물이다.

대원군에게는 세 명의 형이 있었기 때문에, 그 수만큼 고종에게는 백부가 존재하는 셈이다. 연령군延齡君파의 종가를 이은 장남 흥녕군興寧君 이창응李昌應, 그 아래에 흥완군興完君 이정응李晸應, 흥인군興寅君 이최응

李最應으로 이어지며, 흥선군 이하응, 즉 대원군은 가장 막내이다. 이들 고종의 백부들 가운데 이창응은 1828년 18세에, 이정응도 1848년 33세에 사망하였기 때문에 고종이 태어난 시점에는 대원군보다 5년 연상인 이최응만 건재했다. 능력이 뒤떨어지는 근친을 굳이 일부러 깎아내리는 나쁜 버릇이 있었던 대원군은 이 대단치 못했던 형인 이최응에게도 자주 심한 말을 했던 듯하다.

이최응 또한 그러한 남동생에게 좋은 감정을 가질 리 없어, 이윽고 이 형제간의 깊은 골은 추후 조선왕조 정계에 짙은 그림자를 드리우게 한다.

대원군의 이런 독설하는 버릇은 당시 조선왕조의 귀추를 결정하는 하나의 중요한 요소로 자리잡게 된다.

2. 양가 - 왕족 종가와 왕위 계승의 기본 원리

조선왕조의 왕위 계승

조선왕조의 왕족 종가. 이는 조선왕조의 왕위 계승과 유교를 창시한 태조 이성계李成桂로부터 시작되어 태조의 제사를 지내는 가계를 말한다. 일본식으로 이야기하자면 초대국왕 이성계의 '위패'를 모시는 가계가 왕족 종가라고 하겠다. 바꿔 말하자면 이 제사를 주최하는 인물이 왕족 종가의 가장이며, 조선왕조의 국왕이다. 왕족 종가라고는 해도 한반도에 사는 일가족임에는 틀림없으므로 계승 방식을 좌우하는 것은 당시 조선왕조의 정통 교의인 유교였다. 당시 일본에서는 일가의 후계자 문제는 가족들끼리 비교적 자유롭게 결정하였지만, 한반도에서는 절대 그렇지 않았다. 유교는 가족을 가장 중요시하는 교의를 가지며, 그렇기 때문에 계승 방식은 엄격한 규칙으로 규정되어 있었다. 유교가 가지는 의미는 일본과 조선에서 전혀 달랐던 것이다.

그러면 유교에서는 어떻게 가장을 계승하도록 하였을까. 가장 기본적인 원칙을 살펴보면, 가장은 정실이 낳은 소생 즉 적자이어야 하며, 그중 최고 연장자인 남자가 단독 계승하게 되어있다. 여자와 서자, 즉 정실 이외의 여성으로부터 태어난 남자가 배제되며, 연장자가 우선시되는 원칙이 중요했다. 따라서 여기서 일가에 적자인 남자가 생존해 있는 경우에는 후계자 싸움이 일어날 여지가 없다. 예를 들어 대원군의 가계에서는 적자이자 장남인 이재면이 생존해 있었으므로, 다른 집에 양자로라도 가지 않는 한, 대원군의 제사를 계승하는 것은 이재면이며, 차남인 고종이 이를 대신할 가능성은 없다. 만일 이재면에게 적출인 아들이 있었다면, 이재면이 대원군보다 빨리 서거한다 하더라도 이재면의 적자인 아들이 자동적으로 가장의 지위에 오르게 된다. 이 원칙은 극히 단순하고 알기 쉽다.

문제는 가장이 적자를 남기지 않고 사망하는 경우이다. 이 경우 서자가 있으면 서자가 이를 계승하는 경우와, 굳이 외부에서 양자를 들여오는 경우가 있다. 예를 들어 조선 왕족의 가계도(20페이지)를 보면, 철종의 생부인 이광의 집은 서자인 이경응李景應이 대를 잇도록 하였으나, 철종의 종형제에 해당하는 이희李曦의 집에서는 서자인 이재성李載星이 있음에도 불구하고 이재덕李載悳을 양자로 삼았다. 일반적으로 고위 집안일수록 서자가 가장의 지위를 계승하는 경우가 적어진다. 왜냐하면 서자는 왕조 등 공적인 장에서는 적자보다 뒷전으로 취급하기 때문에, 고위 관직으로 출세할 가능성이 극히 제한되어 있었기 때문이다. 물론 적자뿐 아니라 서자도 존재하지 않는다면 유일한 선택은 양자를 들이는 것이었다.

유교의 사생관

그러나 유교에 충실했던 당시 한반도에서는 양자를 찾을 때에도 엄밀한 규칙이 존재했다. 조금 이야기가 복잡해지겠으나, 이 배경에는 유교의 독특한 사생관이 존재한다. 유교에 의하면 인간의 죽음이 곧 모든 것의 종말을 의미하는 것은 아니다. 죽음이란, 정신을 지배하는 '혼魂'과 육체를 지배하는 '백魄'이 분리되는 것이며, 이때 '혼'은 하늘로 부유하고, '백'은 지하에 머무르게 된다. '혼'을 보다 알기 쉬운 말로 바꾸면 '영혼'이고, '백'이란 죽은 후에 남는 육체, 보다 정확히 얘기하자면 '백골'을 의미한다. 이 '혼'과 '백'을 다시 한번 만나게 해서 재생시키는 것을 '초혼재생'이라 하는데, 이것이 곧 선조들에 대한 제사이다. 바꿔 말하면, '혼'은 누군가가 제사를 지내주지 않으면 '초혼재생'을 못하게 되어 갈 곳을 잃고 만다. '초혼재생'을 하지 못하는 혼은 '산散' 즉 공중에 흩어져 그대로 사라진다. 그리고 '혼'은 일단 사라지면 다시는 부활하지 않는다(『침묵의 종교―유교』28-42쪽).

인간의 생과 사에 대해 위와 같이 생각하고 있는 유교에서는 자손을 남기고 대를 잇는 행위가 즉 자기 자신이 죽어서 '혼'이 되었을 때 그 혼을 이 세상에 불러들여서 '재생'해 줄 사람을 남기는 것을 의미한다. 유교의 세계관에는 내세도 천국도 존재하지 않는다. 이러한 유교를 따르는 사람들에게 제사를 누군가에게 잇도록 하는 행위는 즉 자신의 육체적인 죽음 후에 자신이 '오래도록 남아있을 수 있게'하기 위해 반드시 필요했다. 그렇기 때문에야말로 한반도와 같은 유교사회에서는 누구나 자신의 제사를 이을 사람을 필요로 했으며, 대를 이을 사람을 확보하는 것이 무엇보다 중요했다.

'양자' 찾기의 법칙

그러므로 유교에서는 양자를 고르는 방법에 대해서도 엄격한 규칙이 정해져 있다. 원칙은 크게 두 가지이다. 첫째, 양자가 양부와 같은 부계 혈족에 속할 것, 둘째, 양자가 가계도상에서 의부의 '자식 세대'에 속할 것이 그 원칙이다.

이러한 원칙의 배경에는 역시 유교의 독특한 가족관이 존재한다. 유교 사상에서는 일족이란 즉 같은 창시자의 '피'를 잇는 사람들의 집단이라고 보고 있다. 유교에서는 개개인의 '피' 즉 생명이 아버지로부터 자식으로 계승되는 것으로 생각하며, 그렇기 때문에 같은 부계에 속하는 사람들은 어머니 쪽의 계보와는 무관계한 '피'를 잇는 자들로 간주된다.

친숙한 표현을 빌리자면, 아버지가 '종자'를 제공하는 한편, 어머니는 그 종자가 자랄 '밭'을 제공한다는 것이 유교의 사상인 것이다. '밭'은 작물의 성장에 영향을 주기는 해도 오이를 토마토로 변하게 하지는 않는 것처럼, 어머니가 누구인지는 개개인의 '본질'에는 영향을 주지 않는다. 이 점은 앞에서 이야기한 적자를 서자보다 우대한다는 점과 실로 모순이 있는 것 같지만, 어쨌든 유교에서 이렇게 생각하고 있었던 것은 사실이다. 그러므로 유교에서는 같은 창시자의 '피'를 잇는 사람들의 집합체인 일족 사이에 다른 '피'를 잇는 사람이 들어가는 것을 절대로 허용하지 않았다.

또한 유교의 사상이 이러하였기에 가계도상 위치가 시조에 가까운 사람은, 먼 사람보다 높다고 여겨진다. 즉 아버지가 아들보다 위대한 것은 단순히 아버지가 아들에게 생명을 주었기 때문인 것만은 아니다. 아버지는 아들보다 시조에 가까운 '피'를 계승하였기 때문에 실로 아들보다 우월한 존재인 것이다.

그렇기 때문에 유교의 사상을 따르는 한반도에서는 양자가 시조로부터 '몇 대 째'에 속하는지가 결정적인 의미를 가진다. 여기서 한 사람을 그가 속한 본래의 '세대'에서 다른 '세대'로 이동시키는 것은 혈족 내의 서열을 어지럽히는 행위로 간주된다. 덧붙여 이야기하자면 같은 일족 사이에서 누가 어느 '세대'에 속하는 지는 외부에서도 비교적 용이하게 알 수 있다. 왜냐하면 같은 '세대'에 속하는 사람들은 이름의 일부와 한자 부수에 공통되는 부분을 가지기 때문이다. 이러한 문자와 부수를 한반도에서는 '항렬 또는 돌림자'라고 한다. 중국의 '배행자輩行字'와 같은 것이다. 예를 들어 이하응, 즉 대원군의 세대라면 이름에 '응應'자가 들어간다. 고종 즉 이재황李載晃 '세대'의 '항렬'은 '재載' 자이다.

그러면 실제 양자 찾기는 어떤 식으로 전개될까? 문제는 이러한 규칙에 얽매인 결과, 필연적으로 한정된 후보자 속에서 양자를 얻으려 하였으며, 부모들은 자신의 자식을 양부에게 쉽게 내주려 하지 않았다. 이는 그저 내 자식을 사랑하기 때문만은 아니다. 중요한 것은 유교에서 한 사람이 동시에 두 가계의 제사를 잇는 것은 불가능하다는 원칙이다. 즉 양자로 간다는 것은 생가와의 연을 끊고 양가의 사람이 됨을 의미한다. 양자로 하여금 생가와의 관계를 계속 갖게 하는 것은 즉 양자가 두 사람의 아버지를 갖게 하는 것이므로 유교가 가장 중시하는 인륜의 질서를 어지럽히게 된다고 해석된다.

여기서 비로소 우리는 이 책의 모두에서 제시한 고종의 양친, 즉 대원군과 그의 아내, 여흥부대부인이 고종에게 한 말, 즉 "이렇게 너의 손을 잡는 것도 이것이 마지막이다"라는 말의 진정한 의미를 알 수 있을 것이다. 실제로 고종은 국왕 즉위 후 몇 번인가 대원군의 집을 방문하였으므로 대원군과 여흥부대부인이 이 이후 고종을 전혀 만나지 못한 것은 아니다. 그보다 중요한 것은 국왕으로서 즉위한다는 것이 즉 고종은 왕족 종가의 양자가 됨을 의미한다는 것이며, 그리고 이는 그 이면을 고려할 때 그 날부터 고종이 대원군과 여흥부대부인의 자식이 아니라는 점이다.

한편, 유교를 믿는 사람들에게 자신의 유일한 적자를 양자로서 타가에 내보낸다는 것은 즉 자신의 사후 제사를 끊기게 하는 것이므로 쉽게 응할 수 없는 일이다. 그러므로 양자를 찾는 자에게 현실적인 선택은, 어디서든지 자신의 본래 자식과 같은 '세대'에 속하는 적자를 2명 이상 가진 부모를 골라, 그 차남 이하를 목표로 교섭을 진행하는 것이다. 덧붙여 말하자면, 유교에서 이때의 양친과 양자 사이의 가계도상 근접성은 그리 큰 문제로 여겨지지는 않는다. 이미 말했듯이 유교에서 혈족의 '피'는 남자에게서 남자에게로 이어지는 것이며, 따라서 그 '농도'는 시조로부터의 거리가 같다면 원칙적으로 같다고 여겨졌기 때문이다.

왕족 종가의 실력자

어려운 이야기는 이 정도로 해두고, 그러면 앞서 설명한 양자 찾기

법칙의 논리가 실제 고종의 국왕 즉위 시에는 얼마나 많은 영향을 미쳤는지 알아보자. 당시 왕위 계승을 둘러싼 기본적 문제는 고종의 선대 국왕인 철종이 적자, 서자를 막론하고 아들을 전혀 남기지 않고 서거한 데서 시작되었다. 철종은 즉위부터 서거까지 14년이라는 짧은 시간 동안에, (모두 어렸을 때 세상을 떠나긴 하였으나)다수의 후사를 보았으므로 생식능력이 없었던 것은 절대 아니다. 게다가 철종은 서거 당시 겨우 32세여서 그의 죽음은 비교적 갑작스런 사건으로 받아들여졌었던 듯하니, 죽음 직전까지 철종과 그의 주변 인물들은 철종의 '원자' 즉 왕자 탄생에 대한 기대를 거두지 않았을 것이다. 이러한 상황에서 철종 생전에 양자를 고르는 작업에 착수하기에는 심히 어려웠을 것이다.

그러므로 철종의 다음 국왕을 누구로 할지를 둘러싼 경쟁은 철종의 죽음에 의해 갑작스레 시작되었다. 당연하게도 국왕의 공석은 빠른 시간 안에 해소해야 할 문제였으므로 시간은 극히 제한되어 있으나 격렬한 경쟁이었다.

여기서 열쇠가 되는 것은 본디 양자를 고를 권리가 구체적으로 누구의 손에 있는가였다. 앞서도 이야기하였듯이 조선왕조에서는 왕족 종가의 가장이 국왕이 되는 것이지, 국왕이 종가의 가장이 되는 것은 아니다. 그리고 가장을 결정하는 것은 기본적으로 왕족 종가의 내부, 즉 내궁의 문제이므로, 외궁에서 아무리 큰 권세를 떨치는 사람이 있더라도 그의 발언력에는 한계가 있었다.

그러면 왕족 종가에서 국왕 결정의 권한을 가지는 것은 누구였을까. 조금 복잡한 것은 가계도상 가까운 위치에 있는 인물이더라도 일단 왕족 종가를 떠난 사람은 모두 마찬가지로 '분가'를 한 것이며, '분가'에는 왕족 종가의 가장을 결정함에 있어 딱히 발언권이 존재하지 않았다. 왕족 종가의 가장은 어디까지나 종가 내부의 의사로 결정해야만 했다.

그러면 누가 왕족 종가의 의사를 대표할까. 당시 상황은 왕족 종가의 가장인 철종이 아들을 남기지 않고 서거한 상황이었다. 그러므로 이 시점에서 왕족 종가에는 가장 계승에 대해 영향력을 행사할 만한 남성이 한 명도 존재하지 않는다. 결국 집안에 남은 것은 여자들이었다. 유교에서는 가장의 딸이라 하더라도 결혼해서 출가외인이 되면 자동적으로 본가에 대한 영향력을 상실하게 되므로 여기서 이야기하는 여자들이란 국왕의 딸들은 아니다. 본디 국왕과 이에 준하는 지위에 있던 사람들의 부인이나 어머니들이 이에 해당할 것이다.

그리고 여자들 사이에도 서열은 있다. 다만 이 서열은 자신의 능력 등에 따라 결정되는 것이 아니다. 유교가 여자를 단순한 남자의 부속물로 생각하는 이상, 그녀들 사이의 상하관계 또한 그녀들이 관계를 맺고 있는 남자, 보다 구체적으로는 남편의 가계도상 지위에 따라 자동적으로 결정된다. 즉 아버지의 배우자는 자식의 배우자보다 상위에 있으며, 형의 배우자는 동생의 배우자보다 우월하다.

좀 더 구체적으로 이야기해보자. 철종의 서거 당시, 왕족 종가에 남아 있던 여자들은 누구였을까. 해당하는 인물은 3명이다. 먼저, 사망한 지 얼마 되지 않는 철종의 미망인, 철인왕후哲仁王后. 그녀의 출신은 당시 전성기를 누리고 있던 안동 김씨이다. 여흥부대부인이 그러했던 것처럼 당시의 한반도에서는 여자들을 그녀 자신의 이름보다는 집안 성씨로 부르는 것이 일반적이었으므로 그녀는 김씨라 불렸을 것이다. 그 다음은 선대 국왕이었던 헌종의 미망인, 남양 홍씨 출신의 효현왕후孝顯王后 홍

씨가 건재하였다. 국왕의 미망인은 이들 둘 뿐이었으나 또 한 명 그밖에
더욱 중요한 인물이 있었다. 헌종의 아버지, 즉 즉위 이전에 왕세자(즉
왕위계승자)였던 채로 서거한 효명세자의 미망인도 생존해 있었다. 그
녀가 풍양 조씨 출신의 신정왕후神貞王后 조씨이다.

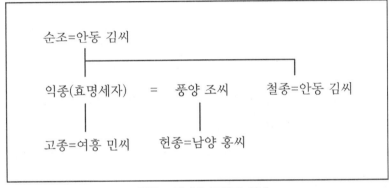

조선왕조 말기의 국왕과 왕비

세 사람의 관계는 위 그림과 같다. 여기서 중요한 점은 조선왕조의
제사와 왕통 그 자체는 순조에서 헌종, 그리고 철종으로 이어지지만, 순
조와 헌종의 사이에 있었던 효명세자도 그의 사후, 익종이라는 봉호를
받아 추존되었으므로, 왕족 종가의 제사와 왕통에서 이론상 계승자에
들어있었다는 점이다. 알기 쉽게 이야기하자면 익종은 '즉위하기 전에
서거한 국왕'인 것이다. 그렇기 때문에 익종의 미망인이며, 또한 헌종의
생모이기도 한 신정왕후 조씨는 실제로 즉위한 선대 국왕의 미망인들과
동등한 지위를 가지고 있었다. 그리고 익종, 헌종, 철종의 관계를 가계
도에서 살펴보면, 익종이 헌종의 아버지이며, 철종은 양자로 들어온 형
제라고 되어있다.

즉 이 세 사람의 사이에서 최상위에 있는 것은 익종이며, 따라서 익종의 배우자인 신정왕후 조씨는 헌종의 배우자인 효현왕후 홍씨나 철종의 배우자인 철인왕후 김씨보다 상위에 위치하는 것이 된다. 이 점은 당시 그녀들을 부르는 호칭에서도 알 수 있는데, 조씨는 왕대비, 홍씨는 대비, 김씨는 비라는 칭호가 각각 주어져있었다. 즉 조왕대비, 홍대비, 김비이다.

결국 철종을 이을 국왕을 결정하는 권한은 왕족 종가 내부에서의 최상위자인 조왕대비에게 있었다. 그리고 이 점은 사실 그 자체만으로 누가 국왕이 되는지를 결정하는 데 있어 큰 의미를 가지고 있었다. 예를 들면 철종도 헌종 서거 후에 양자로 들어와 왕위를 계승한 인물이었다. 그러나 이는 헌종의 뒤를 잇는 것이 아니라 그의 조부인 순조의 아들로서였다. 헌종의 혈통은 이론적으로는 끊긴 것이 된다. 그 배경에는 당시 왕위를 둘러싼 왕비 척족戚族 들의 암투가 있었다. 철종의 왕위 계승 당시에는 아직 순조의 비인 '선대'의 안동 김씨, 순원왕후純元王后가 살아있어, 왕위결정권은 이 순원왕후의 손에 있었다. 그녀는 자신의 입지를 확보하기 위해 새로운 왕족 종가의 계승자로 하여금, 굳이 자신의 아들인 헌종의 뒤를 잇도록 하지 않고 남편인 순조의 뒤를 잇도록, 그리하여 가계도상 자신의 양자가 되도록 하였다.

왜냐하면 헌종의 양자로 새로운 국왕을 고르면 그 결과 새로운 국왕은 헌종의 처인 홍대비의 양자가 되기 때문이다. 그렇게 되면 홍대비와 그 척족인 남양 홍씨에 정치적 발언권이 남게 되고, 자신이 세상을 떠난 후에는 그들의 세력이 대두하게 될 것이었다. 그러나 새로운 국왕을 순조의 양자로 한다면, 홍대비와 남양 홍씨에게는 외척으로서의 권리가 발생하지 않는다. 그러므로 그녀는 무리하게 자신의 아들의 제사를 희생해서라도 자신과 자기 일족의 지위를 유지하기 위해 헌종과 같은 '세대'에서 왕위계승자를 고른 것이다. 그리고 그녀는 양자인 철종에게도 같은 안동 김씨의 처를 맞도록 하였다. 철종이 서거할 당시의 김비, 철인왕후가 바로 그녀이다. 철종의 치세하에서 안동 김씨가 전성기를 누린 배경에는 이렇게 매우 주의 깊게, 인위적으로 구축된 혈연 관계가 존재하였던 것이다.

이렇게 안동 김씨의 전성기 시절, 젊은 나이에 남편인 익종을 잃은 조왕대비는 불우한 나날을 보내고 있었다. 그러한 의미에서 철종이 왕위계승자가 될 후사도 남기지 않고 서거한 상황은 조왕대비와 그녀의 본가 풍양 조씨에게는 천재일우의 기회와 다름없었다. 아니면 그들은 이전부터 방탕한 생활을 보내던 철종을 보면서 '혹시'나 찾아올 날에 대비하여 준비를 해왔는지도 모른다. 안동 김씨가 권력을 확고히 하는 과정을 보아온 그들의 눈에는 그 과정이 확실한 '견본'으로 비추어졌음이 틀림없다.

그렇기 때문에 조왕대비도 다음 국왕을 헌종이나 철종이 아닌 세상을 떠난 자신의 남편, 익종과 자기자신의 양자로 삼게 된다. 여기서 조선 왕가의 가계도를 살펴보자. 이미 말한 바와 같이, 조선왕조에서 양자를 고를 때에는 양부모의 다음 세대 중에서 선택해야 하기 때문에 이 조건만으로도 후보자의 범위는 크게 좁혀진다. 대원군 이하응과 같은 '응應'자를 가지는 사람들은 익종과 같은 '세대'에 속하므로 후보자에서 제외된다. 가계도에는 생략되어 있으나, 2대 아래인 '용鎔'자를 가지는 사람들도 마찬가지로 제외되는데, 이 때는 그들 대부분이 아직 태어나지도 않았을 시기였다. 원래 왕족 종가는 기본적으로 '연장자에 의해 계승되는 가계'이므로 세대 진행이 분가보다 많이 진행되어 있기 마련이다.

결국 후보자를 찾기 위해서는 '재載'자 항렬을 가지는 사람들, 그 중 숙종 이후의 흐름에서 해당 세대에 속하는 인물을 가계도 상에서 찾아보면 국왕인 헌종을 포함하여 15명인데, 그 중 3명은 서자였으므로 이들은 애초에 고려조차 되지 않았다. 다른 3명은 양자로 이 가계도에 속하지 않은 외부에서 집안을 이어온 인물들이며, 또 다른 2명은 유일하게 적자이지만 다른 형제가 없었기 때문에 생가의 가장이 될 운명이었다. 또한 이재각李載覺 등 1863년 시점에서는 아직 태어나지 않은 사람들도 가계도에 표시되어 있으므로 이를 제외하면 남는 숫자는 결코 많지 않았다.

이렇게 보면 대원군이 철종 서거 시점에서 이미 두 사람의 적자를 가지고 있었다는 사실은 확실히 특별한 의미를 가진다. 그 중 이재면은 장남이므로, 대원군의 제사를 잇게 하는 것이 바람직하다. 문제가 있다고 한다면, 이재면은 사실 이 시점에서 이미 이하응의 작은 형, 이정응의 사후에 양자로 가 있었으나 다행하게도 이정응은 이미 세상을 떠났으므로 그의 뒤를 이을 이재면을 다시 생가로 데려오더라도 반대할 사람은 없었다. 왕족 종가의 입장에서도 능력이 떨어진다는 평판의 이재면보다 명복으로 하여금 왕족 종가를 계승하도록 하는 편이 좋다고 생각한 것은 당연하다. 이렇게 하여, 자연스레 왕족 종가의 계승권은 명복, 즉 고종에게 돌아간다. 실제 내궁이나 외궁에서 고종의 왕위 계승 자체가 커다란 논쟁의 발단이 된 흔적은 보이지 않는다.

제2장

대원군 집정기와
그 귀결

제도적 뒷받침이 없는 리더십

대한제국의 패망과 그림자

1. 대원군의 권력 장악

고종의 즉위

왕족 종가의 계승권이 고종에게 돌아갔다는 것은 그가 왕족 종가의 수장이 됨을 의미한다. 앞서 이야기 하였듯이 이 당시 왕족 종가는 한성부의 북단, 지금도 서울 시내에 남아있는 창덕궁에서 살고 있었다. 1864년 1월 16일, 창덕궁에 들어간 그는 즉시 '익성군翼成君'이라는 군호를 받고, 그때까지의 공식적인 이름이었던 '재황'을 대신하여 왕족 종가의 일원임을 나타내는 한 글자 이름 '희熙'를 받았다. 즉 이때 전주 이씨 연령군파, 명복 이재황은 왕족 종가의 익성군 이희가 된 것이다. 성림聖臨이라는 어마어마한 자와 함께 호도 새로이 주연珠淵으로 바꾼 그가 명복이라는 예전 이름으로 불리는 일은 이후로 한번도 없었을 것임이 틀림없다.

1864년 1월 20일, 고종은 관례식을 거행하였다. 여기서 그는 형식적으로 성인이 되었으며, 국왕으로 즉위할 준비가 갖춰졌다. 그리고 1월 21일, 창덕궁의 내문인 인정문仁政門에서 고종의 즉위식이 있었다. 이렇게 조선왕조 제26대 왕인 고종이 탄생하였다. 덧붙여 이야기하자면 이 책에서 말하는 '고종'이라는 칭호는 1919년 그의 사후에 주어진 묘호廟號이므로, 실제로 그가 살아생전 이 이름으로 불린 일은 없다. 본디 국왕은 이름으로 부르기에는 너무 높은 존재이다. 그러나 '대원군'과 마찬가지로 한 인물을 다양한 호칭으로 부르는 것은 혼란을 조장할 따름이므로, 이 책에서는 일본에도 잘 알려진 이름인 '고종'이라는 명칭을 사용하도록 하겠다.

한편, 고종의 즉위에 맞추어 그의 주위 사람들에게도 다양한 칭호가 내려졌다. 생부인 흥선군 이하응에게는 '흥선대원군', 생모 민씨에게는 '여흥부대부인'이라는 칭호가 주어졌다. 또한 고종의 즉위와 함께 왕족 종가 여자들의 호칭도 한 단계씩 격상되었다. 그러므로 조왕대비, 홍대비, 김비는 각각 조대왕대비, 홍왕대비, 김대비가 되었다. 새로운 호칭은 죽은 자나 주거지에까지 이르렀다. 고종의 생조부, 남연군 이구李球에게는 '남연대원군'이라는 칭호가 주어졌으며, 고종의 생가인 이하응의 집은 서운관書雲觀이 있는 그 앞의 고개에 있다 해서 '운현궁雲峴宮'이라고 불리게 되었다. 또한 즉위와 함께 사면이 실시되었으며, 어린 국왕을 보좌하기 위해 왕족 종가의 대표자가 된 조대왕대비가 국왕을 대신하여 정사를 돌보는 '수렴청정垂簾聽政'을 선언하였다. 조금 덧붙이자면, 가까운 청나라에서 같은 시기에 서태후가 대두했다는 사실이 매우 흥미롭다.

대원군과 조대왕대비

한편, 고종이 태어나 자란 생가로부터 왕궁으로 거처를 옮기고 착실하게 국왕이 될 준비를 하고 있을 그 즈음에, 외궁에서는 조대왕대비가 참석한 가운데 격렬한 논의가 진행되고 있었다. 서태후가 권력을 장악하기 위해 여러 정치 세력과 싸웠던 것처럼, 조대왕대비도 자신의 정치적 권한을 확보하기 위해 분투하고 있었던 것이다.

논의의 초점이 된 것은 고종의 생부인 대원군에 대한 처우였다. 이미 언급했듯이 대원군이란, 국왕에 즉위하지 못한 국왕의 직계존속에게 내려지는 칭호로, 선조宣祖의 아버지인 덕흥대원군德興大院君이나 철종의 아버지인 전계대원군全溪大院君 등의 선례가 있었다. 그럼에도 불구하고 흥선대원군에 대해서 특히 문제가 되었던 이유는, 선례는 모두 국왕이 즉위한 후 이미 사망한 사람들에게 대원군의 칭호를 추증追贈한 경우인데에 비해, 당시의 대원군 즉 흥선대원군의 경우에는 조선왕조사상 최초로 나타난 생존해 있는, 바꿔 말하면 정치적 영향력을 행사할 수 있는 국왕의 생부였기 때문이었을 것임이 틀림없다.

사실 이 '생존해 있는 국왕의 생부'라는 존재는 유교를 떠받들고 있는 조선왕조에 중대하고도 원리적이며 동시에 정치적인 문제를 던져주었다. 물론 공식적으로는 왕족 종가의 양자가 된 고종이 대원군의 일족에서 이탈한 것은 확실하였다. 그러나 그렇다고 해서 고종이 대원군에게 다른 왕족과 마찬가지로 대해도 되는 것은 아니었다. 다시 말하면, 고종이 양부인 익종을 생부인 대원군보다 공경해야 하는 것은 당연하지만, 그 사실이 바로 자신이 지금까지 아버지로서 공경해온 대원군을 단순히 신하와 같은 존재로 취급하여 홀대해도 된다는 것을 의미하지는 않았던 것이다.

본디 유교에서 양자가 생부에게 어떻게 대해야 하는지는 근본적인 문제인데, 하물며 그것이 국왕에 관한 문제가 되니, 사태는 필연적으로 얽히고 설켜 시끄러워지기 마련이었다. 국왕에게 '아버지'로서 섬겨야 할 존재가 있다면, 왕조의 실력자는 과연 국왕과 국왕의 생부 중 어느 쪽일까. "한 나라에 두 임금은 없다"가 대원칙인 이상, 대원군의 존재는 내궁에서뿐 아니라 외궁에서도 논쟁의 불씨일 수밖에 없었다.

이렇게 유교의 교의에 비추어 볼 때 가뜩이나 다루기 힘든 문제를 한층 더 복잡하게 만든 이유는 다양한 세력의 정치적 속내가 얽혀있었기 때문이다. 이 시점에 고종은 겨우 11세의 소년이어서, 주위에서는 고종이 스스로 정치적 지도력을 발휘할 수 있으리라고 기대하지 않았다. 그렇기 때문에 더욱 조대왕대비가 이론적으로는 성인인 고종을 차치하고,

'수렴청정'을 선언할 수 있었던 것이다.

그러나 여기서 조대왕대비에게는 심각한 문제가 있었다. 이는 바로 그녀에게는 '수렴청정'을 하기에 충분한 정치적 기반이 존재하지 않았다는 점이다. 사실 조대왕대비에게는 유사한 경험이 과거에도 있었다. 거슬러올라가 29년 전인 1834년, 7살로 즉위한 헌종을 보좌하는 공적인 '수렴청정'에 임한 인물이 헌종의 조부인 순조의 비, 즉 '선대' 안동 김씨인 순원왕후이다. 순원왕후에 의한 '수렴청정'은 헌종이 성인이 된 1841년에 끝이 나지만, 몸이 허약했던 헌종은 이후에도 스스로 적극적인 정치를 하려 들지 않았고, 정치적인 실권은 자연스레 헌종의 조모인 순원왕후와 안동 김씨 일족에서 헌종의 생모인 조씨, 즉 고종조인 조대왕대비와, 본가인 풍양 조씨로 옮겨 갔다. 이렇게 조대비는 일족의 지원을 받아 실질적인 왕권의 대행인으로서 왕조에 군림하며 풍양 조씨의 전성기를 실현했다.

그러나 이로부터 약 20년의 기간 동안, 그녀를 둘러싼 상황은 크게 변해있었다. 왜냐하면 앞서 이야기하였듯이 헌종 말년에 풍양 조씨의 세력이 부상하자 위협을 느낀 안동 김씨는 헌종의 사후에 새로운 국왕인 철종으로 하여금, 순조와 그의 비, 순원왕후의 뒤를 계승하게 하는데 성공하여, 다시 왕조의 지배권을 탈취하였기 때문이다. 그들은 경쟁 상대인 조왕대비와 풍양 조씨의 영향력을 봉쇄하는 데에 전력을 기울였고, 철종조 14년간, 풍양 조씨는 묘당에 새로운 발판을 마련하지 못했다. 그 사이 조만영趙萬永, 조인영趙寅永과 같은 예전의 실력자는 세상을 떠나고, 고종 즉위 당시에 풍양 조씨의 차세대를 짊어져야 할 조성하趙成夏, 조영하趙寧夏와 같은 사람들은 아직 20대에 들어설까 말까 하는 정도의 나이였다. 안동 김씨가 압도적인 세력을 떨치는 외궁에서 경쟁 상대인 풍양 조씨 출신의 조대왕대비가 비록 '수렴청정'을 하고 있다고는 하나, '묘당'에서 고립될 것이 불을 보듯 뻔한 일이었다.

여기서 당시 조선왕조의 '묘당'에 대해 간단히 설명해 두겠다. 조선왕조의 공식적인 의사 결정은 일정 이상의 자격을 가진 신하가 참석하고 국왕 임석한 어전회의에서 결정된다. 회의의 명칭이나 열리는 장소는 시대에 따라 다르기는 하나, 회의의 성격은 기본적으로 같았다. 이 책에서는 번잡함을 피하고자, 이 국왕 참석하에 열리는 어전회의를 '묘당'이라는 일반 명칭으로 일관되게 부르고자 한다. 덧붙이자면, 뒤에서도 언급하겠으나 이 '묘당'은 철종 연간까지는 비변사라는 기관에 두었으며, 고종 즉위 후에는 의정부라는 기관에 두었다.

묘당에는 서열이 있었으므로 그들은 이 서열에 따라 자리를 부여 받았다. 국왕에 가까운 자리 즉 상석을 차지하는 것은 '시원임대신時原任大臣'이라 불리는 사람들이다. 그러니까 조선왕조의 관직에서 최상위를 점하는 의정들, 즉 영의정, 좌의정, 우의정(일본의 율령제에 비추어보면 다이조다이진太政大臣, 사다이진左大臣, 우다이진右大臣에 해당한다)의 현직 및 경험자가 상석에 있었다. 흥미로운 것은 회의에서는 시임 즉 현역 의정뿐 아니라, 원임 즉 과거 의정 경험자도 거의 동등한 발언권을 가지고 있었다는 점이다. 시원임대신의 발언권은 국정의 전반에 미쳐, 사실상 그들이 묘당에서의 논의를 주도하는 존재였다. 대신직 경험자의 수는 시기에 따라 다른데, 적을 때에는 시임대신을 중심으로 2, 3명 정도, 많을 때에는 10명 가까이의 사람들이 묘당에 늘어서게 된다. 조선왕조의 관료는 학문을 통해 정치를 하는 문신 즉 문관과, 군사를 다루는 무신 즉 무관으로 양분되어 있었으나, 그 중 의정직에 오르는 것은 사실상 문신들이었다.

시원임대신의 하위석에는 '당상堂上'이라 불리는 사람들이 자리하였다. 인원 수는 일정하지 않았으나, 통상적으로 30명에서 50명 정도였다. 앞서 말한 왕조를 구성하는 6개의 중앙 관청, 즉 이조, 호조, 예조, 병조, 형조, 공조 등 육조의 장관에 해당하는 판서, 각 군영의 장, 그리고 수도 한성부의 '시장'에 해당하는 한성부 판윤, 의정을 보좌하는 좌참찬, 우참찬 등(일본으로 치면 사다이벤左大弁, 우다이벤右大弁에 해당한다)이 있었다. 묘당에서 당상의 발언권은 일반적으로 미미하였으며, 그들은 주로 국왕이 그들의 담당분야에 대해 설명을 필요로 할 때를 대비해 늘어서 있었다.

중요한 것은 이 조선왕조의 묘당에 이름을 걸고 있는 사람들 모두가 관료이며, 승진을 위해서는 일정한 규칙이 존재했다는 점이다. 그들은 오늘날의 관료와 마찬가지로 고위직에 오르기 위해 낮은 지위의 관직부터 한 단계씩 경험을 쌓아 상위 관직으로 올라가야 했다. 그러므로 그들이 하위 관직에서 '당상', 더 나아가 '시원임대신'의 지위까지 올라가기 위해서는 상당한 시간을 필요로 했다. 바꿔 말하면 조선왕조의 관료제도에서는 국왕이나 국왕의 대행인이라 하더라도, 어떠한 관직도 가지지 않은 자나 낮은 지위의 관료를 단번에 묘당에 발탁하기란 극히 어려웠다. 고종 즉위 전후에 조대왕대비가 고뇌에 빠진 것도 이 때문이다. 그도 그럴 것이 그녀는 '수렴청정'에 의해 국왕의 대행인으로서 큰 권력을 부여 받았으나, 그 거대한 권력을 가지고서도 묘당에서 그녀의 의견을 변호해주고, 대변해줄 인물을 마음대로 유력한 지위에 임명할 수가 없

었던 것이다. (「비변사등록『좌목』으로 보는 조선왕조말기 관료제에 대한 일연구備辺司謄録『座目』に見る朝鮮王朝末期官僚制の一研究」)

그렇기 때문에 조대왕대비는 무슨 일이 있어도 자신과 함께 묘당에 참석하여, 달변과 위엄으로 자신을 도와줄 인물이 반드시 필요했다. 결론부터 이야기하자면 조대왕대비는 그 역할을 대원군에게서 찾게 된다. 이는 같은 시기에 청나라에서 서태후가 권력장악을 하기 위해 공친왕과 손을 잡은 것과 매우 비슷하다. 그리고 이는 대원군에게도 때마침 굴러들어온 기회였다. 두 사람에게 공통의 적은 말할 것도 없이 당시 권세를 누리고 있던 안동 김씨 일족이었다. 이에 관해, 안동 김씨 일족에 대해서는 조대왕대비뿐 아니라 대원군도 때때로 쓴 맛을 본 경험이 있었다는 점은 이미 언급한 바 있다. 이렇게 조대왕대비와 대원군, 두 사람의 연합이 성립된다.

대원군은 조대왕대비와 연합하여 정치적인 주도권을 안동 김씨로부터 빼앗아 왔다. 물론 위험한 상황이라는 점은 안동 김씨 측도 잘 알고 있었다. 그렇기 때문에 안동 김씨 일족은 대원군의 묘당 진출을 봉쇄하여, 어떻게 해서든 묘당에서 조대왕대비를 고립시켜야만 했다.

조대왕대비가 어떠한 형태로든 대원군의 묘당 관여를 인정하는 방향으로 논의를 몰아갈 것은 명백했기 때문에, 그들은 묘당에서의 논의를 제압해서 조대왕대비가 이 제안을 단념토록 하는 것이 매우 중요했다. 470년 이상의 역사를 가지는 조선왕조에서 최초로 등장한 살아있는 대원군. 선례가 존재하지 않는 이상, 논의는 다양하게 전개될 여지가 남아 있었다.

대원군의 승리

이렇게 묘당 논의의 막이 올랐다. 당시 묘당의 시원임대신은 4명. 가장 상석에 자리한 사람은 영중추부사 정원용鄭元容. 묘당의 최장로이며, 당시 시원임대신 중 가장 오래 해당 지위에 올라있는 인물이었다. 두 번째는 임명시기 순서로 보면 안동 김씨의 실력자, 판중추부사 김흥근金興根이었다. 이 두 사람의 '원임대신'에 이어 같은 안동 김씨인 영의정 김좌근, 즉 명복을 대원군 자택에 영접하러 갔었던 인물과, 좌의정 조두순趙斗淳이 자리하고 있었다. 정원용은 동래東萊 정씨였고, 조두순은 조대왕대비와 성은 같으나 본관이 다른 양주楊州 조씨였다. 『근세조선정감』에 의하면 첫 타자로 안동 김씨를 대표하여 논전을 벌인 것은 현직 영의정인 김좌근이었다고 한다. 김좌근은 문제를 맨 먼저 이렇게 정리했다고 한다.

> 대원군은 사왕嗣王의 생부입니다. 남의 후사後嗣를 계승하는 예禮로서 생가生家에 대한 예는 비록 강쇄降殺하는 것이나, 효孝란 것은 천자天子로부터 서인庶人까지 통합니다. 자식이 임금으로 되었다는 것으로써 아비가 북면北面해서 섬길 수는 없으며 또한 함께 높여서 나라에 두 임금이 있도록 할 수는 없습니다. 저의 소견으로는 신하 아닌 위치로서 대우하는 것이 마땅하다는 것입니다.
> 조정에 들어오면서 추장하지 아니하고, 임금 앞에서라도 이름을 부르지 않는 것입니다.　　　　　　　　　　　　　　　(『근세조선정감』42쪽)

계속해서 대원군에게 부여할 세세한 예우에 대해 언급한 후, 김좌근은 이렇게 결론을 지었다.

주상께서는 매당 초승에 반드시 운현궁에 근친近親하며 일체 정사政事로써 수고롭게 하지 말아서 편케 봉양하는 절차를 이루는 것이 마땅할 듯합니다.　　　　　　　　　　　　　　(『근세조선정감』43쪽)

결국 김좌근의 의견은 대원군에게 국왕과 거의 같은 예우를 하는 한편, 묘당에서 배제하고, 정치적 영향력을 봉인하자는 것이었다. 이 의견에 대해 같은 안동 김씨 출신인 김흥근은 즉시 찬성하였다. 반대 의견을 개진한 것은 좌의정 조두순이었다. 그는 다음과 같이 발언했다고 한다.

대원군이 비록 주상의 사가부친私家父親이기는 하나 주상께서 이미 익종대왕을 아버지로 하였은즉 대원군도 또한 신하입니다. 김좌근의 말에 나라에 두 임금이 있도록 할 수는 없다는 것은 옳습니다. 다만 그가 정한 의주는 말과 서로 모순矛盾되는 바, 이와 같이 하면 두 지존 至尊됨을 면치 못함이 있을까 합니다. 저의 생각에는 여러 가지 번거로운 의식儀式을 생략하여 왕과 대군의 예와 꼭 같이 하는데, 추창하거나 절하지 않고 이름도 일컫지 않아서, 대군보다 높이도록 하는 것이 마땅할 듯합니다.　　　　　　　　(『근세조선정감』43-44쪽)

조두순의 의견인즉, 김좌근이 대원군을 '신하의 위에 위치하는 존재'로 만들어 신하의 열에서 배제하고 동시에 묘당에서의 발언권을 잃게 하는 것을 목적으로 발언한 것과는 반대로, 대원군을 대군의 위에 위치하는 '가장 높은 지위의 신하'로 예우함으로써 대원군에게 시원임대신을 능가하는 발언권을 주려고 한 것이다. 결론부터 이야기하면 조두순의 변론이 김좌근보다 앞서있었다. 왜냐하면 김좌근이 제안한 대원군에 대한 구체적인 의례는 확실히 국왕에 대한 의례와 거의 흡사하였기 때문이다. 국왕의 생부라고는 해도 "한 나라에 두 임금은 없다"라는 원칙이 있는 이상, 신하로서 취급해야 한다는 조두순의 변론 쪽이 유교의 정론과 일치하고 있었다.

중요한 것은 대원군이 아무리 국왕의 생부라고 하더라도 왕족 종가의 일원이 아닌 이상, 그가 왕조에서 안정적으로 권력을 행사할 수 있는 것은 어디까지나 신하의 한 사람으로서일 수밖에 없었다는 점이다. 이러한 조두순의 변론을 들은 묘당의 최장로 정원용도 조두순의 의견에 찬성하여, 시원임대신의 의견은 2대2로 갈라졌다. 이렇게 되면 결론을 내리는 것은 '수렴청정'에 임하고 있는 조대왕대비의 역할이었다. 그녀는 다음과 같이 자신이 내린 결론을 이야기하였다.

> 여러 대신의 논의는 참작함이 마땅하오. 미망인이 사체事體를 알지 못하나, 다만 사왕의 나이 어리고 미망인도 늙은 아낙네로서 견식見識이 없소. 국사 다난國事多難한 지금에 만기萬機가 엉클어져 있으니 대원군이 대정을 협찬協贊하는 것이 마땅한데, 만약 존숭尊崇한 지위地位에 처해서 능히 신하와 서로 접촉接觸하지 못하면 구애拘碍되는 바가 많을 것이오. 그런즉 그 의절儀節은 다만 대신과 같은 등급으로 하고 임금 앞에서 추창하거나 저하지도 말고 이름도 일컫지 않는 것이 가하오.
>
> (『근세조선정감』44쪽)

이렇게 하여 묘당에서 대원군의 지위는 '가장 지위가 높은 신하'로 확정되었다. 묘당을 주최하는 것은 '수렴청정'을 하고 있는 조대왕대비이며, 그 다음 자리는 '최고의 신하'인 대원군이므로, 이들이 시원임대신을 압도하는 형태였다. 그리하여 이로부터 얼마 동안 조선왕조의 정치는 왕족 종가의 대표자이자 고종의 양모인 조대왕대비와 고종 생가의 가장이자 고종의 생부인 대원군이 협력하여 주도하는 형국을 이룬다. 창덕

궁과 대원군의 집인 운현궁을 잇는 길에는 대원군만이 지나다닐 수 있
는 특별한 문이 설치되어, 대원군의 거대한 권위를 상징하였다.

고종의 치세는 이렇게 양가와 생가의 행복한 협력관계와 함께 막이
올랐다. 그러나 두 집안의 밀월관계는 그리 길게 가지 않았다. 대체 그
배경에는 어떤 일들이 있었던 것일까.

2. 대원군의 시대

'없었어야 할 인물'에 의한 통치

고종의 즉위로부터 10년간. 조선왕조에서 가장 큰 권력을 휘두른 것
은 고종의 생부인 대원군이었다. 현재 한국사에서는 통상적으로 대원군
이 정치를 실질적으로 주도한 이 시대를 대원군 집정기라고 부른다. 이
책의 주인공 중 한 사람인 고종의 입장에서는 강력한 개성을 지닌 생부
의 그늘에 숨어, 아직 국왕으로서 정치의 본무대에는 서지 못하는 시기
였다. 그러나 동시에 이 시기는 이 후 고종의 생애를 생각할 때 결정적
인 의미를 가지는 시대이기도 했다. 그런 의미에서 조금 더 자세히 이
시대에 대해 살펴보도록 하자.

이 시대를 짚어볼 때 먼저 주의 깊게 살펴보아야 할 점은, 이 시기
조선왕조의 정치가 '고종의 생부'라는 특이한 입장에 있는 대원군에 의
해, 왕조의 공적 제도에 의한 명확한 근거를 가지지 못한 채로 이루어졌
다는 점일 것이다. 다시 말해 오해하는 경우가 많지만, 사실 대원군은
일본에서 이야기하는 '섭정'이나 '내람內覽'과 같은 어떠한 명확한 자격을

가지고 이 시대의 조선왕조를 지배한 것이 아니다. 이미 살펴본 바와 같이 고종조 초기에 고종이 어리다는 이유로 공식적으로 후견하며 국가군주의 권력을 공식적으로 대행한 것은 대원군이 아니라 대왕대비였다. 따라서 가령 이 시기 '섭정'을 했다고 하면, 이는 대원군이 아니라 대왕대비여야 한다. 애당초 조선왕조에는 '섭정'이라는 직책은 존재하지조차 않는다.

게다가 조대왕대비에 의한 '수렴청정'조차 즉위 후 겨우 2년 만인 1866년 3월 29일에 폐지된다. 즉 그 이후의 조선왕조는 공식적으로는 고종의 친정하에 들어간다. 그럼에도 불구하고 대원군이 실질적으로 이 시기의 조선왕조 정치를 주도할 수 있었던 것은 국왕의 생부인 그가 '가장 높은 지위의 신하'라는 입장이기에 묘당에서 압도적인 영향력을 행사할 수 있었기 때문임이 틀림없다. 그러나 '묘당에서 이름을 밝히지 않고 이름이 불리지도 않는' 입장에 있었던 대원군은 엄밀히 이야기하면 묘당의 정식 구성원인지도 확실치 않은 기괴한 존재였다. 사실 그는 일정한 관직을 가지고 있던 것도 아니며, 묘당의 '좌목座目' 즉 좌석표에도 그의 이름은 써있지 않았다.

극단적으로 이야기하면 그는 어쩌다가 묘당에 동석하게 된 극히 지위가 높은 옵서버Observer라고나 해야 할 존재였다. 그렇기 때문에 오늘날 남겨져 있는 '승정원일기承政院日記'나 '일성록日省錄'과 같은 왕조의 공식적인 기록에는 그의 압도적인 존재감과는 대조적으로, 그가 한 직접적인 발언이 거의 보이지 않는다. '이름을 밝히지 않고 이름이 불리지도 않는다'는 것은 즉 '그곳에 존재하지 않는 것으로 되어있는' 것과 거의 같은 의미였던 것이다.

조선왕조를 둘러싼 두 번의 위기

어쨌든 조금 이례적인 형태였기는 하나, 묘당에서 자신의 '존재하지 않은 존재'를 확보한 대원군은 이 후 10년간 조선왕조의 정치를 강력하게 드라이브해 나간다. 이 '존재하지 않는 것으로 되어 있는' 인물에 의한 강력한 정치가 출현한 상황을 배경으로, 오늘날 일부 논자들은 당시의 조선왕조를 둘러싼 안팎의 심각한 위기의 존재를 지적하고 있다 (*"Politics and policy in traditional Korea"*).

그래서 여기서는 당시의 조선왕조를 둘러싼 상황에 대해 설명해 두고자 한다. 고종 즉위 당시 조선왕조는 안팎으로 즉 안으로는 농민반란 등에 의한 지배체제 이완의 위협이, 그리고 밖으로는 서양 열강의 동아시아에 대한 본격적인 진출이라는 이중 위협에 면해 있었다.

이 중 밖으로부터의 위협은 이해하기가 쉽다. 고종이 국왕에 즉위한 1864년은 1842년에 제1차 아편전쟁이 종결되고 나서 18년 후로, 서양 열강이 동아시아에 대한 진출을 본격화하기 시작한 시기에 해당한다. 특히 1856년에 시작된 제2차 아편전쟁, 또는 애로호 사건이라고 불리는 청나라와 영국·프랑스 연합군과의 전쟁 결과는 조선왕조에게 충격이었다. 1860년, 결국 청나라가 영프연합군의 수도 북경 침입을 허용하였기 때문이다.

이 사건의 중대성은 지도에서 보면 바로 알 수 있다. 제1차 아편전쟁은 주로 광저우, 남경과 같은 한반도에서 매우 멀리 떨어진 화남華南지역, 혹은 화중華中지역을 무대로 전개되었다. 이는 조선왕조에게는 멀리 떨어진 지역에서 일어난 하나의 사건에 불과했다. 그러나 제2차 아편전쟁에서 서양 열강의 위협은 결국 북경까지 미치게 되었다. 조선왕조의 수도 한성부에서 청나라 수도 북경까지는 직선거리로 약 940킬로미터. 일본의 도쿄에서 나가사키까지가 960킬로미터이므로, 얼마나 가까운 거리인지 짐작이 간다. 청나라와 조선왕조 사이의 실질적인 국경이었던 압록강에서의 거리는 580킬로미터. 조선왕조가 이 위협을 심각하게 받아들인 것도 당연했다.

그리고 이 거리는 어느 날 갑자기 제로가 되었다. 영프연합군이 북경을 점령한 것과 같은 1860년, 이 전쟁에서 영프 양국과의 강화를 중개했다는 이유로, 러시아가 청나라로부터 연해주를 양도받게 되었기 때문이다. 이렇게 조선왕조는 결국 두만강을 사이에 두고 서양 열강 중 하나인 러시아와 직접 국경을 접하게 된다. 멀고 먼 존재였던 이적夷狄이 갑자기 '이웃나라'가 되었을 때의 충격은 우리들로서는 다 이해하지 못하는 점이 있을 것임이 틀림없다.

한편 안으로부터의 위협도 밖으로부터의 위협과 마찬가지로 심각한 것이었다. 19세기의 조선왕조에서는 경제 상황의 악화와 함께 '민란'이라 불리는 농민 반란이 빈발하였는데, 이는 조선왕조의 통치 체제에도 심각한 영향을 미쳤다. 그 배경에는 조선왕조가 가진 독특한 신분제도의 붕괴가 있었다.

조선왕조는 본디 수직적인 신분구조를 전제로 한 사회였다. 이 신분제도에서는 지주임과 동시에 유교적 교양을 갖춘 문인인 양반이 그 정점에 서있고, 그 아래에 '양인'이라 불리는, 주로 농민으로 구성된 평민 계층이 위치하였으며, 가장 아래에 '노비'가 자리하는 계층 구조가 존재하였다. 그리고 본디 조선왕조의 지배는 지주이며 지식인인 양반들의 지역사회에 대한 지배력에 의해 지탱되어왔다. 지방의 '양반'들은 이른바 지방에 존재하는 왕조의 대리인이며, 동시에 잠재적인 과거급제자이기에 왕조의 구성자이기도 하였다. 조선왕조는 이들 유력자에 의한 일종의 연합 통치였다고 말해도 과언이 아니다.

그러나 이러한 계층구조는 18세기경부터 급속도로 이완되기 시작하였다. 그 원인은 크게 두 가지가 있다. 하나는 경제 구조의 변화와 더불어, 일부 양반층의 경제적인 몰락과 이에 부수된 일부 양인층의 대두이다. 이 시기에는 화폐경제가 어느 정도 발달하였는데, 결과적으로 이로 인해 이때까지 지역사회의 토지를 매개로 행사하던 양반들의 지배력이 흔들리게 되어, 그 양반들의 지배력에 의존해온 조선왕조의 지배력도 상처를 입게 된다. 두 번째는 양반층의 분열이다. 즉 이 즈음부터 왕조의 주요 관직은 한성부 및 그 근교에 거주하는 일부 세력이 과점적으로 차지하고 있어, 지방의 양반들은 왕조 정치에 대한 발언권을 잃었다. 왕조 정치에서 탈락한 그들은 결국 왕조와의 일체감을 잃고 왕조와의 협력관계에서 이탈하게 된다(『조선/한국의 내셔널리즘과 소국의식』朝鮮/韓国ナショナリズムと「小国」意識, 47-78쪽).

결국 19세기의 조선왕조는 각지의 양반층의 경제적 몰락과 함께, 그들이 왕조 정치에서 떨어져나감으로써 지방에 대한 영향력을 급속도로 잃게 되었다. 양반과 양인의 경계선은 불명확하게 되었고 그 결과 본디 양인층이던 사람들 중 많은 수가 '양반'을 자칭하는 일까지 빈번하게 일어나게 되었다. 또한 '양반'은 병역과 각종 조세 등의 의무를 면제받고 있었으므로 '자칭 양반'의 증가는 결과적으로 조선왕조의 재정을 압박하기도 하였다. 재정 궁핍은 남겨진 양인과 노비에 대한 과세를 강화시켰고 그들의 불만을 키우게 되었다. 그야말로 '민란'은 단지 직접적인 결과에 지나지 않았다. 고종이 즉위하기 1년 전인 1862년, 경상남도 진주를 중심으로 한 지역에서 당시 최대의 민란이 일어났다.

이 때의 묘당은 이 상황에 대해 위기감이 고조되기는 하였으나 적극적으로 손을 쓰지는 못하였다. 당시 국왕은 고종의 선대인 철종. 몰락한 지방왕족에서 갑작스레 국왕으로 맞아들여진 그는, 왕궁에서 고립되어 술독에 빠진 채로 실의의 나날을 보낸 인물이었다. 이러한 철종이 갑자기, 게다가 위기에 처한 왕조를 통솔하여 지도력을 발휘하기는 어려웠으며, 또한 철종조에 권세를 휘두르던 안동 김씨는, 말 그대로 압도적인 권세를 가지고 있었기에, 즉 그들은 헤이안 시대의 후지와라 씨와 같은 존재였으므로, 내부 대립을 반복하고 있었다. 묘당에서는 혼란에 빠진 논의가 계속되었으며 내외적인 위협에 대비하기 위한 준비 자금도 부족한 상황이었다. 조선왕조는 이러한 곤란한 상황에서 나아갈 방향성을 가르쳐 줄 뛰어난 정치적 지도자를 찾고 있었다.

'위로부터의 개혁'

그러한 의미에서 1864년, 소년 국왕 고종과 함께 혜성같이 등장한 대원군은, 실로 조선왕조에서 오랜만에 등장한 본격적인 지도력을 갖춘 정치가였다. 비공식적인 존재였다고는 해도, '국왕의 생부'라는 권위는 묘당의 모든 시원임대신을 압도하기에도 충분하였으며, 고종과 조대왕대비가 그를 지지하는 한, 대원군에 대해 아무도 그 앞에서 이의를 떳떳이 이야기할 수 없었다. 이렇게 이 시기의 조선왕조는 대원군의 기묘한 '기록에 나와있지 않은 지도력'에 의해 강력하게 견인된다. 그의 정치지도의 방향은 조선왕조의 복고적인 중앙집권화, 그리고 개국을 요구하는 열강에 대해서는 강력한 외세 배격攘夷정책이었다고 할 수 있다.

대원군 집정기 묘당이 있었던
경복궁 수정전
(『눈으로 보는 옛 조선』(目でみる昔日の朝鮮) 上에서 발췌)

보다 정확하게 표현하자면, 내정 면에서 대원군이 목표로 삼은 것은 조선왕조를 15세기와 같이 안정된 기반을 가진 왕조로 '재건'하는 것이었다. 이러한 대원군의 정책적인 방향성은 그가 정치적 실권을 장악한 후에 조선왕조 본래의 정궁이었던 경복궁 재건에 착수한 점에서도 찾아볼 수 있다. 1392년에 조선왕조가 시작되었으므로 건국 직후였던 1394년, 새로운 왕조의 정궁으로 건축된 경복궁은 그 후 몇 번의 화재를 경험한 후 1592년 임진왜란, 즉 일본과의 전쟁에서 소실되었는데, 이 후 왕궁이었던 터는 270년 이상이나 폐허인 채로 방치되어 있었다. 1865년 4월 26일 조대왕대비는 자신의 이름으로 이 경복궁 재건을 명하고, 대원군은 그 책임자 자리에 오르게 된다. 즉 대원군은 왕조재건을 하면서 먼저 '형태'부터 착수한 셈이다.

이 시기의 조선왕조는 경복궁 재건 이외에도 몇 가지 유사한 정책을 실시하였다. 예를 들면 고종 즉위 후 3개월이 채 지나지 않은 시점인 1864년 3월 18일, 조대왕대비는 조선왕조 본래의 최고 행정기관인 의정부를 부활시킨다는 명을 내린다. 즉 그녀는 그때까지 군사를 전문적으로 관리하던 관청인 비변사에서 편의상 열리던 묘당 회의를, 군사에 관계된 내용인 경우만 비변사에서, 그리고 그 이외 대부분의 사항에 대해서는 의정부에서 열도록 바꾸었다. 다음 해에는 의정부 건물의 재건을

시작하였으며, 그 이후 묘당은 주로 의정부에서 열리게 되었다. 여기서
도 대원군은 조선왕조의 모습을 예전의 형태로 돌리고자 한 것이다.

또한 대원군은 법전 정비에도 힘썼다. 1965년 4월 11일, 묘당은 80년
만에 왕조의 법전을 편찬하기로 결정하고, 이 새롭게 편찬된 법전을 '대
전회통大典會通'이라고 이름 지었다. 계속해서 시행 세칙에 해당하는 '육
전조례六典條例'도 편성되었다. 확실한 점은 그 호방뇌락한 성격 때문에
명분을 중하게 여기지 않았으리라고 생각하기 쉬운 대원군의 치세는,
오히려 '명분과 법전에 들어맞지 않게 된 조선왕조의 실태를 명분에 맞
는 형태로 재건'하려는 경향을 보였다는 점일 것이다.

이러한 대원군의 복고적인 개혁은 왕조 내부뿐만 아니라, 외부 즉 사
회로도 향해졌다. 가장 많이 알려져 있는 사건은 이른바 '서원書院'을 둘
러싼 문제일 것이다. '서원'이란 본디 유학의 선현을 받들기 위해 만들어
진 사당 겸 교육기관이며, 일설에 따르면 16세기 경상북도 풍기군에 설
치된 백운동白雲洞 서원이 그 시초였다고 한다. 한편 조선왕조에는 유학
을 널리 알리기 위한 기관으로서, 왕조에 의해 직접 설치된 '향교鄕校'와
유력자들에 의해 독자적으로 설치된 '서원書院'이 있었다. 현대식으로 이
야기 하자면 '향교'가 공립학교이고 '서원'은 사립학교라고 생각하면 이
해하기 쉬울 것이다.

그런데 이렇게 한반도 각지의 유력자에 의해 설치된 '서원'에는 사실
또 하나 숨겨진 역할이 있었다. 곤란한 점은 표면상 유학의 선현을 받들
기 위해 지어졌다는 특성상, 서원은 유교를 공적 교의로 삼고 있는 조선
왕조에서 보호되어야 마땅한 존재였다는 것이었다. 그러므로 조선왕조
는 긴 시간 동안 공식 또는 비공식적으로 이들 서원에 대해 다양한 특권

서원의 교육 풍경
(『사진으로 보는 조선시대 속 생활과 풍속』발췌)

을 부여하여 우대하였다.

특히 서원에 기증된 토지에 대한 면세특권과 서원이 소유하는 노비에 대한 군역면제는 큰 특혜였다. 이 중 전자는 이해하기 쉽겠으나, 후자에 대해서는 설명이 필요할 지도 모르겠다.

조선왕조의 군역은 본래 양반을 제외한 사람들, 즉 양인이나 노비가 부담하는 것이며 오늘날의 징병제에 가까운 형태였다. 그럼에도 불구하고 18세기 초, 후에 청나라가 될 만주족의 나라인 후금後金과의 전쟁을 마지막으로 대외전쟁을 경험하지 못한 한반도에서는 점차 군역이 형식적인 것이 되어, 사람들은 군역 대신에 '군포軍布'라는 이름으로 정해진 옷감을 세금으로 왕조에 바침으로써 이 부담을 면제받았다. 즉 군역을 면제받는다는 것은 실질적으로 '군포'의 부담을 면제받는다는 것이며, 서원이 소유하는 노비는 이를 면제받았던 것이다.

어찌 되었든 조선 각지의 재지在地 유력자들은 서원에 대한 후한 면세 우대 조치를 이용하여, 이윽고 앞다투어 서원을 설립했고, 자신의 토지와 토지에서 일하는 농민들을 명목상 서원 소유의 토지와 노비로 옮겼다. 이렇게 하여 본디 선현을 받들고 유교의 연구교육을 행한다는 숭고한 목적을 가지고 있었던 서원은 언제부턴지 재지 유력자들로 하여금 왕조가 부과하는 징세 의무를 회피할 수 있게 하는 수단으로 전락하게 된다.

이러한 연유가 있었기에 대원군은 서원에 눈독을 들였다. 1864년 8월

28일, 고종의 즉위로부터 겨우 반년 후, 조대왕대비는 서원을 정리한다는 명을 내렸으며, 9월 13일에는 역대 조선왕조 국왕이 '액자'를 내려 공인한 '양액서원'에 대해서만 일정한 제한 범위 내에서 토지와 노비의 소유를 인정하고, 그 외 '사설'서원에 대해서는 토지 및 노비 소유를 일절 금지한다고 결정하였다. 이러한 서원에 대한 제한은 나아가 1871년 5월 9일, 조선왕조에 의해 특별히 인정된 47개 서원을 제외하고, 모든 서원을 엄금하는 방향으로 진행되게 된다. 여기서 우리는 지방에 대한 왕조의 통제를 되찾고자 하는 대원군의 명확한 의사를 읽을 수 있다(「대원군 정권의 서원 훼철」).

그러나 당연하게도 이러한 시책에 대해서는 일부 재지유력자를 중심으로 한 거센 반대의 목소리가 나오게 된다. 그들은 "서원은 선현을 받드는 곳이며, 보호해야 할 존재이므로 이를 탄압하는 것은 맞지 않다."라고 강력히 주장하였다. 그리고 『근대조선정감』에 의하면 이렇게 정책을 비난하는 사람들에게 대원군은 다음과 같이 이야기했다고 한다.

> 진실로 백성에게 해 되는 것이 있으면 비록 공자孔子가 다시 살아난다 하더라도 나는 용서하지 않겠다. 하물며 서원은 우리나라 선유先儒를 제사하면서 곳마다 도둑의 소굴巢窟로 된 것 이리오.
>
> (『근세조선정감』143쪽)

열강의 침략개시와 조선왕조의 '승리'

대원군이 권력을 장악했을 당시 조선왕조는 대외정책에서도 명확한 방향성을 가지고 있었다. 즉 조선왕조는 이 시기, 계속해서 더해만 가는 서양 열강과 일본의 개국 요구에 대해 일관되게 강경책으로 임하고 있었다. 연해주를 영유하고, 조선의 인접국이 된 러시아는 1864년과 1865년 2회에 걸쳐 국경 마을, 경흥慶興을 찾아와 교섭을 요구했으나, 조선왕조는 명확한 '부否'로써 대답했다.

조선왕조에 대한 러시아의 움직임은 결과적으로 다른 열강을 자극하였다. 이러한 가운데 한 움직임이 일어난다. 당시 한반도에서는 천주교를 사교로 엄금하는 조선왕조의 정책에도 불구하고, 꽤나 이전부터 프랑스인 선교사들이 청나라와의 국경을 넘어 침입하여, 몰래 선교활동을 계속하고 있었다. 이 천주교 교도들이 갑자기 대원군에 대해 접근을 시도하였고 그들은 한 가지 대담한 제안을 하기에 이른다. 그 배경에는 아마도 앞서 이야기한 대원군의 아내, 여흥부대부인이 천주교에 대해 호의적이었다는 사실이 있었을 것이다.

이들 천주교 교도의 제안은 다음과 같았다. 현재 조선왕조는 러시아로부터 강한 압박을 받고 있다. 이를 막는 것은 조선왕조 혼자의 힘으로는 힘들며, 타국의 힘을 빌려야 한다. 그러므로 조선왕조는 러시아와 관계가 좋지 않은 프랑스, 영국과 교섭을 맺어야 한다는 것이다. 단 여기서 그들은 조건을 붙였다. 프랑스와 영국도 단지 단순히 요청한다고 해서 조선왕조와의 연계에 응하지는 않을 것이다. 그러므로 먼저 한반도의 천주교 포교를 공식적으로 인정하고, 입국한 프랑스인 선교사에 행동의 자유를 주어야 한다는 것이다. 이러한 그들 천주교 교도의 제안의 배경에는 한반도 진출을 꾀하는 선교사들의 모국, 프랑스의 속내가 있었다고 한다. 덧붙여 당시 프랑스는 나폴레옹 1세의 조카인 나폴레옹 3세가 황제가 되어 제국주의적 확장정책에 힘쓰고 있던 때였다.

그러나 천주교 교도들의 이러한 행동은 결과적으로 도리어 좋지 못한 결과를 초래했다. 왜냐하면 대원군은 그들의 의견을 듣는 척 하면서, 거꾸로 그들의 배후에 있는 프랑스인 선교사의 거처를 찾아내었으며, 결과적으로는 이후 1866년 병인박해라 불리는 천주교 교도에 대한 대규모 탄압이 일어나게 된다. 이 탄압에 의해 수천 명에 이르는 조선인 천주교도가 박해를 받았고, 파리 외국전도회로부터 파견된 12명의 외국인 선교사 중 최고 위치에 있는 베르누Berneux 주교를 비롯한 9명이 처형되었다. 프랑스인 선교사는 기해박해라 불리는 1839년의 박해사건 당시에도 앵베르Imbert 주교를 비롯한 3명이 처형되었으며, 이것이 두 번째 수난이었다. 위기적인 상황 속에서 어떻게든 한반도에서 탈출하는데 성공한 선교사 리델Ridel은 즉시 이 상황을 청나라에 있는 프랑스 공사 벨로네 H.D. Bellonet, 그리고 프랑스 함대의 사령관인 로즈P.G. Roze에게 호소했다.

이 사건은 프랑스의 한반도 출병에 대한 절호의 구실을 가져다 주었다. 프랑스의 대응은 신속했다. 1866년 9월 20일, 로즈 사령관이 이끄는 프랑스 함대 3척은 경기도 남양부南陽府 앞바다에 도착하여 수일간 한성부로 이어지는 한강 하구 부근의 측량을 했다. 이 측량 결과를 토대로, 일단 중국으로 돌아가 태세를 가다듬은 그들은 10월 14일, 이번에는 강화도 앞바다에 출현한다. 강화도는 한성부의 바로 남쪽을 흐르는 한강 하구에 위치하여, 한반도 남부의 물자를 한성부로 나르는 물길 위에 위치하는 전략적 요충지였다. 프랑스군은 이 강화도에 도착한 다음날부터 바로 육상 전투부대를 강화도에 상륙시키고 겨우 하루만인 10월 16일에는 강화도의 중심인 강화부江華府를 함락시켰다.

그러나 대원군이 이끄는 조선왕조는 이러한 사태에 이르러서도 강경 자세를 무너뜨리지 않아, 이윽고 전선은 교착상태에 이른다. 순조로워

보였던 프랑스군의 진격이 갑작스런 좌절을 맞은 것은 그들이 이 원정
에 1000명 규모의 육상 병력밖에 대동하지 못하였으며 보급에도 한계가
있었기 때문이었다. 11월 8일에는 160명의 프랑스 육상 전투부대가 강
화도에 남은 조선왕조의 거점, 정족산성鼎足山城을 공격하였으나 실패하
여, 프랑스군은 귀중한 전력 중 40명의 사상자를 내고 어쩔 수 없이 후
퇴하게 된다. 방도가 없어진 프랑스 군은 이틀 후 강화도에서 결국 철수
하기 시작하였고 곧 전군 철수를 완료한다. 이렇게 대원군이 이끄는 조
선왕조는 프랑스에 승리를 거두게 된 것이다. 한국사에서는 이 프랑스와
의 전쟁을 병인양요丙寅洋擾라고 부른다 (『병인・신미양요사』14-151쪽).

　이러한 프랑스에 의한 노골적인 '포함외교砲艦外交'는 대원군과 조선왕
조로 하여금 서양 열강에 대한 불신감을 더욱 강화시키게 하는 계기가
되었으나, 조선왕조가 서양인 및 서양 열강에 대해 불신감을 갖게 된 이
유는 이것뿐만이 아니었다. 프랑스군의 강화도 침공 직전인 1866년 9월
2일, 이미 미국의 무장상선 '셔먼General Sherman호'가 조선왕조와의 교섭
을 요구하며, 평양을 흐르는 대동강을 거슬러 올라와 좌초하였고 군과
민에 의해 불태워지는 사건이 일어났다(『병인・신미양요사』152-172쪽).

　그러나 당시 한반도의 사람들이 보다 분개했던 것은 아마도 1868년
5월 3일, 독일인 상인 오페르트Ernest Jacob Oppert가 남연대원군, 즉 대
군의 아버지이며 고종에게는 실제 조부인 남연군의 묘를 도굴하려 한
남연군묘 도굴미수사건이었을 것이다. 이 시기 한반도에 때마침 방문하
여 통상을 요구하며 개인적인 활동을 계속해온 오페르트는 이 바람이
조선왕조에게 받아들여지지 않을 것이라고 판단하자마자, 하필 남연대
원군의 유골을 '인질'로 잡고, 대원군을 협박하여, 조선왕조와의 통상을

꾀하려 했던 것이다(『병인·신미양요사』173-186쪽). 게다가 러시아로부
터의 통상 요구도 여전히 계속되고 있었으며, 일부에서는 일본의 위협
까지도 회자되고 있었다.

이웃나라 일본은 이미 1854년 미국의 요구에 순순히 무릎을 꿇고 서
양 열강에 개국을 단행하였고, 1868년 메이지 유신에 의해 신체제로 전
환하였으나 조선왕조는 이러한 일본에 대해 동양의 질서를 어지럽히는
서양 열강의 앞잡이라고 규정하고 있었다. 1869년 조선왕조는 일본으로
부터 온 외교 문서에 '황皇'자-조선에서는 중국 황제만이 사용할 수 있
는 글자로 생각하였다-가 사용된 점을 이유로 수취를 거부하였다. 이
른바 '서계書契'문제의 발생이다. 그들에게 청나라 황제만이 사용할 수
있도록 허락된 '황제'제를 의미하는 '황皇'이나 '제帝'의 자를 사용하며 조
선왕조를 대하는 것은, '황제'보다 한 단계 낮은 칭호인 '국왕'을 쓰고 있는
조선왕조나 조선의 국왕에게 일본이 자신들보다 상위의 존재임을 어필하
고 있는 것으로 간주되었음이 분명하다. 이렇게 조선왕조와 일본과의 공
적인 관계는 사실상 일단 끊기고 만다(『대일본외교문서: 제3권』128-131
쪽).

그리고 1871년에는 일
전의 셔먼호 사건에 대해
항의하는 뜻으로 미국 함
대가 내습해 왔다. 6월 26
일에 부평부富平府 앞바
다에 출현한 해군 사령
관 로저스J. Rogers가 이

로저스 제독이 이끄는 미국 함대의 기함 '콜로라도'
(『사진으로 보는 독립운동』上에서 발췌)

끄는 미국함대 5척은 6월 11일부터 육상전투부대를 강화도에 상륙시킨
다. 후에 신미양요辛未洋擾라 불리는 사건의 발발이었다. 그러나 강화도
의 방어는 1866년 병인양요 이후 매우 강화되어 있었다. 미국군은 초지
진草芝鎭, 덕진진德津鎭과 같은 강화도 남동부의 거점을 점령했으나 계속
되는 광성진廣城鎭 공방전에서 큰 타격을 입어 일찍이 철수할 수밖에 없
었다(『병인 · 신미양요사』193-237쪽).

강화도에 상륙하는 미국군(1871년)
(『사진으로 보는 조선시대 속 생활과 풍속』발췌)

쇄국 정책의 상징인 척화비
(『사진으로 보는 독립운동』上
에서 발췌)1871년 대원군의 명
에 따라 전국에 세워졌다.

　　미국이 실패한 주요 원인도 기본적으로는 병력의 부족과 후방 지원
체제의 부족에 있었다. 청나라 때와는 달리 이 시점에서 구미 열강은 한
반도에 대해 다대했던 관심이 예전과 같지 않았고, 그런고로 그들은 동
아시아 각지에 주재하고 있는 규모 이상의 대규모 전력을 한반도로 향
하게 할 수는 없었다. 옆에는 청나라라는 훨씬 큰 과실果實이 있으므로,
그들의 압도적인 관심은 청나라 쪽으로 향해 있었다. 덧붙여 말하자면
역사에 '만약'이란 가정은 금물이겠으나, 조선왕조의 점차 쌓여가던 '승

리'가, 만약 에도 막부가 '단 4척의 증기선'에 불과했던 페리 함대에 대항하는 '본토결전'을 준비하고 있었다면 어떻게 결론이 났을지 매우 흥미롭다. 어쨌든 이렇게 프랑스, 미국과 계속된 군사적 위협을 격퇴한 조선왕조는 서양 열강의 군사적 실력 행사의 결과, 오히려 자국의 군사적 능력에 자신을 가지게 된다.

그러나 이러한 대원군에 의한 일련의 강력한 시책은 이윽고 커다란 벽에 직면하였다. 무엇보다 중요한 것은 이러한 대원군의 국내외 시책이 방대한 재정 수요를 가져와, 결과적으로 조선의 과세 강화로 이어졌다는 점이다. 경복궁 복원을 비롯한 다양한 토목 사업은 왕조의 재정을 핍박하게 만들었으며, 이는 1866년 프랑스 함대의 내습 이후 강화도를 중심으로 하는 방비 강화를 위해 자금이 투자된 결과 더욱 심각해 진 것이다.

조선왕조는 이러한 재정 수요를 충당하기 위해 경복궁 복원 공사 개시 직후부터 '원납전願納錢'이라는 이름으로 공사를 위한 '모금'을 하게 되었는데 이는 곧 강제적 성격을 띠게 된다. 동시에 '당백전當百錢'이라는 종래의 백배 액면가치를 지니는 동전을 주조하여 화폐주조이익을 극대화시키고 재정 보전을 하고자 한 시도도 있었다. 이 노골적인 화폐 주조를 통한 재원 획득 시도는 전국의 화폐 유통에 혼란을 가져오고 경제 상황을 악화시켰다고 한다. 그 결과 한반도 전역에서 왕조만이 독점적으로 할 수 있었던 화폐주조가 사적으로도 행해지게 되었고, 왕조는 이 '위주僞鑄'행위를 단속하는데 바빠진다. 또한 왕조는 청나라와의 교섭을 통해 비축한 '청전淸錢', 즉 청나라 화폐를 일반 백성들이 유통할 수 있도록 허용하게 되어, 결과적으로 유발된 통화유통량의 급격한 증대는 농

촌을 더한 궁핍상태로 몰아가게 된다. 청나라와 러시아와의 국경 근접
지역에서는 국경을 넘어 도망가는 농민이 속출하여, 왕조 경제의 붕괴
는 국방 면에서도 문제를 가져오게 된다. '회여록會餘祿'은 당시 상황에
대해 다음과 같이 전하고 있다.

> 이렇게 재정이 궁핍하여, 군사비를 부유한 백성들에게 전화轉化하
> 고 전답의 증세를 행하였다. 또한 당백전을 통용시키고 청나라의 전폐
> 錢幣를 도입하였으나 결과적으로 물가는 등귀하게 되었다. 인심이 흉
> 흉해져, 원망의 목소리는 조선 전체에 넘쳐 흘렀으며, 정부가 신속하
> 게 망하기를 바랐다. 대원군은 프랑스 함대를 격퇴한 후 천하무적이
> 되었고 그 교만한 자세는 하늘 높은 줄 몰랐다.
>
> (『흥선대원군약전』14쪽)

이렇게 외견상 '천하무적'으로 보였던 대원군은 언제부턴가 묘당에서
고립되었고 그의 권력기반은 공동화 현상을 보이게 되었다. 그러나 아
직 그것만으로는 국왕의 생부로서 절대적인 권위를 가진 그를 추락시키
기에 충분치 않았다. 중요한 것은 그의 권위가 국왕의 생부인 점에서 유
래한 점, 바꿔 말하면 그가 아직도 젊은 국왕인 고종의 의사를 실현한다
는 형태로 정치적 주도권을 쥐고 있었다는 점이다. 그러므로 정국 전환
의 열쇠를 쥐고 있는 사람은 고종 자신밖에 없었다.

그리고 이 무렵 고종의 주변에는 당시까지의 대원군과의 원활한 관계
를 드디어 변화시킬 사건이 일어나고 있었다. 그 사건은 대체 무엇이었
을까.

3. 명성황후는 누구인가

여흥 민씨와 명성황후

1864년부터 1873년에 걸쳐 대원군이 실권을 쥐고 있던 당시, 고종에게 일어난 가장 큰 사건은 1866년, 후에 일본에서 '민비'라는 이름으로 학교에서 공부하게 되는 인물을 정비로 맞은 일이었을 것이다. 그래서 여기서는 먼저, 명성황후 자신과 그녀가 고종의 정비로서 간택된 경위에 대해 자세하게 살펴보도록 하겠다.

명성황후는 여흥 민씨 가문 민치록閔致祿의 딸로 태어났다. 그녀의 어렸을 적 이름은 자영紫英이라고도 말하여지지만 확실히는 말하기 어렵다. 그러나 이미 서술한 바와 같이 당시 조선에서는 여성, 특히 혼인 후의 여성은 일반적으로 그 성씨로만 불리었기에, 이 이름으로 불린 것은 그녀의 생애를 통틀어 매우 짧은 시기였을 것임이 틀림없다. 즉 그녀는 인생의 대부분을 '민자영'이 아니라 '민씨' 또는 '중전'이라고 불리며 보냈을 것이다. 이러한 복잡한 생각들은 차치하고, 이 책에서는 이 인물의 가장 일반적인 명칭인 '명성황후'라는 이름으로 부르도록 하겠다.

명성황후가 태어난 곳은 경기도 여주, 오늘날 경기도 여주시의 어느 집이었다. 여흥 민씨 일족의 '여흥'이라는 '본관'은 이 일족이 여흥부에서 유래했음을 의미하며, 여흥부는 다름아닌 '여주'의 다른 이름이다. 즉 명성황후는 일족의 발상지에서 태어난 것이다. 여주는 '수도권'인 경기도에 속하지만, 동남쪽 맨 끝에 위치하고 있다. 수도 한성부에서는 직선거리로 약 65킬로미터 떨어져 있었다. 오늘날에도 서울 시내에서 고속버스로 70분 이상이 걸리는 내륙 소분지에 위치한 소도시이다. 시내 중앙에는 서울을 흐르는 한강의 2대 지류, 남한강이 지나간다. 명성황후가 태어난 집은 이 남한강에서 한번 더 갈라진 줄기의 강변에 위치하고 있었다.

명성황후는 수많은 여흥 민씨 분파 중 삼방파三房派라는 분파에서 태어났다. 삼방파는 300년 간 70명의 문과급제자와 3품 이상의 당상관 127명을 배출한 것으로 알려진 여흥 민씨에서 가장 번영한 분파이다. 명성황후의 증조부에 해당하는 민백분閔百奮은 1723년생이다. 그는 1770년, 47세의 나이로 분과에 합격하여 조선왕조의 왕립 유교 교육기관이자 연구기관인 성균관의 실질적인 책임자, 대사성大司成까지 지낸 것으로 알려져 있다. 관직에서 물러난 후에는 여주에서 은둔생활을 지냈으며, 명성황후가 여주에서 태어난 것도 당시 민백분이 여주에서 다시 경제적 기반을 쌓고 있었었던 배경이 영향을 미친 것으로 보인다. 1751년에 태어난 조부 민기현閔耆顯도 또한 1800년 49세의 나이로 문과에 합격하여 사조참판, 개성부 유수 등을 지냈다. 민기현은 개성부 유수에 재직 중이었던 1811년에 세상을 떠났다. 두 사람은 모두 과거 합격이 비교적 늦은 시기였다는 점, 그리고 정3품에 상당하는 수준 즉 묘당의 어전회의 참석여부가 아슬아슬한 수준에서 관직의 길을 마쳤다는 공통점이 있다. 이 점에서 당시 이 일족이 어떠한 상황에 있었는지를 살짝 엿볼 수 있다. (『만성대동보萬姓大同譜: 하』296-297쪽)

명성황후 동상
(경기도 여주시)

고종이 1904년에 세운 석비
(명성황후 생가)

명성황후 생가
(경기도 여주시)

명성황후는 1851년 11월 17일 경기도 여주 근동면近東面 섬락리蟾樂里에서 태어났다. 고종은 1852년 9월 8일 출생이므로 명성황후가 10개월 정도 먼저 태어난 것이 된다. 명성황후의 아버지, 민치록은 1799년생이므로, 명성황후는 아버지가 52세 때 태어났다는 계산이 된다. 따라서 아버지와는 상당히 나이 차이가 나는 편이다. 민치록에게는 첫 번째 부인인 해주 오씨가 있었으나 그녀와의 사이에는 자식이 없었으며, 1833년에 병으로 세상을 떠났다. 명성황후는 민치록이 후처로 맞이한 한창韓昌 이씨를 어머니로 두었다. 민치록과 한창 이씨 사이에서는 일남삼녀가 태어났으나 명성황후를 제외하고는 모두 요절했다고 한다. 명성황후의 어머니인 한창 이씨는 후에 대원군과 여흥 민씨의 정치적 대립에 휘말려 비극적인 최후를 맞게 된다.

명성황후의 아버지인 민치록은 조상의 공적에서 유래한 음직蔭職의 형태로 관직을 부여 받았으나, 정식으로 과거에 합격하지는 못했던 것 같다. 그런 일도 있어서인지, 그는 결국 스스로 아버지와 할아버지보다 아래인 정4품 연천漣川 군수를 끝으로 벼슬아치로서의 길을 그만두게 된다. 민치록이 언제부터 생활의 본거지를 한성부에 두었으며, 또한 언제부터 한성부로 처자를 불러들여 생활하였는지는 확실하지 않다. 그러나 언제부터인지 이 일가는 여주를 떠나 한성부내 안동, 즉 현재의 안국동으로 거주지를 옮겼다. 현재는 여주로 이전·복원되어 보존되어 있는 '감고당感古堂'이라 불리는 그들의 한성부 거택은 다소 사연이 있는 건물이었다. 감고당은 본디 여흥 민씨 출신인 숙종의 비, 인현왕후를 위해 지어졌던 건물이며, 또한 인현왕후가 내궁 내의 세력 다툼에서 패배하여 비의 지위에서 쫓겨난 후 유폐된 건물이기도 했다. 현재는 덕성여고가 서있는 터에 위치했던 이 건물은 그 후 인현왕후를 모시는 여흥 민씨 일족에 의해 관리되어오다가, 마침 이 시기에 민치록 일가가 거주하게 된다.

덧붙이자면 여주의 명성황후 생가는 이 인현황후 양친의 묘가 있는 언덕의 바로 밑에 있었다. 여주 시절의 민치록은 그 '묘지기'의 역할을 하고 있었다는 설도 있으니, 후에 민치록과 그 일가가 '감고당'에 살게 된 것도 혹 이와 관계가 있었는지 모른다.

그러나 이러한 여흥 민씨와 조선왕조의 잔재로 가득한 역사와는 달리, 소녀시절 명성황후에게 보다 심각한 문제는 명성황후가 겨우 7살이었던 1858년, 아버지 민치록이 59세로 서거한 일이었을 것임이 틀림없다. 민치록에는 명성황후 이외에 생존해 있는 자식이 없었으므로, 집안에서는 필연적으로 민치록의 사후에 성인 남자를 양자로 들일 수밖에 없었다. 그 대상이 민승호閔升鎬 즉, 대원군의 처인 여흥부대부인의 친동생이었다. 이렇게 본인의 의사와는 관계 없이 명성황후는 언제부터인지 대원군 그리고 고종의 '가까운 친척'이 된 것이다. 덧붙여 민승호는 1830년 출생이다. 명성황후와는 21세나 나이 차이가 있는 '의형제'였다.

민치록이 세상을 떠난 후의 명성황후에 대해서는 다음과 같은 일화가 전해진다. 아버지가 돌아가시고 민승호가 집안을 계승한 후에도 소녀 명성황후는 집안의 정치에 자발적으로 관여했다. 그녀의 몸종들은 이러한 그녀를 '소숙자小叔子' 즉 '작은 숙모님'이라고 부르며 싫어했다고 한다. (『대원군전 부왕비의 일생』229쪽) 혹시 명성황후는 '양오빠義兄'가 자신의 집을 계승한 후에도, 뒤에서는 몰래 자기야말로 이 집안의 본래 주인이며, 아버지의 직계 후계자라는 의식을 가지고 있었는지 모른다. 훗날의 결단력 있는 왕비, 명성황후의 일면을 엿보게 해주는 소녀 시절의 일화인 것 같다.

대원군의 속내

그러면 이야기를 고종과 명성황후가 혼인한 시점으로 돌려보기로 하자. 고종의 혼인이 묘당에서 정식으로 올려진 것은 고종 즉위로부터 2년 남짓 경과한 1866년의 일이었다. 주의해야 할 것은 그로부터 한 달 전 조대왕대비의 '수렴첨정' 즉 고종에 대한 공식적인 후견이 폐지된 점이다. 이는 12세가 된 고종이 한 사람의 국왕으로서 능력을 겸비한 '성인'이 되었다는 공식적인 이해가 묘당에 존재하게 되었다는 점을 의미한다. 혼란을 피하기 위해 정리해 두자면, 확실히 고종은 국왕 즉위 직전 1864년 1월 20일 '관례지의冠禮之儀'를 행하였다. 그러나 이는 고종이 국왕에 즉위하기 위한 의식으로서의 성격이 강하였으며, 이로써 고종이 진정한 성인이 되었음을 의미하지는 않았던 것 같다. 이 점을 가장 상징적으로 나타낸 것이 즉위 직후부터 시작된 조대왕대비에 의한 공식적인 '수렴청정'이었음은 이미 이야기한 바와 같다.

고종의 혼인이 이 무렵에 올려지게 된 이유는 아마도 하나 더 있었던 것 같다. 이 시기가 마침 전 국왕인 철종의 죽음으로부터 햇수로 3년이 지난 시기, 즉 국상이 끝나는 시기였다. 유교를 중시하는 조선왕조에서는 친족, 게다가 전 국왕의 상은 극히 중요한 것이며, 그런고로 전 국왕의 상중에 현 국왕의 혼인과 같은 경사를 논의하기는 힘들었다.

어쨌든 이렇게 해서 고종의 혼인을 둘러싼 환경이 갖춰지게 된다. 물론 다음으로 문제가 된 것은 혼인의 상대를 누구로 할 지였다. 여기서 중요한 역할을 한 것이 대원군의 아내이자 고종의 생모인 여흥부대부인이었다고 전해진다. 여흥부대부인의 결론은 단순했다. 그녀는 국왕에 즉위한 친 자식의 혼인 상대를 자신의 동족인 여흥 민씨, 게다가 자신과 지극히 가까운 인물 중에서 고르기로 하였다. 그렇게 선택된 것이 민치록의 딸인 민자영 즉 명성황후였다. 전에도 이야기하였듯이 민치록은 이 시점에 이미 사망한 후였으므로, 그의 가장으로서의 지위는 여흥부대부인의 친형제인 민승호에게 계승된 후였다. 즉 여흥부대부인은 '친형제의 의매義妹'를 '친 자식의 아내'로 삼은 것이다.

여흥부대부인이 이러한 선택을 한 배경에는 대원군의 속내가 담겨있었다. 대원군 부처가 명성황후를 고종의 부인으로서 선택한 정치적 이유는 명백했다. 이미 언급해 온 것처럼 19세기 조선왕조에서는 '세도'라고 하는, 국왕의 외척이 어리거나 병약한 국왕을 옹립하여 권력을 휘두르는 일이 빈번하였다. 그렇기 때문에 자신의 친자식을 국왕의 지위에 올림으로써 겨우 권력을 획득한 대원군에 있어, 외척도량外戚跳梁의 재현만은 절대적으로 피해야 할 일 이었다.

그리고 이러한 대원군에게 명성황후가 속한 여흥 민씨는 이중적인 의미로 스스로의 '인족姻族'이며, '친족'이라 부를 수 있는 존재였다. 이미 언급하였듯이 대원군의 어머니도 여흥 민씨 출신이었기에, 대원군과 여흥 민씨 사이에는 대원군의 아내뿐만 아니라 어머니도 존재하였다. 대원군과 여흥부대부인은 친자식인 고종에게 자신들의 친족인 여흥 민씨 출신의 아내를 맺어줌으로써 자신들과 여흥 민씨와의 신뢰관계를 더욱 높이려고 한 것이다.

또한 민비의 생부인 민치록이 사망했다는 점도 중요했다. 조선왕조에서는 당시 같은 일족내부에서 격렬한 권력싸움이 벌어지는 경우가 빈번하였기에, 인척관계를 맺는 것만으로는 완전히 마음을 놓을 수가 없었다. 고종의 생부인 대원군은 고종의 친자식, 즉 장래 국왕에게는 친조부가 된다. 마찬가지로 만일 고종의 정부인의 아버지가 생존해 있다면, 그는 장래 국왕의 외조부가 된다. 그러므로 가령 왕비의 아버지가 생존해 있는 경우에는 대원군과 왕비의 아버지는 서로 장래 국왕에 대해 보호자로서의 입지를 차지하고자 할 것이므로 경쟁관계에 놓이게 된다.

이 점에서 생부가 이미 세상을 떠난 명성황후가 왕비로서 궁에 들어오는 경우, 가장 가까운 '외척', 즉 친정의 가주家主는 여흥부대부인의 친동생인 민승호가 된다. 민승호와 명성황후는 친남매 관계가 아니므로, 그의 영향력은 저절로 제한이 될 것이다. 또한 뒤에서 살펴보겠으나, 대원군 전성기의 민승호는 대원군의 영향 하에 있었으므로 다루기 쉬운 인물로 여겨졌음에 틀림없다.

한편, 유교는 동족혼을 엄격하게 금지하고 있었으므로 대원군과 같은

일족인 전주 이씨 출신자는 처음부터 혼인의 대상이 될 수 없었다. 그러
므로 명성황후는 사실상, 대원군 부부 입장에서 보더라도 자신들과 가
장 가까운 혈연 관계의 왕비 후보자였다고도 할 수 있을 것이다. 사실
극히 일부이기는 했지만 이 혼인을 가지고 유학자들 사이에서 생모인
여흥부대부인과 왕비인 명성황후의 혈연 관계가 너무 가깝다는 점을 문
제시하는 자들이 있을 정도였다고 한다. 그렇다고는 해도 대원군의 전
성기에 대원군 부부에 의해 선택된 왕비 후보자였기에 그녀에 대한 반
대는 극히 적었다. 명성황후에 대한 간택은 신속하게 공식적인 결정이
이루어졌다. 그 밖의 후보자는 유학幼學이었던 김우근金遇根의 여식, 현
령縣令 조면호趙冕鎬의 여식, 령슈 서상조徐相祖의 여식, 용강龍岡현령 유
초환兪初煥의 여식 등이 있었던 듯 하나, 아무런 문제가 되지 않은 것 같
다. 3월 26일에는 왕비 후보자가 오히려 유일하게 명성황후 한 사람으
로 좁혀지게 되었다(『조선왕조실록』고종 3년 2월 25일, 2월 29일).

이렇게 하여 4월 1일 아직 왕족 종가의 대표자였던 조대왕대비는 '민
치록의 여식'을 고종의 비로 맞는다는 정식 결정을 내리고, 이후 양자의
혼인 준비에 대한 여러 가지 의식이 치루어졌다. 4월 15일에는 결혼식
에 해당하는 '책비례冊妃禮'가 창덕궁 인정전에서 거행되었고 다음날인
26일에는 명성황후가 정식으로 내궁으로 입궐하였다. 당시 고종은 오늘
날의 만 나이로 치자면 12세였고, 명성황후는 13세에 불과했다(『조선왕
조실록』고종 3년 3월 6일, 3월 20일, 21일).

4. 새로운 '가족'

고종과의 관계

이 혼인에 앞서 명성황후의 세상을 떠난 부친, 민치록은 의정부영의정 여성부원驪城府院, 그의 첫 부인인 해평海平 오씨는 해령부부인海寧府夫人으로 추도되었으며, 민치록의 생모인 한창 이씨도 한창부부인韓昌府夫人에 봉해졌다. 이는 명성황후를 중전으로 맞기 위한 준비였을 것이다. 그러나 이렇게 주도면밀하게 준비된 혼인이었음에도 불구하고, 초기의 고종과 명성황후 사이는 그리 원만하지는 않았다고 한다. 이 점에 대해 예를 들자면, 자기 자신이 한반도를 무대로 한 근대사를 거칠게 살았었던 기쿠치 겐조菊池謙讓는 다음과 같이 이야기하였다. 적잖게 표현에 문제가 있는 문장이긴 하지만, 당시 일본인 조선전문가의 이야기를 원문 그대로 인용해보도록 하겠다.

> 그녀(명성황후)는 그 적요한 궁중 생활 속에서 왕의 냉담한 정교情交에 하등 불평을 입 밖에 내지 않고, 또한 왕의 무능으로 하여 섭정의 압박이 있음에도 하등의 불쾌한 기색을 보이지 않고, 많은 은혜를 궁인들에게 베풀고, 사은私恩을 궁중에 베풀었다. 청일淸逸하고 조용하며 우아한 행실은 차츰 궁중에서 입을 모아 칭송 받았으며, 이렇게 하여 인망을 모으고, 동정을 만들었으며, 여기에 독서에 심취한 드문 기호는 오히려 여성으로서는 너무나 고결하고, 너무나 담백하였다. 그렇기는 하나 그녀의 모든 허위虛僞, 정사政事적 표정, 심려한 모계謀計, 인내와 행동은 심히 험악함을 품은 위선僞善이었다. 그 용모의 청아함은 혈관이 얇기 때문이며, 침묵은 모략에 골몰하기 위함이었다. 그녀는 이 후 21년간 가장 참혹하고 가장 위험한 정사생활에서 발휘할 원천을 만들고 있었다. (『대원군전 부왕비의 일생』302-303쪽)

고종의 '냉담한 부부관계'에는 이유가 있었는지도 모른다. 왜냐하면 명성황후와의 혼인 이전부터 고종에게는 수 명의 측실이 있었기 때문이다. 특히 그 중에서도 후궁인 귀인 이씨와의 사이에서는 고종과 명성황후의 혼인으로부터 약 2년 후인 1868년 5월 31일, 남자아이가 태어났다. 후에 '완화군完和君'이라 불리게 되는 이 남자아이의 본명은 이선李墡이며, 고종에게는 첫 아들, 보다 정확히 이야기하자면 서장자庶長子이다. 대원군에게는 첫 손자이며, 왕족 종가에게도 1827년 헌종 탄생 이래로 실로 41년 만에 태어난 남자아이였다.

그렇기 때문에 이 왕자의 탄생은, 대원군과 왕족 종가 양쪽에 큰 기쁨을 안겨주었다. 또는 이미 이씨와 밀접한 관계에 있던 고종이, 이 시점에서는 시끄러운 생부모에게 떠밀려 결혼한 연상의 정실보다 이미 익숙해진 측실 쪽에 보다 많은 애정을 기울이고 있었는지도 모른다. 일설에 의하면 명성황후는 이 고독한 시기에 독서에 매진하여 정치적인 권모술수를 익혔다고 한다. 애독서가 『춘추春秋』이었다는 말도 있고, 춘추의 주역서인 『춘추좌씨전春秋左氏傳』이었다고도 전해진다. 그러나 꽃다운 나이의 왕비가 권모술수로 가득한 중국의 『춘추좌씨전』을 애독했다는 이야기는 후에 조선왕조에서 큰 영향력을 휘두르게 되는 명성황후의 젊은 시절 일화로서는 지나치게 잘 맞아떨어지는 면도 없지 않아 있다. 그렇지만 다른 사서에서도 이러한 명성황후의 독서 사랑을 본 대원군이 '여박사女博士'로서의 그녀를 싫어했다는 이야기(근세조선정감 128쪽)가 있으므로, 명성황후에게 앞서 기술한 것과 같은 성향이 있었던 것 자체는 사실이었던 듯하다.

그러나 이러한 명성황후의 고독한 상황은 비교적 짧은 기간 안에 해소된다. 고종이 차츰 명성황후와 밀접한 관계를 맺게 되었기 때문이다. 그러나 명성황후의 노력이 결실을 맺은 것인지, 아니면 단순히 두 사람의 궁합이 좋았던 것인지는 알 수 없다. 여하튼 적어도 1870년 12월 2일에는 명성황후의 회임 사실과, 그 회임이 이미 7개월째에 접어들었다는 사실이 알려졌으므로 이 시기에 두 사람이 좋은 관계를 유지하고 있었다고 봐도 좋을 것이다. 덧붙이자면 명성황후의 회임으로 인해, 묘당에서는 출산 준비를 위한 임시 관서인 '산실청産室廳'의 설치가 논의되었다. 산실청은 귀인 이씨의 출산 당시에는 설치되지 않았다는 점에서, 역시 중전의 출산은 왕조에게 특별한 사건이었음을 잘 알 수 있다(『조선왕조실록』 고종 7년 윤10월 10일).

사실 이 시기 명성황후의 회임은 유산으로 끝이 난다. 그러나 명성황후는 바로 다시 회임을 하게 되었고 이듬해인 1871년 10월 23일 다시 산실청의 설치가 논의된다. 12월 25일, 명성황후는 마침내 대망의 아들을 출산한다. 그러나 명성황후의 첫째 아들은 직장항문기형 장애를 가지고 태어나, 겨우 4일밖에 살지 못하고 사망한다. 일설에는 명성황후가 첫째 아들의 사망 원인을 대원군이 생후 3일 뒤에 많은 양의 인삼을 먹였기 때문으로 여겼다는 이야기도 있다. 이렇게 하여 명성황후와 대원군의 관계는 이 무렵부터 급속도로 험악해져 간다(『조선왕조실록』 고종 8년 11월 4일).

그러나 이렇게 더해만 가는 비극도 고종과 명성황후 사이의 원만한 관계를 무너뜨릴 수는 없었다. 사실 1873년 2월 23일에는 산실청이 세 번째로 설치되었으며 3월 11일에는 '공주公主' 즉 왕녀가 태어난다. 그러나 이 공주도 또한 수개월 후에는 사망한다. 명성황후는 마치 자신의 운명에 저항하듯, 바로 4번째 임신을 시도하여 3번째 출산으로부터 1년도 채 지나지 않아 아이를 낳는다. 산실청의 설치는 1874년 2월 19일, 출산은 3월 25일에 이루어졌다. 태어난 것은 '원자' 즉 왕자였다. 앞서 태어났던 3명과 달리, 이 왕자는 순조롭게 성장했다. 즉 후에 고종의 왕위계승자, 즉 왕세자에서 왕태자, 그리고 황태자가 되며, 고종이 퇴위한 후에 대한제국 최후의 황제가 된 순종純宗이 바로 그이다(『조선왕조실록』 고종 11년 2월 8일).

고종과 명성황후의 관계는 이 후에도 순조롭게 흘러갔다. 명성황후는 1882년과 1885년에도 임신을 하였고 두 번 다 남자 아이를 출산한다. 1895년에 명성황후가 살해된 후, 고종과 가장 가까운 관계였던 엄비嚴妃를 비롯하여 그 외에는 고종의 비나 측실이 고종과의 사이에 복수의 자식을 출산한 일이 없었던 점을 생각하면, 고종의 명성황후에 대한 애정이 각별했음을 알 수 있다. 그러나 명성황후가 낳은 4남1녀는 1874년에 태어난 순종을 제외하고는 모두 태어난 지 얼마 되지 않아 사망한다. 그런 의미에서 보자면 모친으로서의 명성황후는 하늘의 은총을 받았다고 하기는 어려웠다.

반대원군 세력의 형성

고종과 명성황후가 원만한 관계를 구축한 것은 명성황후의 동족들에게도 영향을 끼쳤다. 예를 들면 명성황후가 궁에서 고립되어 있었던 시절의 여흥 민씨를 둘러싼 상황에 대해 기쿠치 겐조는 다음과 같이 말한 바 있다.

　　대원군과 같은 인물, 섭정의 지위에 있으면서(당시 기쿠치가 인식한
바이며, 이미 말한 바와 같이 정식으로 섭정의 지위에 오른 것은 아니
었다) 그의 일족 일문은 용이하게 왕비의 손으로 현관顯官과 요직要職
에 올랐으며, 민승호, 민규호, 민태호와 같은 사람들은 왕비의 하에 모
이지 않고 운현궁에서 아부영종阿附影從하며, 조금도 왕비의 외족 세
력을 뻗으려 하지 않아 외족을 일환一丸으로 하여 일대세력을 만들기
위해서는 공동일치를 필요로 하였으며, 그렇기 때문에 그의 족인族人
에 대한 유일한 요구는 동족의 결합이었다. [이하 생략]

(『대원군전 부왕비의 일생』 302쪽)

　그러나 고종이 명성황후와 양호한 관계를 유지하게 되자 상황은 크게
변화한다. 기쿠치는 이런 극적인 변화에 대한 다음과 같이 기술하고 있다.

　　총명한 새 왕비가 적요냉막寂寥冷莫한 관계에 있는 광경을 목격하
고, 그들은 오로지 운현궁에 근친近親하여, 온량溫良한 대부인의 내원
內援과 우직한 이재면李載冕(대원군의 장자)과 갑친狎親하여 외족外族
의 지위를 유지하는 데에 급급하였으며, 그 사이에 국왕은 차차 성장
하여, 금슬도 차차 좋아졌으며, 게다가 왕자도 탄생하여, 이 왕실의 가
정에는 혁명적 변화가 일어나, 총명한 왕비의 마음은 빠르게 변화하였
으며 그녀의 동생 민승호는 제일 빨리 운현궁에서 사후伺候하는 신료
臣僚들에게 아니라 하고, 섭정의 장자를 사주使嗾하여 정권의 간극을
간파하는 왕비의 간첩이 되어, 양과 같이 민씨 일족 모두 연맹聯盟하여
대원군이 쌓아 올린 왕실 및 왕족당과 경쟁하고 또한 이를 타파하기
위한 야심에 집주集注하는 잠재 세력을 가지기에 이르렀다.

(『대원군전 부왕비의 일생』 79-80쪽)

　그러나 기쿠치의 이 평가에는 이후에 일어날 명성황후, 여흥 민씨와
대원군 사이의 격렬한 정치적 대립이 지나치게 농후하게 반영되어 있었
는지 모른다. 실제로 1870년대 전반까지 조선왕조에서 여흥 민씨 일족

은 묘당에서도 그다지 중요한 존재가 아니었으므로, 그들이 가지는 정치적 영향력이 컸다고는 할 수 없다.

그럼에도 명성황후가 고종과 원만한 관계를 구축했다는 점이 당연하게도 명성황후의 친족인 여흥 민씨의 발언력 증대를 겉으로나 속으로나 끌어올렸다. 특히 여기서 중요한 것은 왕세자, 즉 고종의 후계자 지위를 둘러싼 정쟁이다. 고종과 명성황후의 관계보다 먼저, 귀인 이씨가 고종의 제1왕자를 출산한 것은 명성황후와 여흥 민씨 일족에게 큰 충격으로 다가왔을 것이다. 왕족 종가에서는 서자 또한 왕위계승의 권리를 가지고 있었으므로, 실로 헌종 이래 41년 만에 탄생한 왕족 종가의 남자 아이의 존재는 많은 사람들에게 왕조의 앞날에 비춰진 밝은 빛으로 인식되었다. 특히 대원군은 자신의 첫 손자에 큰 애정을 쏟았기에, 명성황후와 여흥 민씨에게 이 점이 큰 위협으로 느껴졌을 것은 당연하다. 명성황후와 여흥 민씨 입장에서 보자면 자신들의 입지를 확고하게 다지기 전에, 궁에서의 위치마저 잃을 수 있는 상태에 처한 것이다.

그렇기 때문에 명성황후는 유산 후에도 어떻게 해서든 남자아이, 그것도 건강한 남아를 낳고자 노력했다. 진위는 알 수 없지만, 명성황후가 이를 위해 왕비는 마음대로 궁밖에 드나들 수 없다는 금기를 깨면서까지, 순산을 하게 해주는 것으로 유명한 충청남도 공주에 있는 신원사新元寺에 공을 들이러 갔다는 이야기가 전해진다(『민비 암살』91-92쪽). 여기서는 자신의 아들이 왕위를 반드시 계승해야 한다는 집념이 느껴진다.

여기서 명성황후와의 관계 구축이 고종에게도 자신을 둘러싼 정치적 환경을 크게 변화시키는 계기가 되었다는 점이 중요하다. 겨우 11살로 왕족 종가의 양자가 되어 왕위를 계승한 고종은 고립 상태에 놓여져 있었다. 양가인 왕족 종가에 의지할 만한 남성은 한 사람도 없었으며, 그는 궁 바깥을 자유롭게 드나들기조차 여의치 않았다. 묘당에서 접하는 신하들과 외궁에서 회합하는 때를 제외하면, 고종은 궁의 뒤쪽에 위치한 광대한 국왕용 사적인 공간, 즉 내궁에서 많은 수의 궁녀, 여관들, 역대 국왕의 미망인들에 둘러싸여 하루하루를 보내고 있었다. 그러한 의미에서 보자면 기쿠치 겐조가 명성황후에 대해 기록한 '왕실의 가정은 냉담하여' (『대원군전 부왕비의 일생』80쪽)라는 표현은 고종에 대해서도 그대로 들어맞는 표현이다. 명성황후 이전에 고종의 애비愛妃였던 귀인 이씨는 특별히 유력한 집안에 속해 있지는 않았기 때문에, 내궁에서는 어떠하였든 간에, 공적인 의식이나 정치의 장인 외궁에서 위엄 충만한 대원군을 앞에 두고 고립된 고종을 보좌할 수 있는 인물은 아니었다. 고종의 주위에 있었던 많은 내궁의 여관들도 대부분은 대원군의 뜻을 받들어 임명된 사람들이어서, 고종은 그녀들의 배후에서 항상 간섭이 심한 생부 대원군의 모습을 보고 있었을지 모른다.

　그렇기 때문에 명성황후와의 관계 구축을 통해, 가장 유력한 구성원은 아닐지라도 몇 명의 묘당 구성원을 끌어들여, 일정한 영향력을 가지는 여흥 민씨와의 연대를 이룬 것은 고종이 생부인 대원군 이외에 처음으로 자신이 의지할 수 있는 '가족'을 얻었음을 의미한다. 즉 명성황후와 원활한 관계를 구축하기 이전의 고종은 대원군의 뜻으로 왕궁에 들어오게 된 '꼭두각시 주상'에 지나지 않았던 것이다. 그러나 명성황후를 얻음으로써 그는 비로소 대원군과는 다른 자신만의 '가족'과 유능한 '조언자'를 획득한다. 이는 고종이 자신의 의사를 실현하기 위한 독자적인 수족과 브레인을 얻었음을 의미한다. 이렇게 그는 대원군으로부터 자립의 길을 모색하게 된다.

대원군에 대한 불만의 고조

고종 자신은 대원군에 대한 다양한 불만을 품고 있었다. 고종이 국왕으로 즉위한 것은 1863년이었다. 11세의 소년에 지나지 않았던 고종도 어느 샌가 20세를 넘길 날이 코앞으로 다가와 있었다. 그럼에도 불구하고 대원군은 여전히 정치적인 실권을 장악하고, 고종의 존재를 무시하는 듯이 보호자로서 조선왕조에 군림하고 있었다. 성장한 고종이 이러한 생부의 과대한 간섭에 불만을 가지고 자립의 길을 모색하지 않았다면, 오히려 그 편이 이상했을 것이다. 어쨌든 그 자신이 이 왕조에서 가장 큰 권력을 행사해야 할 국왕이었으니 말이다.

또한 당초는 상대적으로 큰 지지를 받아 시작된 대원군에 의한 왕조 지배도 10년 가까이 되니 다양한 반대 세력이 생겨있었다. 이미 언급하였듯이 왕궁 재건과 서양 열강에 군사적으로 대항하기 위한 재원을 마련하기 위해 실행된 각종 증세 조치로, 한반도 각지에서는 대원군에 대한 원망의 목소리가 높아졌다. 서원 정리와 호포세 도입 등 그때까지 양반들에게 주어져있던 사실상의 면세특권이 철폐된 것도 지방 소재 양반들에게는 단순한 증세책이 아니라 양반과 양인 사이의 구별을 모호하게 하여 그들 지방 유력자들의 정치적 기반을 크게 저해하는 조치로 이해되었다.

외궁에서도 불만의 목소리는 높아져갔다. 대원군은 집정을 하는 데 있어 종래 조선왕조의 관행에서 벗어나 상당히 자유로운 인사를 집행하여, 그때까지 비교적 낮은 지위였던 관료나, 권력의 중추에서 제외되어 있었던 가문의 사람들을 적극적으로 등용하였다. 대원군의 이례적인 인재 기용은 관료질서의 바깥쪽까지도 미치게 되었다. 조선에는 지배 계층인 '양반'과 평민인 '양인' 사이에, 같은 관료이더라도 통역이나 그 밖의 기술직에 해당하는 직책을 가업으로 삼는 '중인'이라 불리는 적은 수의 전문직 계층이 존재했다. 대원군은 그들을 측근으로 중용하였는데, 그 결과 그 중 일부가 대원군의 권위를 등에 업고 권력을 휘두르게 되었다. 이에 대해 사서史書는 다음과 같이 기술하고 있다.

> 운현(대원군의 호)은 사람을 기용할 때, 두뇌명석하고 일 처리에 재빠르며 대담한 발언을 잘 하는 사람을 가까이 두고, 성격이 온화하고 노숙한 사람은 싫어하여 멀리했다. 그 결과, 술 마시고 도박 하는 무뢰배들이 온갖 수단과 모사를 동원하여 진출했다. 수염이 아름다운 자, 장구를 잘 치는 자, 해학에 능한 자들이 대부분 높은 벼슬을 얻었다. 그는 또한 기술을 좋아하여 점술사 들이 항상 좌우에서 떠나지 않았다.
>
> (『매천야록梅泉野錄』 38쪽)

이러한 상태는 그때까지 조선왕조를 과점적으로 좌지우지해온 유력 가문 출신 인물들에게 큰 위기감을 조장하였다. 그리고 그 가운데에는 예전에는 대원군과 가까운 입장이었으며, 그의 정권 획득에 큰 역할을 수행한 사람들까지도 포함되어 있었다. 조대왕대비 및 풍양 조씨 일족은 대원군이 정권을 거머쥔 후에도 그들에 대해 어떠한 우대조치도 취하지 않은 점을 불만스럽게 생각하였다. 대원군에 대해 반감을 품은 자는 그의 친족 중에도 있었다. 『흥선대원군약전』은 다음과 같이 기록하고 있다.

대원군에게는 3명의 형이 있었는데, 그 중 2명은 이미 사망해 있었
다. 남은 한 명인 흥인군興寅君 이최응李最應은 성품이 나약하여 호방
뇌락한 대원군과는 성격이 맞지 않아 형제 사이는 원만하지 않았다.
대원군의 장자인 이재면은 군주의 친 형인 점을 이유로 군작君爵을 받
을 자격을 가지고 있었으나 대원군은 그에게 작위를 하사하려 하지 않
았다. 문과에 급제하여 참판의 자리까지 오른 그는 평소 대장大將 직위
의 하사를 아버지인 대원군에게 청하고 있었으나, 대원군은 이를 들어
주지 않았다. 이재면은 대원군이 자신을 사랑하지 않음을 평소 원통하
게 생각하고 있었다.　　　　　　　　　　　　　(『흥선대원군약전』15쪽)

　고종과 명성황후의 결합은 이러한 다양한 속내를 가진, 그러나 공통
적으로 대원군에 대한 반발심을 가진 정치 세력을 규합하는 계기가 되
었다. 기쿠치 겐조는 다음과 같이 말한 바 있다.

　　조성하趙成夏는 홍대비(조대왕대비를 잘못 말한 것으로 생각됨)의
　종형從兄으로서 왕위 계승의 은인이고, 김병국金炳國은 철종의 외가로
　서 존중 받을 수 있는 문벌이나, 대원군은 자기의 권세에서 갑자기 그
　두 사람을 망각하여, 이에 명성황후는 그들을 후하게 대접하고 선조에
　대한 존숭尊崇의 명망을 가지고 대원군의 불인망不人望을 매매하였으
　며, 조두순은 선조先朝 이래의 원로元老로, 대원군은 안중에 원로의 존
　재가 없어, 그런 연유로 왕비는 그에 원훈元勳에 합당한 대우를 하여
　대원군의 무식無識을 표시하였으며, 흥인군興仁君은 대원군의 중형仲兄
　으로 우매하였으나 대원군으로 인해 후하게 예우를 받아, 왕비는 이에
　경중敬重을 가지고 대원군이 그 동포同胞에 대해 냉혹무정冷酷無情함을
　표방하고, 이재면은 대원군의 장자로, 왕비는 제제弟로 하여금 이 장자長
　子를 이용하여 적의 본진本陣에 침략의 내응內應을 꾀했다.
　　　　　　　　　　　　　　　　(『대원군전 부왕비의 일생』82쪽)

　이윽고 이러한 왕조 내부 유력자의 움직임은 외부에서의 불만 세력과

연동한다. 그러나 대원군의 다소 강력한 재원증가책은 조선왕조의 재정
상황을 개선시키는 데는 일정한 역할을 하고 있었다. 실제로 1873년 4
월 1일, 여흥 민씨 출신의 묘당 구성원 중 한 사람인 병조판서, 즉 국방
대신에 해당하는 지위에 있던 민치상閔致庠은 병조의 창고가 조선 전역
에서 모인 다양한 공물로 가득 넘치고 있다고 보고하였다(『조선왕조실
록』고종 10년 3월 5일). 8월 12일에는 조선왕조 최고의 유학교육기관인
성균관의 학생들이 대원군에 대해 새롭게 '대로大老'라는 존칭을 사용해
야 한다는 청원을 올렸다. 대원군의 입지는 여전히 굳건하고 안정적인
듯 보였다(『조선왕조실록』고종 10년 윤6월 20일).

그러나 이 안정은 겉모습뿐이었음을 대원군의 주위 사람들도 눈치채
기 시작하였다. 9월 28일에는 대원군과 가까운 위치에 있었던 좌의정
강노姜㳣가 최근 10년여 간 토목공사가 계속된 점을 은근히 지적하며, '절
제를 위한 노력'의 중요성을 이야기하였다(『조선왕조실록』고종 10년 8
월 19일). 그러나, 대원군에 의한 적극적 재정책은 멈출 줄을 몰랐고, 이
후에도 왕조는 재정확장적 정책을 계속해서 실행한다. 이제는 아무도
대원군을 말릴 수 없는 상황이었다.

최익현의 상소문

이후 역으로 1873년 12월 14일 대원군에 대한 본격적인 공격이 개시
된다. 이 날 승정원 동부승지 최익현崔益鉉은 '시세時勢의 궐실闕失'을 논
하는 상소를 고종에게 올렸다. 최익현은 '위정척사파衛正斥邪派'의 중심적
인물 이항로李恒老의 수제자이다. '위정척사파'란 문자 그대로 '정正' 즉
유교의 정도를 '위衛' 즉 지키고, '사邪' 즉 기독교나 그 영향을 받은 여러

외국과의 접촉을 일절 '척斥', 즉 물리칠 것을 주장하는, 양이적이고 원리주의적인 유가 입장의 주장이다. 그들에게 대원군과 그 정권은 외적에 대한 강경 자세라는 점에서는 높게 평가되나, 내정면에서는 서원의 정리나 양반에 대한 과세 등에 있어 그들이 믿는 '정'을 해하고 있으므로, 절대로 받아들일 수 없는 존재로 간주되었다.

그렇기 때문에 최익현의 스승인 이항로는 일찍부터 대원군을 비판하였는데, 최익현도 이 기조를 이어받았다. 사실 최익현은 1868년에도 '토목土木의 역을 중지하고, 취렴聚斂의 정政을 파하며, 당백전을 철폐하고, 문세門稅의 봉납을 금할 것'을 요구하는 상소를 올려, 대원군의 치세를 정면으로 비판한 전력의 소유자였다. 그리고 이 1973년, 최익현은 다음과 같이 말하며 대원군의 시책을 다시금 격렬하게 비판하였다.

> 최근의 일들을 보면 정사에서는 옛날 법을 변경하고 인재를 취하는 데에는 나약한 사람만을 채용하고 있습니다. 대신大臣과 육경六卿들은 아뢰는 의견이 없고 대간臺諫과 시종侍從들은 일을 벌이기 좋아한다는 비난을 회피하고 있습니다. 그리하여 조정에서는 속된 논의가 마구 떠돌고 정당한 논의는 사라지고 있으며 아첨하는 사람들이 뜻을 펴고 정직한 선비들은 숨어버렸습니다. (『조선왕조실록』 고종 10년 10월 25일)

최익현이 상소문을 올린 배후에는 대원군의 간섭에서 벗어나 본격적인 친정을 시작하고자 한 고종의 의지가 있었으며, 이를 돕고자 여흥 민씨의 최고 실력자인 민승호閔升鎬 그리고 같은 생각에서 조대왕대비의 친정인 풍양 조씨의 최고 유력자인 조영하趙寧夏세력이 대원군을 묘당에서 몰아내기 위해 최익현으로 하여금 이러한 상소문을 올리게 했다는 이야기도 있다.

본디 고종과 최익현의 사이에는 예전부터 일정한 사상적인 공명이 있었다. 앞서 이야기한 1868년 상소문에 대해 당시 묘당은 대원군의 의지를 받들어 최익현을 유배 보내는 방향으로 논의를 하였다. 이러한 묘당에 대해 고종은 당시로서는 드물게 반박하며, 자신의 의견에 따라 최익현의 처벌을 관직을 박탈하는 데에 그치게 했다(『조선왕조실록』고종 5년 10월 14일). 뿐만 아니라 그로부터 4일 후에는 다시 자신의 뜻에 따라 최익현에게 돈령敦寧 도정都正의 직책을 하사함으로써, 사실상 그를 용서하였다. 조선왕조에서는 국왕이 신하의 제안 없이 인사를 단행하는 것은 기본적으로 드문 일이었기 때문에 고종 자신의 의지가 강하게 반영되어있음을 읽을 수 있는 대목이다. 이는 고종이 이전부터 대원군 세력에 의해 추진되고 있는 재정확장적 시책에 의문을 가지고 있었으며, 이를 비판하는 최익현에 호감을 갖고 있었음을 의미한다.

그리고 1973년 말, 고종은 더욱 큰 행보를 하게 된다. 즉 고종은 최익현의 상소에 대해 국왕을 보좌하기 위한 충심에서 나온 직언이라고 격찬하고, 묘당의 시정을 비판한 그에게 벌을 주기는커녕, 육조 중 하나로 호적 관리를 담당하는 호조의 차관직인 호조참판이라는 중직을 내린다(『조선왕조실록』고종 10년 10월 25일). 고종은 최익현을 지지함을 보여줌으로써 그때까지 대원군이 리드하고 있던 묘당의 시정을 공공연히 비판하고, 이로부터의 방향 전환을 선언한 것이다.

이 일로 자신의 정권 운영을 국왕으로부터 직접적으로 책망 받은 모양새가 된, 묘당의 책임자들, 특히 현직 의정들의 입지가 흔들리게 되었고, 최익현의 상소가 있던 다음날 좌의정 강노와 우의정 한계원韓啓源은 해당 직책에 대한 사의를 고종에게 표한다. 또한 그 다음날인 12월 16일에는 전임 영의정이었던 영돈녕부사領敦寧府事 홍순목洪淳穆과, '비난을 회피한다'는 평을 들은 '대간臺諫과 시종侍從', 즉 대사헌大司憲, 대사간大司諫, 장령掌令, 지평持平, 정언正言 등도 줄줄이 사표를 제출했다. 시원임 대신의 사의는 가까스로 고종에 의해 보류되었으나, 대간과 시종들의 사직은 그대로 수리되었다. 17일에는 묘당에서 최익현의 상소문을 둘러싸고 다시 격론이 오고 갔다. 묘당에서는 최익현의 상소를 부당하다고 말하는 자들이 속출하였고, 묘당 바깥에서도 최익현에 대한 처벌을 요구하는 상소가 올라왔다.

그러나 이러한 상황에 대해 고종은 또다시 최익현을 강하게 비호하고, 오히려 처벌을 요구한 형조참의 안기영安驥泳 등을 유배 보낸다. 묘당 논의의 영향으로 육조 장관인 판서들 중 호조, 예조, 병조의 각 판서와 형조의 전 판서는 최익현의 상소문에 이의를 제기한 데에 대한 처분을 받는다 (『조선왕조실록』고종 10년 10월 28일). 결국, 묘당 논의는 고종이 고군분투하여 자신의 의지를 관철시킴으로써 최익현의 상소를 받아들이는 방향으로 끝이 났다. 최익현에는 앞서 하사한 호조참판 직에 더하여 판의금부사라는 요직이 주어졌다. 호조참판은 종2품, 판의금부사는 종1품이므로 고종이 얼마나 최익현을 완벽하게 보호했는지를 알 수 있다. 통상적으로 온화하고, 굳이 지적하자면 우유부단하다는 이야기를 들은 적이 많았던 고종이 강한 의지와 정치지도력을 발휘한 풋풋한 젊은 날의 순간이었다.

고종의 대원군 배척 의사가 명확해졌으므로, 상황은 마치 봇물이 터진 것 같이 빠르게 전개되었다. 18일에는 사헌부 장령 홍시형洪時衡이 최익현의 상소문에 답하는 형태로, 대원군이 실시한 일련의 시책에 대한 폐지, 즉 만동묘萬東廟와 서원의 부활, 양반에 대한 신규 과세책인 '호포세'의 폐지, 그리고 경복궁 재건을 위해 이루어진 '원납전' 등 강제적 모금에 대한 폐지, 나아가서는 청전淸錢의 유통 중지를 건의했다. 고종은 홍시형의 상소에 대해서도 칭찬하고, 그에게 부수찬副修撰의 직을 내렸다. 고종은 즉각 원납전 등의 강제적 모금을 폐지한다는 명을 조선 전역에 전달하였다. 12월 22일에는 최익현이 다시 상소를 올렸고, 묘당에서는 격론의 대상이 된 최익현의 상소문에 대해 보다 깊은 논의가 이루어졌다.

> 황묘皇廟를 없애버리니 임금과 신하 사이의 윤리가 썩게 되었고, 서원書院을 혁파하니 스승과 생도들 간의 의리가 끊어졌고 귀신의 후사後嗣로 나가니, 부자간의 친함이 문란해졌고, 나라의 역적이 죄명을 벗으니 충신의 도리가 구분 없이 혼란되고, 호전胡錢을 사용하게 되자 중화中華와 오랑캐의 구별이 어지러워졌습니다. 이 몇 가지 조항들은 한 조각이 되어 하늘의 이치와 백성의 윤리는 벌써 씻은 듯이 없어져 더는 남은 것이 없습니다. 게다가 토목공사의 원납전願納錢 같은 것이 서로 안팎이 되어 백성들과 나라에 재앙을 끼치는 도구가 된 지 몇 해가 되었습니다. 이것이 선대 임금들의 전장을 변경하고 천하의 의리와 윤리가 썩은 것이 아니고 무엇입니까? 이에 신이 생각건대, 전하를 위하여 오늘날의 급선무에 대해 논한다면 만동묘萬東廟를 복구하지 않아서는 안 되며, 중앙과 지방의 서원을 짓지 않아서는 안 되며, 귀신의 후사로 나가는 것을 막지 않을 수 없으며, 죄명을 벗겨준 나라의 역적에 대해 추후하여 법조문을 적용하지 않을 수 없으며, 호전을 사용하는 것도 혁파하지 않을 수 없고, 토목공사의 원납전의 경우도 한 시각이나마 그냥 둘 수 없습니다. (『조선왕조실록』고종 10년 11월 3일)

이제 누가 비난을 받고 배척의 대상이 되었는지는 많은 사람들의 눈에 확실하게 비춰졌다. 그렇기는 하지만, 최익현의 두 번째 상소는 배격의 대상이었던 '그저 친족에 지나지 않은' 대원군과 대원군을 지지하는 세력의 강한 반발을 낳게 되어 고종도 할 수 없이 최익현을 귀양 보낼 수밖에 없었다. 그러나 이 단계에서도 고종은 최익현에 대해 더욱 가혹한 처벌을 요구하는 강노와 한계원에게 그의 과오는 무지에서 나온 것이므로 중벌에 해당하지 않는다며 최익현을 감싼다. 일설에는 유배를 보낸 것도 최익현을 격앙된 대원군 세력의 손을 벗어나 한성부에서 탈출시키고자 고종이 특별히 배려한 것이라는 이야기가 있을 정도이다. 사실 최익현은 귀양가기에 앞서 '딱히 물을 것이 없다'라며 어떠한 조사나 심문도 받지 않고 한성부에서 도망치듯 유배지인 제주도로 향하였다.

어쨌든 간에 이렇게 고종은 생부인 대원군을 배제시키는 데 성공한다. 최익현의 귀양을 즉각 실행하도록 명한 날인 12월 23일 밤, 고종은 자신이 서무 전체를 친정한다는 사실을 내외에 알려야 한다는 점을 먼저 신하들에게 통지하였다고 한다. 그러나 생각해보면 이는 참으로 기묘한 통지였다. 왜냐하면 당초 고종이 어린 나이였다는 이유로 시작된 조대왕대비의 '수렴청정'은 이미 7년 이상 이전에 철폐되었으며, 이 사실은 이미 내외에 널리 공표된 바 있었기 때문이다. 제도적으로는 이미 고종의 친정이 예전부터 시작되었어야 했다. 그럼에도 불구하고 고종이 스스로 정치에 임할 수 없었던 것은 '없었어야 할 인물'인 대원군이 존재했기 때문이었다. 결국 고종의 분투가 가져온 결과는 '없었어야 할 인물'이 정말 없어진 것에 지나지 않았다. 이를 깨달았을 때, 고종은 늦은 밤 왕궁에서 대체 무슨 생각을 했었을까. 고종은 다음날 아침 자신이 내렸던 친정 공표 명령을 취하하고, 더불어 조선왕조의 공식 기록에서도 삭제할 것을 명했다고 한다(『일성록』고종 10년 11월 5일).

제3장

고종의 친정,
그리고 좌절

젊은 국왕의 실패

대한제국의 패망과 그림자

1. 젊은 국왕의 이상주의

신선한 등장

1873년 12월. 대원군을 배제시키는 데 성공함으로써 그토록 염원하던 친정을 시작한 그때가 고종에게는 그의 인생에서 가장 자신감 넘치던 시기가 아닌가 싶다. 사실, 이 시기 고종의 언동은 많은 문헌에서 '성격의 유약함'이 지적된 그의 모습과 다분히 다른 인상을 준다. 최익현의 과격한 상소문을 두고 혼란에 빠진 묘당에서 고군분투하고, 그를 감싸준 고종의 모습에는 행동력과 강한 의지, 그리고 무엇보다도 젊음이 흘러 넘치고 있었다. 배후에서 많은 세력에 지지를 받아 치밀한 준비 하에 이루어진 것이라고는 해도, 이 정변의 분수령은 의심할 나위 없이 묘당에서 보여준 고종의 활약 외에는 없었으며, 또한 이 시점에 반대원군 세력이 묘당에서 이렇다 할 지위를 차지하지 못하고 있었던 점을 고려하면, 정변의 성공은 정말 놀랄만한 것이었다고 할 수 있다. 1873년 말, 대원군을 묘당에서 추방한 이 정변을 일본에서는 그 해의 간지干支를 따서 계유정변이라고 부른다. 이 때 고종은 만으로 21세였다. 계유정변은 묘당을 무대로 조연 최익현, 주연 젊은 국왕으로 공연된 신선한 '위로부터의 궁정 쿠데타'라고밖에 할 수 없을 것이다.

그러면 이러한 고종이 정치적 자세를 취하게 된 배후에서, 그의 아내인 명성황후는 어느 정도나 영향을 미쳤다고 해석할 수 있을까. 이 점에 대해서는 사실 잘 알지 못한다. 왜냐하면 명성황후도 또한 대원군과 마찬가지로 묘당의 정식 멤버는 아니었으며, 묘당에서는 공식 발언권조차 가지지 못한 존재였기 때문이다. 그녀는 당시 묘당 회의 때 장지문 뒤에

서 고종에게 어드바이스를 하거나 내궁에서 고종과 다양한 토의를 하였
다. 대원군과 마찬가지로 이러한 공식적인 제도에서 벗어난 형태로 정
치적 영향력을 행사하는 명성황후의 비중을 역사적 사료만 보고 정확하
게 판단하기는 사실상 불가능에 가깝다.

어찌 되었든 간에 이렇게 고종의 친정이 시작되었다. 그리고 고종은
이 친정 개시 직후부터 연달아 새로운 정책을 내놓게 된다. 최익현의 두
번째 상소로부터 고작 7일이 지난 시점에서, 여전히 최익현에 대한 조
사를 요구하는 시원임대신들에 대해, 고종은 오히려 인사권을 발동하여
영돈녕부사 홍순목, 좌의정 강노, 우의정 한계원을 일제히 파면하였다
(『조선왕조실록』고종 10년 11월 11일). 고종은 이틀 후 그들이 나간 뒤
생긴 구멍을 메우기 위해, 원임대신 중에서 이유원李裕元을 영의정에 임
명한다. 이유원은 대원군 집정기인 1865년에 거대한 재정지출을 필요로
하는 경복궁 재건을 둘러싸고 대원군과 대립하여 좌의정 직을 빼앗기고
수원부水原府 유수留守로 좌천되었던 전력을 가진 인물이다. 당시 만 60
세였으므로 고종은 자신이 친정을 시작하는 데 있어 반대원군파의 장로
를 기용한 것이 된다. 1874년 1월 19일에는 이유원을 보좌하는 우의정
에 박규수朴珪壽, 인사를 관할하는 이조의 차관자리, 즉 이조참판에 여흥
민씨의 실력자인 민규호閔奎鎬를 임용한다는 인사를 발표한다 (『조선왕
조실록』고종 10년 12월 2일). 1807년생인 박규수는 19세기 조선왕조 '개
화파'의 원류에 해당하는 인물이다. 그도 또한 67세의 장로정치였다.

여기서 흥미로운 사실은 고종이 1874년 2월 6일, 경복궁에서 창덕궁
으로 거처를 옮겼다는 점이다. 1868년 8월 19일에 창덕궁으로부터 복원
된 경복궁으로 왕궁을 옮긴지 5년 반만의 일이었다. 대원군이 재건한

경복궁을 버리고, 이전 왕궁으로 돌아간 것이다. 고종은 이 행위를 통해, 모든 일을 대원군 집정기 이전으로 돌려놓겠다는 자신의 굳은 의지를 내보인 것인지도 모른다.

이 시기 고종은 국왕의 직접인사권을 발동시키는 '중비中批'를 연발하며 적극적인 인사를 단행하였다. 계유정변 후의 묘당. 그것은 실로 고종의 의지에 의해 새롭게 만들어진 고종의 묘당임이 틀림없었다.

유교원리주의로의 복귀

고종은 이후 마치 대원군 집정기의 성과를 하나하나 모두 부정하듯이 개혁을 추진해 간다. 먼저 2월 10일, 고종은 병조 제도를 '고법古法'에 따라 개정한다. 혹 여기서 고종도 대원군과 마찬가지로 '고법'으로 복귀하는 형태로 개혁을 추진하는 데에 설명이 필요할 수도 있겠다. 왜냐하면 이미 말한 바와 같이 대원군에게도 개혁의 기본은 조선왕조의 예전 제도로 돌아가는 것이었기 때문이다. 그러나 말할 필요도 없이 양자의 사이에는 명확한 차이점이 존재했다. 전형적으로 경복궁과 창덕궁, 두 궁을 둘러싼 차이점에서 보이듯, 대원군에게 있어 '고법'으로의 복귀란 즉 조선왕조가 힘이 있고 활력이 넘치던 15세기 이전의 모습으로 되돌아가는 것을 의미했다. 그렇기 때문에야말로 대원군은 19세기의 조선왕조를 둘러싼 상황에는 비판적이었으며 당시의 정치 및 사회에 대한 대담한 개혁을 지향하게 된다. 이에 비해, 고종에게 '고법'이란 대원군의 집정기 이전, 즉 19세기 전반의 법을 의미하고 있었다. 그러므로 고종의 개혁은 대원군의 다양한 시책을 취소하는 형태를 취한 것이다. 이는 아마도 사회를 바라보는 두 사람의 시각이 달랐기 때문일 것이다. 1863년부터

1873년인 대원군 집정기 시대에 대원군이 민심을 고려하여 백성에게 배려한 흔적은 거의 보이지 않는다. 이에 비해 고종은 1868년 집정 초기, 토목 공사 등을 중지하고, 재정 축소로의 방향 전환을 주장한 최익현을 옹호한 점에서 보이듯이, 대원군의 적극적인 재정 시책에 대해 부정적인 입장을 취하였다. 바꿔 말하자면 내외의 심각한 위기를 배경으로 정권을 획득한 대원군은 왕조의 상황을 무엇보다 우선시하였으며, 그 결과, 자신의 집정에 대한 반대세력을 키우는 결과를 낳은 것이다.

고종은 이러한 대원군의 정치적 자세에 의문을 품고, 이에 '백성의 생활을 중시한다'는 데에 중점을 두었다. 그 상징적인 예로써, 고종은 친정을 개시한 뒤 처음으로 맞이한 고종 11년 음력 1월 1일 구정, 즉 양력으로는 1874년 2월 17일에 다음과 같이 농사를 장려하는 권농윤음勸農綸音을 내렸다. 이 윤음에서 고종은 다음과 같이 말하였다.

> 왕정王政의 급선무는 백성들의 식량을 중시해서 백성의 농사를 권장하는 것이다. 나라의 근본은 백성이요 백성들의 근본은 농사이니, 농사를 지어 추수를 한 연후에야 민생이 후하게 되고 나랏일이 공고하게 된다. 그래서 수인遂人의 직책은 토야土野를 구별하여 농사를 감독하는 것이요, 전준田畯의 관직은 농기구를 가려서 농사를 계칙하는 것이다. 백곡이 잘되어야 백성들이 번식되니, 이것이 다스리는 이치의 근원이요 부국富國의 술책인바 백성을 사랑하고 나라를 근심하는 처지에서 어지 소홀히 하겠는가. (『승정원 일기』49쪽)

이 무렵의 고종은 대원군과는 확연하게 다른 정치사상을 가지고 있었으며, 적어도 주관적으로는 농본주의적이고, 백성의 마음을 헤아리는 '친절한 정치가'의 측면을 가지고 있었다. 그러나 고종은 자신이 취한 다음 수에 의해 매우 심각한 현실에 직면하게 된다. 2월 22일, 고종은 돌연 청전淸錢의 유통정지를 선언하였다. 청전의 유통은 대원군 집정기에 들어서면서 공공연하게 인정을 받은 바 있었으며, 또한 때때로 최익현을 비롯한 위정척사파 인물들로부터 대원군이 실시한 전형적인 악정惡政의 하나로 비판을 받고 있었으므로, 고종은 이것 또한 대원군 집정기의 상황을 단순하게 '고법'으로 되돌리기 위한 조치라고 생각한 것이 틀림없다. 그리고 이에 대한 명도 마찬가지로 신하로부터가 아닌, 고종 자신의 제안으로 이루어졌다. 이 윤음에서 고종은 다음과 같이 말하고 있다.

> 청나라 돈을 당초에 통용한 것은 그렇게 하지 않을 수 없는 일이었는데, 지금에 이르러 날이 갈수록 물건은 귀해지고 돈은 천해져서 지탱할 수 없다고 한다. 민정民情을 생각하면 비단 옷과 쌀밥도 편안하지 않으니 즉시 변통하는 것은 또한 그렇게 하지 않을 수 없는 일이다. 이제부터는 청나라 돈을 통용하는 것을 전부 혁파革罷하라
>
> (『조선왕조실록』고종 11년 1월 6일)

물론 청전의 유통 자체는 조선의 화폐유통량을 급증시키고, 심각한 물가 상승을 불러일으켰다는 점에서 어느 정도 문제가 있었던 것은 사실이다. 그러나 문제는 이 조치가 너무나 극단적이었다는 점, 그리고 무엇보다도 조선왕조의 재정에는 전혀 배려를 하지 않았다는 점이었다.

대원군은 백성에 대한 배려가 없었는지는 모르겠으나, 재정에 대한 배려는 존재했다. 그러나 친정을 개시한 지 얼마 되지 않은 고종은 오히려 백성에 대한 배려는 있어도 재정에 대한 배려는 없었던 것이다. 무엇보다 사실 고종은 친정을 개시한 지 아직 2개월이 채 지나지 않은 시점이었다. 이 결정이 조선왕조가 당시 채택하고 있었던 음력 날짜로 새해

가 밝은지 얼마 안된 시기, 그리고 극적인 '궁중 쿠데타' 직후에 이루어
졌다는 점은 고종의 제안을 묘당에서 논의할 충분한 시간과 여유를 앗
아갔다.

예상치 못한 파산

여하튼 이렇게 1874년 조선은 그때까지와는 전혀 다른 종류의, 한번
도 겪어 보지 못한 대혼란 속으로 빠져들고 있었다. 고종이 무엇을 간과
하였는지는 확연했다. 대원군이 청전의 유통을 인정한 지 이미 7년. 당
시 조선의 화폐유통에서 이미 청전은 압도적인 비중을 차지하고 있었
다. 이 때 고종이 단행한 청전 철폐로 인해 구체적으로 어떠한 조치가
시중에서 취해졌는지는 확실하지는 않으나, 이 조치 이후 청전을 왕조
에 내는 납세 용도로 쓸 수 없게 되었음은 확실하다. 압도적인 유통량을
차지하는 화폐가 돌연 가치를 잃게 된 결과, 조선 전역의 경제는 혼란에
빠졌다. 즉 대원군이 하이퍼 인플레이션을 일으켜 조선의 경제를 혼란
시켰다면, 이번에는 고종이 이와는 정반대인 하이퍼 디플레이션 정책을
써서 경제를 붕괴시킨 것이다. 일반 백성들은 상평통보常平通寶라 불린
그 숫자가 많지 않은 조선의 화폐나 또는 은으로 교환하고자 청전을 손
에 들고 시장으로 몰려들었다.

그러나 보다 심각한 위기에 직면한 것은 왕조 자신이었다. 이 상황에
대해 3월 1일, 우의정 박규수는 '확실히 청전의 폐지는 국고의 피폐까지
감수할 만한 훌륭한 성의의 발로이기는 하나', '조선 전역의 화폐가 대부
분 청전으로 대체되어 있는 이상, 폐지했을 때 이를 대신할 것이 없어진
다'고 솔직히 이야기한 바 있다. (『승정원일기』고종 11년 1월 13일) 중

요한 것은 애초부터 당시의 조선에서는 이전부터 청전이 상평통보에 비해 가치가 떨어진다는 인식이 존재했으며, 그렇기 때문에 실제 징세에 임하는 왕조 관리들은 징세 때는 상평통보를 모으고, 왕조에는 청전으로 납부하는 작업을 반복하고 있었다. 악화惡貨가 양화良貨를 몰아낸다는 그레샴의 법칙Gresham's law은 19세기 조선에서도 맞아떨어진 것이다. 이렇게 하여 7년간 조선왕조의 창고에서 잠자고 있던 재정 비축분 중 대부분은 청전으로 탈바꿈하였다.

결국, 벌어진 상황은 단순했다. 고종의 청전 철폐 선언은 조선의 화폐 유통을 마비시킨 것뿐 아니라, 왕조가 보유한 재정 비축분을 문자 그대로 한 순간에 물거품으로 만들어 버린 것이다. 대원군은 백성의 불평을 사면서도 왕조의 재정을 확보하는 데에 매진하였으며, 그런 면에서는 확실히 일정한 성과를 거두었다. 그러나 고종의 청전 폐지로 이러한 대원군의 노력은 한 순간에 없던 일이 되었다. 박규수는 다음과 같이 말했다.

> 이번에 폐지한 청나라 돈은 바로 하나의 쓸모 없는 물건입니다. 간간이 분쇄粉碎하여 녹여서 집물을 만드는 등 본래 자연에 맡겨야 하는데, 관고官庫에 쌓여 있는 것에 이르러서는 만일 조금이라도 변통할 길이 있다면 시험해 보는 것도 무방합니다. 매번 연사年使나 별사別使의 행차에 드는 여비와 잡비로 서울과 지방에서 제급除給하는 것이 그 수량이 적지 않으며, 은화銀貨로 환작換作하는 것도 또한 많습니다. 이제 만약 청나라 돈으로 제급하여 북경으로 들어가는 비용으로 삼으면 저들 돈은 본고장으로 돌아가 해마다 줄어들 것이오, 우리 돈은 그대로 관고官庫에 있게 되어 해마다 남게 될 것이니, 이것은 시험해볼 만한 일입니다.　　　　　　　　(『조선왕조실록』고종 11년 1월 13일)

그러나 이렇게 논의를 제기한 박규수도 영의정 이유원의 "은을 동으로 바꾸기는 쉬워도 동을 은으로 바꾸기는 어렵다. 청이 이제 와서 받아주지는 않을 것이다"는 반론을 듣고 침묵하게 된다. 묘당에서 이루어진 이 논의에 대해 고종은 묘당에서 자주 논의하도록 하자는 말을 되풀이할 뿐 어떠한 구체적인 정책도 제시하지 못했다. 유교적 교의에 따른 농본주의를 내걸고 있던 고종은 어쩌면 이 문제의 심각성을 충분히 이해하지 못했는지도 모른다. 흥미로운 점은 이 시기 묘당의 논의에서 고종이 적극적인 반응을 보인 것이 청전의 유통 정지에 따라 시중에서는 부족한 정식 화폐, 즉 상평통보의 위조가 횡행할 것이라고 박규수가 말한 때였다는 점이다.

> 내가 일찍이 ≪사기史記≫를 보건대, 돈을 주조할 때에는 물건값이 언제나 대부분 뛰어올랐다. 이것은 다름이 아니라 생산되는 물건은 한정이 있고 돈이 나오는 것은 헤아릴 수 없기 때문이다. 이러한 잡된 말을 위에서 해당 법령이 없다고 해서 아래에서 감히 멋대로 헤아리려 한단 말인가? 경조에 분부하여 엄하게 징계하라.
> (『조선왕조실록』고종 11년 1월 13일)

확실한 것은 이 시점에서 고종이 농본주의적인 사상에 치중하고 있던 한편, 화폐나 화폐 경제 그 자체에 대해서는 원리적이고 부정적인 입장을 취하고 있었다는 점이다. 그리고 이러한 고종의 발상은 그가 11세의 나이로 왕궁에 들어온 이래 받아온 교육을 고려한다면 결코 이상한 것이 아니었다. 조선왕조의 국왕과 왕위계승자는 '강학講學'이라는 형태로 유교와 그 외 경전을 토대로 한 엄격한 교육을 받았다. 고종도 이유원의 제안을 받아들이는 형태로, 1874년 2월 10일부터 이 '강학'을 재개하였으며, 이 점에서 보면 그 나름대로 친정에 대한 준비를 해온 것이다. 그리고 유교는 본디 농본주의적인 성격을 가지는 사상이며, 이 점에서 보면 음력 1월 1일에 이루어진 권농윤음과, 계속된 청전의 철폐는 유교의 강학에서 보았을 때 모범 답안으로서 스승들에게 칭찬을 받았을 지도 모른다. 그러한 의미에서 이 시기에 행해진 일련의 조치는 고종이 스스로 믿고 있는 국왕으로서의 이상적인 정치를 친히 실행한 것에 지나지 않았다. 3월 17일, 재정 핍박을 호소하는 이유원에게 고종은 다음과 같이 말했다.

> 만일 백성들에게 편리하다면 설사 나라의 비용에 손실이 있더라도 무슨 방해될 것이 있겠는가? (『조선왕조실록』고종 11년 1월 29일)

그러나 이러한 고종의 방식은 너무나도 원리주의적이어서 당시 조선과 조선을 둘러싼 현실과는 괴리가 있었다. 사실 3월 17일 시점에서도 고종은 당시 '도고都賈'라고 불리는 농촌과 한성부를 잇는 중간상인의 활동을 한성부의 물가상승과 재정난의 원인 중 하나로 들고, 이를 '엄금'한다는 명을 내렸다. 화폐유통이 끊긴 상태에서 추가적으로 상행위를 억압하는 정책을 시행하는 것은 디플레이션 상태에서 물가를 더 내리는 것과 같아서, 이는 당시 조선의 경제를 더욱 냉각시키게 된다.

2. 군사력을 둘러싸고

고종의 군비증강

어쨌든 이렇게 하여 고종의 친정은 대혼란 속에서 막을 열었다. 이 가운데 고종은 추가적으로 대원군 집정기의 다양한 시책을 부정하는 조치를 연발하고, 4월 28일에는 서원철폐의 상징적 존재였던 만동묘萬東廟를 정식으로 부활시킨다는 명이 내려졌다(『조선왕조실록』고종 11년 2월 13일). 인사도 또한 묘당의 의견에 따른 것이 아니라, 고종 자신의 '중비中批'에 따라 직접 행하여, 묘당은 급속도로 모습을 바꾸게 된다.

친정을 시작했을 당시, 고종 치세의 또 하나의 특징은 적극적인 군비 증강이었다. 그러나 고종의 군비 확장은 대원군의 군비 확장과 다소 다른 성격의 것이었다. 왜냐하면 대원군 집정기의 군비 확장이 주로 서양 열강의 군사적 위협에 대비하기 위해 강화도 주변 지역을 대상으로 한 것이었던 데에 비하여, 고종은 왕궁을 호위하는 근위병 정비를 중심으로 군비를 확장하였다. 1874년 6월 9일, 고종은 '신정파수군新定把守軍'이라 불린 오번대五番隊, 총 500명의 신근위부대창설을 발표했다. (『조선왕조실록』고종 11년 4월 25일) 8월 2일에는 이 '신정파수군'이 '무위소武衛所'로 개칭되었으며, 이 시기 군비 증강의 중심적 위치를 차지하게 된다. 그 배경에는 아마도 당시 군대에 대한 고종의 불신이 있었던 것 같다. 왜냐하면 대원군 집정기의 군비 증강은 결과적으로 군 안에 대원군의 영향을 짙게 남기는 결과를 낳았었기 때문이다. 당시의 무관들 중 다수가 대원군 집정기에 고위 관직으로 격상된 사람들이며, 그들은 모두 대원군계 세력의 중요한 구성원으로 간주되었다. 새로운 근위부대창설과 우대 정책이 실행된 배경에는 대원군의 영향에서 벗어난 자신의 군사력이 필요하다는 고종의 속내가 반영되어 있었을 지도 모르겠다.

또한 이 시기 고종은 자신의 친정 실현에 큰 역할을 해준 사람들을 적극적으로 군의 요직에 기용하였다. 민비의 의형제인 여흥 민씨 최대의 실력자였던 민승호는 계유정변 직전부터 병조판서의 직에 있었으며, 이에 고종은 새롭게 설치된 근위부대를 통괄하는 무위소의 수장인 무위도통사에 고종의 친정 실현에 큰 역할을 한 풍양 조씨의 대표자격인 조영하를 임명했다.

청전 철폐에 의한 경제적 파탄, 그리고 근위부대의 증강. 이러한 가운데 조선왕조를 둘러싼 상황은 대외적으로도 또 다시 긴박하게 흘러간다. 1874년에 일어난 일본의 대만 출병은 조선왕조에 하나의 논점을 불러일으켰다. 이미 언급한 바와 같이 대원군 집정기 이래, 조선왕조는 일본의 메이지 정부와 관계를 끊은 상태여서, 메이지 정부의 대만 출병은 일본이 다시-이 경우에는 16세기 말 임진왜란-한반도에 대한 군사적 위협이 될 가능성을 보인 것으로 생각되었다.

사실 이 때 청나라의 흠차판리대만등처해방대신欽差辦理臺灣等處海防大臣인 심보정沈葆槙은 이 대만정벌군이 대만에서 철수한 후 조선으로 장소를 옮겨 전쟁을 일으킬 것이며, 이러한 일본의 군사 행동에 이전 조선에 출병한 전적이 있는 프랑스와 미국이 각각 동조할 것이라는 이야기를, 한 프랑스인의 말을 빌어 청나라의 총리아문에 보고하였다. 청나라의 총리아문은 바로 이 이야기를 조선왕조에 전달하였고 넌지시 일본, 프랑스, 미국과의 외교적 문제를 조선왕조가 조기에 그리고 자주적으로 해결할 것을 청했다고 한다(『조선사: 제6편 제4권』333쪽). 프랑스와 미국은 차치하더라도 일본 국내에서는 한 해 전에 정한론 논쟁이 전개되었었으므로, 청나라의 이러한 시각을 반드시 잘못되었다고만 할 수는 없다.

대외적 위기가 찾아온 가운데, 군비 증강을 추진하여 이에 대처할 것인지, 그렇지 않으면 일본을 포함한 각국과의 관계를 개선하고 대외적 위기 자체를 회피하는데 주력할 것인지. 선택의 기로에 선 조선왕조에서 묘당의 입장은 흔들리고 있었다. 7월 30일, 이유원, 박규수 즉 좌·우의정은 고종에게 일본과의 관계를 가로막고 있는 것은 대원군의 뜻을 따르는 사람들의 강경자세라고 하고, 대일 외교에 관계한 대원군 계열의 인사들에 대해 처벌을 청했다. 두 사람은 여기서 대일 정책의 책임을 대원군파 사람들에게 떠넘기고 고종에게 대일 정책을 융화적 방향으로 전환하자고 청했다.

우의정 박규수는 더욱 적극적이었다. 그는 대원군 집정기에 문제였던 메이지 정부의 외교문서 형식에 대해 언급하고, 다음과 같이 이야기 하였다. 그 이야기인 즉슨 일본이 조선왕조에 보내는 외교적 서한에서 일본의 국왕을 '천황'이라고 칭하고, 그의 명령을 '칙서勅書'라고 부른 것은 그저 일본의 국내 사정에 의한 것이며, 이를 이유로 일본과의 관계 자체를 거부하는 것은 잘못이라는 것이었다. (『조선왕조실록』고종 11년 6월 29일)

이러한 묘당의 논의 결과, 그때까지 대일 외교의 창구로서 그 책임을 다하고 있던 전 경상도 관찰사, 즉 요즘으로 치자면 전 경상도지사에 해당하는 김세호金世鎬, 전 동래부사東萊府使 정현덕鄭顯德, 그리고 현장의 외교협상담당자인 훈도訓導 안동준安東晙 등이 처벌을 받았다. 그러나 주의해야 할 점은 고종의 대외적 시책 전환이 이들 일부 책임자의 처벌 이상으로 확대되지는 못했다는 점이다. 당시 '쇄국정책을 취한 대원군의 정권'과 대비되는 형태로, 이 시기 '민씨 정권'은 '개화적'이어서 '개국 노선을 취했다'고 이야기 되기도 한다. 그러나 이 시점에서 조선왕조의 현실은 여전히 한반도의 근대화, 서양화 혹은 '개화', 서양제국에 대한 '개국'에 대해 명확한 방침을 가지고 있지는 못했다. 대원군의 쇄국 정책을 부정한 것은 맞다. 그러나 이것이 즉 고종과 묘당이 일본과 서양 열강에 대해 적극적인 개국 정책으로 전환하고자 결의를 다졌다는 의미는 아니다.

중요한 것은 이 시점에서 고종의 관심이 대외 관계보다 압도적인 국내 문제, 그것도 자신을 둘러싼 왕궁의 문제로 향해 있었다는 점이다. 이는 고종의 군사적 정책의 방향성을 보면 알 수 있다. 이미 이보다 더 전 단계에서 강화도의 군영인 진무영鎭撫營에 할당되어 있었던 조선의 인삼전매로 얻어진 세금 4만량이 이듬해부터 진무영이 아닌 무위소로 할당된다는 결정이 나왔다. 이 명령을 내린 것 또한 고종 자신이었다. 그는 강화도의 방비보다도 신근위부대의 정비를 우선시하였다. 고종은 확실히 서양 열강으로부터 두 번에 걸친 침략을 받은 강화도의 방비보다 자신이 사는 왕궁의 방비가 훨씬 중요하다고 생각하고 있었다. 그리고 이러한 상황은 차츰 묘당에서 상위를 차지하고 있던 시원임대신들 사이에서 고종에 대한 불만을 고조시킨다. 예를 들면 1874년 8월 26일, 이유원과 박규수는 고종의 무위소에 관한 결정 사항에 이의를 제기한다. 박규수는 다음과 같이 말하였다.

영의정이 방금 무위소에 관한 문제를 가지고 전하에게 앙달하였습니다. 당초에 신 등은 너무 확대될 것 같아서 전하에게 앙달한 바가 있는데 반드시 확대되지 않을 것이라는 뜻으로 성상의 하교를 받았습니다. 그런데 근일 점차 조처를 행하여 뜻밖에 일부의 군영을 이루게 되었습니다. 임금이 숙위하는 친위병을 두는 것은 원래 하지 못할 일은 아닌 것입니다. 만약 이런 내용을 가지고 여러 신하들에게 명하여 강구하고 마련하게 하여 조리 있게 나아가면 안 될 것은 없습니다. 그러나 전하께서는 마음속으로 결단하여 이렇게 여러 가지 일들이 있게 되었으며 언제 한번 어떻게 하는 것이 좋겠는가 하는 것을 물어본 일도 없었기 때문에 모순되는 일들이 많이 나타났습니다.

(『조선왕조실록』고종 11년 7월 15일)

이에 대해 고종은 9월 30일, '무위소의 군대는 통상적인 것과는 성격이 다르므로, 다른 군영이나 관청이 이를 경시해서는 안 된다'는 명을 내린다. 고종은 이 문제에 대해서는 묘당의 참견을 허락하지 않았다.

이렇게 고종의 정치 독주는 점차 혼란을 불러일으키게 된다. 11월 4일, 그때까지 고종에게 비판적인 의견을 겨눠온 박규수는 오히려 우의정 직을 스스로 사직하고, 고종 바로 그날 이를 인정한다. 같은 시기에 물가는 반전되어 다시 인플레 상태가 되어있었다. 묘당에 남은 이유원은 고종에게 이 이상의 물가조정책을 시행하지 않도록 요구한다. (『조선왕조실록』고종 11년 10월 8일)

조선왕조의 시정 혼란은 결과적으로 고종에 대한 비판의 목소리를 고조시켰고 그 반동으로서 대원군의 정계 복귀를 요구하는 목소리도 높아졌다. 1873년 말 실각 이후 대원군은 한성부를 떠나 경기도 양주에 위치한 자신의 별저에 칩거하고 있었다. 1874년 11월 28일, 부사과副司果 이휘림李彙林은 이러한 상황에 대해 고종에게 직접 양주로 행차하여 대원군을 한성부로 다시 불러오는 것이 효도에 맞는다는 상소를 올렸다. (『조선왕조실록』고종 11년 10월 20일) 이 이휘림의 상소에 대해 고종은 임금에 대한 불경이라고 꾸짖고, 이휘림을 바로 귀양보낸다. 12월 9일에 는 재정을 관할하는 호조의 장인 호조판서 김세균金世均이 고종이 만든 무위소의 비용이 재정을 압박하고 있음을 솔직히 논하였다(『조선왕조 실록』고종 11년 11월 1일).

민승호 폭사 사건

아이러니한 것은 이러한 상황이 역으로 고종으로 하여금 자신이 설치 한 무위소에 대한 의존도를 더욱 높이는 계기가 되었다는 점이다. 긴박 한 정국 탓에 고종을 둘러싼 치안이 악화되었기 때문이다. 그리고 1875 년 1월 5일 결정적인 사건이 일어난다. 여흥 민씨 최대의 실력자인 병조 판서 민승호 즉 대원군의 부인인 여흥부대부인의 친동생이며, 명성황후 의 양오빠, 그리고 고종 친정하에서 군무책임자를 맡고 있었던 인물이 어떤 자가 보낸 폭약에 의해 살해된 것이다. 조선왕조의 공식적인 기록 에 의하면 사건의 경위는 다음과 같다. 이날 민승호가 어린 아들 그리고 양어머니와 함께 자신의 집에서 식사를 하던 중, `누군가가 '진귀한 물건' 을 보내왔다. 그래서 민승호와 그의 가족이 이를 개봉하려고 하는 찰나, 이 물건이 갑자기 폭발한 것이다(『조선왕조실록』고종 11년 11월 28일).

그리고 이 사건은 명성황후에게 큰 충격을 준다. 왜냐하면 이 때 피해 를 입은 민승호의 양어머니는 바로 명성황후의 친모인 한창부부인 이씨 였기 때문이다. 한창부부인 이씨는 이 사건으로 중상을 입고, 이틀 후 세상을 떠난다. 이렇게 어린 시절 아버지를 여읜 명성황후는 어머니까지 잃게 된다.

사건의 배후에는 당연하게도 정권복귀를 도모하던 대원군과 그의 세력이 있을 것으로 짐작되었다. 대원군은 예전에는 자신과 원활한 관계를 유지하던 고종이 갑자기 자신을 정치적으로 추락시킨 배경에, 명성황후와 여흥 민씨 세력의 술책이 있었을 것이라 생각하였고 그 핵심인물인 민승호를 제거하고자 한 것이라는 이야기가 있다.

사실 사건이 발생한 다음날인 1875년 1월 6일, 마치 사건과 타이밍을 맞추려는 듯, 이번에는 전 장령掌令 손영로孫永老라는 인물이 조정에 상소를 올리고, 대원군을 한성부로 돌아오게 할 것을 청함과 동시에, 영의정 이유원이 이를 저지하고 있다며 탄핵을 하는 일이 벌어졌다(『조선왕조실록』고종 11년 11월 29일). 탄핵이 묘당의 최고책임자인 이유원의 책임을 구실로 이루어진 것이기는 하나, 고종에 대한 비판임은 틀림없었다. 고종은 즉시 손영로를 처벌하기로 결정하고 다음달에 전라도 금갑도로 그를 귀양 보낸다. 고종과 대원군. 이윽고 두 사람의 대립은 첨예화되었으며, 고종은 강경자세를 더욱 굳혀간다.

3. 고종의 독재화

왕세자 결정

고종의 친정은 이렇게 당초 의욕과는 반대로 예상 외의 큰 혼란을 낳게 되었다. 첫째로, 그의 경제 정책은 한반도의 경제와 조선왕조의 재정에 치명적인 파탄을 가져왔다. 그 이후 조선왕조는 계속해서 재정난으

로 골치를 썩게 되며, 그 결과 왕조가 취할 수 있는 정책의 범위가 극단
적으로 제한되게 된다. 둘째로, 고종의 독단적인 정책 수행은 당초 고종
의 친정을 뒷받침해온 중신들의 이반을 부르고, 고종은 명성황후와 여
흥 민씨에 크게 의존할 수밖에 없게 된다. 셋째로 이미 언급한 바와 같
이 정책의 혼란은 정권에서 내몰린 대원군에 대한 대망론을 낳고, 이번
에는 대원군을 중심으로 하는 세력이 재구성되기에 이른다. 그리고 마
지막으로 고종 자신은 친정 초기의 정책 실패와 이에 대한 비판에 의해
정책 수행 의욕이 크게 훼손된다. 이러한 의미에서 고종의 실패에 의한
가장 큰 타격을 입은 것은 고종 자신의 정치적 의욕이었을지도 모른다.

이렇게 친정 개시 직후 '백성을 마음을 헤아린다'는 자세를 보여주고,
연이어 새로운 정책을 발표했던 고종은 자신의 실패로 인한 결과로서
차츰 정치의 방향성을 바꾸어가고 있었다. 묘당 그리고 왕조 내외에서
일어난 비판의 목소리에 대해, 고종은 점차 개혁을 추진할 여유를 잃고
자신을 지키기 위한 강압적인 정치로 흘러가게 된다.

그러나 동시에 이 시기는 고종과 명성황후의 사생활 면에서는 행복했
던 시기였을 것이다. 앞서 이야기한 1874년 3월 25일 즉 고종과 명성왕
후 사이에 기다리고 기다리던 남자 아이가 태어난 시기가 고종이 친정
을 개시한 직후였으며, 이 왕자는 그 후에도 순조롭게 성장하였기 때문
이다. 그리고 정국이 혼란의 한 가운데 있었던 고종 12년 1월 1일, 즉
1875년 2월 6일에 고종은 만 1세도 되지 않은 이 갓난 아기를 정식으로
'왕세자' 즉 공식적인 왕위 계승자의 지위에 봉한다고 선포하였다(『조선
왕조실록』고종 12년 1월 1일).

이미 이야기하였듯이 고종에게는 귀인 이씨가 낳은 이선李墡이라는

서장자가 있었으며, 대원군은 이선의 왕위계승을 바라고 있었다는 이야기도 있었다. 즉 명성왕후는 마침내 이선과 귀인 이씨 그리고 대원군을 제치고, 자신이 낳은 아들을 왕세자로 책봉하는데 성공한 것이다. 또는 같은 시기에 고종과 대원군 사이의 정치적 대립이 격해진 점을 고려하면, 고종이 자신의 아들인 이선을 내치는 데 이러한 상황이 일정한 역할을 했는지도 모르겠다. 왜냐하면 이미 지적한 바와 같이 고종과 생부의 대립은, 이제 자신이 신뢰할 수 있는 유일한 친족이 되어버린 명성황후와 여흥 민씨에 대한 의존도를 한 층 더 높아지게 했기 때문이다. 한편 이선에게는 마치 왕세자의 지위를 잃은 데에 대한 보상이라도 주듯, 다음해 5월 14일 완화군完和君이라는 군호가 내려졌다(『조선왕조실록』고종 13년 4월 10일).

그리고 2월 12일 왕세자는 정식으로 '척拓'이라는 이름과, '군방群邦'이라는 자를 받았다. 그리고 3월 15일에는 "『대명회전』에 따라", 왕세자의 책봉을 청나라에 청하는 사절 '책봉도감冊封都監'에 묘당의 최고위 자리에 있는 영의정 이유원이 임명되었다. 이유원은 또한 왕세자의 교육담당인 '세자사世子師'로도 선택되었다. 덧붙여 3월 16일에는 대원군 추방에 큰 역할을 한 최익현의 죄에 대해, 고종이 친히 명령을 내려 사면하였다. 왕세자의 책례는 3월 25일이었는데, 식전은 창덕궁 인정전에서 거행되었다(『조선왕조실록』고종 12년 1월 7일, 2월 9일, 2월 15일, 2월 18일).

그러나 고종과 민비를 둘러싼 상황은 마치 왕세자의 책봉이 정점이었던 것처럼 악화되어간다. 4월 10일 묘당에는 또다시 대원군의 복권을 요구하는 상소문이 빗발쳤으며, 고종이 이에 향후 이와 같은 상소를 올린 자는 유배형에 처한다고 공표하기에 이른다. 4월 11일에는 민비의 회임이 공식적으로 발표되어 산실청이 설치되었고, 5월 9일에 민비의 세 번째 왕자가 태어났으나 이 왕자도 또한 태어난 지 겨우 13일만에 사망한다(『조선왕조실록』고종 12년 3월 5일, 3월 6일, 4월 5일, 4월 18일).

민비가 낳은 세 번째 왕자가 사망한 지 6일 후인 5월 28일, 경상도 울산에서는 대규모 민란이 발생하였다. 왕조는 이에 어떻게 대처해야 할지 골머리를 썩고 있었는데, 이 민란은 처벌이 끝날 때까지 실제로 반 달 이상이 걸렸다. 대원군의 복귀를 요구하는 상소는 끊이질 않았고, 마음을 졸이던 고종이 6월 19일에 이러한 상소는 자신에 대한 '협박'이라고 규정하고, 이후 유사한 상소를 올린 자를 엄벌에 처한다는 공포를 재차하게 된다. 친정 직후 '백성'을 중시하고, 백성을 위해서는 재정적 합리성조차 무시하는 여유를 보인 고종은 이제 완전히 여유를 잃고 말았다.

고종과 민비, 그리고 왕세자는 6월 30일 다시 창덕궁을 떠나 경복궁으로 거처를 옮긴다. 목적은 왕궁의 경비 강화였다고 한다. 확실히 주위를 작은 도로가 둘러싸고 있는 창덕궁에 비해, 대로에 위치하여 주변으로부터 격리된 경복궁이 경비에 좋았던 것은 사실이었다. 7월 20일에는 대원군의 복귀를 요구하는 상소를 올린 유생들이 고종이 앞서 말한 대로 한성부 서소문 바깥에서 참형에 처해졌다. 시원임대신들은 국왕에 대해 직언을 하는 '선비士子'의 존재야말로 국가에 활력을 가져온다며 고종의 재고를 청했으나 고종은 그들의 말에 일절 귀를 기울이려 하지 않았다. 1875년 7월 22일, 고종은 시원임대신들에게 다음과 같이 말했다.

> 윗사람을 범한 부도不道한 죄라 하더라도 만일 선비士子라는 명색 때문에 주벌하지 않는다면 나라에 임금이 없고 선비만 있게 될 것이다. 경들의 말이 옳겠는가? 대신들의 의논은 전후가 달라서는 안 될 것

이다."   (『조선왕조실록』고종 12년 6월 20일)

　고종은 무엇인가를 두려워하고 초조해하고 있었다. 긴박한 상황 속에
서 고종의 초조함을 꿰뚫어 본 듯이 이번에는 대원군이 큰 도박을 걸어
온다. 즉 고종이 대원군 복귀를 요구한 유생들을 처벌한지 겨우 4일 후
인 7월 24일, 대원군은 마치 고종을 도발하듯이 은거지인 양주楊州를 벗
어나 한성부내 운현궁에 들어온 것이다. 8월 9일에는 의금부사 이승보李
承輔가 처형된 유생들과 함께 대원군의 복귀를 도모했다는 이유로 유배
에 처해졌다. 이러한 살벌한 상황 속에서 고종은 자신이 설치한 무위소
의 장인 무위도통사 자리에서 풍양 조씨의 중심적 존재인 조영하를 내
리고 여흥 민씨 민규호를 임명한다. 민규호는 민승호 사망 후 여흥 민씨
최대의 실력자이며, 후계자를 잃은 민승호의 집, 즉 민비 생가의 관리를
위탁 받은 인물이기도 하였다. 고종은 이 민규호로 하여금 왕궁 호위에
해당하는 군사력을 직접 장악하도록 하여, 자신과 가족의 안전을 확보
하고자 했던 것이다. 고종의 여흥 민씨 일족에 대한 의존도는 점점 더
높아져만 갔다.

강화도 사건과 조일수호조규

　일본국 군함 '운양호'가 강화도 초지진 앞바다에 들어오는 사건이 발
생한 것은 조선왕조가 이러한 혼란의 한복판에 있었던 1875년 9월 20일
이었다. 초지진의 포대는 접근해 온 '운양호'에 발포를 하였고, 이를 계
기로 '운양호'와 강화도 주변 포대 사이에서는 포격전이 시작되었다. 소
위 '강화도 사건'이 바로 이것이다. 진무영鎭撫營에서 무위소로 재원 이양

을 한 점에 전형적으로 나타나 있듯이, 고종 친정 후 강화도의 방위는 경시되어왔으며, 그나마 남은 방위력도 크게 감축된 상태였다. 사실, 4년 전 미국 함대 다섯 척을 보란 듯이 격퇴한 강화도의 포대들은 이 당시, 겨우 한 척의 일본군함으로 인해 더 큰 타격을 입게 되었다. 일본군은 일시적으로 강화도와 마주보는 영종도永宗島에 있던 포대를 점령하기도 하였다. 조선왕조는 혼란에 빠졌고 한 때는 이 군함이 어느 나라 것인지 조차 파악하지 못하는 모습까지 보였다. 겨우 상황이 여실히 드러난 9월 28일, 좌의정 이최응李最應은 묘당에서 다음과 같이 언급하였다.

강화도사건에서 포격을 맞은 '운양호'
(『사진으로 보는 독립운동』上에서 발췌)

일전의 영종진永宗鎭 사건은 극히 격분할 일이어서 말을 꺼내고 싶지도 않습니다. 설사 성이 고립되고 군사가 적다고 하더라도 추악한 무리들이 육지로 올라오는 것을 좌시한 채 감히 접전接戰하지 못하였고 휘하의 600명이나 되는 포수와 군사들이 부상을 당하여 흩어지게 만들고 성城과 인신印信을 버리고서 놀라고 겁에 질려 쥐새끼처럼 도망쳐버렸습니다. 해당 방어사防禦使의 죄는 자연 해당하는 형률이 있습니다.

병인년(1866)에 양요洋擾를 겪은 뒤에 10년 동안 군오軍伍도 늘리고

성벽도 튼튼히 하고 무기도 수리하고 군량도 비축했으며 기예技藝를
단련하고 포상으로 격려하고 권장하는 등 조정에서 아주 주밀한 대책
을 세우지 않은 것이 없었습니다. 그런데 지금 보건대, 천 날을 두고
군사는 양성하는 것은 한때에 쓰려고 해서인데, 그 뜻이 과연 어디에
있습니까?

　대체로 통솔자統率者로 적임자를 얻지 못하면 아무리 몇 만 명의 정
예한 군사가 있다 해도 패하지 않으면 무너져 다시는 단 한 명도 과감
하게 적을 죽이려는 마음을 갖는 자가 없을 것입니다. 생각이 여기에
미치니 어찌 한심하지 않겠습니까?

(『조선왕조실록』고종 12년 8월 29일)

　그러나 대원군 집정기에 발생한 병인양요, 즉 1866년 프랑스군에 의
한 강화도 침공이 즉시 강화도의 방위력 강화로 이어진 것과는 대조적
으로, 1875년 강화도 사건은 조선왕조의 방위력 강화로 이어지지 않았
다. 이최응의 말에서 확연히 드러났듯이 묘당의 논의는 패전의 책임자
를 추궁하는 데에 급급하여 방비 강화에 관한 구체적인 방책은 마련치
못했다. 원인은 역시 심각한 재정난에 있었다. 10월 21일 이최응은 '왕
조 각 관청에 예정되어 있던 세금의 미납이 방대한 양에 달했고, 재정은
궁핍하여 손쓸 방도가 없는 상태에 이르렀다'고 언급함으로써, 세금 미
납이 많은 액수에 달한 한편, 책임자를 처벌해야 한다는 진언을 올렸다.

　이러한 가운데, 1876년 1월 27일(음력 1월 2일) 일본국 군함이 남양만
당진포에 내항하여, 남양부사 강윤姜潤을 통하여 일본국 '전권판리대신
全權辦理大臣'의 방문을 알렸다. 손쓸 방도가 없는 상황이었기에 조선왕조
는 어쩔 수 없이 일본과의 교섭을 개시할 수밖에 없었다. 1876년 1월
30일 조선왕조는 일본과의 정식 교섭 개시를 결정하고, 교섭에서 큰 역

할을 담당하는 '접견대관'에 연로한 무관인 '신헌申櫶'을, 접견부관에는 윤자승尹滋承을 임명하였다. 교섭은 2월 11일, 일본 측 전권판리대신인 구로다 기요타카黑田淸隆, 부대신副大臣 이노우에 가오루井上馨와 접견대관 신헌, 부관인 윤자승 사이에서 시작되었다. 일본 측은 '황皇'과 '칙勅'이라는 문자가 사용된 점을 이유로 조선 측이 오랫동안 일본에서 보내는 외교문서를 받아들이지 않았음을 비난하고, 더불어 강화도사건에서 조선 측이 '운양호'에 발포한 책임을 추궁하였다. 조선 측은 쌍방의 책임을 인정하였고, 교섭은 조선왕조에게 압도적으로 불리한 형태로 진행되었다(『일본외교자료집성: 제1권』164-175쪽).

본디 이 교섭 자체가 조선왕조 측의 예상을 훨씬 뛰어넘었다는 사실이 그 배경에 있었다. 당시 조선 측은 이 교섭에 대해 이전 조선왕조가 에도 막부와 쌓았던 관계를 다시 회복하면 충분하다고 생각하고 있었으므로 그 이상의 준비는 하지 않았다. 즉 일본이 요구한 것과 같은 근대적인 수호조약 체결은 조선왕조가 전혀 예상치 못한 일이었다. 이는 1853년 페리 제독 내항 시에

이노우에 가오루
(『근세명사사진』1에서 발췌)

에도 막부가 놓여있었던 상황과 유사했다. 곤란한 상황에 직면한 조선 측 대표, 신헌과 윤자승은 일본 측의 제안에 즉답하지 못하였고 묘당의 판단을 기다리게 된다(『일본외교자료집성: 제1권』176-183쪽).

일본 측에서 제안한 조약안을 수락할 지를 둘러싸고 묘당의 의견은 다시금 크게 둘로 분열되었다. 영중추부사領中樞府事 이유원, 영돈녕부사

領敦寧府事 김병학金炳學, 판중추부사判中樞府事 홍순목洪淳穆은 일본의 의도를 의심하고, 경계의 뜻을 나타낸다. 판중추부사 박규수는 예전부터 가지고 있었던 지론대로, 일본이 수호를 맺을 뜻을 내보이는 이상, 조선 측이 이를 거절하는 것은 좋은 책략이 아니라고 호소했다. 그러나 묘당의 논의를 결정지은 것은 우의정 김병국金炳國이 말한 다음과 같은 말이었다.

> 지금의 우환을 보면 어느 때가 지금과 같았겠습니까? 다만 그것을 사전에 대처하는 방도는 오직 재정뿐입니다. 그러나 공납公納은 기일을 지체시키면서 이럭저럭 날을 보내고, 중앙과 지방의 저축은 도처에서 고갈되었으나 위급한 상황에 따르는 대책을 세울 길이 없습니다. 공적이건 사적이건 일이 어떻게 될지 알 수 없으니 실로 위태롭기 그지없습니다. (『조선왕조실록』고종 13년 1월 20일)

조일수호조규를 둘러싼 일본과 조선 간의 교섭에 대한 자세한 내용은 이 책에서 그리 중요하지 않다. 강조하고 싶은 것은 당시의 조선왕조가 고종의 친정으로 말미암은 재정적 파탄 속에 있었으며 그 점이 그들의 외교적 선택지를 현저하게 줄여버렸다는 점이다. 결과적으로 1876년 2월 27일 강화부 연무당에서 조일수호조규가 체결되게 된다. 조선왕조에 있어 최초의 근대적인 국제조약은 이렇게 조선왕조 측의 전면적인 양보의 결과로 체결되었다. 묘당에서는 이러한 일본과의 조약 체결이 서양 열강과의 조약으로 이어질 우려가 있다는 의견이 속출하였고 조종은 이에 대해 일본과의 관계를 예전으로 되돌린 것에 지나지 않으며 큰 문제는 없다고 이야기하였다. 도대체 고종이 이 시점에서 상황을 얼마나 정확하게 이해하고 있었는지는 알 수 없다. 3월 1일 교섭을 마친 접견대관 신헌은 왕궁으로 돌아가 고종에 이렇게 아뢰었다.

> 신은 정말 몹시 걱정됩니다.
>
> 병지兵志에, '공격하기엔 부족하나 지키기에는 여유가 있다.攻則不足
> 守則有餘'라고 하였으니, 천하에 어찌 자기 나라를 가지고 자기 나라를
> 지켜내지 못하는 자가 있겠습니까? 등滕 나라나 설薛 나라 같은 작은
> 나라들도 한편으로는 큰 나라를 섬기면서 교린하고 또 한편으로는 방
> 어를 갖추고 나라를 지켜 전국戰國 시대에서도 온전히 지킬 수 있었던
> 것입니다.
>
> 전하께서는 삼천리 강토를 가지고 있으면서 어찌하여 지켜낼 좋은
> 방도가 없겠습니까? 이것은 이른바 하지 않는 것이지 할 수 없는 것이
> 아닙니다. 바라건대, 전하께서 성지聖志를 분발하여 빨리 변란에 대비
> 하도록 처분을 내리신다면 군국軍國의 다행이겠습니다.
>
> (『조선왕조실록』고종 13년 2월 6일)

조선왕조 그리고 고종의 본의였는지 아니었는지는 상관 없이, 일본과
의 수호조약은 결과적으로 조선왕조로 하여금 스스로가 안고 있는 문제
에 대해 눈을 뜨게 하는 계기가 되었다. 당시 묘당의 발언에서 보는 한,
고종은 일본의 상황에 적극적인 관심을 가지고 있었던 것으로 생각된
다. 조일수호조규 체결 후 조선왕조는 일전에 있었던 일본 전권판리대
신의 조선 방문에 대한 '회례回禮'로서 일본에 대한 사절파견을 결정하고
사절단장에 해당하는 수신사修信使자리에 김기수金綺秀를 임명하였다.
김기수는 4월 27일에 고종에 대한 인사의 예를 마치고, 부산포釜山浦를
5월 22일에 출발하여 일본기선 '고류마루黃龍丸'호를 타고 일본으로 향하
게 되었다. 5월 30일에 도쿄에 들어간 그는 외무경外務卿 소에지마 다네오
미와 면담을 가졌으며, 이틀 후 아카사카의 임시 거처에서 메이지 천황을

알현하였다(『조선왕조실록』고종 13년 2월 22일, 5월 8일, 5월 10일).

자신의 역할을 무사히 수행한 김기수는 다음달인 6월 28일 부산포로 돌아왔고 7월 21일 귀국 후 보고를 위해 고종을 알현했다. 알현에서 고종은 김기수에게 일본의 상황에 대해 상세하게 질문을 했는데, 그 내용은 군복과 병기에서부터 거주 외국인의 유무, 나아가 영사제도까지에 이르고 있다(『조선왕조실록』고종 13년 6월 1일). 조선과 일본 양국은 8월 24일 조일수호조규의 '부록'과 무역장정에 대해서도 합의하여, 양국의 외교관계는 일단 안정 국면에 들어갔다(『조선왕조실록』고종 13년 7월 6일).

그리고 고종은 직후인 8월 30일 무위소를 관할하는 무위도통사에 신헌을 임명하였다. 신헌은 고종보다는 오히려 대원군에 가까운 정치적 성향의 인물이었으므로 이 임명은 의외였다고 생각하지 않을 수 없었다. 그러나 그 후 상황을 보면 신헌 임명의 배후에 고종의 명확한 의도가 있었음이 확실하다(『조선왕조실록』고종 13년 7월 12일).

1개월 남짓 후인 10월 8일, 고종은 자기황自起磺, 칠연총七連銃, 수차水車 등의 이름으로 불리던 신형 병기 개발을 이유로, 개발을 감독한 감동제조監董提調 김보현金輔鉉과 신헌에게 은상恩賞을 내렸다(『조선왕조실록』고종 13년 8월 21일). 신헌은 대원군 집정기 당시에도 신병기 개발을 담당한 경험을 가지고 있었으므로 고종은 이러한 신헌의 경험을 이용하고자 한 것이었을 것이다. 이렇게 일본과의 수호로 인하여 조선왕조는 군비 근대화로 가는 조심스런 한 발을 내딛게 된다.

가장 주의해야 할 점은 고종이 이 신병기 개발을 위한 부서로서, 강화도에 설치했던 진무영처럼 국경 또는 연안부에서 외적에 직접 대치하는 부서가 아니라 왕궁을 수호하는 무위소를 골랐다는 점일 것이다. 그리고 그 이유는 아마도 한성부의 치안이 악화되었기 때문일 것이다. 예를 들면 같은 해 12월 19일, 경복궁에서 화재가 발생하였고 이와 더불어 왕궁의 경비가 강화되었으므로 묘당은 이를 방화라고 판단하였던 것으로 짐작된다(『조선왕조실록』고종 13년 11월 4일, 11월 9일).

4. 청나라의 반격과 묘당의 배신

'위정척사파'의 움직임

이 배경에는 일본과의 수호가 일부 세력, 그 중에서도 쇄국 정책의 유지를 요구하는 '위정척사파'에게는 받아들이기 힘든 일이었다는 점이 있었을 것이다. 서양 열강에 개국을 단행하고, '문명개화'라는 이름이 서양화를 추진하는 일본은 유교를 절대시하고 이 전통을 유지하려고 하는 '위정척사파' 인물들에게는 서양 오랑캐와 마찬가지로 혹은 그 이상으로 역겨운 존재로 간주되었을 것이다. 아이러니하게도 이렇게 해서 예전에는 고종과 연합하여 대원군 정권을 쓰러뜨렸던 '위정척사파' 인물들이, 이번에는 쇄국 정책의 유지를 외치며 대원군을 지지하는 세력과 연합하여 고종에 대한 비판의 수위를 높여가게 된다.

이렇게 당초에는 왕성한 의지를 가지고 시작된 고종의 치세는 급속도로 막다른 골목에 이르게 된다. 즉 고종의 치세는 내정 면에서 심각한 경제적 혼란과 치명적인 재정파탄을 가져온 것뿐 아니라 대외 정책적으로도 재정 파탄의 결과로 인해 혹은 군사력을 한성부에 집중시킨 결과로 인해 외적에 대한 방비 체제가 완화되었고, 결국 일본과의 전면 타협까지 내몰리게 된다. 그러한 의미에서 이 시기 조선왕조와 일본과의 수호는 고종 혹은 묘당의 적극적인 의사에 의한 것이었다고는 말하기 힘들다. 그리고 이는 결과적으로 '위정척사파'가 고종을 배신하게 하고 대원군의 주위에 결집하게 되는 계기가 된다. 이렇게 고종의 정치적 기반은 약체화되었고 왕조는 차츰 상황을 통제할 능력을 잃어가게 된다.

그리고 이러한 내정 및 외교 양쪽의 파탄 상황은 한반도의 조야朝野에 고종을 비판하는 목소리가 가득하게 만들었다. 조일수호조규의 내용을 보면 인천항 및 원산항의 개항과 일본 공사의 한성부 주재가 정해져 있었으며, 그것이 실행될 무렵, 묘당에서는 이에 반대하는 상소가 쇄도하여 초대 일본 대리 공사 하나부사 요시모토花房義質가 한성부 안을 시찰할 때 돌을 던지는 사람까지 있었을 정도였다(『대일본외교문서: 제10권』 274페이지, 『조선사: 제6편 제4권』 492-493페이지).

청나라의 공작

이러한 상황 속에서 1879년 7월, 청나라의 중요인물로부터 밀서가 도착한다. 그 경위는 다음과 같다.

이미 언급한 바와 같이 1875년 2월, 고종과 명성황후 사이의 아들, 이척의 왕세자 책봉을 요구하기 위해 조선왕조는 청나라로 사자를 보냈다. 이 임무를 위해 선택된 사람은 묘당의 수좌首座자리에 있던 영의정 이유원이었다. 그는 당시 청나라 방문에서 당시의 청나라 최대 실력자이며 양무운동 즉 청나라에서 일어난 서양화 운동의 중심적 인물이었던 북양군벌의 우두머리, 이홍장李鴻章과의 관계를 구축하게 된다. 이홍장이 이유원에게 접근한 것은 내심 그가 일본을 경계하였기 때문인 듯하다. 일본은 1872년 청나라에 대해 조공을 보내던 류큐왕국(현 오키나와)을 류큐번琉球藩으로 편입하고, 1874년에 대만 출병을 실행하였으며 1879년에는 이른바 류큐 처분을 끝냈다. 이홍장은 이러한 일본의 움직임을 청나라를 중심으로 한 중화질서에 대한 도전이라 규정짓고 경계를 강화하였다.

이홍장의 눈에는 류큐왕국에 이은 일본의 표적이 보였다. 그리고 그 표적은 마찬가지로 청나라에 조공을 바치는 나라이며, 일본의 인접국인 조선왕조임이 분명해보였다. 이러한 이홍장에게 조선왕조 묘당의 최고 유력자인 이유원의 방문은 조선왕조를 같은 편으로 끌어들일 절호의 찬스로 보였다. 그리고 이유원이 한성부로 돌아온 후인 1875년 9월, 일본은 실제로 강화도 사선을 일으키고, 조선왕조에 위협을 가하게 된다. 그뿐 아니라 일본이 조일수호조규에 '조선이 독립국'이라는 문장을 삽입시킨 것은, 청나라가 볼 때 일본이 드디어 청나라의 영향력에서 조선을 벗어나게 하려는 것으로 비추어졌다. 그렇기 때문에 이홍장은 이유원에게 밀서를 보내 다음과 같이 주장하였다.

귀국을 위해서는 여러 가지로 생각하게 됩니다. 지금부터 은밀히 무비武備를 닦고 군량도 마련하고 군사도 훈련시키는 동시에 방어를 튼튼히 하면서 기색을 나타내지 말고 그들을 잘 다루어야 할 것입니다. 대체로 이웃 나라 왕의 정상적인 관계로는 조약을 성실하게 지키어 그들에게 이용될 단서를 주지 않는 것이며, 하루아침에 사건이 발생되었다 하더라도 그들이 그르고 우리가 옳으면 승부는 그것에 따라가기 마련입니다. 그런데 귀국은 이전부터 문화를 숭상하는 나라로는 불리었지만 반면에 경제력은 대단히 약하기 때문에 즉시 명령을 내려 신속히 도모하여 한다 해도 짧은 시일에 효과를 거두지는 못하리라고 생각합니다. 요즈음 일본이 '봉상호鳳翔號', '일진호日進號' 두 척의 군함을 파견하여 오랫동안 부산포釜山浦 밖에 정박시키고 대포 사격 훈련을 하고 있는데 무슨 생각에서인지 알 수 없습니다. 만일 사태가 엄중하여지면 중국이 힘을 다해 돕겠지만 거리가 멀기 때문에 제 시간에 미치지 못 할까봐 우려됩니다. 더욱이 걱정되는 것은 일본이 서양 사람들을 널리 초빙 해다가 해군과 육군의 병법을 훈련하고 있으므로 그들의 대포와 군함이 우수한 면에서는 서양 사람들에 만 분의 일도 미치지 못한다고 하더라도 귀국으로서는 대적하기 어려울 것입니다. 더군다나 일본이 서양의 여러 나라들에 아첨하면서 그들의 세력을 빌려서 이웃 나라를 침략하려는 생각을 하지 않는 적이 없습니다. 작년에 서양 사람들이 귀국에 가서 통상을 하자고 하다가 거절당하고 갔으니 그들의 마음은 종시 석연하지 못할 것입니다. 그런데 만약 일본이 뒤에서 영국, 프랑스, 미국 등 여러 나라들과 결탁하여 개항에 대한 이득을 가지고 유혹시키거나 혹은 북쪽으로 러시아와 결탁하여 영토 확장의 음모로 유인한다면 귀국은 고립되는 형세가 될 것이니 은근한 걱정이 큽니다. 시무時務를 알고 있는 중국 사람들은 모두 의논하기를, '사건이 벌어진 다음에 뒤늦게 가서 구원하는 것이 사건이 벌어지기 전에 다른 대책을 생각해보는 것만 못하다.'라고 합니다. 말썽도 없게 하고 사람도 편안하게 하는 도리로써 과연 능히 시종일관 문을 닫아걸고 자체로 지켜낼 수 있다면 어찌 좋지 않겠습니까? 서양 사람들은 가볍고 편리하고 예리한 자기들의 무기를 믿고 지구상의 여러 나라를 왕래하지 않는 곳이 없으니, 사실 천지개벽 이후에 없었던 판국이며 자연적인 추세이니 사람의 힘으로는 막아내지 못할 것입니다. 귀국이 이미 할 수 없이 일본과 조약을 체결하고 통상을 한다는 사실이 벌써 그 시초를 연 것이니, 여러 나라들도 반드시 이로부터 생각을 가지게 될 것이며 일본도 도리어 이것을 좋은 기회로 삼을 것입니다. 지금의 형편으로는 독毒으로 독을 치고 적을 끌어 적을 제압하는 계책을 써서 이 기회에 서양의 여러 나라와도 차례로 조약을 체결하고 이렇게 해서 일본을 견제해야 할 것입니다. 저 일본이 사기와 폭력을 믿고 고래처럼 들이키고 잠식蠶食할 것만 생각하고 있다는 것은 유구를 멸망시킨 한 가지의 사실에서 단서를 드러내놓은 것입니다. 귀국에서도 어떻게 진실로 방비책을 세우지 않을 수 없는데, 일본이 겁을 내고 있는 것이 서양입니다. 조선의 힘만으로 일본을 제압하기에는 부족하겠지만 서양과 통상하면서 일본을 견제한다면 충분하고도 남음이 있을 것입니다.

(『조선왕조실록』고종 16년 7월 9일)

또한 이홍장에게 보낸 답장에서 이유원은 다음과 같이 이야기하였다.

저 일본 사람들은 통상에 경험이 있고 영업에 재능이 있어서 부강하게 되는 방도를 다 알고 있지만 오히려 저축이 거덜 나고 빚만 쌓이게 된 것을 탄식한답니다. 설령 우리나라가 정책을 고쳐서 항구를 널리 열어 가까운 나라들과 통상하고 기술을 다 배운다고 하더라도 틀림없이 그들과 교제하고 거래하다가 결국 창고를 몽땅 털리고 말 것입니다. 저축이 거덜 나고 빚이 쌓이는 것이 어찌 일본 사람의 정도에만 그치겠습니까? 하물며 우리나라는 토산물도 보잘것없고 물품의 질이 낮다는 것은 세상이 익히 아는 바입니다. 각국에서 멀리 무역하러 온다 하여도 몇 집끼리 운영하는 시장과 같아서 천리 밖에서 온 큰 장사를 받아주기는 어려우니, 주인이나 손님이나 무슨 이득이 있겠습니까? 자체로 어떻게 하기가 어렵다는 것은 사실이 그러한 것입니다. 절름발이로서 먼 길을 갈 것을 생각하기보다는 차라리 외교란 말을 하지 말고 앉아서 제 나라나 지키는 것이 더 낫지 않겠습니까? 대체로 중국의 규모는 비유하면 하늘과 땅처럼 광대하기 때문에 크건 작건 한 풀무로 불어치우고 곱건 밉건 한 모양으로 만들어 기린이건 봉황이건 뱀이건 용이건 모두 다 포함하여 그때그때의 형편에 부합시켜도 태산반석에 올려지고 따라서 모든 나라가 따라가고 있는 것입니다. 그러나 우리나라가 섣불리 본받으려고 한다면 이것은 하루살이가 큰 새처럼 날아보려는 것과 같지 않겠습니까? (『조선왕조실록』고종 16년 7월 9일)

취지는 명확했다. 일본의 위협이 다가오는 가운데, 조선왕조가 독자적으로 자구책을 강구해도 한계가 있다. 그렇기 때문에 조선왕조는 조기에 나라를 서양 열강에 개방하고, 일본을 견제함과 동시에 '천지에서 가장 큰' '윗 나라(상국上國)', 즉 청나라에 의존해야 한다는 것이다. 그는 '그 권세 아래에서 소국은 영원히 중국의 크나큰 덕에 의존하여, 유사시에는 즉각 그 명에 따라야 한다'고 계속한다.

이러한 이홍장 그리고 청나라의 움직임은 고종에게도 즉각 전해졌다. 그러나 이 밀서에 대한 고종의 반응은 이홍장의 의도와는 다소 빗나갔다. 즉 고종은 이홍장으로부터 온 서한을 보고, 조선왕조를 원조하고자 하는 호의의 표시라고 이해했다. 고종은 이 호의에 의존하여 조선왕조에서 청나라로 군기제조 및 병사 훈련을 위한 유학생을 보내서, 청나라에서 배우게 하고자 구상했다. 고종은 바로 시헌서時憲書 제자관齊咨官 이용숙李容肅, 직례直隷 영평부지부永平府知府 유지개游智開를 통하여 이홍장에게 그의 뜻을 간청懇請하고, 동시에 이유원을 통해서 이홍장에게 서한을 보냈다.

그러던 중 고종은 새롭게 통리기무아문統理機務衙門이라는 관청을 설치한다. 통리기무아문에는 청나라와의 관계를 다루는 사대사事大司, 일본과의 관계를 다루는 교린사交隣司, 군을 통제하는 군무사軍務司, 변경에 관한 사항을 다루는 변정사邊政司, 통상을 다루는 통상사通商司, 병기를 다루는 군물사軍物司, 기계제조를 담당하는 기계사機械司, 선박에 관한 선함사船艦司, 연안경비를 담당하는 기연사譏沿司, 통역을 담당하는 어학사語學司, 인사채용을 관리하는 전선사典選司가 설치되었다(『조선왕조실록』고종 17년 12월 21일).

묘당의 반발

한편 이홍장과의 뒷교섭을 마친 후, 고종은 1880년 6월 7일 비로소 이 문제를 묘당에서 정식으로 논의한다. 그러나 이 고종에 의한 유학생 파견 구상에 대해 이유원을 포함한 묘당 참석자들은 시종일관 소극적인 태도로 임했다. 이유원은 다음과 같이 이야기하였다.

> 최근에 해외 여러 나라들이 앞다투어 북경에 주재하고 있는 것은 학문에 힘쓰기 위함이 아니라, 통상을 위해서이다. 일전에 북경에 부임하였을 당시, 동정을 살폈는데 아직까지 중원中原의 학문을 배운다는 이야기는 들은 것이 없다.　　　　　　　　(『일성록』4월 30일)

그러나 고종은 묘당의 의견에 대해 한발도 물러나지 않았다. 그는 다음과 같이 말하였다.

> 조선왕조의 이러한 요청은 이미 몇 번이나 전해졌으니 이제 논해야 할 것은 이를 행하는 시기時期밖에 없다. 파견할 지의 여부는 문제가 아니다. 하물며 학조비어學造備禦의 책략의 시비를 논의하는 것은 논외이다. 가까운 시일에 처분이 내려질 것이다.　(『일성록』4월 30일)

이렇게 청나라로 가는 유학생파견을 무리하게 결정한 고종은 8월 14일 외교를 관장하는 청나라 예부禮部에 정식으로 지원을 요청하는 서한을 보내게 된다. 마침 같은 시기에 조선왕조는 일본에 대해서도 일본공사 착임着任의 답례로 수신사가 재차 파견한 상태였으며 청나라는 이 수신사에 대해서도 일본주재전권공사 하여장何如璋과 참찬관參贊官 황준헌黃遵憲을 통하여 작업을 하고 있었다. 이때 황준헌이 수신사였던 김홍집金弘集에게 건넨 것이 『조선책략朝鮮策略』이라는 소책자이다. 흥미로운 것은『조선책략』의 내용이 이홍장이 이유원에게 보낸 밀서와는 약간 내용을 달리하였다는 점이다. 즉 이홍장의 밀서가 조선왕조 최대의 가상의 적을 일본으로 설정하고, 이에 대비해야 하기 때문에, 조선이 서양 열강에 대해 개국을 하고, 청나라와의 연계를 강화해야 한다고 주장한 반면, 『조선책략』은 러시아를 주요한 가상의 적으로 설정하여, 조선은 러시아에 대항하기 위해 청나라와의 관계를 강화함과 동시에 일본과의 우호관계를 맺고, 더 나아가 서양 열강 중 특히 미국을 특정하여 좋은 관계를 맺어야 한다고 주장하고 있었다. 이 점은 청나라 내부에서도 아직 조선왕조에 대한 기본적인 정책 조정이 되어 있지 않았음을 의미한다.

고종은 이『조선책략』에 대해서도 묘당의 의견을 물었다. 이에 대해 영의정으로 승격한 이최응은 다음과 같이 대답했다.

> 되돌아 생각해보건대 하나도 옛날과 같은 것은 없다. 현재 급무는 상황에 맞추어 유연하게 대응하는 것이다.
>
> (『조선사』제6편 제4권 539쪽)

확실한 것은 이 당시 묘당에서는 고종과 신하 사이에 대외정책에 대해 미묘한 의견차가 존재했었다는 점이다. 이유원과 이최응의 말에서도 알 수 있듯이 당시 묘당의 기본적 인식은 조선왕조가 재정적 파탄 상태에 있으므로 군비 정비 따위를 할 여유가 없다는 것이었다. 그들은 이러한 상황에서 군기 제조 및 병사 훈련을 위한 유학생 파견은 단순한 국비의 남용이며 그보다는 청나라와 서양 열강과의 타협을 서둘러서, 일단 정세의 안정을 도모하는 것이 제일이라고 생각했던 듯하다. 그러므로 강화도 사건에 의해 군비파탄이라는 현실에 직면한 묘당은 일본에 이어

서양 열강에 대해서도 '점차 개국'으로 기울어 가고 있었다.

그러나 고종의 생각은 달랐다. 그는 시원임대신들의 대부분이 의문시했던 유학생 파견을 적극적으로 추진하고, 이에 의한 신군사기술 도입을 시도했다. 다음해인 1881년 사절파견은 현실이 되었고, 사절파견의 우두머리 역할인 영선사領選使에는 9월 8일, 박규수 아래에서 수학하였고, 후에는 온건개화파의 주요인물 중 하나로 널리 알려질 김윤식金允植이 임명되었다. 김윤식 일행은 11월 17일에 고종에게 출발을 알리는 알현을 하고, 바로 청나라로 향하였다(『조선왕조실록』고종 18년 윤8월 15일, 9월 26일).

한편, 이러한 상황에서 일본도 또한 움직임을 보이고 있었다. 이미 일본 공사 하나부사 요시모토는 묘당에 대해 무비시찰武備視察을 위해 일본에 사절을 보내도록 열심히 권유하였고 1881년 3월 9일, 묘당은 다시 김홍집을 수신사로서 파견하기로 결정하였다(『조선왕조실록』고종 18년 2월 10일). 김윤식과 마찬가지로 김홍집 또한 후에 온건개화파의 주도적인 인물로서 활약하게 된다. 하나부사는 거의 같은 무렵, 외교와 군사를 관할하는 관청으로 새로이 설치된 통리기무아문의 지사, 즉 장관이었던 민겸호閔謙鎬, 그리고 마찬가지로 전통적으로 외교를 관할하던 관청인 예조의 장관, 예조판서 홍우창洪祐昌에게 서한을 보내어 공사관에 주재하는 무관 호리모토 레이조堀本禮造를 조선왕조의 군대교련을 위한 지도자로 추천하였다.

5월 19일 조선왕조는 정식으로 호리모토에게 군대의 교련을 의뢰하기로 결정한다. 후에 별기군이라 불리게 되는 이 군대는 무영소의 일부로 설치되었으며 스스로 지원한 양반 자제 80명으로 구성되었다. 별기군 설치 후 고종은 무위소 전체보다도 그 일부인 별기군을 특히 우대하였다고 한다. 이 시점에서 고종은 청나라든 일본이든 자신의 목적을 위해 이용할 수 있다면 모두 이용하자는, 어떻게 보면 유연한 자세를 가졌던 것 같다(『일성록』고종 18년 4월 22일, 『조선왕조실록』고종 18년 6월 10일).

　그러나 상황은 빠른 속도로 바뀌었고 결과적으로 묘당에 대한 조야의 비판이 더욱 격해지게 된다. 이홍장과의 사이에서 중개역할을 하던 이유원과 『조선책략』을 가지고 돌아온 김홍집은 '사교邪敎의 점염漸染'이 확실한 '예수교국耶蘇敎國'과의 통상을 주장했다는 이유로, '위정척사파' 사람들로부터 거센 비난을 받았다. 고종과 묘당에 대한 비판은 이전의 서양 열강에 대한 강렬한 배척 정책을 실시했던 대원군에 대한 대망론을 더욱 강화시켰다. 이렇게 대원군을 중심으로 하는 세력의 재결집 움직임은 드디어 본격화된다(『조선왕조실록』고종 18년 윤7월 6일 등).

　그러나 수상한 움직임은 이미 시작되어 있었는지도 모른다. 왜냐하면 마치 대원군에 선수를 치듯이 이미 한 해 전인 1880년 2월 21일, 고종의 서장자庶長子이며 대원군이 총애하던 완화군 이선이 급사하였기(『조선왕조실록』고종 17년 1월 12일) 때문이다. 그러나 완화군의 사망 원인에 대해서는 오늘날까지 확실히 밝혀지지 않았다. 명성황후가 낳은 이척은 이미 5년 전인 1875년에 정식으로 왕세자의 지위에 취임하였으므로 양자 사이의 왕위 후계자를 둘러싼 다툼은 겉으로는 끝난 것으로 보였다. 그러나 왕세자는 완화군의 죽음이 있기 얼마 전에 천연두를 앓는 등 건강 상태가 좋지 않았다(『조선왕조실록』고종 16년 12월 12일). 완화군의 사망원인 또한 천연두 이었을 가능성이 없지 않다. 어쨌든 완화군이 건재한 한, 그가 명성황후의 눈엣가시였을 것은 사실일 것이다. 그리고 그렇기 때문에 완화군의 죽음은 명성황후와 그를 지원하는 여흥 민씨의 정치적 입장을 안정시키고 대원군의 정치적 선택지를 크게 제한하게 된다.

대원군을 중심으로 하는 세력과 여흥 민씨를 중심으로 하는 세력. 완화군의 죽음에도 불구하고, 아니 아마도 그의 죽음이 있었기에 오히려 양자의 대립은 더욱 격해지게 된다. 그리고 다시금 충격적인 사건이 발발한다. 1881년 10월 19일 광주산성의 장교였던 이풍래李豐來의 밀고에 따라, 이번에는 대원군의 서장자인 별군직 이재선이 쿠데타 미수용의로 갑작스레 체포된 것이다(『조선왕조실록』고종 18년 9월 3일). 다보하시 기요시田保橋潔는 이재선 일당의 계획이 다음과 같았다고 말한다.

계획은 대원군의 암묵적인 양해 하에, 7월부터 만들어지기 시작되었다. 구체적으로는 '토왜討倭' 즉 일본 토벌을 명목으로 쿠데타를 일으킨 뒤 정권을 빼앗아 자신의 손에 돌려주는 것이다. 이 계획에는 이재선을 주모자로 전 승지承旨 안기영安驥泳, 권정호權鼎鎬, 이철구李哲九 등이 가담했다. 그 내용인즉 먼저 자금 확보부터 시작하여, 다음으로는 이들의 당파를 파견하여 전라도, 경상도, 강화도, 인천부, 그리고 함경도 등지에서 군대를 모집한다. 무기는 쿠데타 직후에 별기군의 무기를 탈취하여 사용할 예정이었다고 한다.

그러나 이러한 당초 계획은 그들의 바람대로 진행되지 않았고 그들은 제2의 방책을 생각해 냈다. 이는 8월 21일에 실시되는 과거에 맞추어 전국에서 모여든 과거 응시자를 대원군의 명이라는 이름하에 선동한다는 것이었다. 습격 대상에는 창덕궁, 일본공사관 그리고 일본군 장교 호리모토가 별기군을 교련하던 평창 연병장이 선택되었으며 창덕궁에 돌

입함과 동시에 '대원군 입궐이오'라고 소리치기로 되어있었다. 즉 대원
군의 권위와 당시 사람들의 반일 감정을 이용하여, 쿠데타를 일으키려
한 것이었다. 성공하는 그날에는 국왕을 폐하고 명성황후를 '처분'할 예
정이었다고 다보하시 기요시는 말한다. 그러나 정작 중요한 쿠데타는
주모자들 사이에서 '의견 일치를 보지 못해', 결과적으로 실행 단계에는
이르지 못했다. 쿠데타 미수라기보다는 쿠데타 예정이었다고 말하는 것
이 알맞은 표현일지도 모르겠다(『근대일선관계의 연구: 상권』759-760
쪽, 『일성록』고종 18년 10월 10일, 11일).

이 사건에서 주모자로 여겨진 이재선은 대원군의 3명의 남자 가운데,
유일하게 서자이고, 지위는 이재면이나 고종과 같이 적출인 형제들보다
훨씬 아래였다. 이러한 상황은 그를 '언제나 적통을 원망하는' 쪽으로 흘
러가게 만들었다고 한다. 조선왕조의 공식적인 기록에 따르면 대원군은
본디 이재선에게 '토왜'의 공을 세운다면 반드시 중용하겠다는 약조를
하였으며, 이를 믿은 이재선이 안기영, 권정호, 이철구 등과 함께 쿠데
타를 계획하기에 이르렀다고 여겨진다. 그 진위는 차치하고라도, 당시
대원군은 고종뿐 아니라, 적출인 이재면과도 소통하기 시작하였으며,
명성황후의 대두에 따라 정실인 여흥부대부인과의 관계마저도 악화된
상태였다. 그러한 대원군에게 이재선은 자신에게 유일하게 충실한 사람
이었다. 또한 대원군은 기가 약한 두 사람의 적출자와는 달리 자신과 닮
아 호탕하고 대담한 성격을 가진 이재선에게 호의를 보였다고 한다.

한편 이 쿠데타 계획사건을 심사한 것은 한계원韓啓源이었다. 아이러
니하게도 그는 대원군 집정기에 의정議政의 지위까지 올랐던 인물이다.
왕조의 기록에 따르면 한계원은 이 사건에 대해 일단 이재선을 강화도

에 귀양 보내는 방향으로 처리하기로 하여, 오히려 대사헌大司憲과 대사간大司諫으로부터 질책을 받았다는 서술이 보인다. 여기서 우리는, 적어도 대원군에 가까운 사람들에게, 대원군의 서자이면서 고종의 실제 서형인 인물을 처벌하기가 얼마나 무거운 의미를 지녔는지를 알 수 있다.

결국 이재선은 죽음을 받아들이게 된다. 민승호, 한창부부인, 완화군, 그리고 이재선. 이렇게 고종의 친정이 시작되고 얼마 되지 않아 명성황후의 의형과, 친모, 고종의 서장자와 서형이 사라진 것이다. 그러나 이는 아직 그때부터 벌어질 일련의 비극의 서막에 불과했다.

제4장

임오군란

양가와 생가의 격돌

대한제국의 패망과 그림자

1. 군란으로 가는 길

노신의 배제

고종이 친정을 개시한 것은 1873년 말. 그 후 조선왕조의 묘당은 1882년 초까지 약 8년간 크게 모습을 바꾸게 된다. 초기에 고종의 친정을 뒷받침한 이유원李裕元과 박규수朴珪壽는 경험이 풍부하고, 뛰어난 대외지식을 가진 노신이었으나, 이 두 사람은 이미 실질적으로 정치의 중심 무대에서 내려와 있었다. 친정 개시로부터 겨우 1년 후인 1874년 11월 4일 고종과 대립하던 박규수는 우의정 직에서 물러났고, 그 후 묘당에서의 영향력도 차츰 줄어들고 있었다. 이유원은 1879년 8월 27일 조일수호조약의 내용대로 인천을 개항해야 한다는 주장을 하여 묘당에서 고립되었으며 1881년 8월 29일에는 이홍장과의 밀서 교환이 '인신人臣외교의 죄'를 범한 것으로 비판을 받아 평안도 중화中和부에 유배를 가게 된다(『조선왕조실록』고종 18년 윤7월 6일 등).

그러나 고종이 이유원을 최종적으로 내치게 된 이유는 이홍장과의 밀서 교환 그 자체가 아니었다. 이에 대해『조선사』는 다음과 같이 기록하고 있다.

이유원은 청북양대신직례총독 이홍장에게 받은 밀서를 임금에게 헌상하고, 임금과 의견을 같이하여, 일본과의 수호통상조약 체결을 결정하였다. 그러나 세간의 많은 사람들이 이를 옳지 않다 하니, 이유원의 죄를 물었다. 이유원은 청나라의 뜻에 걸릴 것을 두려워하여 계략을 꾸몄고, 오히려 이홍장의 밀서를 공개하였다. 이번 유생들의 상소문이 이유원을 비난하기에 이르렀기에 이제 갑작스레 지금까지의 견해를 정정하여 그들에게 아첨을 하려 한 것이다. 임금은 이를 기뻐하지 않았고 오히려 이유원을 유배에 처했다.

(『조선사: 제6편 제4권』581쪽, 『조선왕조실록』고종 18년 윤 7월 14일)

이유원은 이 후 경상도 거제도로 옮겨졌고 1882년 1월 30일 겨우 자유의 몸이 된다. 그러나 묘당에 돌아온 뒤에도 결국 그는 예전과 같은 영향력을 회복하지는 못했다.

묘당에서 도태된 노신은 그들 두 사람만이 아니었다. 고종이 친정을 개시했을 당시의 묘당은 대원군 집정기 당시 좌의정과 우의정의 요직을 차지했었던 강노와 한계원 두 사람이 원임 대신으로서 여전히 자리를 차지하고 있었다. 그러나 고종 친정 개시 후 그들은 마치 대원군 집정기의 의정이었던 점에 책임을 추궁받는 듯한 형태로, 묘당에서 때마다 비판을 받고, 처벌도 받게 되었다. 한계원은 고종 친정 개시 직전인 1873년, 김제군金堤郡에 일시적으로 유배에 처해졌으며, 1878년에 다시 강노와 함께 중화부에 귀양을 가게 된다. 이 시기의 묘당은 그들 대원군 파의 원임대신에게는 '바늘 방석'이었다고 해도 과언이 아니다(『조선왕조실록』고종 11년 12월 12일, 고종 15년 6월 18일).

이 시기의 시원임대신 중 남은 인물은 세 명, 그 중 대원군 집정기 당시 강노와 한계원에 의해 상위 영의정을 차지한 홍순목은 헌종의 처인 홍왕대비와 연결된 인물이며, 냉혹한 당파 싸움 속에서 비교적 중립적인 입장을 유지하고 있었다. 고종 친정기에 들어서서 우의정에 등용된 김병국도 역시 철종의 처, 김대비와 연결된, 일전에 전성기를 누렸던 안동 김씨의 중심적 인물로, 고종과 대원군 사이에서 신중한 자세로 시종일관하고 있었다.

이들 노신들이 적극적인 발언을 스스로 피하거나 또는 주위에서 배척된 뒤로, 묘당에서 가장 큰 권한을 휘두른 것은 대원군의 형이며 고종의 친숙부인 이최응이었다. 백부인 이최응은 확실히 그 집안을 생각한다면 고종에게 가장 알맞은 '보호자'가 될 수 있는 인물이었다. 그러나 이최응은 '유유정승唯唯政丞', 즉 타인의 말을 모두 옳다고 하는 대신이라는 말을 들을 만큼 야유를 받던 인물로, 묘당의 수좌首座로서 가져야할 결단력은 확연하게 결여되어 있었다. 자연히 그를 중심으로 한 묘당, 그리고 외궁은 결속력을 잃게 된다(『매천야록』945쪽).

묘당의 지도력 상실은 결과적으로 조선왕조의 정치 중심을 외궁에서 내궁으로 이동시켰다. 즉 묘당에서 자신과 공조할 세력을 잃은 고종은 아내인 명성황후와 그 일족인 여흥 민씨에 더욱 많이 의존하게 된 것이다. 실제로 이 시기 폭사 사건으로 숨진 민승호의 자리를 메우듯 민겸호와 민대호閔臺鎬와 같은 여흥 민씨 출신의 사람들이 묘당에서도 무게를 더해 갔다. 1882년 3월 9일에는 왕세자의 '관례식冠禮式' 즉 성인식이 거행되었고 계속해서 15일에는 이 왕세자의 결혼 상대로 민대호의 딸이 간택되어, 4월 6일에 간택 의식인 '책빈례冊嬪禮'가 창덕궁 인정전에서 거행되었다(『조선왕조실록』고종 19년 2월 19일). 이에 따라 왕세자비의 아버지가 된 민대호는 의정 바로 아래 위치인 좌찬성으로 직책이 상승한다. 국왕인 고종의 어머니와 정실, 그리고 아들인 왕세자의 정실. 그 모든 자리를 손에 넣은 여흥 민씨 세력은 정점에 오른 것으로 보였다.

문제는 이 시기 조선왕조가 고종 친정 개시 당시의 노신들을 중심으로 한 체제로부터 여흥 민씨를 중심으로 하는 체제로 넘어가는 과도기에 접어들었다는 점이었다. 그리고 이 불안정한 전환기에 조선왕조는 일본, 그리고 뒤이은 서양 열강에 대한 개국이라는 크나큰 과제를 수행해야 했다.

서양 열강에 대한 개국

결론부터 말하자면, 그렇기 때문에 여기서 고종은 청나라의 힘을 빌리게 되었다. 이미 언급하였듯이 이홍장은 조선왕조가 가능한 한 빨리 서양 열강, 특히 첫 번째 상대인 미국에 대해 개국하기를 원했다. 앞선 김홍식의 영선사 파견 당시에도 고종은 이미 이홍장의 제안에 대한 밀명을 내렸었고, 김윤식은 1881년 2월 보정保定으로 향하며 다음과 같은 서한을 이홍장에게 건넸다.

> 본국의 왕은 미국이 부유하고 병력이 강하며, 마음이 공정하고, 성질이 온화하고, 만사에 공평함을 들었으므로, 이중당李中堂의 밀서에 따라 조약을 맺을 의사가 있다. 그러나 우리나라 사람들은 어리석어 서양인을 미워한다. 여기서 국왕은 굳이 민정과 달리 서양 국가들과 조약을 맺음을 공표하고, 국내 논의에 불을 지펴, 그 과오가 국왕으로 돌아올 것을 우려하고 있다. [중략] 본국이 미국과 조약을 논의하기 위한 대원大員을 천진에 파견하기에 앞서, 청나라 황제가 조지詔旨를 내려 그 뜻을 확실히 하고 우리 나라 사람들을 깨우치게 하여, 이로써 사람들의 마음을 조약 체결로 이끈다면 우리 국왕은 황제 폐하의 위威를 빌려 그 책무를 다할 수 있을 것이다.
>
> (『조선사: 제6편 제4권』604쪽)

이렇게 하여 미국과의 국교 정상화 협상이 시작되었다. 김윤식은 조약체결에 앞서 이홍장과 조약 내용을 협의하였다. 그리고 이홍장은 그 과정에서 '조선국은 중국의 속방이다'라는 취지의 조항을 삽입하는데 성

공한다. 이홍장은 또한 천진해관도 주복周馥 및 후선도候選道 마건충馬建
忠을 천진에 파견하고, 그들로 하여금 조선왕조와의 수호협상을 위해 천
진을 방문했던 미국해군대장 슈펠트Robert W. Shufeldt, 그리고 주청임시대
리공사 홀콤Chester Holcomb과 협의토록 하였다. 최종적인 협의는 1882년
4월 14일과 18일, 이홍장, 슈펠트, 홀콤의 3자간 협의에서 이루어졌다.
조미수호조약 교섭은 사실상 김윤식이 제시한 원안을 기본으로 미국과
청나라 사이에서 이루어진 것이다.

5월 7일, 청나라에서 후선도 마건충과 통령북양수사기명제독統領北洋
水師記名提督 정여창丁汝昌이 군함 '위원威遠'을 타고 인천부에 도착, 슈펠
트도 5월 12일에는 마찬가지로 인천부에 도착하였다. 남은 것은 조인식
밖에 없었다. 이렇게 5월 22일 조선 측 전권대관 신헌과 미국 측 전권위
원 슈펠트와의 사이에서 조미수호조약이 맺어진다. 이어서 전권대관의
직책은 고령인 신헌에게서 조영하로 바뀌고, 그 후 앞선 조미수호조약
을 모델로 6월 6일에는 조영수호조약, 그리고 6월 30일에는 조독수호조
약이 계속해서 체결된다. 마건충과 정여창은 그 때마다 직접 천진에서
인천부까지 건너와, 이 조약의 체결을 도왔다.

이렇게 하여 조선왕조는 청나라를 매개체로, 그때까지의 쇄국정책은
마치 거짓이었다는 듯이 단번에 개국으로 가는 행보를 보인다. 그리고
당연하게도 이러한 상황은 그때까지 유교적인 교의에 중점을 두고, 서
양 열강과 천주교를 강하게 배척해온 조선 사회, 특히 '위정척사파' 사람
들에게 큰 동요를 가져왔다.

일부 군영에 대한 의존과 그 귀결

고종 친정 이후 또 하나의 큰 변화는, 왕조가 떠밀리듯 일본과 서양 열강에 대한 개국을 진행하는 한편으로, 강화도를 비롯한 변경 방비에 힘을 쏟지 않고, 일관되게 고종과 그가 거주하는 왕궁을 호위하는 근위병 증강에 주력한 점이다. 지금까지 살펴왔듯이, 이러한 고종의 '군사개혁'에 대한 경향은 친정개시 직후 무위소 설치부터 일관되게 진행된 것으로, 이를 고종과 그 주위 사람들의 '개화'에 대한 의지와 연결시키는 것은 적절치 않을 것이다. 이 점은 지난 장에서 살펴보았듯이 이 시기 조선왕조에서 개국파의 대표격인 박규수가 고종에 의한 독단적인 무위소 설치와 우대조치에 강하게 반대한 점을 보아도 알 수 있다.

고종의 신근위병 설치와 이에 대한 집착이 본디 어디서 유래한 것인지는 확실치 않다. 확실한 것은 고종이 자신에 대한 '위협'을 한반도의 바깥이 아니라 안쪽, 그것도 왕궁과 매우 가까운 곳에 존재한다고 여기고 있었다는 점이다. 혹 은 고종의 친정 자체가 본디 고종 자신의 주도 하에 '위로부터의 궁정 쿠데타'로서 실현되었다는 점이 배후에서 작용했는지도 모른다.

그러나 여기서 중요한 점은 이러한 고종의 근위병력 증강이 사후에 그 의미를 획득했다는 점이다. 명성황후의 생모 한창부부인과 의붓오빠인 민승호는 정체불명의 폭발물에 의해 살해당한다. 생부인 대원군과는 정치적인 대립 상황에 있었고, 하필 서형 이재선도 쿠데타를 일으켜 처형에 처해지게 되었다. 이재선의 쿠데타 계획사건 이외에도 1877년 무위영과의 차별대우에서 비롯된 훈련도감 병사의 반란미수사건 등의 움직임이 있었으므로, 고종이 자신의 신변에 심각한 불안을 느꼈다고 해

도 이상하지 않을 것이다. 자신의 서장자인 완화군도 수수께끼의 죽음
을 맞이하였고, 이전에 정권을 지탱하고 있던 노신들은 자신과 대립하
여 정권을 떠났다. 친숙부 이최응과 친형 이재면은 그나마 겨우 같은 편
에 서있었으나 정치적 영향력은 그리 대단한 것이 아니었다. 사회는 자
신의 정책과 그 정책이 가져온 경제적 고통에 대한 격심한 불만으로 들
끓고 있었다. 고종의 친정은 실로 악순환에 빠져있었다.

그러나 이는 아직 고종에게는 악몽의 시작에 지나지 않았다. 아니, 이
악순환의 소용돌이에서 고종이 자신의 신변을 지키고자 강구한 방법이
오히려 그 소용돌이를 더욱 크고 세게 만들고 말았다. 문제는, 고종이
한정된 재원을 자신이 새로 설치한 일부 군영에만 집중시키고 예전부터
존재하던 군영의 상황은 방치한 점에 있었다. 재원이 파산 상태에 처한
가운데, 일부 군영에만 재원이 집중된 결과 필연적으로 여타 군영에는
극단적인 처우의 악화가 따랐고, 구 군영소속의 병사들은 고종의 조치
에 큰 불만을 가지게 되었다. 중국과 마찬가지로 한반도에서도 병사는
전통적으로 경멸의 대상이었으므로 원래의 처우도 그리 좋은 것은 아니
었다. 여기서 더욱 처우가 악화된 것이니, 병사들에게는 실로 사활이 걸
린 문제였다고 해도 좋을 것이다.

2. 군란의 발발

대원군의 정권 장악
이렇게 결국 때는 오고 말았다. 1882년 7월 19일, 수도 한성부에 주재

하는 무위영武衛營·장어영壯禦營의 양 군영 병사를 중심으로 한 대규모
반란이 발발한 것이다. 같은 해 2월, 고종은 군제개혁을 단행하고, 자신
이 설치한 무위소를 조선왕조의 5개 구식 군영과 통합하여, 두 개의 군
영으로 나누어 정리하였는데, 그 결과 설립된 것이 무위영과 장어영이
다. 무위영에는 무위소의 병사와 더불어 그때까지 용호영龍虎營과 호위
청扈衛廳, 그리고 훈련도감訓鍊都監의 병사들이 소속되었고, 장어영에는
금위영禁衛營과 어영청御營廳의 병사들이 소속되었다.

　반란의 경위는 다음과 같다. 기록에 따르면 위 군영 소속의 병사들은
아마도 구 무위소, 그리고 그 중에서도 별기군의 계열에 속하는 일부 병
사들을 제외하고는 13개월 동안이나 급여에 해당하는 배급을 받지 못한
상태여서, 그들의 왕조에 대한 불만은 현저하게 고조되어 있었다. 그리
고 군란이 일어나기 하루 전, 그제서야 겨우 한반도 최대의 곡창지대인
전라도에서 쌀이 세금으로 공수되어 와, 이 일을 관장하는 선혜청宣惠廳
의 담당자가 병사들에게 실로 오랜만에 배급을 실시하였다. 그러나 병
사들이 눈이 빠지게 기다리던 배급 쌀은 많은 돌이 섞여 양이 부풀려져
있었다. 그야말로 쌀 한 섬 중에 진짜 쌀은 반 섬 이하 밖에 들어있지
않은 상태였다고 한다. 이런 지경에 이르자, 먼저 무위영 소속의 구 훈
련도감 병사들이 항의의 목소리를 냈으며, 일부 병사들은 배급을 담당
한 관리들을 구타하기에 이르렀다.

　당시 선혜청의 책임자는 민겸호. 그는 친형인 민승호가 폭탄으로 인
해 살해 당한 후, 여흥 민씨 최대의 실력자 중 한 사람으로 등극해 있었
다. 민겸호는 즉시 조선왕조의 경찰 조직에 해당하는 포도청捕盜廳을 불
러 선혜청 관리를 구타한 병사들을 체포하게 했다. 그러나 이러한 민겸

호의 강경 조치는 오히려 구 훈련도감의 병사들을 더욱 격노하게 만든다. 체포된 병사의 아버지와 형제들은 격앙된 병사들을 선동하여, 무위영 책임자인 무영대장 이경하李景夏의 처소로 쳐들어갔다. 이렇게 반란은 결정적인 순간에 이르렀다. 이경하는 이 당시 왕조 내에 여전히 자기 입지를 가지고 있던 얼마 안 되는 대원군 측근 무신이어서, 그는 반란을 일으킨 병사들의 편에 서서 민겸호를 시켜 사태를 변명하는 글을 보내주기로 약속했다. 자신들의 행동에 대해 사실상 이경하에게 인정을 받은 병사들은 이 글을 가지고 민겸호의 자택으로 향하던 도중, 우연히 그들에 대한 배급을 담당한 선혜청 관리들과 갑작스레 만나게 된다. 다시금 분노를 느낀 그들은 관리들을 쫓아갔고 관리들은 보호를 요청하며 상사인 민겸호의 자택으로 도망갔다. 그리고 병사들 또한 그들의 뒤를 쫓아 민겸호의 자택으로 난입하였다. 때마침 민겸호는 왕궁에 있어 화를 면했으나 분노를 좀처럼 누그러뜨리지 못하던 병사들은 민겸호의 자택을 부수고, 기세를 더욱 올리게 된다.

공포를 느낀 민겸호는 바로 왕궁을 빠져 나와 대원군의 자택인 운현궁으로 향했다. 민겸호의 이 행동으로 보아 적어도 그는 이 시점에서 반란의 배후에서 대원군의 기운을 느꼈던 것으로 생각된다. 그러나 대원군은 '겉으로는 이를 진정시키는' 한편, 자신의 심복인 허욱許煜일당을 파견해서 병사들을 오히려 선동했다. 허욱 일당이 이끄는 병사들은 무기를 약탈하여 확실하게 무장을 하고, 이어서 포도청과 의금부에 난입하여 앞서 체포된 동료들을 해방시켰다. 계속해서 한성부를 중심으로한 수도권을 관할하는 경기감영京畿監營 민겸호와 어깨를 나란히 하는 여흥 민씨 실력자인 민대호의 자택까지 습격했다.

반란 병사들은 이윽고 폭도로 변한 일부 군중과 합류하였고 한성부는 완전한 무정부 상태로 돌입한다. 그 중 한 무리는 이제 막 설치된 일본 공사관을 습격하였고 한밤중이 되자 일본공사관은 공사관원들의 방어에도 불구하고 허무하게 타버렸다. 일본판리공사 하나부사 요시모토하에 있던 공사관원들은 일본으로 도망가기 위해 경성부의 외항인 인천부를 향해 필사의 탈출을 시도했다.

20일 아침에는 구 훈련도감 소속의 병사들과 더불어, 그 밖의 무위영 소속 병사와 장어영 병사, 그리고 별기군 병사들까지도 이 반란에 합류하였으며 한성부 가까이의 농촌 주민도 이에 가세했다. 병사와 반란민들은 묘당 최대의 실력자인 이최응의 자택을 습격하여 그를 살해하고, 결국 왕궁인 창덕궁에 돌입하였다. 생명의 위험을 느낀 고종은 대원군에게 즉시 입궐하여 병사들을 진압해주길 청했다. 이 때 대원군이 당시 결코 원만한 관계가 아니었던 적장자인 이재면과 그의 아내 여흥부대부인을 대동하고 입궐한 것은 어쩌면 고종을 안심시키기 위해서였는지도 모른다. 그러나 대원군은 병사들을 진압하기는커녕 그들을 거느리고 궁으로 들어와 중희당重熙堂에서 민겸호, 이어서 가까운 위치에 있었던 경기도관찰사 김보현金輔鉉을 살해하였다. 나아가 병사들은 궁중에서 명성황후를 찾아 살해하려 했다.

그들은 일본공사관에 불을 지르고 대원군과 사이가 좋지 않던 영의정 이최응을 참살한 뒤 왕궁에 난입하여 여흥 민씨 실력자와 그들과 가까운 사람들을 차례차례 살해한다. 반란이 애당초 얼마나 용의주도하게 계획되었는지는 차치하더라도 대원군이 이 상황에 편승하여 자신의 정적을 단번에 매장하려 한 것은 확실하다. 반란의 습격 장소는 한 해 전

이재선을 주모자로 한 쿠데타 미수계획과 흡사하였으므로, 여기서 일정 이상의 연속성이 관찰되는 것은 오히려 당연하다고 해야 할 것이다. 이는 대원군에게는 사랑하던 자식을 죽인 적에게 복수한다는 성격을 띠고 있었는지도 모른다(『조선왕조실록』고종 19년 6월 9일, 6월 10일).

이렇게 하여 1882년 7월 24일, 고종은 어쩔 수 없이 '자금自今 이후 대소 공무公務는 대원군 전에 품결稟決하라'는 명을 내리게 된다. 61세에 다시 정권을 잡은 대원군은 마치 사전에 충분히 준비한 것처럼 잇달아 군제개혁, 그리고 대규모의 인사 이동에 착수하였다. 대원군은 또한 이와 더불어 인천부에 사자를 보내어, 인천부 소속 병사로 하여금 하나부사 공사를 비롯한 일본공사관 일행을 습격하도록 하였다. 하나부사 일행은 이 공격을 가까스로 뿌리치고 탈출하여, 26일 때마침 측량을 위해 인천부 바닷가에 정박해있던 영국 군함 '플라잉 피쉬Flying Fish호'에 겨우 수용될 수 있었다. 그러나 이 사건에서 발생한 일본인 사상자는 별기군의 지도를 담당했던 호리모토 소위를 비롯하여 13명에나 이르렀다(『한일외교자료집성: 제2권』93-117쪽).

명성황후를 찾아

정권을 장악한 대원군은 자신이 왕궁에 들어온 7월 24일, 고종의 이름으로 다음과 같은 명을 내린다. "중궁전中宮殿이 오늘 오시午時에 승하昇遐하였다. 거애擧哀하는 절차는 규례대로 마련하도록 하라." 중궁 즉, 명성황후가 서거하였으므로 장례 준비를 하라는 것이다. 창덕궁 내에 있던 명정전明政殿 뜰에 사람들이 애도의 뜻을 표현할 수 있도록 망곡처望哭處가 설치되고 환경전歡慶殿이 유해를 안치하는 빈전殯殿으로 선택되었다. 영의정에 복귀한 홍순목이 장례의 총책임자인 총호사總護使에 임명되었고 매장지 즉 산릉설치 책임자인 산릉도감제조에는 이인명李寅命과 한계원이 임명되었다(『조선왕조실록』고종 19년 6월 10일).

그러나 유해를 안치하는 빈전에 놓여진 관 속에는 명성황후의 유해가 들어있지 않았다. 명성황후의 유해가 28일까지 발견되지 않을 것임은 자명했으며 어쩔 수 없이 조선왕조는 선례에 따라 명성황후의 의복을 유해 대신 놓고 장례를 치르기로 하였다. 영의정 홍순목을 비롯한 신하들은 명성황후의 의복을 앞에 두고 '곡례哭禮' 즉 큰 소리로 곡을 하며 죽음을 애도하는 의식을 행하였다(『조선왕조실록』고종 19년 6월 14일).

그러나 명성황후는 사실 살아있었다. 창덕궁에 난입한 병사와 난민이 그녀의 흔적을 찾아 헤매는 가운데, 명성황후는 구사일생으로 도망쳐 살아남은 것이다. 그리고 명성황후가 도망갈 수 있도록 도움을 준 것은 아이러니하게도 대원군의 처인 여흥부대부인이었다. 그녀는 자신과 12촌 지간이자 친아들의 처인 명성황후에게 일찍부터 위험을 알려 4명이 탈 수 있는 가마에 타서 달아날 수 있게 했다. 그러나 여흥부대부인의 이러한 조치는 충분치 않았고, 이 가마는 바로 병사들에게 발각되어 부서진다. 명성황후의 목숨도 이제는 풍전등화와 같이 위태해 보였으나 이때 재기를 발휘한 것이 무예별감이라는 낮은 직책에 있던 홍재희洪在羲라는 인물이었다. 그는 명성황후가 상궁이며 자신의 여동생이라고 주장하여, 자신의 등에 업고 나가는 데 성공한다(『근대일조관계의 연구: 상권』775쪽).

이렇게 궁에서 벗어난 명성황후는 사어司禦 윤태준尹泰駿의 자택에서 난을 피한다. 이 후 명성황후는 육촌인 민응식閔應植의 자택을 거쳐, 한성부를 탈출하고 고향 여주를 지나 7월 30일 무렵에는 장호원長湖院으로 이동하였다. 장호원에는 민응식, 민긍식閔肯植, 민영기閔泳驥 등이 배정되어 명성황후를 도피시킬 체제가 정립되었다.

그러나 묘당에서는 아직 상황을 정확히 파악하지 못하고 있었다. 8월 1일, '세상을 떠난 명성황후'에게, '인성仁成'이라는 봉호가 주어졌고 능에는 '망정릉望正陵'이라는 이름이 붙여졌다. 또한 '망정릉'은 같은 날 다시 '희릉熙陵'으로 개명되는 등 명성황후 사망의 기정사실화는 착실하게 진행되어 갔다. 명성황후의 위해는 발견되지 않았으므로, 정변의 주모자인 대원군을 위시한 인물들도 또한 명성황후를 '놓쳤을' 가능성을 생각하기 시작했다고 해도 이상하지 않을 것이다. 그럼에도 불구하고 그들은 어디까지나 명성황후가 서거했다는 것을 전제로 작업을 진행했다. 혹 후일 수색을 통해 명성황후를 다시 살해하고 끼워 맞추면 된다고 생각했을지도 모르겠다.

19세기 정보혁명

여하튼 불만을 품은 병사들의 반란을 이용한 대원군의 쿠데타는 일단 이렇게 성공한 것 같이 보였다. 그러나 좌절은 대원군이 생각지도 않았던 방향에서 찾아온다. 그 배경에는 대원군이 몰랐던 한반도를 둘러싼 국제사회의 급격한 변화가 있었다.

중요한 점은 이 시기의 동아시아가 급속한 '정보혁명'을 겪고 있었다는 점이다. 그 주인공은 전신과 해저 케이블의 보급이었다. 1837년 모르스가 발명한 전신은 그의 이름을 딴 모르스 부호와 함께 전세계로 빠르게 퍼져나가게 된다. 일본에도 1854년 페리의 제2차 내항과 함께 전신이 도입되어, 메이지 유신으로부터 겨우 1년 후인 1869년, 도쿄-요코하마 사이에서 전보 업무가 시작된다. 그러나 더욱 놀라운 점은 1871년 이미 해저 케이블로 나가사키와 상하이, 그리고 나가사키와 블라디보스토크가 연결되었다는 점이다. 그러나 이 시점에 나가사키와 도쿄는 아직 전신으로 이어지지 않았었다. 예를 들면 일본 메이지 정부가 구미 정부에 파견한 이와쿠라사절단의 부단장이었던 오쿠보 도시미치가 1872년 뉴욕에서 타전한 전보는 5시간 후에 이미 나가사키에 도착해 있었으나, 나가사키에서 도쿄까지 도달하는 데는 3일이 걸렸다고 한다. 그 다음해인 1873년에는 드디어 도쿄-나가사키 간의 전보업무가 시작되었고 이로써 도쿄와 해외도 전신으로 연결되게 된다. 때마침 고종이 대원군을 정권에서 몰아내는 데 성공하고 스스로 친정을 시작한 해였다. 통신의 발달로 인해 말 그대로 세계와 연결된 동아시아는 이렇게 변화하는 세계정세의 물결 속에 빠른 속도로 휩쓸려갔다(『국제통신의 일본사』제3장).

이로써 1882년 한성부에서 발발한 임오군란에 대한 소식은 즉각적으로 전세계에 전해진다. 이 때 대원군은 이미 치명적인 잘못을 저지른 뒤였다. 자신이 정권을 획득하는 과정에서 불만 가득한 병사들이 일본공사관과 공사관원들을 습격하도록 용인한 것이다. 당연하게도 대원군의 이러한 행동으로 인해 일본 정부는 거센 항의를 해왔다. 즉 일본공사관을 습격함에 따라 본디 조선왕조 내부의 권력 항쟁에 지나지 않았던 임오군란이 국제분쟁화되고 만 것이다.

일본은 호리모토 소위를 비롯하여 행방불명된 자들을 찾는다는 명목으로 외무어용괘外務御用掛 히사미즈 사부로久水三郎 일행을 하나부사를 구출한 '플라잉 피쉬호'에 태워 한반도에 파견하였고, 히사미즈는 8월 5일, 인천부 제물포濟物浦에 도착했다. 10일에는 외무서기관 곤도 모토스케近藤眞鋤가 군함 '공고金剛'에 타고 마찬가지로 제물포에 도착하여 인천부 근교의 마을인 부평부 책임자, 부평부사 김낙진金洛鎭에게 조선왕조의 영의정 앞으로 보내는 하나부사 공사의 서한을 전달했다. 서한에는 가까운 시일 안에 하나부사가 호위병을 이끌고 다시 내방할 것이므로, 이에 숙소를 마련해 줄 것을 요청하고 있었다(『조선사: 제6편 제4권』 632쪽, 『일한외교자료집성: 제2권』118-195쪽).

그러나 보다 중요한 것은 일본의 행동이 일본공사관 습격 소식과 함께 도쿄발이라는 형태로 전세계에 즉시 타전되었다는 점이다. 말할 것도 없이 일본의 이러한 움직임에 한발 빠르게 주목한 것은 청나라였다. 즉 임오군란에 대한 정보는 도쿄에 전달된 것과 거의 비슷한 시각에 세계에도 알려졌으며, 그 결과 일본 정부뿐 아니라 청나라 정부도 거의 동시에 움직이기 시작한 것이다.

사실 8월 1일 재일본특명전권대사在日本特命全權大使 양서창梁庶昌은 임오군란과 관련하여 일본의 출병 움직임이 있었기 때문에, 서리북양대신署理北洋大臣 직례총독直隷總督 및 양광총독兩廣總督 장수성張樹聲에게 타전하여, 일본의 출병에 앞서 청나라도 병사를 일으켜 한성부의 반란을 조기에 진압해야 한다고 전했다. 같은 시기에 천진에 체재 중이었던 영선사 김윤식, 문의관 어윤중魚允中도 임오군란의 소식을 접하고, 서둘러 천진해관도 주복과 면회하고, 신속하게 청나라가 군관 수 척과 육군 1000명을 파견해야 한다고 요청했다. 양서창은 또한 일본 정부에 대해 조선은 청나라의 속국이며 청나라가 사건의 모든 책임을 진다고 전하고, 일

본 정부가 조선에 출병하지 않도록 설득을 시도했다(『조선사: 제6편 제
4권』633쪽, 『일한외교자료집성: 제2권』165쪽).

　도쿄에서 정보를 받은 장수성은 즉시 청 덕종德宗에게 알리고, 즉시
조선으로 출병해야 한다고 건의했다. 청나라의 움직임은 신속했다. 바
로 청의 후선도候選道 소강小康, 마건충馬建忠, 북양수사北洋水師 정여창으
로 하여금 군함 '위원威遠', '초용超勇', '양위揚威'를 이끌고 조선으로 향하
라는 결정을 내린다. 이렇게 19세기의 정보혁명에 의해 정확한 정보를
얻은 청나라는 일본의 기선을 보기 좋게 제압한다. 곤도近藤가 군함 '공
고金剛'에 타서 인천부에 내항한 8월 10일, 청나라 함대도 거의 동시에
인천부에 도착하였다. 일본 측 하나부사 공사의 인천부 도착이 8월 12
일이었으므로 양국 대표인 마건충과 하나부사만을 비교한다면 오히려
마건충이 이틀 빨리 도착한 셈이 된다. 어쨌든 이렇게 하여 일본 측 군
함 '공고', '히에이比叡', '세이키淸輝'의 3척과, 앞서 서술한 청나라 군함 3
척이 서로 대치하는 상황이 벌어진다. 긴박한 상황 속에서 영국, 미국도
또한 인천 연안에 군함을 보내어 청일 양국의 대결을 지켜보았다.

　사태가 긴장의 수위를 높여가는 가운데, 8월 16일 하나부사는 호위병
을 이끌고 한성부에 입성하였다. 나흘 후인 20일에는 고종을 알현하고
조선왕조에 대해 다음과 같은 요구를 한다. 그 내용은 (1)책임자에 대한
체포·처벌, (2)피해자에게 상응하는 예우 제공, (3)피해자·유족에 대
한 보상, (4)일본정부에 대한 보상, (5)원산·부산·인천부의 개항장의
확장 및 양화진楊花鎭의 신규 개항과 함흥咸興·대구 왕래 통상의 허가,
(6)일본공사관원의 한반도 내 유람의 허용, (7)공사관 호위를 위한 육군
일대대의 주둔허용의 7개 조항을 담고 있었다. 하나부사는 이 내용이

쓰여진 서한을 알현 장소에서 고종에게 직접 제시하고 다음과 같이 사실상 최후 통첩을 한다.

> 양국의 교제는 이미 끊어지려고 하는 오늘에 요청한 건은 이로써 국교를 유지하고 화국和局을 보존하려 함입니다. 이에 대한 귀 조정朝廷의 결답決答은 즉 교의交誼단속斷續임을 알겠습니다. 지금부터 3일간을 기일로 하겠습니다. 바라건데 그 기일을 어기지 말고 결답을 받았으면 합니다. (『일한외교자료집성: 제2권』237쪽)

또한 이 직후 하나부사는 대원군 알현을 요청하였다. 여기서 대원군은 일본공사관 습격에 대해 유감의 뜻을 표명하고 조선왕조 또한 '폭도'에 의해 다대한 손해를 입었다고 변론한다. 그러나 대원군은 동시에 하나부사와의 회담이 끝날 무렵 다음과 같이 이야기한다.

> 접견 시 바로 주상主上에게 정서呈書함은 조선의 체면에서 심성甚善하지 않다. 이에 이를 지금 돌려 보내니 반드시 순서를 밟아 상소를 해야 한다. 영의정이 이미 전대專對의 명을 받들어 다른 곳에서 기다리고 있다. 다시 만나 청하여 수속을 해야 한다. 또한 결답 3일 기한으로 하지 않아도 범사凡事 해야 할 일이라면 바로 할 것이다. 또한 하지 않을 일이라면不能行 당연히 하지 않을 것이다. 이러한 답변에 기한을 정할 필요는 없다. (『일한외교자료집성: 제2권』238쪽)

즉 대원군은 국왕에게 직접 요구서를 내미는 것은 무례의 극치이므로, 신하인 영의정에게 요구를 다시 전달하도록 자신의 손으로 직접 하나부사에게 요구서를 돌려준 것이다. 대원군이 일본과의 타협에 응할 생각이 없음은 자명했다. 8월 21일 대원군은 청의 후선도 마건충에 하나부사의 요구서 사본과 자신의 서한을 보내고, 청나라 군대의 한성부

입성을 요구하였다. 대원군은 조선왕조 수도에 청나라 군을 들어오게
함으로써 일본의 위협을 불식시키고자 한 것이다.

　청나라 군대는 마침 하루 앞선 8월 20일 방판산동군무광동수사제독幇
辦山東軍務廣東水師提督 오장경吳長慶이 이끄는 경군慶軍 6영六營 약 4000명
이 원군으로 도착하였으므로, 대폭으로 증강된 직후였던 터다. 대원군
의 요청에 응하는 형태로 마건충은 8월 23일 한성부에 입성하였고, 대
원군은 이재면과 함께 스스로 나가서 마중했다. 8월 25일에는 오장경과
정여창 또한 자신들의 군대를 이끌고 한성부에 들어왔다. 군대는 한성
부 성의 바깥인 동대문 외각, 오늘날 동묘라고 불리는 삼국지의 영웅 관
우를 모시는 사당 가까이에 본거지를 잡았다. 이 때 일본 측은 이미 24
일에 하나부사 공사가 항의의 뜻을 담아 사절단을 철수시키고 인천부로
그 거점을 옮긴 후였다. 청나라 측에서는 25일 마건충이 인천부에 내려
가 하나부사와 회담을 가졌다. 마건충은 문제는 자신이 해결할 것이라
는 뉘앙스를 풍기는 한편, 하나부사에게 서둘러 귀국함으로써 회담을
결렬시키지 말고 인천에서 시간을 벌어달라고 이야기한다.

3. 청나라의 개입

대원군 납치되다

　실제로 마건충은 하나부사에게 보다 중요한 계획이 있음을 확실히 하
였다. 하나부사는 이 마건충과의 회담에 대해 다음과 같이 본국에 보고
하였다.

마馬는 오직 정리하고 원군院君을 물릴 뜻을 가지고, 당분간 행동을
늦출 것을 권하며, 또한 조선의 내정에 간섭을 한다고는 해도, 우의를
가지는 데에서 그치고, 속국으로 대하지 않고 잡담으로 수 시간 내에
돌아간다. 　　　　　　　　　　　　　　(『일한외교자료집성: 제2권』239쪽)

이렇게 대원군의 운명은 어둠 속으로 들어간다. 이 책에서는 이에 관
한 양상을 다보하시 기요시의 기술에 따라 살펴보도록 하겠다. 25일, 하
나부사와의 회담을 마친 마건충은 한성부에 돌아가자마자 오장경, 정여
창과의 회담을 갖고 이 사태를 다음날인 26일 '비상수단'을 써서 해결하
기로 결정한다. 그들은 다음날 이른 아침, 함께 모여 대원군의 사저인 운
현궁을 방문하고, 그들의 참모관 중 한 사람인 황사림黃士林이 이끄는 부
대가 주둔하는 남대문 외각의 막영幕營에서 친선을 위한 연회를 연다고
하며, 대원군의 방문을 요망했다. 당일에는 비가 잠시 내렸는데, 비가 그
친 오후 4시경 대원군은 호위를 갖추고 황사림의 막영을 방문하였다.
　마건충은 대원군을 막영으로 초대해, 거의 일몰이 될 때까지 필담을
나누었으며, 때를 봐서 오장경은 대원군의 수하들에게 일을 부탁하면서
그들을 막영 바깥으로 불러냈다. 오장경이 막영 안으로 돌아온 뒤 마건
충은 '군지조선국왕君知朝鮮國王, 위황제책봉호爲皇齊冊封乎'라고 쓰고, 이
를 대원군에게 내민다. 즉 마건충은 대원군이 청나라 황제가 책봉한 조
선국왕을 무력하게 만들어, 청나라 황제에 반역하는 대죄를 지었다며
그 책임을 추궁한 것이다. 대원군은 주위를 둘러보고 자신의 수하들이
아무도 없음에 아연실색하였으며, 마건충은 그에게 자신이 준비한 가마
에 타라고 재촉했다. 대원군은 처음에는 거부했으나 마건충의 압박에
더 이상 저항하지 못하고, 억지로 가마에 올라타게 된다. 가마는 어두운

밤을 틈타 질주하였고 다음날인 27일 정오, 대원군은 청나라 군함 '등영주호登瀛洲號'에 강제로 승선하여, 그대로 천진으로 보내진다(『근대일선관계의 연구: 상권』847-848쪽). 그 후 대원군은 임오군란의 주모자로서 청나라 조정에 의한 취조를 받고, 천진, 그리고 보정保定으로 장소를 바꿔가며 3년이라는 긴 시간 동안 청나라에 유폐된다.

쿠데타에 의해 정권에 복귀한 국왕의 생부가, 공교롭게도 자기자신이 원군을 요청한 종주국에 의해 납치, 유폐된다. 긴 역사를 가진 한반도에서도 유례를 찾아볼 수 없는 이상 사태가 발발하자 한성부는 곧 혼란에 휩싸인다. 대원군 납치 소식은 대원군의 수하들에 의해 즉시 궁에 전해졌고 한성부 내에서는 가까운 시일 내에 청일 양국 사이에서 전투가 시작될 것이라는 소문이 횡행했다.

그러나 혼란을 수습하기 위한 청나라의 조치는 신속했다. 이 때 조선왕조의 궁에서 사태 수습을 직접 담당한 것은 오장경의 참모관 중 하나인 원세개袁世凱였다. 후에 이홍장의 뒤를 이어 북양군벌의 수장이 되며, 더 나아가 신해혁명 직후 중화민국의 총통이 되는 인물이다. 원세개는 대원군의 납치를 즉시 공식적으로 발표함과 동시에 대원군의 장남인 이재면의 훈련대장 직책을 해제하고 그를 남별궁에 유폐하였다. 다음날인 27일 청나라 군대는 이태원, 왕십리 두 곳에 있었던 반란 병사들의 거점을 공격하였고, 이틀에 걸쳐 진압은 종료되었다(『근대일선관계의 연구: 상권』851-852쪽).

이와 함께 청나라 군대는 일본공사관 습격 및 호리모토 소령 등을 살해한 범인으로서 손순길孫順吉, 최봉규崔奉圭 등을 체포하고, 애초에 반란의 계기를 만든 인물로는 구 훈련원소속병사 김장손金長孫, 정의길鄭義

畜 등을 포박하였다. 이 사태로 인해 일본공사 하나부사도 14일에는 한
성부에 입성하였고, 조선왕조는 30일에 일본 측이 앞서 제기한 7개 조
항을 그대로 받아들이는 형태로 두 조약을 체결하였다. 이것이 바로 조
선의 일본에 대한 보상 등을 규정한 제물포 조약과 통상에 대해 규정한
인천개항조약이다.

명성황후의 환궁

청나라의 개입으로 사태는 급변하였으며, 이는 조선왕조에게도 큰 전
환점이 되었다. 말할 필요도 없이 이때 가장 먼저 이루어진 작업은 '죽
은 것으로 되어있던 인물' 즉 명성황후의 복귀였다. 기쿠치 겐조菊池謙讓
에 의하면 명성황후가 장호원으로 피난해 있었다는 사실을 이미 고종도
알고 있었으며, 이에 8월 20일에는 고종이 명성황후에게 심상훈沈相薰을
사자로 보내 밀서를 전달했다. 청나라 군대의 대원군 납치 후 고종은 이
번에는 이용익李容翊을 사자로 보내 밀서를 전달하였고 곧 궁으로 돌아
오기 위한 영호사迎護使를 보낼 것이라고 명성황후에게 알렸다. 9월 5일,
고종은 청나라군을 이끌고 비밀리에 한반도에 돌아와 있었던 어윤중을
통하여, 원세개에게 청나라군의 호위를 의뢰한다. 고종이 명성황후의
호위를 청나라 군대에 의뢰했다는 사실은 일본 측의 경계심을 불러일으
켰고 하나부사 공사는 신속하게 일본도 호위병을 차출할 의향이 있음을
알렸다. 그러나 하나부사의 제안은 청일 양국의 충돌 위험이 있다는 이
유로 청나라 측으로부터 완곡한 거절의 답을 받는다(『근대조선사: 상』
610-611쪽).

이렇게 해서 9월 7일 오장경은 100명의 청나라 군을 선발하여 한성부

를 떠나 장호원으로 향한다. 호위를 담당한 영호사에는 영의정 홍순목이 임명되었다. 겨우 1개월 남짓 전에는 총호사總護使로서 '죽었던 명성황후'의 장의위원장을 담당한 동일 인물이 이번에는 '살아있는 명성황후'의 호위역으로 그녀를 마중하게 된 것이다. 명성황후는 9월 9일에 장호원을 떠나 9월 12일에는 무사히 입궐한다.

명성황후의 환궁에 앞서, 고종에게는 해야 할 일이 하나 더 있었다. 그는 임오군란과 수반한 혼란에 대해 국왕으로서 국내외에 설명을 해야 했다. 고종은 8월 31일 군대에 대한 교서를 내렸다. 이는 다음과 같다.

> 나라의 운수가 불행하여 올해 6월에 있었던 사건은 바로 천고千古에 없던 변고였다. 창황倉皇한 나머지 미처 징벌하지는 못하였으나 사람들이 분하게 여길 뿐 아니라 죄를 범한 무리들도 반드시 죽을 날이 있다는 것을 알라. 다행히도 상국上國에서 군사를 풀어 원조하여 난을 일으킨 군사 10명名을 잡아서 극형에 처하였다. 천토天討가 이미 가해지니 대의大義가 이제야 밝아졌다. (『조선왕조실록』고종 19년 7월 18일)

고종은 이후 계속해서 병사들에 대한 처벌이 더 이상 없을 것임을 명언하면서, 병사들에게 안심하라고 촉구하였다. 중요한 점은 이 문장에서도 드러나듯이 군란으로 인해 고종이 청나라군에 크게 의존하게 되었으며 또한 많은 것을 요구하게 되었다는 점이다. 이 점이 가장 전형적으로 드러난 것은 고종이 명성황후를 다시 호위해서 데려올 호위병을, 국왕 직속의 근위병이 아니라 청나라군에 의뢰한 사실에서였다. 그 배경에는 자신에 대한 반란을 일으킨 군대에 대한 불신이 있었다. 여기서 임오군란이 비록 무위영과 장어영에서 홀대를 받던 구식 군대 군졸의 반란으로 시작되었으나, 난이 절정에 달하였을 때 고종이 그토록 기대하고 후한 대우를 해주었던 별기군도 이에 가담했었다는 사실을 간과해서는 안 될 것이다.

바꾸어 말하면 7월 24일, 창덕궁에 난병 및 난민이 난입하였고, 명성황후가 구사일생으로 살아난 그날, 고종이 후대하던 병사들이 자신과 명성황후를 지키는 편이 아니라, 명성황후를 살해하려는 측으로 돌아섰었던 것이다. 그리고 그런 명성황후를 다시 궁궐로 불러들이는 데 있어 일전에 명성황후를 살해하려 했던 병사들을 기용할 수 없는 것은 당연했다.

이러한 상황이 있었기에 고종과 조선왕조는 이 후 청나라에 대한 의존도가 더욱 높아진다. 9월 중순 이후 고종은 청나라 제독 정여창, 총병總兵 황사림, 중서사인中書舍人 원세개를 연달아 만나고, 9월 22일에는 직접 동묘 가까이에 있던 오장경의 진영을 방문하기에 이른다. 또한 고종은 대원군이 납치된 3일 후, 그때까지 접견대관으로서 청나라와의 교섭에 임하고 있던 조영하를 '진주사陳奏使'의 수석 사신正使으로, 부관이었던 김홍집을 부수석 사신副使으로 임명하고, 청나라에 파견하기로 결정하였다. 진주사에 주어진 임무는 두 가지였다. 그 중 하나는 청나라에 감사의 뜻을 표할 것, 그리고 또 하나는 대원군의 조기 귀국을 실현하는 것이었다. 고종은 청나라 황제에 진정표陳情表를 보내고 대원군의 석방을 호소했다.

그러나 청나라는 이러한 고종의 진정을 되돌려 보내고 대원군을 장기 구류하기로 한다. 그 이유는 '본국에 돌려보내면 반드시 다시 난이 발발할 것을 우려'한다는 것이었다. 고종은 그 후에도 대원군과의 면회하기 위해 빈번하게 신하를 파견한다. 이는 대원군에 대한 위문임과 동시에,

그의 동향을 정찰하기 위한 것이었음은 말할 필요도 없을 것이다. 고종
은 대원군이 청나라의 손에 들어감에 따라 오히려 청나라가 그를 정치
적 카드로 사용하지 않을까를 두려워했는지도 모른다(『조선사: 제6편
제4권』649-650쪽).

청나라에 의한 '속방'화

다시 청나라에 파견된 진주사는 이 때, 동시에 천진에서, 오늘날 조중
상민수륙무역장정朝中商民水陸貿易章程이라 불리는 조약을 조인하고 있었
다. 그 전문前文은 다음과 같다.

> 조선은 오랜 동안의 제후국으로서 전례典禮에 관한 것에 정해진 제
> 도가 있다는 것은 다시 의논할 여지가 없다.
> 다만 현재 각국各國이 수로水路를 통하여 통상하고 있어 해금海禁을
> 속히 열어, 양국 상인이 일체 상호 무역하여 함께 이익을 보게 해야 한
> 다. 변계邊界에서 호시互市하는 규례도 시의時宜에 맞게 변통해야 한다.
> 이번에 제정한 수륙 무역 장정은 중국이 속방屬邦을 우대하는 뜻이
> 며, 각국과 일체 같은 이득을 보도록 하는데 있지 않다.
> (『조선왕조실록』고종 19년 10월 17일, 『일한외교자료집성: 제2권』443쪽)

이 조약은 조선왕조가 자의로 청나라의 '속방'으로 있음을 다시금 명
확히 한 것으로 결정적인 의미를 지닌다. 그러나 조청 양국간의 조약 자
체에 대해서는 이미 조선왕조와 구미 각국의 사이에서 체결된 조약과
병행하는 형태로 준비가 진행되었으므로 반드시 그것이 임오군란의 영
향으로만 촉발된 결과라고 보기는 어렵다. 그러나 청나라 군대가 한성
부를 사실상 점령하고 있던 상황 속에서 체결된 이 조약은 그 상황이

상황이니만큼 아마도 양국이 당초 의도한 것 이상의 내용을 담고 있었을 것이다. 왜냐하면 자국의 수도를 청나라 군대에 의해 점령당하고 있으며 왕비의 경호조차 청나라 군대에 의지하던 상황은 조선이 청나라의 '속방'이라는 상황을 실질적으로 나타내는 것이었기 때문이다.

그리고 이 조약은 조선이 청나라의 속국이냐 독립국이냐를 둘러싸고 청나라와의 격렬한 공방을 이어온 일본에 큰 충격을 안겨줬다. 임오군란이 발발하자 청나라는 일본을 향해 되풀이해 속국인 조선의 문제는 청나라가 전면적으로 책임을 질 것이며, 일본은 직접적으로 관여하지 말아야 한다고 주장했다. 하지만 이러한 청나라의 주장을 일본은 수용하지 않았으며 일본은 바다와 육지의 군사력을 조선에 파견했다. 일본은 자국이 피해를 입은 이 군란을 직접 조선왕조와 협상해 해결함으로써 조선왕조가 독립국임을 보여주고자 했던 것이다.

그러나 일본의 기선을 제압함으로써 청나라는 조선왕조가 자국의 '속국'이라는 기정사실을 구축하는 데 성공했다. 기실 한성부에 주둔 중인 조선왕조의 모든 군사력이라고 할 수 있던 반란군을 고작 이틀 만에 진압하고 쿠데타로 모든 실권을 장악한 대원군을 순식간에 납치해 유폐시켜 그의 정권을 전복하는 데 성공했다는 사실은 조선왕조의 진정한 실력자가 누구인지를 여실히 보여주는 것이었다. 청나라는 득달같이 조선왕조와 일본 사이를 조정했으며 그 결과 일본은 자국의 요구를 관철시켰다. 결국 청나라는 일본이 인정하지 않던 '조선은 청나라의 속국이다'는 자국의 주장을 기정사실화함으로써 당사자 일본에도 밀어붙이는 데 성공한 셈이다.

그러나 고종의 눈에는 이런 사태가 사뭇 달리 비쳐졌다. 앞서 고종이

궁으로 명성황후를 불러들일 당시 경호를 청나라군에 의뢰한 사실에서
도 알 수 있듯이 고종은 오히려 청나라군의 주둔을 적어도 한 때는 바랐
던 듯하다. 이로써 청나라군은 한성부에 상주하게 되었고 그 영향력을
이용해 조선왕조에 깊숙이 관여하기에 이른다.

청나라의 조선왕조에 대한 관여는 두 가지 측면에서 뚜렷하게 나타났
다. 하나는 군대 개혁에 대한 관여다. 궁을 경호하는 군사력의 취약함을
재차 깨달은 고종은 군란이 종식된 후 새로이 군영을 조직하기에 이르
며, 11월 3일 오장경에게 교련담당자 파견을 요청했다. 오장경은 교련담
당자로 원세개를 선발했고 원세개는 상리민청上里民廳에서 병사 500명
을 선발해 새로이 군영을 설립했다. 마찬가지로 오장경에게 선발된 주
선민朱先民과 하증주何增珠도 또한 하리민청下里民廳에서 500명을 선발해
군영을 설립한다. 새로운 군영은 신건친군영新建親軍營이라 명명되었으
며, 그 중 원세개가 설립한 군영은 좌영, 주선민과 하증주의 군영은 우
영이라 불리었다. 청나라에 체재 중이던 영선사 김윤식은 이 청나라식
군대의 설립에 맞춰 청나라의 천진기기제조국天津機器製造局 각국에서 기
술을 배우던 유학생과 함께 귀국해, 새로이 한반도에서 서양식 무기의
생산을 도모했다(『조선왕조실록』 고종 19년 9월 24일, 9월 29일).

이 새로운 청나라식 군대는 그 후에도 확장세를 이어가 1883년 11월
22일에는 친군전영親軍前營이, 1884년 9월 11일에는 친군후영親軍後營이
설치되었다. 또 반란을 일으킨 무위영, 장어영 2영도 일단 대원군이 타
군영과 함께 재건한 훈련도감과 일원화된 후 고종의 지시에 따라 금위
영, 어위영으로 재차 양분되었으며 더 나아가 1884년 12월 23일에 청나
라식 군대인 친군별영親軍別營으로 재편되기에 이르렀다. 이로써 한성부

에 주둔하는 조선왕조의 군대는 모두 일단 청나라식으로 개편된다. 이
보다 앞선 1882년 12월에 강화도에 주둔 중이던 군대는 이미 청나라식
으로 개편된 바 있었다. 원세개는 강화도의 군제 개혁도 직접 담당했다
(『조선왕조실록』 고종 19년 11월 16일, 20년 10월 23일, 21년 8월 27일,
11월 7일).

조선왕조는 임오군란 이후 다소 내정개혁도 실시해 최종적으로는 외
교통상사무를 담당하는 통리교섭통상사무아문統理交涉通商事務衙門과 내
정 일체를 담당하는 통리군국사무아문統理軍國事務衙門을 설치했다. 각각
의 아문에는 독판督辦을 필두로 협판協辦, 참의參議를 두었다(『조선왕조
실록』 고종 19년 12월 4일).

하지만 청나라의 조선왕조에 대한 또 다른 관여 즉 내정에 대한 직접
적 관여는 그야말로 더욱 노골적인 형태를 띠었다. 후선중서사인後選中
書舍人 마건상馬建常과 독일인 묄렌도르프Paul von Möllendorff의 등용은 당시
청나라의 조선왕조에 대한 관여가 얼마나 심각했는지를 상징한다. 이들
중 마건상은 마건충의 형이며 묄렌도르프는 청나라 주재 전前 독일영사
였다. 둘 모두 청나라가 조선왕조에 고문 역할로 추천한 인물이다. 흥미
롭게도 조선왕조는 이 둘에게 단순한 '고문' 지위가 아닌 조선왕조의 공
식적인 관직을 직접 부여해 정식 묘당의 일원으로 대우하고 있다. 즉 묄
렌도르프는 1882년 12월 26일, 고종을 알현하고 외무부문을 관장하는
통리기무아문統理機務衙門의 참의에 임명되었다. 그리고 1883년 1월 12일
에는 앞서 설명한 통리교섭통상아문에서도 김홍집과 함께 협판교섭통
상사무 즉 아문에서 두 번째 가는 요직에 임명되었으며 마건상도 마찬
가지로 2월 2일, 그를 위해 새로이 설치된 의정부찬의 정이품에 임명되

었으며 동시에 묄렌도르프와 함께 협판교섭통상사무를 겸임했다.

이로써 조선왕조의 외교는 그 전까지 각각 접견대관接見大官 및 접견 부관接見副官으로 조선 측에서 청나라와의 협상 창구를 맡고 있던 조영 하와 김홍집 아래에서 마건상과 묄렌도르프가 실질적으로 책임지는 체 제가 완성되었다. 두 사람은 조선왕조의 묘당에서도 좌석을 부여 받아 고종이 참석하는 어전회의에도 참석하고 있다. 조선왕조에서는 이제는 본래의 신하인 내신과 외국 정부가 파견한 외신의 구별마저 점차 흐릿 해졌다(『조선왕조실록』 고종 19년 12월 17일, 12월 5일, 12월 25일).

또 하나 흥미로운 것은 이처럼 청나라 관료와 고문이 왕조 관직에 직 접적으로 임용된 사건은 오히려 청나라의 예상을 뛰어넘는 것이었다는 점이다. 청나라 북양대신 이홍장은 청나라 관료인 마건상이 속방 조선 의 관직에 등용된 일은 부적절하다며 조선 측에 그의 파면을 요구하였 다(『조선왕조실록』 고종 20년 4월 4일, 『일성록日省錄』 고종 20년 4월 1 일, 4월 4일). 이 에피소드는 아마도 다음과 같은 의미를 내포하고 있는 듯하다. 아무리 속방이라 하더라도, 자국과 조선 사이에 일정한 선을 긋 고 싶었던 청나라와는 달리, 당시 조선 측은 조선과 청나라의 경계를 명 확하게 긋고 싶은 의도조차 없었다는 것이다. 종전을 살펴보더라도 고 종과 명성황후는 자신들의 호위마저 청나라 군대에 의존해야만 하는 상 황이었다. 이러한 상황에서 그들이 청나라를 더 깊이 끌어들여 조선왕 조의 정치에 밀접하게 관여시키려 했다 해도 이상하지 않다. 결국 이홍 장의 요구대로 마건상은 찬의 자리에서 파면되나 그 후에도 조선왕조의 외교에 깊숙이 관여하였다. 사실 이 시기 조선왕조가 연이어 체결한 구 미 각국과의 수교나 통상조약의 협상은 모두 청나라의 관여 없이는 상상할 수 없었다.

그리고 묄렌도르프의 존재도 마찬가지로 각별했다. 주목할 점은 그가 점차 외교 분야뿐만 아니라 내정에도 깊숙이 개입했다는 사실이다. 1884년 3월 14일, 묄렌도르프는 신설된 전환국 총판典圜局總辦 즉 중앙은행과 조폐국의 총재를 겸한 직책에 임명된다(『조선왕조실록』 고종 21년 2월 17일). 재정 파탄 상태이던 조선왕조는 1882년 11월 30일, 이름도 감생청減省廳인 관청을 신설해 관청과 관료의 구조조정에 힘쓰나 효과를 올리지 못한 채 급기야 대원군 집정기의 당백전과 마찬가지로 기존 화폐의 5배에 달하는 가치를 가진 당오전을 발행해 이 악화 주조惡貨鑄造의 차익으로 위기에서 벗어날 수밖에 없었다. 하지만 1883년 3월 29일에 주조가 시작된 당오전은 그야말로 악화였던 까닭에 유통되지 못했고 이는 조선왕조를 한층 더 궁지에 몰아넣었다. 그리고 이에 맞춰 묄렌도르프가 전환국 총판으로 임명된다. 이 인사에서는 청나라가 추천한 서양인 묄렌도르프를 이용해 어떻게 해서든 재정 재건의 길을 찾으려는 조선왕조의 고뇌를 엿볼 수 있다(『조선왕조실록』 고종 19년 10월 20일, 고종 20년 2월 21일).

제5장

갑신정변 그리고
청나라와의 갈등

세력균형 정책의 시작

대한제국의 패망과 그림자

1. 한반도의 '개화파'

박규수와 사쿠마 쇼잔

그러나 청나라와 조선왕조의 관계에 점차 균열이 생기기 시작한다. 왜냐하면 청나라군의 주둔과 청나라의 영향력 확대는 청나라와의 관계 강화가 아닌 다른 식으로 조선왕조의 개혁을 모색하는 사람들 사이에 큰 불만이 쌓이는 요인이 되었던 것과 다름없었기 때문이다.

이러한 상황을 이해하기 위해서는 여기서 당시 조선왕조를 둘러싼 다양한 정치 세력의 동향을 정리해 두는 편이 좋을 것 같다. 당시 조선왕조에서는 크게 두 노선이 대립하고 있었다. 하나는 점차 거세지는 해외 세력의 위협에 맞서 끝까지 그들의 영향을 배척하고 조선왕조의 기존 체제와 그것을 떠받치는 유교를 지키려는 세력이었다. 앞에서 언급했듯이 한국사에서는 이들을 '위정척사파'라 부른다. 두말할 것도 없이 임오군란 당시 이러한 노선에 선 사람들을 정치적으로 이용하려 했던 인물이 대원군이었다. 그런 점에서 임오군란은 대원군과 불만 가득한 군인 그리고 '위정척사파'에 의한 쿠데타 미수사건이었다고 규정지을 수 있다.

두 번째 세력은 '위정척사파'와는 정반대로 해외 세력의 위협에 대응하기 위해 오히려 적극적으로 조선왕조의 개국을 추진해 그를 통해 새로운 활로를 모색하려는 사람들이었다. 일반적으로 '개화파'라 불리는 인물들이다. 그러나 한반도의 '개화파'는 일본과는 다른 성격을 띠고 있었다. 예컨대 그것은 '개화파'로 이어지는 정치적 계보의 시조라 일컬어지는 박규수의 다음과 같은 말에 전형적으로 드러난다.

　　현 세계 정세는 동서 열강들이 대치하는 마치 춘추시대와 같이 서로 맹약을 맺고 끊임없이 전쟁을 벌이고 있다. 우리나라는 소국이나 동양의 지리적 요충지에 위치하고 있어 진晉과 초楚 사이에 낀 정鄭과 닮았다. 내정과 외교에서 기회를 놓치지 않는다면 독립을 유지하는 일은 별반 어렵지 않다. 반대로 기회를 잃었다간 망국의 슬픔을 맞보게 될 터이다. 오늘날 미국은 지구상에서 가장 공평한 나라라고 한다. 그 정치는 능란하게 문제를 해결하며 더욱이 세계에서 가장 부유한 나라로 앞뒤 생각하지 않고 무턱대고 타국을 침략하려는 욕심은 없다. 설사 미국이 먼저 우리들과 맹약을 맺기를 제안하지 않아도 우리나라가 솔선해서 미국과 굳건한 맹약을 맺어 고립을 회피하는 게 왜 그릇된 일인가. 이것이야말로 우리나라가 나아가야 할 길이다.

(『박규수전집: 상』 466-469쪽)

　　이 글은 박규수가 대원군에게 개국을 설파한 서한의 한 구절로 알려져 있다. 이 글이 두 가지 전제 아래 전개되고 있다는 점은 흥미롭다. 즉 하나는 현 세계가 '춘추시대'와 같은 전란의 시대라는 점이며, 또 다른 하나는 '우리나라는 소국'이라는 점이다. 그리고 이 글은 다음과 같이 이어지고 있다. 오늘날과 같은 전란으로 어지러운 세상에서는 소국인 조선이 자국의 군사력에만 의존해서는 살아남을 수 없다. 중요한 점은 개국해 충분히 신뢰할 수 있는 우호국을 찾는 것이라고.

　　두말할 것도 없이 이러한 전제에 서 있는 한반도의 '개화파'는 일본과 크게 다르다. 예를 들어 막부 말의 개국론자 중 한 명으로 유명한 사쿠마 쇼잔佐久間象山과 비교해 보자. 쇼잔도 또한 자신의 글에서 박규수와 마찬가지로 춘추시대의 정나라의 사례를 인용하고 있다. 쇼잔은 다음과 같이 적고 있다.

오래 전 춘추시대, 소국인 정나라가 대국인 진과 초에 끼어 침략을
받아 멸망 직전에 처했을 때, 현상賢相 자산子産이 등장해 정치를 맡았
는데 자산은 이 난국에서 벗어나는 방법은 사명[외교 협상에서 사자가
응대하는 구변·수사] 밖에 없다고 판단하고 비심裨諶, 자대숙子大叔,
자우子羽 등의 유능한 인물들에게 사명의 기필, 검토, 수식 등을 맡겼
으며 그리고 자신도 여기에 붓을 들어 훌륭히 마무리해 복잡한 국제
정국에서 한 번도 실패하지 않고 정공定公, 헌공獻公, 성공聲公 3대에
걸친 50여 년 동안 전화를 피하고 나라와 백성의 안녕을 끝까지 지켜
냈습니다. 이는 그야말로 사령에 힘을 기울인 덕분입니다. 지금 일본
도 정나라와 비슷한 처지에 처해 있는 만큼 자산과 같은 인물을 선발
해 사명에 힘을 기울여 외국과의 협상에서 실패가 없도록 도모하였으
면 합니다.　　　　　　　　　(『사쿠마 쇼잔·요코이 쇼난』 272-273쪽)

하지만 쇼잔이 박규수와 다른 점은 여기서 더 나아가 곧바로 열강과
의 동맹의 필요성을 논하지 않고 '해방海防'의 필요성을 역설하고 있다는
점이다.

그리고 부언하고 싶은 것은 국력에 대해서입니다. 일본과 외국을 비
교하면 순한 기후, 풍요로운 미곡, 많은 유능한 백성 모두에서 세계에
서 유례를 찾아볼 수 없을 정도로 뛰어난 국체를 가지고 있다고 생각
합니다. 그런데도 국체에 걸맞은 국력을 키우지 못했습니다.
　　　　　　　　　　　　　　(『사쿠마 쇼잔·요코이 쇼난』 272-273쪽)

쇼잔이나 박규수나 당시의 일본과 조선왕조에 서양 열강에 대항할 만
한 군사력이 없다는 점에서 공통된 인식을 가지고 있다. 하지만 쇼잔은
현 일본의 상황은 어디까지나 일시적인 것으로 막부의 실정失政이 초래
한 본래의 상태에서 일탈한 상태에 지나지 않다고 보고 있다. 즉 쇼잔은
'유례를 찾아볼 수 없는 국체'를 가진 일본은 서양 열강에 나라를 열어

그들의 기술을 습득만 한다면 쉽게 따라잡을 수 있다고 생각하고 있다.

그에 반해 박규수는 조선이 '소국'임을 보다 전면에 내세워 그 결과 곧바로 서둘러 '공평지국'과의 맹약을 맺어야 한다고 주장한다. 바꾸어 말하면 쇼잔에게 개국이란 서양 열강의 위협을 일시적으로 회피하면서 서양 열강의 부강 기술을 익히기 위한 방편에 지나지 않는다. 그러나 박규수의 논의에서 개국이란 그 자체가 전술이면서 하나의 목적이 되고 만다. 이러한 차이의 밑바탕에는 자국 국력에 관한 인식의 차이 그리고 그 결과로 서양 열강을 '따라잡는 게' 용이한가 아닌가의 차가 존재한다.

그렇기에 박규수의 사상을 계승한 조선의 '개화파'는 조선왕조가 어떤 열강과 손을 잡고 어떤 열강으로부터 지원을 받아야 하는가를 둘러싸고 열띤 논쟁을 벌였다. 물론 일본에서도 어떤 열강을 모델로 삼아 개화 정책을 펴야 하는가에 대한 논쟁이 벌어졌다. 그렇다고 해서 이러한 논쟁이 모델로 삼아야 할 열강의 지원을 받을 필요가 있다는 논리로 바로 이어지지는 않았다. 사쿠마 쇼잔에서 볼 수 있듯이 그 전제에 일본은 스스로의 힘으로 개화를 실현할 수 있다는 인식이 존재했기 때문이다. 이에 반해 조선왕조에서는 양자를 뭉뚱그려 논쟁을 벌였다. 즉 조선왕조에서는 청나라를 모델로 하면 청나라의 힘을 빌릴 수 있으며 또 일본을 모델로 하면 일본의 힘을 빌릴 수 있다는 점을 각각 암묵적으로 담고 있었다.

'청국당'과 '일본당'

그러나 당시의 상황을 생각해 보면, 그것은 어느 정도 어쩔 수 없는 일이었을지도 모르겠다. 왜냐하면 수차례 언급했듯이 고종 친정 이후 조선왕조의 재정은 극심한 궁핍 상태에 빠져 있어 조선왕조가 독자적으로 대규모 개혁에 착수할 수 있는 상황이 아니었기 때문이다. 사실 1881년에 설립된 조선왕조 최초의 근대적 군대라 칭해지는 별기군別技軍은 고작 80명 규모에 지나지 않았다. 막부 말인 1863년에 도쿠가와 막부가 최초로 설치한 근대적 군대인 '보병대'가 6연대 4800명 수준이었던 것과 비교하면, 규모 차이는 뚜렷하다(『막부보병대幕府步兵隊』 52-53쪽). 그런 연유로 조선왕조의 개혁 규모는 열강의 힘을 빌렸을 때에만 비약적인 확대를 보였다. 청나라의 지도 아래 새로이 설치한 친군영이 1군영 당 500명이고 총 4군영으로 합계 2000명 규모였던 점에서도 그 사실을 잘 알 수 있다. 당시 조선왕조가 볼 때 이러한 변화는 실로 혁명적이라 말할 수 있었다. 단, 그것을 시작한 해가 일본의 개혁보다 이미 20년이나 뒤처진 1880년대에 들어서였다는 사실을 잊어서는 안 된다. 뒤처진 개혁의 시작은 조선왕조의 근대화에서 또 다른 큰 약점으로 작용했기 때문이다.

어쨌든 이처럼 청나라의 영향 아래 진행된 청나라식 개화의 진전은 당연하게도 예부터 청나라와의 연계를 주장해 온 사람들의 영향력 확대를 가져왔다. 대표적 인물로는 전부터 접견대관으로 청나라와의 협상에서 총책임을 맡고 있던 조영하 그리고 영선사와 문의관問議官으로 청나라로 파견되었던 김윤식과 어윤중을 들 수 있다. 그러나 이러한 상황은 조선왕조의 장래에 청나라와는 다른 열강, 예를 들어 일본을 모델로 일본의 힘으로 개혁을 추진하고 싶은 사람들이 큰 불만을 품는 계기가 되었다. 이렇게 조선왕조의 장래를 둘러싸고 '일본당'과 '청국당' 사이에 각축전이 벌어진다. '청국당'의 김윤식은 마찬가지로 '일본당'의 대표격인 김옥균과의 갈등을 다음과 같이 적고 있다.

> 처음 고균[古筠, 김옥균의 회은 헌제 선생[박규수]의 문하에서 놀았
> 고 우내宇內의 정세가 격변하는 가운데 동지로서 함께 나라를 걱정하
> 던 동료였다. 신사辛巳 연간에는 내가 영선사로 천진에 갔으며 고균 등
> 은 동쪽으로 건너가 일본을 유람하고 함께 나라에 이바지하자고 맹세
> 했다. 나는 임오군란이 발발하자 청나라군을 따라 동쪽 방면에서 조선
> 으로 귀국했고 이로써 청나라는 우리나라에 많이 간섭하게 되었다. 그
> 래서 사람들은 나를 '청국당'이라고 간주하기에 이르렀다. 고균 등은
> 청나라가 우리나라의 자주권을 침해하는 행태를 보고 분노했고 이윽
> 고 일본공사와 함께 갑신정변을 일으켰다. 이로써 그들은 '일본당'이라
> 불리게 되었으며 실패한 뒤에는 온 나라로부터 대역죄를 지었다며 지
> 탄받는 존재가 되었다.　　　　　　　　　　(『속음청사: 下』 577쪽)

한 마디로 정리하면 임오군란 직후 조선왕조에서는 같은 '개화'을 추
구하는 세력 중에 청나라를 모델로 청나라에 의존하는 '청국당'과 일본
을 모델로 일본의 지원을 원하는 '일본당'이 대립하는 상황이 펼쳐지고
있었다. 그런 상황은 외부에서 청일 양국이 만들어냈다기보다 오히려
조선왕조의 장래상과 자신들의 세력 확장을 둘러싸고 조선왕조 내부의
논리에 의해 만들어졌다. 현실은 도리어 임오군란 직후 청나라가 개입
을 심화하면서 과거에는 하나였던 '개국파' 또는 '개화파'가 '청국당'과
'일본당'으로 분열되어 가는 형국이었다. 김옥균은 1883년, 당시 외무경
이던 이노우에 가오루에게 임오군란 직후의 상황과 관련해 다음과 같은
흥미로운 발언을 남기고 있다.

> 소생도 일전에 귀국했습니다만 일본당이라는 것이 있어 박 씨[박영

회] 및 소생 그 밖에 몇 명이 있습니다. 그래서 다소 기괴하다고 생각해 중국당에 들어가려 했으나 그 당의 사람이 그것을 인정하지 않습니다.
(「이노우에 외무경 조선인 김옥균과 담화 필기」 4쪽)

문제는 그들에게 있어 열강의 지원과 그들의 정치적 이익이 일치했다는 점이다. 이노우에와의 이 대화에서 김옥균은 당시 자신과 같은 협판 통상사무이던 묄렌도르프를 거세게 비난하고 있다. 즉 김옥균은 일본의 조력을 확보함으로써 묄렌도르프를 쫓아낼 생각이었던 것이다. 이에 반해 이노우에는 오히려 '그것은 완전히 당신의 의심이다' '그는 공평하다'고 말하면서 김옥균을 나무라고 있다. 명백한 점은 '일본당'과 일본 정부와의 연계를 적극적으로 추진하고자 하던 쪽은 적어도 어느 시점까지는 일본 정부보다 '일본당' 쪽이었다는 것이다. 1884년 11월, 하나부사 요시모토의 뒤를 이어 일본 공사에 임명된 다케조에 신이치로竹添進一郎는 본국의 이토 히로부미와 이노우에 가오루에게 상황을 다음과 같이 설명하고 있다.

김옥균이 우리 나라에 도항한 것은 실로 어리석기만 한 행동처럼 보이지만, 그 내막을 자세히 들여다보면 사실은 개혁에 뜻이 있어 개화당을 조직하기 위해서이고, 학생들을 우리 나라에 유학시키기 위해서이며, 또한 한편으로는 조선 국왕의 신용을 굳건하게 하기 위해 여러 가지 책략을 펼치는 등 한동안 중책만 악착같이 실행하는 데 있습니다. 한편 중국 세력은 더욱 더 분열하고 있어서 진보에 방해가 되고, 우리 나라에서 돌아온 일본당과 공연히 다투며 저항하고 있음에 중국당보다도 우리를 적대하고 있어 매우 심각한 상황입니다.
(『일한외교사료: 제7권』 162쪽)

그럼 이러한 청국당과 일본당의 대립을 고종이나 그 주변 인물들은 어떻게 보고 있었을까. 이 점에 대해 김옥균은 그 자신이 참석한 묘당에서의 회의 모습을 다음과 같이 다케조에에게 말하고 있다.

다케조에 신이치로
(『사진으로 보는 독립운동』上 발췌)

[민영익이 말하길] 일본은 이윽고 중국과 개전을 결심했습니다. 그렇다면 우리 조선은 한쪽에 의뢰해 요청하지 않는다면 도저히 독립은 불가능합니다. 국왕께 중국 일본 어느 쪽을 선택하실 것이냐고 여쭤본 바 국왕께서는 아무런 말씀도 없으셨는데 옆에 계시던 왕비께서 영익에게 어느 쪽을 골라야 위태로움이 없겠느냐고 하문하신 바 영익이 중국은 현재 날로 약해지고 있기는 하오나, 여전히 군신의 관계에 있는 국가이므로 중국에 의뢰해 요청하는 것도 당연히 이치에 어긋나지 않는다고 하였습니다. 그러자 왕비께서 다시금 그 방법은 도저히 일본당이 받아들일 수 없을 터이니 중국의 원세개에게 우리의 요청을 잘 전달하라고 하셨습니다. 그리하여 영익은 그 길로 바로 하도감의 청궁으로 향하였습니다.

(『일한외교사료: 제7권』 160쪽)

고종과 명성황후의 입장

주목할 점은 묘당에서의 논쟁도 역시 국가가 위급한 시기에 '중국 일본 어느 쪽을 고를' 것인가를 중심으로 전개되었다는 점, 그리고 무엇보다 당시 고종이나 명성황후에게 중요한 것은 '위태가 없는 것' 즉 자신들의 안전 보장이었다는 점이다. 바꾸어 말하면 자신과 자신의 왕조의 안전을 보장만 해 준다면 청나라든 일본이든 그들에게는 상관없었음을 뜻한다. 사실 김옥균에 따르면, 묘당에서 열린 이 회의에서 명성황후의 살붙이인 민영익이 명성황후의 자문에 대답하고 청나라를 추천한 뒤, 이어서 고종이 홍영식洪英植과 김옥균에게 의견을 개진하도록 요구했다고한다. 고종은 그들에게 "너희들은 일본당이라고 불리니 이번 사태에 대해 의견을 말해 보라"고 명했다. 이러한 고종의 물음에 김옥균은 조선이청나라로부터 '독립'할 필요성을 네덜란드와 벨기에, 스위스 등 서양의소국의 사례를 들어 대답하고 있다. 하지만 김옥균에 따르면 명성황후가 그의 발언을 끊었다고 한다.

여기서 또 하나 엿볼 수 있는 사실은 고종과 명성황후의 미묘한 차이이다. 즉 고종이 '청국당'뿐만 아니라 일본당에도 우선 평등하게 의견 표명의 기회를 부여하고 조선왕조의 앞날을 주의 깊게 파악하려 하고 있는 데 반해 명성황후 측은 사전에 기대야 할 대상을 청나라로 결정한듯 보인다. 그러나 그것은 어느 정도 당연했을지도 모른다. 왜냐하면 임오군란에서 구사일생으로 살아난 명성황후에게 청나라군은 말 그대로생명의 은인과 다름없었기 때문이다.

그러나 동시에 고종뿐만 아니라 명성황후도 청나라를 완전히 신뢰할수 있는 상대라고 여기지 않았다는 점을 지적해 두어야 할지도 모르겠다. 왜냐하면 당시 조선왕조에서는 청나라에 유폐된 대원군이 가까운시일 내에 청나라 병사를 이끌고 귀국한다는 소문이 끊임없이 퍼지고있었고, 고종과 명성황후는 이를 겁내고 있었기 때문이다. 명성황후에게 대원군은 과거 자신을 사지로 몰아넣은 장본인이었던 만큼 그녀에게이 소문이 결코 유쾌하지 않았음은 자명하다. 김옥균은 민영익이 발언한 일본과 청나라 사이의 개전 소문도 또한 고종과 명성황후의 위기감을 고조시켜 결국 그들을 더한층 청나라로 기대게 하려는 청국당의 음모였다고 단언하고 있다. 그러나 그렇게 말한 김옥균 자신도 또한 직후 일본과 손을 잡고 쿠데타를 일으켰다는 점을 생각하면, 결국 일본당의 행위도 청국당과 대동소이했다고 말해야 할 것이다. 예를 들어 다케조에는 다음과 같이 '일본당'에 대해 증언하고 있다.

> 이번 봄 대원군이 귀국한다는 소문이 돌면서 국왕을 비롯한 한 통속들은 극히 당황하고 있습니다. 이래 중국당은 재한 중국 무관에게 기녀를 헌상하고 거의 노예와 비슷한 추태를 보이고 있으며 안으로는 중국의 위세를 업고 그 권력을 휘두르고 있습니다. 그래서 세칙 균점 稅則均沾에 불법 논의를 주장한 바처럼 중국당의 손에 휘둘리고 있습니다. 또 일본당의 모든 이들을 유배시키려 획책하는 등 실로 놀라울 따름입니다. (『일한외교사료: 제7권』 162쪽)

이에 대해 다케조에는 "내가 한국에 들어갔을 때 위 사정도 잘 알고 있는 터여서 중국당을 밉살스럽게 응접한 바 본래 아무런 생각 없이 오로지 중국을 대국으로 떠받들고 있는 중국당에 큰 공포심을 품게 만들었다"고 했다. 다케조에는 전임 하나부사 요시모토와 달리 강경한 시책을 선호하던 인물로 "조선인은 우내의 대세에 무지하며 오로지 중국을 무비無比의 대국이라 신봉하고 중국인이 자그만 일본이 어찌 감히 중국에 저항할 것이며 그리고 만약 무례를 저지른다면 곧바로 마구잡이로 때려부숴야 한다고 허풍을 떨면 곧이곧대로 믿고 있으니, 실로 무기력하고 염치 없는 패거리이다"며 아무렇지 않게 비난할 수 있는 인물이었다. 그는 한반도에서는 '늘 우리를 두려워하는 마음을 품게 만든다면 아무런 일도 일어나지 않는다'는 비교적 단순한 생각을 가지고 있었다. 그리고 다케조에는 이 '우리를 두려워하는 마음을 품게 만들' 공작의 표적 중 하나를 고종으로 정하고 자신의 책략이 성공할 것이라고 믿었다. 그는 '일본으로 기우는 국왕 폐하의 마음을 더한층 강하게 만들어야 한다'고 인식하고 있었다. 두말할 나위 없이 이러한 다케조에의 인식이야말로 일본당의 상황 이해와 맞물려 양자를 중대한 실패로 이끌게 된다.

실제 이 무렵 다케조에는 청나라의 영향력 확대로 인해 궁지에 몰려 있던 일본당을 위기에서 구하고자 갑을 2안을 중앙정부에 제안하였다. 갑안은 일본당을 이용한 쿠데타 계획이고, 을안은 일본의 영향력을 이용해 우선 일본당을 보호하는 것이었다. 그는 이 2안 중 갑안을 강하게 건의하고 있다. 그에 따르면, '우리 일본은 중국 정부와 정치 방향을 달리하므로 도저히 친목에 이를 수' 없으니 따라서 '오히려 중국과 전쟁을 벌여 그로써 오만함이 사라진다면 도리어 진실한 교제에 이를 수 있다'고 여기고 있다. 그래서 지금이야말로 '일본당을 선동해 조선의 내란을 일으킬 유리한 계책'이라는 것이 그의 주장과 다름없었다(『일한외교사료: 제7권』 164쪽).

2. 정변 발발

일본군의 왕궁 점령

이러한 다케조에의 과격한 제안은 이토 히로부미에 의해 일단 '온당하지 않다'며 배척당한다(『일한외교사료: 제7권』 164쪽). 그러나 다케조에는 다소 독단적으로 사태를 자신이 원하는 방향으로 끌고 갔다. 1884

년 12월 4일 밤, 우정국 즉 조선왕조 최초의 근대적 우편국의 개업식과 그를 축하하는 축하연이 열렸다. 우정국의 총책임자인 총판은 과거 대원군 정권하에서도 영의정을 지낸 바 있는 홍순목의 아들 홍영식. 그는 김옥균, 박영효 등과 함께 '일본당'의 주요 인물로 지목받고 있었다. 홍영식은 이 축하연에 각국 공사 및 묘당의 중신들을 초대해 성대한 연회를 베풀었다. 그리고 연회가 한참 무르익어가던 밤 9시 무렵, 우정국의 뒤에서 돌연 불길이 치솟는 동시에 이 축하연의 경호를 맡고 있던 금위대장 민영익이 뒤에서 덮친 누군가의 칼에 쓰러졌다. 속칭 우정국 사건이라 불리는 갑신정변의 발단이었다.

혼란스러운 상황 속에서 김옥균 등은 즉시 창덕궁으로 들어가 고종을 알현하고 신변 경호를 위해 일본군의 호위를 요청하자고 제안했다. 고종은 이 제안에 응해 정식으로 고종의 명을 받은 김옥균이 다케조에게 일본군의 내위來衛를 요청했다. 이로써 일본군은 고종 및 그의 가족을 '호위'할 권리를 독점한다. 이와 함께 김옥균 등은 왕명이라 칭하고 민영목閔泳穆, 민태호, 조영하 등을 처단했다. 민영목, 민태호는 여흥 민씨의 중심 인물로 특히 민태호는 왕세자비의 아버지에 해당하는 인물이었다. 또 조영하는 당시 고종과 명성황후를 보필하는 척족 중 한 사람으로 그 유명한 조대왕대비의 출신 씨족인 풍양 조씨 최대의 실력자이면서 조선왕조를 대표해 청나라와 사이에 협상 역할을 담당해 온 '청국당'의 거물이었다. 김옥균 등 '일본당'은 혼란과 국왕의 '호위'를 독점하고 있는 상황을 이용해 묘당의 실력자들을 단숨에 제거해 버렸다.

일본군이 고종의 주위를 에워싸고 외부와의 면담을 엄격히 제한하는 가운데 이튿날 5일에 김옥균 등은 마찬가지로 고종의 명이라 하며 '일본당'을 중심으로 한 새로운 정권 인사를 발표했다. 즉 왕족 이재원李載元을 좌의정으로 명목상 묘당의 중심에 앉히는 한편, 홍영식을 우의정으로 임명했으며, 이와 함께 좌우 및 전후 친군영의 책임자에는 홍영식과 박영효를 임명했다. 김옥균은 호조참판 겸 판서서리로 재정을 관할하고 마찬가지로 '일본당'인 서광범徐光範이 외교를 관할하는 협판교섭통상사무독판서리協辦交涉通商事務督辦署理에 임명되었다. 즉 군사, 재정, 외교 모두를 그들 '일본당'이 좌지우지하는 체제를 구축한 셈이다. 더불어 전국의 재정을 김옥균이 장악한 호조에 일원화하고 더 나아가 청나라를 종주국으로 받들기를 거부하고 군제 개혁을 단행한다고 고종의 명으로 발표했다. 원세개와 가깝다고 지목되던 김윤식은 협판통상사무에서 해임되었고 묄렌도르프도 마찬가지로 관직을 박탈당한다.

사건의 무대가 된 중앙우정국(재건 후)
(『사진으로 보는 조선시대 속 생활과 풍속』 발췌)

우정국 사건을 일으키기 직전의 개화파
(『사진으로 보는 독립운동』上 발췌)

서광범
(『사진으로 보는 독립운동』上 발췌)

청나라의 반격

하지만 청나라는 이러한 너무나도 성급하면서 노골적으로 일본의 군사력에 의존한 쿠데타를 당연히 용납할 수 없었다. 6일, 제독 오조유吳兆有, 총병總兵 장광전張光箭, 영무소營務所 동지同知 원세개 등이 지휘하는 청나라군이 창덕궁을 포위하자마자 김윤식, 남정철南廷哲을 위시한 '청국당'은 왕궁을 탈출해 청나라군에 '일본당'을 쳐 달라고 요청한다. 김옥균 때문에 우의정직에서 쫓겨난 심순택沈舜澤도 이에 동조하면서 왕궁으로의 진입을 요구하는 청나라군과 그 진입을 저지하려는 일본군 사이에 급기야 전투가 벌어지게 되었다.

청나라군이 공격하자 그 때까지 침묵을 지키고 있던 조선왕조의 군대 즉 친군좌우영도 합류해 전투는 청나라군의 압도적 우세 속에서 전개된다. 친군영의 명목상 장관이던 '일본당'은 실질적으로 그들을 통제할 수 없었다. 궁 안에서 총탄이 빗발치는 장렬한 상황 속에서 국왕과 그의 가족은 날아다니는 총탄을 피해 내궁에서 뒤편의 후원(비원)으로 이동하고 왕궁 밖으로의 피난을 시도했다. 피난 도중 고령의 대왕대비가 낙오되어 행방불명이 되었으나 가까스로 왕궁 북단의 북장문에서 무예청武藝廳 및 별초군別抄軍 위사의 호위를 받는 데 성공해 창덕궁에서 북방에 위치한 북관묘에서 국왕 및 가족과 합류하는 데 성공한다.

전투는 고작 300명의 일본군에 대해 약 10배에 달하는 압도적 병력을 가진 청나라군의 승리로 끝났고 다케조에 등은 일본공사관으로 퇴각할 수밖에 없었다. 왕궁에 대포까지 반입해 공격하던 청나라군에 대항해 일본군은 제대로 저항도 못해 본 채 처참하게 퇴각할 수밖에 없었다. 일본군과 함께 박영효, 김옥균, 서광범, 서재필 등도 퇴각하고, 왕족과 같은 피가 흐르는 홍영식과 박영효의 형인 박영교朴泳教는 고종 측에 남아 그 비호에 자신의 운명을 맡겼다. 그러나 결국 홍영식과 박영교는 청나라군에 의해 비참한 최후를 맞게 된다.

이번에는 청나라의 지원을 받은 세력이 체제 재건을 도모하면서 심순택이 좌의정, 김홍집이 우의정으로 승격된다. 독판교섭통상사무를 겸임하던 김홍집은 이번 혼란의 원인은 김옥균 등이 왕명을 왜곡해 일본 공사와 일본군의 호위를 요청한 데 있으며 그 간의 '왕명'이라 칭해진 것은 모두 거짓이었다는 공식 견해를 밝히고 한성부 주재 각국 외국사절에게 이해를 요청했다. 이와 함께 김홍집은 다케조에에게 궁의 졸병 입궐에 대해 힐문하고 왕궁 내에서 발포한 책임까지 추궁했다.

같은 시간, 일본공사관은 군과 민의 거센 공격을 받고 있었다. 이에 다케조에는 공사관원과 일본군 그리고 일본인 상인 등을 이끌고 한성부에서 일시적으로 철수할 수밖에 없었다. 11일, 인천부로 도망친 다케조에는 일본 국적 상선 '지토세마루千歲丸'를 타고 출항했고 박영효, 김옥균 등도 마찬가지로 머리를 자른 변장한 모습으로 이 배에 동승한다. 이미 이 시점에 조선왕조는 그들 '일본당'을 역모죄로 체포하라는 명령을 하달한 상태로, 범죄자의 망명을 도운 일본 정부에 대해 조선왕조는 거세게 항의한다.

이상이 바로 1884년에 발발했고 한국사에서 '갑신정변'이라 일컬어지는 사건의 개요다(『일한외교사료: 제7권』 173-196쪽, 『조선왕조실록』 고종 21년 10월 17일-21일).

갑신정변에서의 '일본당'과 일본군의 처참한 패배는 결과적으로 한반도에서 청나라의 패권을 결정적인 것으로 만들었다. 즉 갑신정변 이전에도 일본과 '일본당'은 압도적인 힘을 가진 청나라와 '청국당'에 크게 밀리는 상황이었으나 여전히 조선왕조에서 일정한 세력을 유지하고 있었다. 그런 연유로 고종도 그들에게 어느 정도 배려함으로써 청일 양국 사이의 균형을 유지하고 또 '청국당'의 극단적인 확대를 막는 정치적 방패로 활용할 수 있었다. 그러나 갑신정변 이후 그것은 더 이상 불가능해지고 만다.

밀폐된 궁 안에서의 선택

그럼 이 갑신정변이라는 혼란 속에서 고종은 보다 구체적으로 어떤 생각을 하고 무엇을 하고 있었을까. 그에 대해 훗날 일본 외무성이 정리한 「조선경성사변시말서朝鮮京城事變始末書」에는 그들이 실제로 보고 들은 고종의 상황이 상세하게 묘사되어 있다. 중요한 점은 또 다시 발발한 병란 속에서 고종이 심각한 신변의 위협을 느껴 한때는 일본군에 강하게 의존했다는 점일 듯하다. 김옥균 등이 우정국에서의 혼란 직후 고종에게 구체적으로 무엇을 진언하고 어떠한 '왕명'을 받았는지는 분명하지 않다. 그러나 오후 10시가지나 급히 왕궁으로 들어온 다케조에 공사의 얼굴을 본 고종은 '희색만면하며 마치 목 빠지게 기다렸다는 표정으로 궁 밖의 정원으로 나와 공사를 맞이하고 그의 손을 잡고 속히 와서 호위를 맡아준 것에 대해 정중하게 감사를 표했다' 고 한다. 일본군이 진입하기 이전의 왕궁은 이미 혼란 상태였으며 경기관찰사 즉 수도권 지사인 심상훈 등이 정원에 서서 손수 검을 휘두르며 고종이 거주하는 궁내에 침입하려는 무리들을 막을 수밖에 없는 형국이었다. 때는 임오군란이 있은 지 2년 반도 채 지나지 않은 시기로 고종과 그의 가족은 분명 당시의 참극을 떠올렸을 터이다. 그런 점에서 고종이 일단 자신을 궁지에서 구제해 준 듯 보이는 일본군의 등장에 안도했다 해도 결코 이상하지 않았을 것이다. 혼란으로 인해 외부의 정보가 차단된 상태에서 고종이 한때 김옥균 등의 설득으로 그들의 '개혁'을 실제로 지지했을 가능성도 완전히 배제할 수 없다.

그러나 이러한 고종의 행동의 배후에, 왕궁으로 급히 달려온 일본군이 고종을 그의 가족과 함께 한 군데에 모아 '호위'하고 궁 밖의 정보로부터 격리했다는 사실이 존재한다는 점은 큰 의미가 있다. 또는 이 점과 관련해 김옥균 등과 다케조에는 어쩌면 임오군란 당시 대원군이 명성황후를 놓쳐 궁 밖으로의 도망을 허락하고, 더 나아가 명성황후와 왕궁 내부의 정보 소통을 끊지 못한 실패 사례에서 배웠을지도 모른다.

예를 들이 일본군의 '호위'를 받는 사이 궁 밖에서 벌어지고 있던 민영목, 민태호 그리고 조영하 등의 살해에 대해 '국왕의 좌우에는 이 일을 말하는 자'가 없는 상태였다고 전해지고 있다. 궁 안팎이 차단된 상태였다는 점은 같은 시간, 청나라 정부가 '왕의 안부 불명', '왕비는 승하하고 민영익은 흉도凶徒에 의해 살해되었다'고 전하고 있다는 점(『일한외교사료: 제3권』10쪽), 그리고 항간에 '홍영식이 수모자가 되었고' '국왕을 폐위하고 (고종, 명성황후와 불화를 겪고 있다고 알려진) 서왕자庶王子 의화군 이강을 옹립했다'는 소문이 사실처럼 여겨지고 있었다는 점에서도 알 수 있다(『근대일선관계 연구近代日鮮關係の研究: 상권』974쪽). 외부 정보가 궁 안으로 들어오지 못했듯이 궁 내부의 정보도 외부에서는 알 수 없는 상황이었다.

어쨌든 갑신정변의 어느 시점까지만 해도 고종은 일본군과 뚜렷하게

대립하고 있지 않았다. 아니 정보가 차단된 상황에서 반목하는 시늉조
차 못했다는 것이 정확할 듯하다. 사실 혼란이 일단락되어 공사관으로
돌아가려는 다케조에를 고종은 재차 삼차 만류했다고 다케조에는 직접
적고 있다(『일한외교사료: 제3권』 153쪽). 중요한 점은 임오군란으로 왕
궁을 짓밟힌 경험이 있는 고종에게는 혼란의 원인보다 우선 자신과 가
족의 안전을 보호해 줄 존재가 필요했다는 것이다. 그래서 고종은 청나
라군이 왕궁에 침입하기 시작해 다시 왕궁에 총성이 울려 퍼지자 이 상
황을 '가장 놀라면서도 미심쩍어'했으며 또 '놀라고 무서워 침실로 도망'
했다. 침실로 들어간 고종은 심상훈의 조력하에 일본군의 눈을 훔쳐 '탄
환이 비처럼 퍼붓는' 상황 속에서 창덕궁의 후원, 오늘날 '비원'이라 불
리는 방향으로 도망쳤다. 일단 일본군에 붙잡힌 그는 일본군에게 이렇
게 호소한다.

> 이 때 국왕은 일본인을 보고 말하길 모든 이들이 어머니를 보고 싶
> 은 것처럼 짐도 마찬가지로 어머니를 한시라도 빨리 보고 싶을 뿐이라
> 며 양손으로 업고 있는 신하의 어깨를 치며 재촉하는 사이 조용해지셨
> 다. 신하는 절실하게 이를 멈추라고 다시 간언했다. 그렇다면 잠시 동
> 안 어머니를 뵙고 오라고 하였다.
>
> (『일한외교사료: 제3권』 156-157쪽)

상황을 잠시 설명할 필요가 있을 듯하다. 이미 서술했듯이 청나라군
의 진입으로 열세에 몰려 있던 일본군은 궁에서 퇴각할 수밖에 없었고
이런 혼란 속에서 왕족은 대부분 총탄이 빗발치는 궁을 떠나 후원으로
도망쳤고 또 후원의 북문을 열고 궁 밖으로 탈출했다. 궁 밖에는 조선왕
조의 군대가 기다리고 있었으며 이미 조대왕대비를 비롯한 다른 왕족이

그들과 합류한 상태였다. 그러나 한 일본군에게 잡힌 고종은 자신도 마찬가지로 가족에 합류해야만 하며 또 합류할 의무가 있다고 호소하고 있다.

고종은 이 호소를 통해, 자신은 어머니 즉 왕족 종가에서 계보상 어머니인 조대왕대비를 따라야 하며, 왕족 종가의 수장으로서 의무가 있다고 표현해 보였던 셈이다. 고종은 자신의 부탁을 귓등으로 듣는 일본 병사에게 결국 '짐은 설사 죽어도 여한이 없다' '대왕비를 섬기기를 간절히 원할 뿐이다'고까지 되풀이해 말했다고 한다. 군사적으로 궁지에 몰려 있던 일본 병사는 결국 고종을 풀어주고 그를 북문을 통해 조선왕조의 병사에게 인도한다. 단순하게 생각하면 이 때의 고종과 그 가족에게 필요했던 것은 여하튼 자신들을 지켜줄 존재를 찾는 것이었고 그래서 그들은 일본군이 열세임을 깨닫자마자 즉시 청나라로 갈아탔다.

그런데 이러한 갑신정변 당시의 고종의 행태를 보면 임오군란 때와 다른 점이 몇 가지 눈에 띈다. 첫째는 이 정변에서는 고종이 명성황후나 조대왕대비를 비롯한 왕족 종가와 내내 함께 행동하고 있거나 또는 함께 행동하려 하고 있다는 점이다. 그리고 둘째는 적어도 당시의 사료를 보는 한, 고종은 청일 양군 중 어느 쪽에도 확실하게 가담하고 있지 않는 듯하다. 일본군이 와서 도와준 데 대해 솔직하게 감사의 뜻을 표하고 있는 데서 알 수 있듯이 고종에게는 무엇보다 자신과 가족의 안전이 중요했으며 그것을 누가 지켜주느냐는 그다지 큰 문제가 아니었던 것으로 보인다.

그럼 고종은 이 갑신정변 자체를 어떻게 생각하고 있었을까. 훗날 고종은 다음과 같이 청나라 정부에 전하고 있다.

작년 17일(12월 4일) 경성에서 대혼란이 발생해 왕비의 친척 민영
익이 부상당했으나 죽지 않았다.

나는 변란에 대해 아무 것도 몰랐는데 다케조에가 병사를 이끌고
느닷없이 대궐로 들어와 보호한다고 말했다.

다케조에는 육대신을 죽여야 한다고 나에게 말했다. 고로 나는 명해
그들을 죽였다.

이 일의 원인은 아마도 김옥균이다.

대궐 안의 인기척 부산스럽다.

그 때 중국 병사가 병영에서 와서 대궐을 보호해야 한다고 말하고
일본군은 그것을 허용하지 않고 일본군 먼저 발포하고 대궐 앞에 대포
를 준비하고 일본군이 중국군을 향해 이를 쏘았다.

쌍방에 사상자 심히 많다.

나는 김옥균에게 쫓겨 대궐을 떠났고 이 때 중국의 장관 2명 오 및
유라는 자가 나를 따랐다.

나는 김옥균이 모두 이 난을 획책했다고 믿는다.

아마도 다케조에도 김옥균과 동맹을 맺었을 것이다. 하지만 다케조
에는 잠시 동안 변란이 일어났음을 몰랐다.

나는 두 명의 사자 '고' '모'를 일본관에 파견했다.

(『대일본외교문서: 제17권』 344쪽)

이 고종의 발언에서는 두 가지 흥미로운 점을 발견할 수 있다.

하나는 고종이 이 사건이 기본적으로 일본공사관보다 김옥균 등 '일
본당'이 주도했다고 생각했다는 점이다. 실제로 일본 정부는 일단 다케
조에가 전날 제안한 무력행사안을 명확하게 부정하고 있으므로 이러한
고종의 추측은 어느 정도 타당했을 지도 모르겠다. 그렇기에 어쨌든 이
후 조선왕조는 정변에 대한 일본 정부 자체의 책임을 신랄하게 추궁하
지는 않은데 반해, 다케조에와 함께 일본으로 도망쳐 망명한 박영효와
김옥균에 대해서는 소환과 처벌을 강력히 요구했다(『대일본외교문서:

제3권』 194-195쪽).

둘째는 고종이 일본군의 내원來援과 관련해 자신의 관여 즉 자신이 '왕명'을 내렸음을 부정하고 있는데 반해 '육대신' 살해는 자신이 '왕명'을 내렸음을 확실하게 인정하고 있다는 점이다. 거기에는 일본군이 왕궁을 점거하고 있는 동안에는 자신이 저항하기가 불가능하니 따라서 자신에게는 죄가 없다는 고종의 상황 인식이 여실히 드러나 있다. 그리고 이러한 고종의 사고방식이야말로 훗날 조선왕조의 운명에 어두운 그림자를 드리우게 된다.

그런데 정변 후의 사태 수습을 위해 일본에서는 외무경 이노우에 가오루가 직접 전권대사로 한성부로 들어가 조선 측과 담판을 짓는다. 그 결과 놀랍게도 조선 측은 정변 속에서 사상했거나 또는 재산을 잃은 일본인에게 보상할 것 그리고 그 범인을 처벌할 것, 더 나아가 정변 중에 소실된 공사관과 그에 부속된 병영 건축물도 조선왕조 측이 일정액을 부담하겠다고 약속한다. 여기에서도 앞선 고종의 발언과 마찬가지로 당시의 조선왕조가 갑신정변을 기본적으로 국내 문제로 인식하고 있었음이 여실히 드러난다(『대일본외교문서: 제7권』 275-342쪽).

다른 한편 '일본당'에 대한 처벌은 그 친족에까지 미쳐 박영효의 아버지인 대호군大護軍 박원양朴元陽, 형 사사司事 박영호朴泳好, 홍영식의 아버지인 영중추부사領中樞府事 홍순목, 형 호군護軍 홍만식洪萬植, 서광범의 아버지인 서상익徐相翊, 윤영관尹泳寬의 아버지인 윤석오尹錫五, 박응학朴應學의 아버지인 전 목사前牧使 박정화朴鼎和가 각각 관직을 박탈당했다(『조선왕조실록』 고종 21년 11월 1일).

하지만 이 정변에서 일본군의 노골적인 '개조介助'는 청나라를 포함한 열강 각국의 경계심을 고조시켰다. 이러한 사태에 대해 외무경 이노우에 가오루는 비슷한 사태가 발발할 경우를 대비해, 귀국한 다케조에를 대신해 조선주재임시공사에 취임한 곤도 마스키近藤眞鋤에게 다음과 같이 세 가지 훈령을 내린다. 첫째로 국왕이 구원 요청을 하면 국왕 자신을 공사관으로 대피시킬 것, 둘째로 국왕이 궁에 병사를 파병해 달라고 요구할 경우에는 각국 공사와 협의한 뒤 함께 행동할 것, 셋째로 이들 방법에 기대지 않고 궁에 병사를 입궐시킨 경우에는 각국 공사가 궁에서 물러나는 동시에 병사를 철수시킬 것이 그 내용이다. 이노우에 그리고 당시의 일본 정부가 얼마나 갑신정변의 패배로 인해 넌더리를 내고 있었는지를 잘 알 수 있는 대목이다(『일한외교사료: 제3권』 211-212쪽).

3. 청나라의 패권과 고종의 '배청인아 정책'

궁지에 몰린 고종

그럼 갑신정변은 고종 자신에게 어떤 영향을 미쳤을까. 이 점과 관련해 흥미로운 것이 정변이 있은 지 채 두 달도 지나지 않은 1885년 1월 15일, 고종이 스스로를 책망한 별유別諭이다.

> 앞으로 너희들 만백성들과 약속하노니, 나는 감히 스스로 총명하다고 여기지 않을 것이며 나는 감히 여러 가지 사무에 간섭하지 않을 것이다. 간사한 사람들과 접촉하지 않고 개인 재산을 모으지 않으며 오직 공적인 것만 들을 것이다.
> 임금의 책임은 정승을 잘 선발하는 데 있으며, 정승의 직무는 오직

어진 사람을 천거하는 데 있다. 앞으로 나라의 치란에 대해 나는 모르
니, 전적으로 의정부에 책임을 지워 맡긴 직임에 대해 성공을 바랄 뿐
이다. 너희들 의정부에서는 합심해서 정사를 보좌하며 좋은 일을 하기
를 바랄 뿐이다. 너희 모든 관리들은 각기 직책을 맡아보면서 거리낌도
없고 흔들림도 없어야 할 것이다. 나는 너희들의 일을 간섭하지 않을
것이니, 무릇 사람을 쓰거나 무슨 문제를 제정할 때에 반드시 공론이
정해진 뒤에 나에게 결재를 청하면 윤허하지 않는 것이 없을 것이다.
(『조선왕조실록』 고종 21년 11월 30일)

다보하시 기요시에 따르면 이 글의 초안을 작성한 이는 원세개에 가
까운 입장이던 독판교섭통상사무 김윤식이었다고 추측할 수 있다고 한
다. 분명한 점은 임오군란, 갑신정변이라는 연이은 두 번의 쿠데타 미수
사건을 고종이 자신이 정치를 잘못한 결과라고 말하지 않을 수 없는 상
황에 처해 있었다는 것이다. 국왕이 자신의 '총명함'을 믿고 세세한 '서
무'에까지 일일이 참견한다. 그것은 그야말로 고종이 친정 직후부터 전
개하던 것과 다름없었다. 그러나 이러한 상황은 역으로 군신 그리고 신
하 간의 분열을 초래해 급기야 신하의 일부 즉 김옥균 등 '일본당'이 일
본군의 힘을 빌려 궁을 물리적 방법으로 제압하는 사태로까지 발전했
다. 거기에는 앞의 '육대신' 살해 왕명에서 전형적으로 드러나듯이, 불안
정하면서 독단적인 고종의 리더십에 대한 청나라의 불신감이 드러나 있
었다 해도 과언이 아니다.

어쨌든 갑신정변은 일본이나 '일본당'뿐만 아니라 고종까지 큰 정치적
위기에 빠뜨렸다. 청일 양국은 여전히 인천부 앞바다에 군함을 파견하
고 대치하고 있었고 1885년 3월에도 한성부는 청일간에 다시 전투가 벌
어질지도 모른다는 소문에 떨면서(『조선사: 제6편 제4권』 757쪽), 고종

은 한 때 이 난을 피하기 위해 영국군의 고용까지 검토했다(『대일본외교문서: 제18권』 209쪽). 이러한 상황에서 독일국 영사대리 부들러Budler가 조선왕조에 영세 국외 중립국임을 선언할 것을 건의하고 또 러시아의 남하를 우려한 영국이 전라남도 앞바다의 외딴섬인 거문도를 무단 점령하는 사태도 발생했다(『조선왕조실록』 고종 22년 3월 20일). 조선왕조의 어려운 처지를 눈치 챈 듯 마침내 서양 열강도 본격적으로 움직이기 시작했던 것이다.

이러한 상황에서 4월 18일에는 천진에서 이토 히로부미와 이홍장이 회담을 갖고 청일 양국 사이에 갑신정변의 뒷수습에 관해 정한 천진조약을 체결한다. 내용은 3조로 구성되어 있는데 첫째는 4개월 안에 청일 양국군이 조선에서 철수할 것, 둘째는 조선군의 훈련을 청일 양국이 함께 맡을 것 그리고 셋째는 장래 어느 쪽이 중대한 사정 때문에 조선에 파병할 경우에는 상대방에게 '행문지조行文知照' 즉 사전 통보해야 한다는 것이었다(『일한외교사료: 제3권』 424쪽).

갑신정변이 사실상 청나라의 일방적인 군사적 승리로 끝났음을 생각할 때 천진조약의 내용은 오히려 청나라에 극히 불리한 내용처럼 보인다. 왜냐하면 여기서 청나라는 물리적 힘으로 획득한 한성부에서의 패권을 사실상 스스로 포기하기로 약속하고 있는 듯이 보이기 때문이다. 중요했던 점은 아마도 이 시기 청나라는 화남에서 베트남 일대에 걸쳐 여전히 프랑스와 싸우고 있던 탓에 더 이상 일본 그리고 새로운 위협으로 부상하고 있던 서양 열강 각국과 문제를 일으키기를 바라지 않았다는 점일 듯하다. 청나라는 조선에서 불필요하게 열강의 경계심을 사는 것을 꺼렸다고 말할 수 있다.

그런데 이러한 사태에 대해 이홍장은 고종에게 서한을 보내 두 가지를 제안하고 있다. 하나는 '견대鏕隊' 수천 명을 선발해 서양인, 보다 구체적으로는 자신이 추천하는 미국인에게 훈련을 맡길 것 또 하나는 다시 천진에 인재를 파견해 청나라의 군사기술을 습득시킬 것이었다. 당시 청나라 특히 이홍장은 노골적인 영토적 또는 경제적 이익을 좇는 영국이나 프랑스 그리고 러시아는 신뢰할 수 있는 대상이라고 생각하지 않았으며 영세 국외국을 건의한 독일도 마찬가지로 경계의 대상으로 여겼었다.

1881년, 조선왕조와 최초로 국교를 수립할 상대로 미국을 고르도록 건의한 것에서도 알 수 있듯이 이러한 이홍장에게 미국은 조선과의 관계에서 '이용할 수 있는' 많지 않은 서양 열강으로 보였다. 그렇기에 청나라군의 한성부 철수라는 상황에서 이홍장은 미국의 영향력까지 동원해 조선왕조를 자신의 편으로 끌어들이려 했던 것이다. 실제로 군대 철수 이후에도 청나라는 자국이 종주국이라는 명확한 의사 하에 조선과 접촉하고 있다(『조선사: 제6편 제4권』 762-763쪽, 『조선왕조실록』고종 22년 3월 20일).

거문도
(『눈으로 보는 옛 조선』(目でみる昔日の朝鮮) 上 발췌)

제1차 조러밀약

하지만 이러한 상황은 고종에게 꼭 유쾌한 것만은 아니었던 듯하다.

여기서 중요한 역할을 담당한 이는 과거 김옥균이 강한 경계심을 보인 묄렌도르프였다. 이 시기 묄렌도르프는 예전 자신을 조선왕조에 추천한 청나라의 영향에서 벗어나 독자적인 움직임을 보이기 시작한다. 그는 청나라군 철수라는 절호의 기회를 활용해 청나라로부터 조선왕조의 자립을 실현하고자 고종의 뜻을 받들어 암약하게 된다. 고종과 묄렌도르프의 비장의 카드는 러시아였다. 조선과 러시아는 갑신정변이 있기 반년 전인 1884년 7월 7일에 조로수호통상조약을 체결하고 막 국교를 맺은 때였으나 고종은 러시아를 상대로 묄렌도르프를 전권부대신으로 임명하고 일본에 파견해 주일러시아전권공사 다비도프Davidoff에게 자신의 밀서를 전달시켰다. 당시에는 아직 한성부에 러시아공사관이 들어오기 전이었기 때문이다. 밀약의 내용을 살펴보면, 러시아 육군 교관을 조선왕조의 군대를 훈련하는 교관으로 초빙하는 것이었다고 한다. 러시아는 고종의 제안에 적극적인 자세를 보여 1885년 4월 27일, 신속히 주일공사관서기관 스페이에르Alexis de Speyer가 군사 교관 초빙 안건에 관한 계획서를 작성하는 임무를 맡아 조선에 입국하게 된다. 스페이에르는 러시아 군사 교관 파견에 관해 고종 및 묄렌도르프와 협의했다. 일각에서는 고종이 조선과 러시아의 국경을 통해 러시아와의 협상을 시도했다고 알려져 있다. 오늘날 제1차 조러밀약이라 일컬어지는 사건이다(『조선사: 제6편 제4권』 772-773쪽, 『근대일선관계 연구: 하권』 1-13쪽).

그러나 고종과 묄렌도르프의 이러한 움직임은 조선왕조에서 묄렌도르프의 직접적 상관인 독판교섭통상사무 김윤식에 의해 명확하게 차단당했다. 김윤식은 조선왕조가 이미 청나라의 소개를 받아 미국인을 군사 훈련 교관에 임명하기로 결정하고 준비에 착수했다는 이유를 들고 있다. 갑신정변 당시 재빨리 궁을 빠져나가 청나라군에 도움을 요청한 점에서도 명백하듯이, 당시 김윤식은 이홍장이나 원세개에 가까운 '청국당'의 대표적 일원으로 그런 그는 분명 청나라와의 약속을 짓밟는 고종과 묄렌도르프의 방식을 도저히 용납할 수 없었을 것이다. 하지만 스페이에르는 이러한 의뢰가 고종이 손수 보낸 밀서에서 시작되었음을 앞세워 김윤식을 물고 늘어졌고, 그 결과 김윤식은 묘당과 협의를 거듭한 끝에 밀약의 내용을 청나라 총판상무 진수당陳樹棠과 일본국임시대리공사 다카히라 고고로高平小五郎에게 전달한다. 갑신정변으로 인한 군사 충돌이 있은 지 고작 반년. 새롭게 등장한 러시아의 위협에 맞서 아이러니하게도 청일 양국은 공동전선을 구축할 수밖에 없었던 셈이다(『근대일선관계 연구: 하권』 13쪽).

러시아까지 끼면서 사태가 더욱 복잡하게 전개되는 가운데 7월 21일에는 이윽고 임오군란 이래 쭉 대치하던 일본국공사관 호위병 및 청국주방사영이 한성부에서 철수를 완료한다. 실로 3년 만에 조선왕조의 수도 한성부에서 대규모 외국 군대가 사라지게 된 것이다. 청나라는 여전히 청불전쟁에 몰두하고 있었으며, 일본도 갑신정변의 충격에서 아직 헤어나오지 못한 상태였다. 얽히고설켜 미묘한 정치적 균형 속에서 조선왕조는 오랜만에 '자립'을 향유하는 듯 보였다.

대원군의 환국

하지만 상황은 그리 수월하게 전개되지 않았다. 청나라가 고종의 자립을 향한 움직임에 거세게 반대했기 때문이다. 7월 23일, 천진주차독리통상사무天津駐箚督理通商事務 남정철은 천진에서 귀국해 고종을 알현하고 이홍장이 맡긴 밀서를 고종에게 전달하였다. 그 내용은 고종이 러시아군에 군사 훈련을 의뢰한 것에 거세게 항의하는 것이었다. 이와 함께 묄렌도르프가 조선왕조의 중요한 재원인 해관 즉 세관에서 징수한 관세를 사재화하고 있다고 지적하고, 조선왕조군의 훈련뿐만 아니라 해관 행정에도 청나라가 추천하는 미국인을 등용할 것을 요구하고 있다. 즉 이홍장은 묄렌도르프의 해임을 요구한 셈이다. 그는 묘당에서도 김홍집, 김윤식, 어윤중과 같이 그 전까지 청나라와의 협상 창구로 이홍장과 밀접한 관계를 맺고 있던 '청국당' 인물을 더 많이 중용해야 한다고 건의하면서 조선왕조의 인사에 직접적으로 개입하려 했다. 이에 대해 고종은 이번 사건의 모든 책임은 묄렌도르프에 있다는 서한을 이미 이홍장에게 보내고 있어 사건은 그를 버리는 것으로 일단 '해결'되기에 이른다. 마치 '일본당'에게 책임을 떠넘겨 갑신정변의 위기를 넘겼을 때와 같은 방식이다. 4일 후인 27일, 묄렌도르프는 실제로 협판교섭통상사무에서 해임되었고 8월 25일에는 해관총세무사에서도 해임된다.

하지만 이홍장은 이것으로도 여전히 만족할 수 없었다. 고종이 혹시나 재차 청나라로부터의 자립 움직임을 보이지나 않을지 경계했기 때문이다. 이홍장은 이 때 자신이 가지고 있던 가장 강력한 비장의 패를 꺼낸다. 즉 그는 임오군란 이후 그 때까지 자신이 보정부保定府에 유폐한 대원군을 조선에 귀국시키기로 결정했다. 이 조치에는 일본국 외무경 이노우에 가오루도 또한 '대원군이 실제로 배외의 뜻을 바꾸어 귀국해 국왕을 보좌하는 것은 좋은 계책이다'(『조선사: 제6편 제4권』 784쪽)라는 내용의 서한을 주청대사 에노모토 다케아키榎本武揚에게 보내 이홍장의 움직임에 명확한 찬동의 뜻을 표하고 있다. 청일 양국에 있어 당시 최대의 위협은 러시아와 이를 이용해 자국의 자립을 꾀하는 고종의 움직임이었다.

실제로 대원군의 환국은 고종과 명성황후에게 악몽이라 해도 과언이 아니었다. 두말할 나위도 없이 대원군은 고종의 생부로 설사 왕족 종가에 양자로 들어갔다 해도 예전에는 '아들'이던 고종이 '아버지'이었던 대원군의 의사에 반해 귀국에 이의를 제기하는 것은 부모 존중을 최대의 명제로 꼽는 유교에서는 있을 수 없는 행동이었기 때문이다. 또한 동시에 대원군은 고종과 그의 가족 특히 명성황후에게는 일단 그녀의 말살을 획책했던 인물과 다름없었다. 이 점은 묘당을 구성하는 신하들에게도 마찬가지였다. 갑신정변 이후 묘당의 윗자리를 차지하고 있던 인물들은 임오군란 당시 패해서 실각했던 대원군 계열의 세력을 덮친 이들로 그들 태반은 대원군과 관계가 원만하지 않았다.

이홍장의 제안을 들은 묘당은 즉시 명성황후의 친정 조카인 민영익과 문의사問議使 김명규金明圭를 천진에 파견해 이홍장과 면담을 가지게 한다. 조선왕조 측은 '대원군이 환국하면 반드시 변란을 일으킬 수 있으니 그 시기를 늦춰달라'고 주장하면서 귀국을 미뤄달라고 요구했다. 조선왕조의 의향을 들은 이홍장은 후보로 허령신許鈴身 및 천진해관도 주복을 보정에 파견해 대원군을 면담케 했다. 청나라 측은 다음과 같이 말하면서 조선 측에 대원군의 귀국에 대한 경계심을 풀라고 설득했다.

대원군은 강호에서 노환을 앓고 있고[고령과 청나라에서의 유폐 생활을 수사적으로 표현한 것], 또 다시 국사에 관여하고 싶어하지 않고 있다. 다만 왕비 민씨가 자신의 당파에 치우쳐 정치를 펴고 국사를 그르치고 있으므로 청나라 황제가 특별히 엄지嚴旨를 내려 왕비에게 정

치에서 손을 떼도록 하고 그럼에도 왕비가 정치에 관여한다면 전 [왕
조]의 고사古事처럼 대신을 파견해 '감국監國[섭정]'으로서 왕과 왕비를
감독하겠다. 대원군은 이것을 바라고 있을 뿐이다.

(『조선사: 제6편 제4권』 784-785쪽)

분명한 점은 '노환'임에도 불구하고 대원군의 기본적인 생각은 결코
임오군란 당시와 별반 달라지지 않았다는 점이다. 즉 그는 여전히 모든
악의 근원은 명성황후와 여흥 민씨 척족으로, 그들의 정치적 도량만은
절대로 용납할 수 없다고 생각했고 있었다. 여기서 흥미로운 점은 과거
'위정척사파'에 가까운 인물로 유명했고, 또 청나라에 강제로 납치, 유폐
된 대원군이 이 때는 명성황후 및 여흥 민씨 세력을 제압할 수만 있다면
오히려 청나라가 한반도에 적극적으로 개입하기를 바라고 있다는 점일
것이다. 이것은 대원군과 명성황후 그리고 여흥 민씨의 대립이 배외파
대 개국파 또는 수구파 대 개화파 같은 단순한 것이 아니었음을 여실히
드러내고 있다.

어쨌든 당연하게도 이러한 대원군의 의견을 고종과 명성황후가 용인
할 턱이 없었다. 당시 협상에 임한 민영익은 명성황후의 오빠인 민승호
가 대원군 계 세력의 짓으로 여겨지는 폭발 사고로 살해된 뒤 그 뒤를
이은 인물로 이른바 여흥 민씨 척족 본래의 주류라고 칭할 수 있는 인물
중 하나였다. 민영익에게 대원군의 조건을 수용하는 것은 곧바로 명성
황후의 영향력에 기대고 있던 자신의 정치적 권력의 실추를 뜻했다. 그
는 이홍장에게 역으로 '대원군이 석방되어 환국하면 엄지를 내려 그가
조정에 관여하는 것을 허락하지 말며 멀리 원림園林에서 노후를 보내게
해 달라'고 말했다고 전해진다(『조선사: 제6편 제4권』 785쪽).

그러나 결국 이홍장은 예정대로 대원군을 귀국시키기로 결정한다. 그는 다음과 같은 생각을 가지고 있었다고 전해진다.

> 이홍장이 생각하기에 이하응[대원군의 본명]에게는 본래 큰 죄가 없다. 그럼에도 불구하고 나라에서 떼어놓은 이유는 어디까지나 사태를 개선하기 위한 방편에 지나지 않는다. 대원군의 구류는 이미 3년이나 경과했으며 노환에다 내일모레 일흔 살인 그에게 만일의 사태가 벌어졌다간 불필요한 후회만 떠안게 될 뿐이다. 여기서 제국의 은혜를 베풀어 고향으로 방축放逐해 얼마간 국정에 관여하지 못하도록 한다면 내란이 발생할 일도 없을 터이다. 또 왕비 측도 대원군의 귀국을 목격하면 그 위세에 배려해 자유롭게 행동하지 못할 터이다. 그렇기에 조선왕조를 잘 설득해 국왕에게 국사를 파견시키게 해 대원군의 은사恩赦를 소청하게 했다.　　　　　　　　　(『조선사: 제6편 제4권』 785쪽)

군대의 반란에 편승해 정권 탈취를 획책한 죄로 사실상 자신이 청국에 납치해 3년간이나 유폐시킨 인물을 이제 와서 '큰 죄가 없다'고 이야기하는 이홍장의 입장은 상당히 기회주의적으로 보인다. 어쨌든 이로써 대원군은 3년 만에 조선의 땅을 밟게 된다. 10월 3일, 인천부에 상륙한 대원군은 이틀 후인 5일에는 한성부에 입성한다. 총병 왕영승王永勝, 보용동지補用同知 원세개가 이끄는 청나라 수병 40명이 호위하는 장엄한 입성이었다. 당연히 대원군의 이러한 재등장에 조선왕조 특히 명성황후와 여흥 민씨는 강한 경계심을 보였다. 조선왕조는 같은 날 대원군과 사람들 사이의 자유로운 왕래를 금하고 대원군을 사실상 연금 상태에 처한다. 이와 함께 마치 위협이라도 하는 양, 대원군과 연결된다고 지목된 인물들에 대한 처벌도 단행했다. 대원군의 한성부 입성 전날인 4일에는 돌연 3년 전의 '임오군란의 괴수魁首'로 새로이 두 명을 체포하고 그야말로 대원군이 한성부에 입성한 당일에 처형하였다. 귀국하는 대원군에게 기대를 걸고 싶은 사람들에게 본보기를 보이기 위한 처형이라는 말을 들어도 아마도 어쩔 수 없었을 것이다(『조선왕조실록』 고종 22년 8월 25일, 26일, 27일).

대원군의 환국은 고종과 조선왕조를 뒤흔들었다. 여기서 그들 앞에 놓인 선택지는 크게 두 가지였다. 하나는 청나라의 압력에 굴복해 청나라의 영향하의 안정에 만족하는 것, 또 하나는 또 다시 청나라에 대항할 수 있는 열강을 끌어들여 청나라로부터의 자립을 도모하는 것이다. 우연인지 아닌지 정확하지 않으나 대원군이 한성부에 입성한 이튿날, 또 다른 요인이 해외에서 한성부로 입성한다. 러시아 대리공사 겸 총영사 웨베르Karl Waeber이다. 당시 웨베르는 조선과 러시아 사이의 수호통상조약 비준서를 교환하기 위해 한성부에 입성한 것이었다.

웨베르의 등장은 청나라의 대조선정책에도 큰 영향을 미쳤다. 청나라는 마치 러시아에 대항하듯이 그 전까지 총판조선상무로 한성부에 체류 중이던 진수당을 귀국시키고 10월 11일, 그를 대신해 원세개를 조선총리교섭통상사의朝鮮總理交涉通商事宜로 파견했다. 훗날의 행동에서 알 수 있듯이 원세개가 청나라 황제로부터 부여 받은 권한은 진수당을 훨씬 능가했다. 이홍장은 원세개에게 조선의 '국사를 감독하라'고 말했다고 전해진다. 실로 앞서 언급한 '감국'의 입장이다. 원세개는 맨 처음 관직에서 해임된 후에도 여전히 인천부에 머물며 일정한 영향력을 행사하던 묄렌도르프를 귀국시켰다. 제1차 조러밀약에서 암약했던 묄렌도르프는 더 이상 청나라에는 방해물 그 이상도 이하도 아니었기 때문이다.

오사카 사건과 그 영향

그런데 청나라와 마찬가지로 일본에도 고종과 명성황후가 경계해야 할 대상이 있었다. 즉 갑신정변에 실패해 일본 망명길에 오른 김옥균, 박영효와 같은 '일본당'이 그들이었다. 고종과 명성황후는 일본에 그들을 인도해 줄 것을 요구했으나 거부당하자 차선책을 마련한다. 즉 자신들이 직접 그들에게 접근해 한반도로 귀국시켜 일망타진한다는 아이디어였다. 고종은 이재원을 통해 장은규張殷奎와 송병준을 일본에 밀사로 파견해 김옥균 등에 대한 국왕의 신망에는 변함이 없으며, 또 다음 쿠데타에는 강화부 유수留守인 이재원이 중요한 군사적 거점인 강화부의 병사들을 모아 참여할 준비를 마쳤다고 전하고 있다. 이에 김옥균은 자신은 일본의 자유민권운동가 일부와 손을 잡고 병사를 보낼 준비를 진행 중이라고 밝힌다. 오늘날 오사카 사건大阪事件이라 불리는 사건이다. 오사카 사건이란 오이 겐타로大井憲太郎를 비롯한 일본의 자유민권운동가들이 조선의 내정 개혁을 도모해 망명 중인 김옥균 등과 행동을 같이해 한반도로 상륙해 쿠데타를 일으키려 했던 사건이다(『승정원일기』고종 22년 11월 16일, 17일, 『근대일선관계 연구: 하권 150-157쪽).

이 정보는 조선왕조에 큰 충격을 던져줬다. 이홍장은 원세개에 명해 연안 경비를 강화하는 동시에 이로써 역으로 조선왕조에 대한 청나라의 영향력을 확대하기 위해 이용하기로 한다. 즉 김옥균 일당과 일본의 위협을 강조함으로써 조선왕조보다 정확하게는 고종으로 하여금 청나라에 더 많이 의존하도록 유도했던 셈이다.

이 소문은 조선왕조 내부에 퍼지자마자 곧바로 다카히라 고고로 임시대리공사를 통해 일본 측에도 전해져 오이 겐타로 등은 체포되어 오사카 사건 자체는 미수로 끝나고 만다. 고종은 또 다시 김옥균에 자객 지운영池雲英을 몰래 보내나 이 움직임은 김옥균에게 발각되고 만다. 지운영은 '우리나라의 치안을 방해하는 자'로 일본 측에 체포되어 인천부로 강제 송환되었다. 그 후 일본정부가 김옥균을 사실상 멀리 오가사와라小笠原 섬으로 유배시키면서 조선왕조에 대한 직접적 위협은 일단 모습을 감추게 된다(『근대일선관계 연구: 하권 158-163쪽). 김옥균은 일본 국내를 전전하다 청일전쟁 직전인 1894년, 이홍장의 도움으로 일본을 탈출하는 데 성공하나, 결국 상하이에서 고종이 보낸 자객의 손에 암살당한다.

어쨌든 이 사건은 조선왕조에 대한 청나라의 영향력을 더한층 높이는 결과를 초래해 청나라는 간섭을 더욱 강화시키기에 이른다. 그 선봉장 역할을 담당한 이는 두말할 나위도 없이 원세개였다. 예컨대 1886년, 원세개는 프랑스정부의 요청에 응해 조선에 기독교 포교를 인정하고 기독교 교도를 보호하도록 요구했다. 1866년의 병인양요에서 여실히 드러나듯 기독교 포교와 기독교도의 보호는 조선왕조에 대한 프랑스의 주요 요구 중 하나로 주요 현안이었다.

청나라와 프랑스는 지난해 막 전쟁을 끝낸 까닭에 프랑스는 마침내 이 시기에 들어서야 뒤늦게 조선왕조와의 수호조약 체결에 나서게 되었다. 1886년 4월에는 프랑스 전권위원 코고르당François George Cogordan이 한성부에 입성하였다. 프랑스는 이른바 청나라의 영향력을 등에 업고 수호통상조약 체결을 위한 물밑작업을 해 온 셈이다.

그러나 이러한 청나라의 내정 간섭은 조선왕조 측의 강한 반발을 사게 된다. 왜냐하면 1886년만 해도 조선왕조는 여전히 기독교 포교를 공식적으로 승인하지 않았던 관계로 조선 국내에는 이에 거세게 반대하는 세력들이 득세하고 있었기 때문이다.

이러한 상황 속에서 특히 원세개에 거세게 반발한 이들이 바로 민응직을 비롯한 일부 여흥 민씨였다. 그들은 원세개는 애당초 '총리교섭통상사의總理交涉通商事宜'이며 통상 이외의 업무에 관해 조선왕조의 내정에 개입하는 행태는 명백한 월권행위라고 주장했다. 이러한 의견에 원세개는 청나라 황제의 유지와 청국총리아문 그리고 북양대신 이홍장의 서한을 인용하며 자신은 단순한 조중수륙무역장정朝中水陸貿易章程에 의거한 '통상사의'가 아니며 청나라 황제에 의해 조선왕조의 국정 전반에 관여하는 권한을 부여 받은 존재라 주장했다. 원세개의 자세는 명확했다. 자신에게 어떤 권한이 있는지는 '속국'인 조선왕조의 의사와는 무관하며 '종주국'인 청나라 측의 뜻에 의해서만 결정된다. 원세개는 명백히 청나라 황제의 대리인인 자신을 조선왕조 위에 두고 있었던 셈이다(『조선사: 제6편 제4권』 807-808쪽).

4. 좌절된 고종의 비밀외교

제2차 조러밀약

당연히 이러한 원세개의 고압적인 자세는 조선왕조의 반발을 더욱 부채질하게 되며, 결국 고종은 재차 러시아에 접근을 시도하게 된다. 이 시기, 고종과 명성황후 그리고 여흥 민씨 세력 중 일부가 청나라의 동향에 신경을 곤두세웠던 배경은 말할 것도 없이 이제 막 귀국한 대원군의 존재 때문이었다. 그들은 청나라가 대원군이 정권을 장악하도록 지원함으로써 자신들을 내쫓으려 하고 있을 거라 경계했다. 이쯤에서 고종은 과감한 선택에 나선다. 그는 러시아대리공사 웨베르에게 밀사를 파견해 조선왕조가 청나라의 영향에서 벗어날 수 있도록 러시아 정부에 직접적인 보호를 요청하고 있다. 고종은 청나라가 만일 조선왕조의 이러한 행동을 용인하지 않을 경우에는 러시아에 함대를 파견해 달라고까지 청했다. 제2차 조러밀약이라 불리는 사건이다. 이러한 고종의 정책은 청나라를 배척하고 러시아를 끌어들인다는 뜻으로 '배청인아排淸引俄 정책'이라 칭해진다.

그러나 이러한 고종의 공작은 하필이면 이 정책을 함께 추진하던 여흥 민씨의 분열로 인해 좌절되고 만다. 앞서 청나라에 건너가 이홍장과의 협상 테이블에 앉은 명성황후의 친정조카인 민영익이 이 정보를 듣고 그 중대성에 두려움을 느끼고 원세개에게 밀고를 해버린 것이다. 이는 고종의 이 '배청인아 정책'이 얼마나 대담한 도박이었는지를 보여준다. 간섭을 강화하는 청나라를 버젓이 앞에 두고 새로 러시아를 끌어들여 그 힘에 의존해 자립할 것인가 아니면 스스로 적극적으로 청나라의 품으로 뛰어들어 청나라의 환심을 살 것인가. 결국 고종과 명성왕후는 전자를, 민영익은 후자를 선택하기에 이른다. 양자의 선택을 가른 원인은 현지에서 이홍장과의 협상을 도맡은 민영익이 청나라의 강력한 힘과 청나라의 분노를 산다는 게 무슨 뜻인지를 필요 이상으로 절감하고 있었기 때문이었을지도 모른다(『근대일선관계의 연구: 하권』 34-36쪽).

여하튼 민영익의 밀고는 원세개를 격노케 하였으며 그는 즉시 이홍장에게 전보를 치는 동시에 청나라 정부에 한반도로 육해 대군을 파견해 줄 것을 요청했다. 당시 원세개는 일단 고종 폐위의 뜻을 정했다고 전해진다. 이와 동시에 그는 고종의 조러밀약을 위한 움직임과 자신이 처한 궁지를 대원군과 조대왕대비에게 호소했다. 국왕 교체라는 만일의 사태에 대비해 고종의 생가와 양가 즉 조선왕가의 중심인 두 집안의 실력자를 자신의 편으로 끌어들였던 셈이다.

왕족이라는 이름의 해자垓子가 메워진 이상 고종 앞에는 원세개에 굴복하는 길밖에 남아 있지 않았다. 그는 영의정 심순택, 영중추부사 김홍집을 원세개에게 보내 다음과 같이 변명하고 있다.

> 인아책은 정부의 모든 대신들은 모르며 과인을 모함하려는 것이다.
> 서류에 찍힌 문빙文憑, 국새, 도서도 마찬가지로 위조된 것이다.
> (『조선사: 제6편 제4권』 817쪽)

즉 고종은 여기서 자신이 얼마 전 러시아에 보낸 문서는 '소인을 모함'하려는 위조문서이며 자신의 의지가 반영된 것이 아니라는 강력한 변명을 늘어놓고 있다. '자신은 관지關知하지 않았다'라고 밝힘으로써 이 사태를 헤쳐나가려 했던 셈이다. 이 변명 이후 고종은 '배청인아 정책'을 주장한 조존두趙存斗, 김가진金嘉鎭, 김학우金鶴羽, 김양묵金良默 등을 유배시켰다. 그러나 원세개는 이러한 고종의 변명을 액면 그대로 받아들이지 않았다. 그는 이홍장에게 다음과 같은 전보를 보내고 있다.

> 한국 왕은 궤변을 늘어 놓으며 책임을 회피하면서 러시아군이 오기를 기다리고 있다. 하지만 문서에는 명확하게 한국 왕의 인장이 찍혀 있어 회피하기란 불가능하다. 상황은 그야말로 몹시 분해 이를 갈 만한 상황이다. 이 나라는 전국적으로 혼란한 상태이다. 병사 오백만 있으면 왕을 폐위시켜 군소 무리들을 붙잡아 천진으로 보내 엄히 심문할 수 있음은 명백하다. (『조선사: 제6편 제4권』 887쪽)

이홍장은 원세개에게 일단 화를 가라앉히고 신중하게 행동할 것을 요구하고 있다. 다보하시는 원세개가 고종을 폐위시킨 뒤 고종의 친형인 이재면의 아들인 이준용李埈鎔을 왕위에 앉힐 계획이었다고 적고 있다.

분통을 참을 길이 없던 것은, 제안을 돌연 철회 당한 꼴이 된 러시아 측도 마찬가지였다. 언질을 잡은 셈이 된 원세개는 8월 20일, 조선왕조를 통해 자신의 뜻을 러시아공사관에 전달했는데, 웨베르 대리공사도 마찬가지로 고종의 모순된 변명을 곧이곧대로 받아들이지 않았다. 웨베르는 오히려 '타국의 관여'로 인해 '무고한 자를 벌한 행위'를 강하게 질책하며 결국 조두순 등을 석방시키는데 성공한다. 신하에게 책임을 떠넘기는데도 실패한 고종은 결국 궁지에 몰리고 만다. 8월 28일, 마침내 원세개는 '조선대국론朝鮮大局論'이라는 제목의 글을 조선왕조의 묘당에 보내고 결단을 촉구했다. 원세개는 다음과 같이 의견을 피력하고 있다.

> 조선은 동쪽 모퉁이에 치우쳐 있는 나라로서 영토는 3,000리里에 불과하고 인구는 1,000만 명도 못되며 거두어들이는 부세도 200만 석石이 못되고, 군사도 수천 명에 불과하니 모든 나라들 중에서도 가장 빈약한 나라이다.　　　　(『조선왕조실록』 고종 23년 7월 29일)

그리고 원세개는 다음과 같이 글을 잇고 있다. 그러므로 조선에는 이를 도울 나라가 필요하다. 그러나 영국과 프랑스는 영토를 물불 안 가리고 탐내며 미국과 독일은 타국을 돕겠다는 의지가 없다. 일본과 러시아는 국제정세에 얽매여 여유가 없다. 결국 조선왕조가 기댈 수 있는 곳은 청나라뿐이며 또 본디 청나라와 조선은 아버지와 아들 같은 관계로 묶인 종주국과 속국의 관계이다. 청나라와 조선이 굳게 결합한다면 이익도 있다. 첫째, 수륙水陸이 서로 잇닿아 있으며, 둘째 청나라가 천하를 한 가족처럼 대하기에 속국에서 병란이 일어나면 반드시 도움의 손길을 내밀 나라라는 점이다. 셋째, 청나라는 조선을 자국의 영토라 생각하지 않으며 넷째, 애당초 양국은 수백 년 동안 관계를 이어왔으며, 청나라는 자애가 넘치는 국가이다. 다섯째, 청나라와 조선의 연계는 열강에 의한 양국의 침략을 어렵게 만들며, 여섯째, 양국이 단단하게 결속하면 내정도 안정되어 조선왕조도 부강한 나라를 이룩할 수 있을 것이다.

이러한 전제 아래 원세개는 이 글에서 조선이 선택해야 할 방책에 대해 일일이 주문하고 있다. 그리고 청나라는 조선왕조에 압력을 가하기위해 해군력을 이용하기에 이르는데 북양수사제독北洋水師提督 정여창및 남양수사 오안강吳安康에 출병을 명한다. 원세개가 '조선대국론'을 보내기 4일 전인 8월 24일, 인천부에는 이미 청나라의 남양해군이 도착해있었다. 앞서 원세개가 "병사 오백만 있으면 왕을 반드시 폐위"시킬 수있다고 말한 것을 고려하면 당시 고종은 말 그대로 폐위 직전에 몰려있었다고 말할 수 있다.

결국 조선왕조는 9월 3일, 외교부문의 최고책임자인 독판교섭통상사무 김윤식이 각국 공사에 최종적인 글을 송부함으로써 문제를 해결한다. 즉 그 글을 통해 조선왕조가 각국에 발송하는 모든 외교 문서에는 통리교섭통상아문 즉 자신이 수장을 맡고 있는 아문의 도장이 찍혀 있어야 하며, 이 도장이 없는 모든 외교 문서는 무효라고 선언한 셈이다. 당시 김윤식은 원세개에게 가장 가까운 인물이었기에 결국 그것은 고종의 뜻에 따라 이루어진 비밀 외교를 원천봉쇄한 것이었음을 알 수 있다. 고종은 여기서 사실상 독자적인 외교권을 원세개에게 빼앗긴 것과 진배

없었다(『조선사』제6편 제4권 821-822쪽).

원세개의 고종 폐위 계획

고종의 정치 생명은 풍전등화와 같았다. 그럼에도 불구하고 이 때 고종이 폐위되지 않은 이유로는 두 가지를 들 수 있다. 첫째는 원세개가 고종 폐위의 원동력 중 하나로 기대하던 대원군이 더 이상 과거와 같은 정치력을 발휘하지 못했다는 점이다. 임오군란 이후 대원군이 청나라에서 유폐생활을 보낸 3년 동안, 대원군을 과거 지탱하던 세력은 크게 힘을 잃고 말았다. 그들에게는 다시 임오군란과 같은 대규모 정치적 변혁을 일으킬 만한 영향력이 더 이상 남아 있지 않았다. 둘째는 러시아 본국의 의지였다. 이홍장은 원세개에게서 첫 소식을 듣자마자 조선은 청나라의 속국이며, 러시아의 보호에는 동의할 수 없다는 뜻을 러시아 정부에 전달했다. 그러나 러시아 본국 정부는 제1차 조러밀약에 이어 재차 조선왕조가 갈팡질팡하는 모습에 질린 나머지 이 시점에서 조선왕조를 위해 진정으로 움직일 준비에 나서지는 않았다. 러시아가 요지부동이었기에 사태의 확대는 피할 수 있었다.

이처럼 고종이 러시아와 밀약을 맺으려던 시도는 오히려 청나라의 간섭을 강화시키는 결과로 끝나고 말았다. 당시 청나라의 간섭이 얼마나 심했는지는 예컨대 다음과 같이 조선왕조의 서양 또는 일본에 대한 공사 파견을 둘러싼 혼란에서 전형적으로 드러난다. 1876년에 일본과 수호통상조약을 체결한 것을 시작으로 1880년대에 연거푸 서양 열강과 수호통상조약을 체결한 조선왕조는 당연히 그 규정에 의거해 공사를 각국에 파견할 권리를 가지고 있었다.

그렇기에 1887년 8월부터 10월까지 조선왕조는 박정양朴定陽을 특명 전권공사로 임명해 미국으로, 조신희趙臣熙를 영프독러 및 벨기에 총 5개국의 특파전권대신으로 그리고 민영준閔泳駿과 김가진을 각각 주차판리대신 및 그 대리로 일본에 파견하는 인사를 결정했다. 11월 9일에는 고종이 민영익 등의 헌의獻議를 받아들여 '정교자주政敎自主의 체면을 생각하고 중국과 병존하기' 위해 그들의 파견을 실행에 옮기기로 결정했으나, 이 결정은 곧바로 원세개의 반대에 부딪친다. 원세개의 입장에서 보면, 조선왕조의 독자적인 전권 사절 파견은 '속방의 체례體禮에 반하는' 행동이며 용납할 수 없는 짓이었다. 또 고종의 각국 공사 파견은 고종과 공사들의 직접 연락으로 이홍장과 원세개의 통제를 벗어난 영역으로 재차 고종의 비밀 외교를 부활시키는 빌미를 제공할 가능성도 있었다. 이러한 원세개의 의견은 이홍장에게 속히 전달되며 이에 대해 이홍장은 '전권' 사절의 파견은 불가하나, 3등공사에 해당하는 판리공사辦理公使의 파견이라면 문제가 없다는 타협안을 제시해 회답한다. 여기에서도 조선왕조와 열강들 사이의 직접 협상을 용인하지 않겠다는 청나라의 강한 의지가 나타나 있다.

조선왕조에는 자국의 외교를 직접 결정할 권리가 없다는 청나라의 견해에 대해 고종은 저항을 시도했다. 그는 전권공사의 파견은 이미 각국에 통지한 상태로 이제 와서 철회한다면 조선왕조의 신용이 실추되니 다시 전권공사 파견을 허가해 달라고 청나라에 요구한 것이다. 결국 사태는 청나라가 내놓은 세 가지 안건을 받아들여 조선의 전권사절 파견을 허가하는 형태로 마무리되었다. 하나는 사절은 해당국 도착과 동시에 청나라 공사관을 찾아 그 안내에 따라 해당국 외무 당국을 방문할

것, 둘째는 공식적인 자리에서는 반드시 청나라 대표의 뒤를 따를 것,
그리고 셋째는 중요 사항에 대해서는 반드시 해당 주재 청나라 대표와
협의할 것이었다. 결과적으로 외교사절 파견 권리를 획득한 고종은 이
홍장에게 감사의 전보를 보냈다(『조선사: 제6편 제4권』 855-857쪽).

　그러나 이 안건은 지켜지지 않았다. 왜냐하면 미국에 도착한 특명전
권공사 박정양이 주미청국공사를 만나기에 앞서 직접 미국 국무장관과
의 회동을 시도했기 때문이다. 박정양은 이를 통해 청나라를 통하지 않
고 직접 조선국왕의 국서를 미국정부에 전달하려 했다. 그는 청나라가
항의하자 자신은 아직 조선 본국으로부터 세 가지 안건에 대한 훈령을
받지 못했다고 둘러대고 주미청국공사의 호출까지 거부했다. 당연히 사

태는 본국으로 불똥이 튀기에 이르렀고 이홍
장은 원세개에게 이 사태와 관련해 고종을
힐문하도록 명했다. 청나라는 자국의 밀서를
보내 반복해서 서양 열강을 조선에 끌어들이
려는 고종의 방식에 대해 강한 경계심을 드
러내고 있다. 즉 그들은 고종이 러시아에 접
근한 것처럼 미국에도 접근할 것을 두려워했
던 셈이다.

박정양
(『사진으로 보는 독립운동 속
생활과 풍속』 발췌)

　원세개의 힐문에 고종은 '박정양이 보낸
전보'에 근거한 정보라며 다음과 같이 대답하고 있다.

　　과거의 세 조건 중 조선사절이 우선 청나라 사절을 알현하고 그 지
　　도를 받잡는다는 `1조는 조선의 한 국가로서의 체면을 현저히 해치는
　　일이다. 조사해 보니 이러한 조선의 국서를 받을지를 미국정부는 의아

하게 생각하고 있다고 한다. 그러므로 박 공사는 나라의 체면을 중시
해 조건을 일부러 어겼다고 한다. 만약 영불 등의 나라들까지 이를 모
방해 조선의 국서를 거부한다면 그 치욕은 이루 말할 수 없이 크다.
따라서 조선이 한 국가로서의 체면을 유지하기 위해서라도 앞서 조건
의 하나를 배제해 달라.　　　　　　　(『조선사: 제6편 제4권』 863쪽)

　이를 보면 고종이 일관된 방법을 견지하고 있음을 알 수 있다. 첫째로
이홍장이나 원세개가 두려워했듯이 자신의 밀서를 이용한 비밀 외교로
서양 열강을 끌어들이려 하고 있고 둘째로 그 일이 발각되면 그것을 직
접 협상에 임한 신하의 책임으로 돌리고 셋째로 그 경우에 공작의 대상
인 열강에는 최대한 배려하는 방식이다. 갑신정변에서는 일본에 지나칠
정도로 양보하는 한편 김옥균 등의 처벌은 끝까지 물고 늘어졌다. 제1
차 조러밀약 당시에는 러시아의 체면을 유지해 주는 한편 묄렌도르프를
해임했다. 제2차 조러밀약에서는 조존두 등이 국서를 위조했다는 이유
로 한때 처벌을 받았다. 그렇기에 이 미국정부와의 관계에서는 책임의
대부분을 박정양이 지고 있다.

　하지만 원세개와 이홍장은 이러한 고종의 방식을 더 이상 용납하지
않으려 했다. 그들은 본래 워싱턴에서 보인 박정양의 행동 자체가 고종
의 뜻에 따른 것임을 간파하였고 그러한 고종의 의도를 확신하였기 때
문이다. 이로써 고종의 저항은 실패로 끝났으며 결국 박정양은 귀국 후
원세개의 요구에 따라 처벌 받기에 이른다. 고종은 이와 관련해 이홍장
에게 가벼운 처벌을 요구했으나 이 요구는 받아들여지지 않았다(『일성
록日省錄』 고종 26년 7월 24일, 『조선사: 제6편 제4권』 908쪽).

제6장

청일 전쟁으로 가는 길

열강과 신하의 대립

대한제국의 패망과 그림자

1. 청나라에 의한 평화

안정된 10년

고종이 시도했던 '배청인아 정책'의 좌절과 한반도에서 완성된 청나라 패권의 구도는 조선에 일시적으로 기묘한 안정을 가져왔다. 당시에는 사실상 외교 관련 사안들 대부분을 '총리교섭통상사의'라는 직책에 지나지 않은 원세개와 그 배후의 이홍장이 처리하고 있어 고종과 조선왕조에는 사실상 권한이 없었다. 그러나 이 시기 즉 1880년대 후반에는 이미 서양 주요 열강과의 국교정상화 문제가 프랑스를 마지막으로 일단락 되었기 때문에 조선왕조를 둘러싼 큰 외교 문제는 특별히 없었다.

그 중 얼마 안 되는 예외가 일본과의 사이에서 벌어진 소위 '방곡령사건防穀令事件'이다. 방곡령사건이란 조선왕조 측이 일본에 대한 각종 곡물의 수출 금지를 발령하면서 일본과의 사이에 마찰을 빚은 사건이다.

1883년에 체결된 조일통상장정朝日通商章程은 37조에 '만약 조선국에 가뭄, 수해 또는 병란 등의 사고가 있어 국내 식량 결핍이 일어날 우려'가 있어 '조선 정부가 잠정적으로 쌀의 수출을 금지하고자' 할 때에는 '지방관이 일본영사관에' 한 달 전에 이를 통고함으로써 쌀의 수출을 금할 수 있다는 내용을 정한 바 있었다. 이 규정은 맨 처음 1889년, 한반도 북동부의 함경도에서 적용되었으며, 함경도 관찰사 조병식趙秉式이 같은 해 10월 24일, 조선 측이 사용하는 음력으로 10월 1일을 기해 일본인을 대상으로 하는 콩 판매를 금지했다. 그러나 그 통고 과정에 미비한 점이 있어 결과적으로 일본대리공사 곤도近藤가 이를 안 것은 방곡령 시행 15일 전이었다. 일본 측이 이에 대해 조선 측의 실수에 의한 것이라며 배상을 요구해 왔고 이는 양국 간의 분쟁으로 번졌다. 비슷한 사건은 1890년 황해도에서도 발생했으나, 모두 원세개와 이홍장의 조정으로 해결되었다(『근대일선관계 연구: 하권』53-134쪽).

어쨌든 일정한 긴장감 속에서도 1885년부터 1894년 즉 갑신정변에서 청일전쟁 이전까지는 고종 통치 시기 중에서 보기 드물게 평온한 기간이었다. 1863년에 즉위한 이래 10년 동안은 대원군과 열강의 정면 대결로, 1873년부터 1884년까지의 시기는 재정파탄과 두 번의 쿠데타 미수 사건으로 얼룩졌음을 떠올릴 때 이 10년이 얼마나 중요한 의미를 띠는지는 명백할 듯하다.

그리고 이 10년은 고종과 그의 가족에게도 어쩌면 가장 편안했던 10년이었을지도 모른다. 청나라의 위협이 여전히 존재했음에도 불구하고 그들의 요구에만 따르면 적어도 궁이 군화로 짓밟히는 일 따위 없이 궁에서 편안하게 보낼 수 있었기 때문이다. 1886년 2월 4일 즉 음력 정월에는 조대왕대비가 햇수로 여든을 맞이하였고 1887년 2월 7일 즉 음력 1월 15일에는 왕세자의 '관례冠禮' 다시 말해 성인식이 거행되었다. 1888년 2월 12일, 음력 정월에는 왕세자가 백관을 이끌고 대왕대비 외 사람들의 존호를 더하자고 헌의했다. 1890년에는 오랜 세월 왕족 종가의 최장로이던 조대왕대비가 만 83살의 일기로 승하하였다.

왕세자의 순조로운 성장과 조대왕대비의 죽음. 낡은 시대가 가고 고종과 그 가족을 둘러싼 상황이 여지없는 변화를 맞이하려 하고 있었다. 1890년에는 명성황후가, 1891년에는 고종이 잇달아 마흔 살을 맞이했다. 그들은 더 이상 생부나 출신 가족에게 휘둘리는 애송이가 아니었다.

여흥 민씨 세력의 절정기

조선왕조의 안정은 동시에 명성황후를 통해 고종에 단단한 연줄을 제공하고 있던 여흥 민씨 세력에도 안정적인 힘을 부여했다. 되돌아보면 1874년에는 명성황후의 오빠인 민승호가 폭발사고로 살해되었고, 또 임오군란의 와중에 양 오빠인 민겸호閔謙鎬가 살해됐다. 갑신정변 때는 민영목, 민태호 같은 실력자들을 잃는 등 고종 친정 때부터 갑신정변에 이르기까지 여흥 민씨 세력은 연거푸 중심 인물들을 잃어야 했다. 1873년에 고종의 친정이 시작된 이후 10년은 이른바 그들 여흥 민씨에게 일족 중 누군가가 대두하면 그 때마다 적대세력에게 죽임을 당하는 경험을 반복한 시절이었다고 말할 수 있다. 그렇기에 그 동안에는 고종과 명성황후의 원만한 관계 그리고 명성황후를 통한 일족 자체의 잠재적인 막대한 영향력에도 불구하고 여흥 민씨는 묘당의 실세 즉 의정이나 그 경험자를 거의 배출하지 못했다.

하지만 갑신정변 이후의 10년은 사뭇 달랐다. 정치적 안정은 결국 여흥 민씨가 국왕의 외척이라는 이점을 마음껏 발휘하는 결과를 가져왔으며, 그들은 대거 묘당에 진출하기에 이른다. 청나라와의 삐걱거리는 관계와는 대조적으로 이 10년은 조선왕조에서 여흥 민씨가 가장 영향력을 떨치던 시절이었다(「비변사등록『좌목』으로 보는 조선왕조말기 관료제에 대한 일연구備辺司謄録『座目』に見る朝鮮王朝末期官僚制の一研究」).

여흥 민씨 세력에게 또 하나 중요했던 것은 그들 내부의 역학관계 변화였다. 갑신정변까지 여흥 민씨 세력 내부에서 벌어진 정치세력의 변화는 대개 명성황후와의 족보상 거리로 결정되었다. 즉 처음에는 명성황후의 친정 쪽 후계자인 민승호가 영향력을 휘둘렀으나 그가 살해되자 이번에는 민승호의 남동생인 민겸호에게로 권력이 이동한다. 그리고 민 겸호가 임오군란 중에 쓰러지자 이번에는 여흥 민씨의 중심은 민태호에 게로 옮겨간다. 민태호는 자신의 아들인 민영익을 민승호의 족보상 계 사繼嗣로 만듦으로써 명성황후와의 관계를 확고히 다지는 동시에 자신 의 딸을 왕세자비로 만들었다.

그러나 갑신정변으로 인해 민태호가 살해되자 여흥 민씨 내부의 역학 관계는 혼돈에 빠진다. 본래 명성황후의 친정 후계자로 민태호의 아들 인 민영익이 권력을 움켜쥐어야 했으나, 아직 어린 탓에 그의 영향력은 제한적이었고 무엇보다 제2차 조러밀약을 원세개에게 밀고한 탓에 신 변의 위험을 느끼고 청으로 망명하지 않을 수 없었기 때문이다.

이러한 혼돈 상황 속에서 등장한 인물이 민영준이었다. 민영준의 아 버지인 민두호는 여흥부대부인 즉 고종의 생모의 당형제이었다. 그러나 민영준의 대두에서 더욱 중요한 것은 그가 원세개와의 협상 담당자로 발탁되었다는 점이다. 민영익이 고종의 박해를 두려워하여 청으로 망명 하자 민영준이 고종과 원세개의 중개자라는 임무를 맡게 된 셈이다.

민영준이 1852년생으로 고종과 동갑이었다는 점도 그가 고종이나 명 성황후의 관계를 중재하는 데 있어 상황을 용이하게 만들었을지도 모른 다. 그러나 이러한 민영준의 등장은 여흥 민씨 내부에서 일정 긴장감을 고조시켰다. 특히 임오군란 당시 장호원 자택에 명성황후를 숨겨주면서 단숨에 일인자로 거듭난 민응식과는 대립각을 세웠으며, 여흥 민씨 내 부에서 민영준을 지지하는 자는 민영규閔泳奎 정도 밖에 없었다고 전해 진다. 민영환閔泳煥, 민영달閔泳達, 민영계閔泳桂, 민영철閔泳喆처럼 족보상 명성황후에 보다 더 가까운 인물들은 민영식과 마찬가지로 민영준의 대두를 탐탁지 않아했다(『일한외교사료: 제4권』 27쪽).

근본적인 문제

그리고 무엇보다 체제의 일시적 안정은 근본적인 문제의 해결을 뜻하지는 않았다. 조선에 대한 청나라의 일시적인 패권 성립은 분명 일정한 정치적 안정을 가져왔다. 하지만 그것은 청나라에 있어 잠재적 또는 표면적 경쟁자인 일본이나 러시아가 조선에 대한 관심을 끊었다는 것을 뜻하는 건 아니었다. 그런 점에서 '청나라에 의해 만들어진 평화'는 조선왕조를 둘러싼 문제를 근본적으로 해결했다기보다 한 때의 안정을 가져온 것에 지나지 않았다.

보다 근본적인 문제는 조선왕조 스스로에게 열강의 압력에 저항할 만한 역량이 없었고 천진조약에 의해 청일 양국이 한반도에서 철병하자 이 지역에 군사적 공백이 발생했다는 점이었다. 이 때문에 제국주의가 맹위를 떨치던 이 시절, 조선왕조의 앞에 놓인 선택지는 결국 두 가지밖에 없었다. 하나는 조선왕조가 스스로 이 '시간'을 이용해 군사력을 강화하는 것, 둘째는 그것이 불가능하다면 열강 중 하나와 확실한 동맹관계를 구축하는 것이었다.

허나 조선왕조가 첫 번째 선택지를 실천하기란 현실적으로 어려웠다. 조선왕조의 재정이 여전히 파탄 상태였기 때문이다. 왕조 재정은 여전히 당오전을 이용한 통화 발행 차익과 해외에서 들여온 차관에 의존할 수밖에 없는 실정이었다. 악화 주조는 화폐 인플레이션으로 인해 경제를 더욱 악화시켜 조선왕조의 차관 범위는 청일 양국 정부와 일본의 다이이치은행 그리고 미국과 영국의 은행에까지 이르렀다. 차관은 중장기적으로 재정에 더 큰 부담을 주어 재정 파탄은 군비에까지 영향을 미쳤다.

그래서 한 때 대외적인 위협이 후퇴하는 현상까지 맞물리면서 청일 양군이 1885년에 한성부에서 철수하자 조선왕조의 군대는 오히려 축소 경향이 이어진다. 가령 1888년 5월 29일에는 '용비冗費가 많다'는 이유로 좌영, 우영, 전영, 후영, 해방영, 별영으로 5영이던 친군이 장어영, 통위영, 총어영의 3영으로 통합되었다(『조선왕조실록』 고종 25년 4월 19일). 재정 파탄은 외교에도 어두운 그림자를 드리웠다. 차관을 둘러싼 갈등에 더해 조선왕조가 직접 고용한 외국인의 급여조차 밀리기 시작했다. 1888년 6월 16일에는 미국 판리공사 딘스모어Hugh A. Dinsmore가 조선왕조군의 교련 교관이던 다이William McEntyre Dye의 월급이 밀렸다며 거세게 항의하기도 했다(『조선사: 제6편 제4권』 875쪽).

청나라와의 관계도 여전히 안정적이라고 말할 수 없었다. 앞선 박정양 사건에서도 전형적으로 드러나듯이 조선왕조가 당시 청나라의 대항 세력으로 머릿속에 생각하고 있던 나라는 러시아와 미국이었다.

이홍장의 권유에 따라 미국에 군대 교련을 의뢰한 조선왕조는 1886년, 미국인 데니Owen N. Deny를 협판내무부사協辦內務府事로 임명했으며, 1890년에는 데니의 임기 만료에 따라 김가진을 일본에 보내 르 장드르Charles William Le Gendre를 초빙하였고, 그를 협판내무부사에 임명했다. 그리고 다시 이듬해에는 그레이트하우스Clarence R. Greathouse를 같은 직책에 앉혔다(『조선왕조실록』 고종 23년 3월 5일, 27년 2월 19일, 28년 3월 23일).

당시 묘당 및 고종 등의 미국에 대한 인식은 다음의 일화에서 가장 명확하게 드러난다. 1890년, 조대왕대비가 승하하면서 조선왕조는 하필 미합중국 판리공사 허드Augustine Heard에게 궁을 호위할 미 군함 해병 50

명의 파견을 요청했던 것이다. 원세개는 이러한 조선왕조의 요청을 '속
국의 체제를 해치는' 것으로 간주하고 양국 정부에 거세게 항의했다. 요
청은 일단 철회되었으나, 사건은 다른 형태로 터졌다. 조대왕대비의 유
해를 그녀를 위해 새로이 설치한 영가산능으로 운반할 때, 궁의 동문 밖
에 미 해병 50명을 정렬시켜 배웅토록 하였기 때문이다. 당시 조선왕조
에서 외교를 관할하는 독판교섭통상사무의 직책을 맡고 있던 민종묵閔
種默은 이를 두고 '합중국 공사의 호의'를 받아들였을 뿐이며 '본국의 청'
으로 이루어진 것이 아니라고 변명했다. 사실 고종은 이 장례식 때 조선
왕조의 '자주 체면'에 반한다고 하며, 청나라의 칙사 파견을 물리고자 했
었다. 게다가 조선왕조와 청나라는 별도로 국경 확정 문제까지 있었던
터라, 양국 관계는 결코 순탄하다고 할 수 없었다(『조선사: 제6편 제4권』
933, 941쪽).

그럼에도 불구하고 일단 10년간 '청나라에 의해 만들어진 평화'가 유
지된 까닭은 조선 국내가 안정되어 있었기 때문이기도 했다.

임오군란이 불만을 가지고 있던 병사들에 의한 반란이고 또 갑신정변
이 '일본당'에 의한 쿠데타 미수사건이었다는 점에서도 알 수 있듯이 19
세기 후반 이후의 조선왕조를 둘러싼 혼란의 배후에는 고종과 묘당에
대한 국내 반대 세력이 우선 존재했으며, 그들을 이용해 열강이 개입하
는 구조가 만들어져 있었다. 근본적인 문제는 조선왕조 혹은 국왕인 고
종이 마음대로 쓸 수 있는 군사력이 대외적으로뿐만 아니라 대내적으로
도 제한되어 있었기에 혹시라도 정치적 혼란이 발생한 경우에는 치안을
유지하는 게 대단히 어렵다는 점이었다.

하지만 제2차 조러밀약 당시 원세개가 고종 폐위 사건을 획책한 사실

에서도 드러나듯이, 임오군란에서 패한 대원군과 그 세력에게 예전과 같은 힘은 없는 상태였고, 또 일본의 세력 팽창에 발판이 되는 '일본당'의 주요 인물들은 정변 중에 죽거나 일본에 망명한 상태였다. 왕조 내부의 대립은 청나라의 영향을 받은 세력과 이를 기피해 러시아 또는 미국에 기대는 고종과 명성황후 그리고 일부 여흥 민씨 세력으로 집약되었고, 전자가 우월한 상황이 이어지는 한 평화는 유지될 수 있었다.

2. 동학과 그 움직임

개국의 예상 밖 효과

그렇기에 이 10년간의 '청나라에 의해 만들어진 평화' 시기에 일어난 조선 국내의 느슨하지만 확실한 변화는 상황을 변화시킨다.

1880년대 후반 들어 열강 각국에 개국을 단행한 조선에는 청일 양국을 비롯한 다양한 사람들이 왕래하게 되었고, 그 전까지 외국인을 본 적 없던 사람들은 큰 불안감을 품게 되었다. 1888년 무렵 기독교도인 외국인이 갓난아기를 잡아 먹는다는 소문이 퍼지면서 외국인과 관계된 조선의 치안은 급속히 악화되었다. 각국 공사는 연명連名으로 이에 항의하는 동시에, 자국 국민을 보호하기 위해 미국·러시아·프랑스 3국의 육전대가 인천부를 통해 한성부에 입성하는 사태까지 발생했다(『조선사: 제6편 제4권』 933, 941쪽).

이러한 악질적인 소문의 배경에는 조선의 경제 상황 악화가 있었다. 그리고 이 경제 상황의 악화는 결국 한반도 전역에서 민란을 유발하기에 이른다. 앞서 거론한 조선왕조와 일본 간의 방곡령사건도 이러한 상황 속에서 촉발되었다. 그렇기 때문에 이 시기에 조선왕조는 일본에 대해 일부 지역에서 일부 곡물의 수출을 금하는 한편, 조선에 잠입해 장사하는 청나라 상인을 적발하기 위해 애를 썼다(『조선왕조실록』고종 26년 8월 15일, 『조선사: 제6편 제4권』877, 906-907, 934쪽).

고종 자신도 마찬가지로 이 사태를 탐탁지 않게 여겨 갈수록 늘어나는 한성부 내의 청일 양국 상인을 한성부성의 바깥쪽인 용산으로 옮기려 했다(『조선사: 제6편 제4권』922쪽). 당시 조선에서는 실제로 조선인과 외국인의 충돌사건도 종종 일어났다. 예를 들어 1890년에는 일본인 어민이 제주도민과 충돌해 전자가 후자를 살상하는 사건까지 일어났다(『조선사: 제6편 제4권』965-966쪽).

1880년대 말부터 1890년대 초엽까지의 상황은 이렇게 점차 일정한 방향으로 나아가고 있었다. 그리고 조선의 국민들은 경제 상황의 악화가 일본과 청나라 더 나아가 서양 각국의 상인이 온갖 상품을 마구잡이로 사들이기 때문이며, 따라서 그들을 내쫓기만 하면 경제 상황은 저절로 개선될 것이라고 생각하기에 이른다. 그리고 이 생각은 더욱 발전해 다음과 같이 전개되었다. 그러므로 우리들은 조선왕조의 기존 정책을 바꾸어야 한다. 이를 위해서는 물리적 봉기도 부득이하다고.

동학이란 무엇인가

이러한 조선 국민들의 생각은 하나의 사상과 연결되어 큰 운동으로 발전하기에 이른다. 그 사상이란 바로 동학이다. 주지하다시피 동학 자체는 1860년대 초엽에 최제우崔濟愚라는 인물이 창도한 종교로, 돌연 등장한 사상은 아니었다. 하지만 애당초 '서학' 즉 기독교를 의식해 탄생된 동학은 '인내천人乃天'이라는 교리에 드러나 있듯이 평등주의적 경향과 함께 배타적 경향을 강하게 띠고 있었다(『근대조선동학농민운동사 연구近代朝鮮東学農民運動史の研究』 43-133쪽).

그렇기에 1860년대에 탄생한 동학은 1860년대보다 오히려 1880년대 후반에 들어 급속히 세력을 확대하게 된다. 왜냐하면 1860년대에는 여전히 이론적 문제에 머물러 있던 서양 그리고 기타 열강의 위협이 1880년대에 들어 현실성을 띠기 시작했고 더 나아가 경제적 곤궁이라는 문제로 사람들의 피부에 와 닿기에 이르렀기 때문이다. 한반도로 진출하는 열강에 대한 불만, 경제적 곤궁 그리고 그 원인을 알기 쉽고 명쾌하게 풀이한 동학이라는 이름의 교의. 이로써 3자는 하나로 어우러져 큰 사회적 물결을 형성하기에 이른다. 1892년 12월 19일, 동학 교도들은 교조 최제우의 억울한 죄를 씻는다는 명분 아래 집회를 열고 3월 29일 이른바 '복합상소伏閤上疏' 운동을 전개했다. 조선왕조를 향해 이 동학의 움직임을 탄압해야 한다는 상소문이 쇄도하자 묘당은 동학의 2대 교주인 최시형崔時亨 등의 체포와 동학 자체의 금지를 명하기에 이른다. 한성부에서는 이 직후부터 동학 교도들이 대거 몰려와 서양인들을 학살할 것이라는 소문이 퍼졌고, 각국 공사들은 조선왕조에 치안 유지를 강력하게 요구하였으며, 이와 동시에 영국 총영사 힐리어Walter C. Hillier가 원세개를 방문해 청나라 병선의 파견을 요구했다. 이런 요구에 원세개는 동학교도들을 탄압할 책임은 종주국임을 자처한 청나라에 있다고 답하고 있다. 이미 영국, 프랑스 양국은 인천부 앞바다에 군함을 대기시켜 필요하면 자국의 육전대를 투입할 준비까지 마친 상태였다(『근대조선동학

농민운동사 연구』342-413쪽).

　이러한 움직임에 자극 받은 원세개는 이홍장에게 전문을 치고 북양해군 군함 2척을 파견시켰다. 동학교도들은 일본공사관 앞에도 일본인을 배척하자는 방을 붙였고 일본국 판리공사 오이시 마사미大石正巳는 이 사태를 두고 독판통상사무 조병직趙秉稷에게 거세게 항의했다. 4월 25일, 동학은 마침내 전국의 교도들에게 동원령을 내린다. 집결지인 보은군 일대는 "전곡을 부민에게서 징발해 산하 평지에 돌성을 쌓아 낮에는 그 안을 근거지로 하여 머물고 '척왜양창의斥倭洋倡義' 등의 기치를 내걸거나 또는 대오를 정비하거나 또는 동학 주문을 암송하며 밤에는 부근 각 동에 유숙하는" 사태로까지 발전한다. 그들은 군수의 해산 명령에도 응하지 않았다. 최시형은 다음과 같이 말하고 있다.

> 　의義를 든 것은 그 이유가 단연코 타他에 있지 않다. 모두 척왜양창의斥倭洋倡義를 위해서이다. 순영巡營의 감언과 주관의 설득이 있어도 중단할 수 없다. 또 동학에는 애초 사술邪術 따위는 없다. 만약 사술이 있다고 말하는 자가 있어도 그 군君이 모욕을 당하고 신하가 죽는 상황에서는 가장 중요한 것은 충의忠義이다. 전국 모든 유생들이 의기투합해 죽음을 맹세해서라도 충의를 다하는 것이다.
>
> 　　　　　　　　　　　　　　　　　　　　(『조선사: 제6편 제4권』1016쪽)

고종의 청나라 차병론

　이러한 사태가 발생하자 조선왕조는 재빨리 대책을 강구한다. 어윤중을 양호도어사兩湖都御史로 임명해 현지로 파견하는 한편 5월 10일, 묘당에서 어전회의를 열었다. 동학교도들이 대거 한성부에 침입할 것을 우려하는 고종에게 우의정 정범조鄭範朝는 예측하지 못한 사태에 대비하

기 위해 강화도 등 한성부 부근의 군대를 한성부 남방의 수원 및 용인
등지로 이동시키는 동시에 한성부 내의 군대로 예비하면 된다고 제안한
다. 그러나 이 제안은 고종을 납득시키지 못했다. 오히려 그는 정범조에
게 다음과 같이 제안하였다.

> 고　종: 서울의 군사는 아직 파견해서는 안 될 것이다. 다른 나라의
> 　　　　군사를 빌려 쓰는 것은 역시 각 나라마다 전례가 있는데, 어
> 　　　　찌 군사를 빌려다 쓰지 않는가?
> 정범조: 이것이 어찌 [태평천국의 난 당시] 중국 일을 본받아야 할
> 　　　　일이겠습니까?
> 고　종: 여러 나라에서 빌려 쓰려는 것이 아니라 청나라 군사는 쓸
> 　　　　수 있기 때문에 말한 것이다.
> 정범조: 청나라 군사를 빌려 쓰는 것은 비록 다른 여러 나라와는 다
> 　　　　르다고 하여도 어찌 애초에 빌려 쓰지 않는 것보다 더 나을
> 　　　　수 있겠습니까?
>
> 　　　　　　　　　　　　(『조선왕조실록』 고종 30년 3월 25일)

　　고종은 묘당에서 일단 자신의 의견을 철회
한듯이 보였다. 하지만 고종은 은밀히 측근
중 한 사람인 박제순朴齊純을 원세개에게 보
내 청나라 군사의 출병을 요청한다. 그러나
원세개는 이러한 고종의 요청에 응하지 않았
다. 그의 뜻은 자명했다. 우선 중신들이 한성
부 및 강화도의 병사 천 명을 이끌고 현지로
가서 진압 작업에 참가하며 그럼에도 성공하
지 못할 경우, 한 곳에 집결해 있는 적을 군량으로 공격하면 된다는 것

박제순
(『사진으로 보는 독립운동』 발췌)

이었다. 그는 동학의 위협을 과소 평가하였으며, 청나라가 불필요하게 개입했다간 국제 분쟁으로 발전해 한반도에서 유지해 온 청나라의 안정적 패권을 잃을 우려가 있다고 생각했을 지도 모른다(『근대일선관계 연구: 하권』235쪽).

흥미로운 사실은 이러한 동학으로 인한 위기 상황에서 조선왕조의 대각臺閣 중 청나라 군대 파견에 가장 적극적이던 인물이 고종 자신이었다는 점이다. 이는 갑신정변 이후 고종이 러시아와 미국에 거듭 접근해 청나라를 견제했던 상황에 비춰보면, 이는 모순된 행동처럼 보인다. 고종의 이와 같이 모순된 사고를 이해하기 위한 열쇠 중 하나로는 아마도 그가 이러한 사태에도 지방의 사태 진화를 위해 한성부 내의 군대를 움직이자는 의견에 강한 난색을 표했다는 점을 들 수 있을 것이다. 그 배경에는 한성부 그리고 자신이 거주하는 궁의 치안에 대한 고종의 우려가 깔려 있었다. 고종은 수도의 병력을 밖으로 보냈다간 한성부가 재차 혼란에 휩쓸릴지도 모른다고 우려했던 것이다. 그에게 중요한 것은 첫째도 둘째도 자신과 가족의 안위뿐이었다.

반란의 확대

선무사宣撫使로 다시 파견된 어윤중은 고종이 보낸 동학 해산의 교지를 전달하였고, 이에 동학교도들은 5월 18일 무렵에 일단 해산한다. 결국 고종이 청나라군의 지원이 필요할 수도 있다고 우려했던 상황은 고종 자신이 보낸 교지로 쉽게 해결되었던 셈이다. 그러나 문제가 아직 근본적으로 해결된 것은 아니었다. 1894년 2월 15일, 이번에는 전라도 고부군에서 더 많은 수의 동학교도들을 중심으로 농민 민란이 발생한다.

우두머리는 전봉준全琫準이었다. 훗날 이 반란을 이끈 '접주接主'로 유명해진 인물이다.

전봉준이 이끈 반란은 삽시간에 고부군수인 조병갑趙秉甲을 쓰러뜨렸으며, 더 나아가 전라도 관찰사 김문현金文鉉 등이 이끄는 지방 병사들까지 패주시켰다. 그 후 민란은 일단 사그라들었으나, 이 때 조선왕조 측이 큰 실책을 범하고 만다. 묘당이 파견한 안핵사按覈使 이용태李容泰가 '동학교도들을 민란의 주모자로 몰아, 닥치는 대로 체포 투옥하고 그들의 가옥을 불지르며 처자들을 살육'한 것이다. 전봉준의 무리는 다시 봉기할 수밖에 없었다(『근대일선관계 연구: 하권』246-247쪽). 우선 그들은 태인현을 함락한 뒤 백산에 집결해 다음과 같이 조선 전역에 회문回文을 돌렸다.

> 사람이나 생물을 함부로 죽이지 말며, 둘째, 충과 효를 함께하여 세
> 상을 건지고 백성을 편안하게 하며, 왜와 서양 오랑캐를 물리쳐 우리
> 도를 밝히며, 군대를 몰고 서울로 진격하여 권신과 귀족을 모두 없애
> 크게 기강을 세운다.   (『조선사: 제6편 제4권』1052쪽)

사태가 이렇게까지 번지자 고종은 더는 한성부 군대의 현지 파견을 미룰 수가 없었다. 5월 6일, 조선왕조는 전라도 병마절도사 즉 전라도 전역의 군총책임자인 홍계훈洪啓薰을 양호초토사兩湖招討使에 임명하고 한성부에 주둔 중인 장위영의 병사들을 이끌고 반란을 진압하도록 급파했다(『조선왕조실록』고종 31년 4월 2일). 이와 함께 원세개에게 이 군대의 전라도 이송을 인천부에 정박 중이던 북양해군 군함 '평원平遠'에 의뢰했다. 곧바로 이튿날 홍계훈들은 장위영 병정 5대 즉 800여명을 이

끌고 출정한다. 당시 장위영은 규모가 작다고 하나 모젤 소총과 쿠르크식 야포 그리고 구식 개틀링 기관총으로 무장하고 미국인 교관 다이에게 훈련을 받은 조선왕조의 최정예 군대였다. 조선왕조는 9일 이러한 상황을 각국 공사에게 설명하고 지방에 있는 각국 상인들을 최대한 빨리 한성부로 불러 들일 것을 요구하였다(『조선왕조실록』 고종 31년 4월 9일).

그러나 동학교도들의 반란은 쉽사리 진압되지 않았다. 반란은 전라도를 넘어 충청도 일대까지 퍼졌고 홍계훈과 함께 전라도의 중심 도시인 전주에 파견된 700명의 장위영 병사들의 탈영이 잇달아, 5월 19일에는 순식간에 470여명까지 감소했다(『일성록』 고종 31년 4월 15일). 조선왕조는 이 상황에서 추가적으로 장위영의 나머지 병사 300명과 강화병정 500명을 증파하기로 결정한다. 그럼에도 불구하고 이렇게 중앙으로부터 파견된 군대는 5월 25일, 장성현에서 발생한 동학교도들과의 전투에서 패했으며, 5월 31일에는 마침내 전주가 함락당하기에 이른다.

청나라의 지도하에 새롭게 재건되어, 장기간 미군 교관의 교육을 받은 것이 틀림없이 이 근대적 군대의 맥 없는 패배는 조선왕조에 심각한 충격을 안겨줬다. 전주 함락 소식은 이튿날 한성부에도 전해졌고 조선왕조는 최후의 수단을 강구하기에 이른다. 현지에서 열세에 몰려 있던 홍계훈도 마찬가지였는데, 그는 이미 묘당에 청나라 병사의 지원을 요청해야 한다고 상소를 올린 상태였으며, 6월 1일, 묘당에서는 이 문제를 놓고 격론이 벌어졌다. 당시 여흥 민씨 세력의 중심 인물이던 친군경리사親軍經理使 민영휘閔泳徽가 이를 지지하였고, 고종도 '본국은 병사를 청해야 한다'는 이유를 들며 이를 지지하였다. 그러나 묘당의 의견은 청나

라군의 파견 요청에 대한 합의를 보지는 못했다. 묘당의 장로격이던 영
돈녕부사 김병시金炳始는 다음과 같이 언급했다.

> 비도匪徒의 죄가 비록 용서할 수 없다고 하나 모두가 우리 백성이니
> 우리 병력으로 초멸함이 마땅할 것이다. 그렇지 않고 타국의 병력을
> 빌려다 우리 백성을 토벌한다면 우리나라 백성이 도대체 어떻게 될 것
> 이냐.   (『조선사: 제6편 제4권』 1065쪽)

또 원칙적으로 병력을 빌리는 것은 가능하지만 이로 인한 일본의 움
직임을 경계해야 한다는 목소리도 많았다. 온건개화파의 대표격인 판중
추부사 김홍집은 다음과 같이 말하고 있다.

> 지금에 이르러서는 우리나라 병사들이 적賊을 진압하기란 불가능하
> 니 부득이하게 청나라의 병력을 빌려야 한다. 그러나 이를 보고 일본
> 이 어떻게 움직일 지가 걱정이다. (『조선사: 제6편 제4권』 1065쪽)

논쟁의 결론은 당연히 고종의 뜻에 따라 결정되었다. 그는 다음과 같
이 하명했다.

> 이 논[김병시의 의견]은 본래 좋은 의견이다. 그러나 눈앞의 사태에
> 대한 생각이 충분하지 않다. 모든 대신도 한 목소리로 병력을 빌려야
> 한다고 말하고 있다. 조속히 청군에 문의하기로 결정한다.
>   (『조선사: 제6편 제4권』 1066쪽)

3. 청일 양국군의 상륙

청나라 군대의 파병 요청과 일본의 출병

이처럼 고종의 결정에 의해 조선은 정식으로 청나라에 군대 파견을 요청하기에 이른다. 원세개의 전문을 받은 이홍장은 지체없이 북양수사제독北洋水師提督 정여창에게 군함 파견을, 그리고 직례제독直隸提督 섭지초葉志超 에게 준군準軍 1500명을 선발해 파견하도록 명하였다. 6월 5일에는 이미 '제원濟遠'과 '양위揚威'라는 이름의 군함 두 척이 인천부에 입항했다. 김홍집의 우려대로 이러한 청나라군의 움직임은 곧바로 일본의 움직임으로 이어졌다. 6월 7일, 일본국 대리공사 스기무라 후카시杉村濬는 통리교섭통상사무아문 주사인 이학규李鶴圭에게 천진조약의 '행군지조行軍知照'라는 구절을 근거로 일본도 역시 한반도에 파병을 하겠다고 통보했다. 이튿날인 6월 8일에는 청나라군 선발대 910명이 충청도 아산에 상륙했고 6월 10일에는 일본 측도 특명전권공사 오토리 게이스케大鳥 圭介가 육전대 420명, 포 4문을 이끌고 한성부에 입성했다. 상륙 지점의 차이에서 청나라군이 동학과 농민 반란 진압을 위해 군대를 배치한데 반해 일본군은 오히려 청나라군과 대치하기 위해 우선 궁을 점령하려 했음을 알 수 있다. 같은 날, 선발대에 더해 청나라의 주력 부대도 아산에 도착해 그들의 병력은 총 2465명에 달했다(『근대일선관계 연구: 하권』272-304쪽, 『조선사: 제6편 제4권』1067-1071쪽).

청일전쟁 당시에 인천에 상륙한 일본군
(『사진으로 보는 조선시대 속 생활과 풍속』 발췌)

오토리 게이스케
(『근세명사사진』 2, 발췌)

그러나 그 무렵 전주에서는 묘당의 예상을 초월한 사태가 벌어지고 있었다. 청나라군의 지원을 아직 받지 못하고 있던 홍계훈이 총위영 병사들과 합류해 전세를 역전시키고 있었던 것이다. 6월 6일, 홍계훈은 전주 북문 밖에서 대승을 거두었고 11일에는 마침내 전주를 탈환하는 데 성공했다. 반란에 참가한 동학교도들은 '사산四散'했으며 일대의 질서는 급속히 회복되었다. 6월 17일에는 양호순변사兩湖巡邊使 이원회李元會 및 초토사 홍계훈이 전라도에서의 반란 진압을 정식으로 묘당에 보고하였다(『조선왕조실록』 고종 31년 5월 14일, 26일).

그러나 사태는 이미 조선왕조의 제어 범위를 벗어나 진행되고 있었다. 민란은 진압되었으나, 청일 양국이 한반도에 상륙해 서로 대치하는 상황이 벌어지고 말았기 때문이다. 6월 8일, 조선왕조는 독판교섭통상사무 조병직을 통해 일본 측에 파병 중단을 요청했으나, 일본은 '파병 위관의 권리가 있음'을 이유로 이를 그 자리에서 거절했다. 6월 13일, 한성부에 주둔하는 일본 육군 선발대를 800명까지 증강하자 조병직은 재차 일본군의 철수를 요구하는 동시에 원세개에게도 '일본은 청나라 병사가 들어온 탓에 의심을 품고 돌연 5, 600명의 병사를 이끌고 우리 도하도下에 주둔시켰다', '따라서 청나라 병력이 철수한다면 일본 병력도 철수할 것이다'라고 요청하고 청나라군의 철병에 대해서도 공식적으로 요청했다. 원세개도 '일본국의 파병 구실을 막고자' 이에 찬성했다고 전해진다.

그러나 사태는 이미 걷잡을 수 없었다. 왜냐하면 일본에는 처음부터 이 철병 요구를 받아들일 의사가 전혀 없었기 때문이다. 이쯤에 이르러 고종은 청나라 파병 요청 반대파였던 김병시에게 청일 양국이 대치하기에 이른 상황과 관련해 의견을 구하고 있으나, 김병시는 애당초 영민의 반란을 무력으로 대응하는 방법이 경솔하기 그지없었으며 청나라의 병력을 받아들인 것은 더 큰 잘못이었다고 답하고 있다(『조선사: 제6편 제4권』 1076-1077쪽).

초점은 어떻게 일본군을 철수시킬 것인가 이었다. 막다른 골목에 몰린 조선왕조는 6월 24일, 각국 공사에 일본군 철수에 힘을 빌려 달라고 요청한다. 그러나 이 사이 청일 양국군은 오히려 꾸준히 증강되어 일본군은 한성부에, 청나라군은 아산에 집결을 끝냈다.

27일, 고종은 특명전권공사 오토리 게이스케를 접견한다. 오토리는 이 자리에서 '본국 정부의 훈령'으로 조선왕조가 '내정 개혁' 즉 일본을 모델로 한 전면적 근대화 정책에 나서야 한다고 요구했다. 이에 대해 고종은 일본 측의 '호의'에 사의를 표하는 동시에 일본군의 조기 철수를 거듭 요구하고 있다. 또 오토리는 이튿날에도 청나라가 일본에 조선 파병을 통고한 글에 '아조보호속방구례我朝保護屬邦舊例'라는 어구가 있음을 문제 삼아 조선왕조가 '자주 독립'하여야 한다고 조병직에게 성토하고 있다. 조선왕조는 이에 원세개를 통해 이홍장에게 문의했다. 이홍장은 원세개에게 다음과 같이 답하고 있다.

> 조선이 중국의 속방임은 각국에 널리 조회를 거친 바이다. 따라서 지금 혹시라도 조선이 일본이 두려워 자국이 속방이 아니라는 글로 회답한다면, 문죄를 하기 위해 군대를 보낼 것이다.
>
> (『조선사: 제6편 제4권』 1083쪽)

일본군의 궁 점령

이처럼 조선왕조는 청일 양국 사이에서 이러지도 저러지도 못하는 상태에 빠졌다. 조선왕조에 있어 골치 아픈 일은 개전 직전 단계에서 한성부에 주둔하던 군대가 청나라군이 아니라 일본군이었다는 점이다. 7월 5일, 오토리는 내정개혁 5개조를 조병직을 통해 고종에게 전달했으며 8일 정오까지를 그 수용 기한으로 제시하고 있었다. 조병직은 오토리에게 그 요구를 따르겠다고 전하고 이와 함께 내무독판 신정희申正熙, 내무협판 김종한金宗漢, 조인승曺寅承 등을 협상위원으로 임명하는 내용을 통고했다. 동시에 조병직은 주천진독리통상사무 서상교徐相喬에게 전문을 보내 이홍장에게 이 내정 개혁을 저지하기 위한 도움을 요청했다. 7월 10일부터 한성부 내 노인정老人亭에서 조일 양국의 회의가 개최되기에 이른다. 조선 측은 내정 개혁 수용의 전제로 일본군 철수를 강력하게 요구했다. 조선왕조 측의 협상 담당자 중 한 사람인 내무독판 신정희는 이러한 군사력을 배경으로 한 일본의 방식이야말로 조선왕조의 '자주 독립'을 해치고 있다고 거세게 항의했다(『근대일선관계 연구: 하권』376-390쪽).

사태는 긴박하게 돌아갔다. 7월 13일에는 러시아 대리공사 웨베르가 한성부에 귀임했고 반대로 19일에는 이홍장의 명에 따라 원세개가 한성부를 떠났다. 청나라는 더 이상 한성부에서 일본과 외교 협상을 벌이는 것은 불가능하다고 판단했던 것이다. 7월 18일, 조선왕조는 일본이 제안한 내정 개혁을 사실상 거절하는 서한을 오토리에게 보냈다. 그리고 7월 23일, 이윽고 오토리는 본국 정부의 동의 아래 병력으로 '일본국의 이익을 보호'하기로 결정하고 용산에 주둔 중이던 일본군을 경복궁 앞으로 이동시켰다. 조선왕조 측이 이에 맞서 싸우는 가운데 일본군은 궁으로 쳐들어가 조선왕조 측의 군대를 내쫓았다. 이로써 임오군란과 갑신정변에 이어 또 다시 왕궁은 군홧발에 짓밟히고 말았다.

일본군은 조선왕조 각 군영의 무기를 압수해 무장해제시켰다. 이 과정에서 이를 거부한 장위영과 전투가 벌어지기도 했다. 이로써 일본군은 왕궁의 사방을 에워싸기에 이르렀고 한성부는 사실상 일본군에 의한 군사점령상태에 놓이게 된다. 오토리는 또 대원군을 구슬려 일본군의 비호 아래 궁에 입성케 했다. 임오군란으로 인해 청나라군에 납치된 지 12년. 대원군은 이미 일흔넷의 고령이었다. 일본군은 왕궁 출입을 엄격하게 관리하고 전현임 대신 이외의 출입을 기본적으로 금하였다. 10년 전의 갑신정변 당시와 마찬가지로 고종과 그의 가족들은 다시 일본군에 의해 외부와의 연락이 끊기고 만다. 7월 26일에는 여흥 민씨 최대의 실력자로 원세개의 연락책이던 민영준이 '전사취렴專事聚斂'의 문책을 당해 좌찬성에서 실각되어 서울에서 멀리 떨어진 섬으로 귀양 보내졌다. 대원군은 명성황후를 폐비시키고 서인으로 강등할 것을 요구하며 일본 측과 협의를 시도했다. 그러나 일본 측이 이를 반대하면서 이 시점에서 이 안이 실행에 옮겨지지는 않았다(『근대일선관계의 연구: 하권』 434-446쪽).

'개화파' 내각과 대원군의 실패

이러한 상황 속에서 7월 27일에는 김병시가 영의정을 사임하면서 온 건개화파인 김홍집이 영의정으로 임명되었다. 동시에 '군국기무처'를 신설해 김홍집은 이 회의의 총재관을 겸임하기에 이른다. 8월 5일, 김홍집은 잇달아 '총리대신'에 취임하고, 자신의 아래에 기존에 존재하던 좌우찬정과 도헌 그리고 새로이 궁내대신, 내무대신, 외무대신, 탁지대신, 법무대신, 공무대신, 학무대신, 군무대신, 농상대신 등의 '대신'을 임명했다. 이 정권에는 김홍집을 필두로 어윤중, 김윤식, 윤길준 등 '개화파'의 쟁쟁한 인물들이 이름을 올렸다. 이로써 사실상 일본군이 점령한 가운데 조선왕조 최초의 본격적인 '개화파' 정권이 탄생했다. 조선사에서 말하는 갑오개혁의 시작이었다.

이어서 일본은 8월 27일 이 새로 탄생한 개화파 내각과 '조일양국맹약'을 체결하고 조선 측이 청일 양국의 전쟁을 지원하는 상황을 만드는 데 성공한다(『일한외교사료: 제4권』133쪽). 하지만 일본의 조선왕조에 대한 통제는 제대로 이루어지지 못했다. 가장 큰 이유는 일본이 옹립한 대원군이 시종일관 일본에 대해 노골적으로 면종복배面從腹背의 자세를 고수했기 때문이다. 일본의 외교문서는 당시 대원군의 태도를 "표면적으로 개혁을 주창하면서 내심 정권을 장악해 유교주의 정치를 행하려는 욕망을 감추지 않는다"고 기록하고 있다(『일한외교사료: 제4권』133쪽). 결국 일본의 영향 아래에서 일본이 권하는 '내정개혁'을 추진하려 하는 '개화파 내각'은 대원군과의 마찰로 골머리를 앓았고 그 압력을 피하기 위해 고종 및 명성황후의 비호에 맡길 수밖에 없는 상황에까지 몰렸다.

이러한 상황을 더욱 복잡하게 만든 것은 이재면의 장자로 대원군의

적손에 해당하는 이준용李埈鎔의 존재였다. 당시 대원군의 보호 아래에
있던 이준용은 할아버지의 권세에 기대 왕세자 더 나아가 고종을 대신
해 국왕의 자리에 오를 날을 꿈꾸고 있었다. 친군통위사親軍統衛使라는
직책을 달고 조선왕조의 군사력 일부를 관할하는데 성공한 이준용은
'개화파내각'에 맞서기 위해 한때 한성부에 주둔 중이던 '미국과 영국인
을 끌어들여 일단의 친위병을 조성'하기에 이른다. 당연히 그 움직임은
일본을 몹시 자극했다(『일한외교사료: 제4권』 143쪽). 이 사태로 인해
대원군의 실권은 일본에 의해 크게 줄어들었고 이준용도 또한 한성부의
정치 무대에서 퇴출될 수밖에 없었다.

4. '내정개혁'의 가운데 선 고종과 명성황후

생생하게 듣는 고종과 명성황후

사태의 전개를 우려한 일본정부는 이쯤에서 오토리를 대신해 원로 이
노우에 가오루를 조선 공사로 임명한다. 이노우에는 조일수호조규 체결
때도 부사副使로 개입한 바 있으며 임오군란 당시에도 외무경으로 시모
노세키까지 찾아가 진두지휘했고 또 갑신정변 때도 외무경外務卿으로
특파전권대사를 맡아 조선왕조와 직접 협상한 경험을 가진, 말 그대로
메이지정부의 대조선외교 일인자였다. 한성부에 착임하자마자 이노우
에는 이준용, 김희진, 김윤식 등과 연이어 회담을 가진 뒤, 빈번한 내알
현 즉, 신하를 배제하고 고종과 명성황후를 직접 알현하겠다는 요구를
하기에 이른다. 바꿔 말하면 그는 대원군을 이용하는 것을 단념하고 고

종 및 명성황후에 직접적으로 압력을 가함으로써 '내정개혁'을 실현시키고자 했던 셈이다.

여기서 우리들은 당시 이노우에가 고종을 알현한 일에 대한 일본 측의 기록을 통해 조선왕조의 공적 기록에는 남아 있지 않은 고종 그리고 명성황후의 보다 직접적이면서도 생생한 '목소리'를 들을 수 있다. 특히 조선왕조의 공식 기록에는 묘당에서 고종이 앉는 옥좌 뒤에 배치된 '미닫이문' 너머로 고종에게 의견을 전달하는 명성황후의 '목소리'가 거의 남아 있지 않은 탓에, 이러한 일본 측의 기록은 명성황후의 당시 생각을 미루어 짐작하는데 극히 귀중한 사료라 할 수 있겠다. 따라서 일본 측의 외교문서를 바탕으로 고종과 명성황후의 당시 모습을 좇아보기로 하자.

이노우에가 고종을 맨 처음 알현한 때는 1894년 10월 28일이다. '재사才士' 이노우에답게 이로정연理路整然하게 내정개혁의 필요성을 설파하는 장광설을 늘어놓는 그에게 고종은 다음과 같이 답했다.

> 귀국 다사 때마다 특히 경이 요직에 있으면서 직접 우리나라에 주차駐箚함은 경이 우리나라와 귀국의 교섭이 난국인 가운데 적절하고 균형 있게 대처한 결과로 귀국의 황제 폐하께서 우리나라에 보이는 성의가 이루 말할 수 없이 큼에 감사 드리는 바이다. 실로 경이 이렇게까지 해주리라고는 생각지 못한 바, 경의 진언으로 인하여 더욱 이 제안을 승낙하지 아니할 수 없겠다. 듣자 하니 경이 반드시 우리나라에서 시도하고자 하는 실험을 통해 우리나라가 더욱 좋은 결실을 맺고 독립의 기초를 다지게 될 것으로 보이는 바, 이보다 더한 복은 없으리라. 짐은 경의 진언을 기쁘게 받아들여 앞으로 종종 경을 고문관으로써 인견하고자 한다. (『일한외교사료: 제4권』 179쪽)

이 두 시간에 달하는 고종과의 회담에 대해 이노우에는 '전하는 실로 감격한 듯한 모습을 보이셨다'고 도쿄의 외무대신 무쓰 무네미쓰陸奧宗光에게 타전하고 있다. 그는 11월 4일에도 재차 고종을 알현한다. 이 두 차례의 알현에서 이노우에는 고종에게 신하의 퇴출을 요구하고 고종도 이에 응했다. 이것이 앞서 언급한 이노우에의 고종과 명성황후에 대한 첫 알현인 셈이다. 그의 목적은 '양 폐하' 즉 고종과 명성황후의 '말씀'을 '직접 받잡는' 것이었다(『일한외교사료: 제4권』 196쪽). 이로써 이노우에의 요구에 응해 명성황후가 이노우에에게 직접 답하기에 이른다. 내신 즉 자신들의 신하에게도 직접 말하는 일이 거의 없던 조선왕조의 왕비가 외신 즉 외국에서 온 사신에게 직접 말을 건네는 극적인 순간이었다.

경이 귀국에 충애하는 동시에 우리나라에 충정을 바치고 있음은 이미 잘 알고 있다. 이에 우리가 대군주라고는 하지만 경의 조언을 하나하나 받아들여서 이것이 좋으냐 나쁘냐에 대한 왈가왈부 없이 일을 힘써 진행하게 된다면 경이 이를 양해해주기를 바라는 바이다. 우리나라가 가장 당부한다고 할 정도의 것은 아니지만 그래도 다만 군권이 중대하다는 것은 언급하고자 하는 바이다. 고래로 국민의 머리에 뿌리박힌 군주의 명령이라는 것은 곧 시비곡직을 불문하고 항상 묵묵히 따라야 하는 것인즉, 내정개량이 되었든 개화주의가 되었든 군주가 이를 주장하기만 하면 무릇 백성들은 그에 휩쓸리지 않을 수 없으니. 따라서 이러한 목적을 달성하기 위해서는 군권에 의지하는 것이 가장 좋은 수단이라고 생각하는 바이다.　　　(『일한외교사료: 제4권』 198쪽)

여기서 우리들은 명성황후의 당시 생각을 여실히 읽을 수 있다. 즉 명성황후에게 가장 중요한 것은 국왕이자 남편인 고종이 절대적인 권력을 장악하는 것이었다. 당연히 명성황후가 이렇게 말한 데에는 나름의 이유가 있었다. 그것은 일본 그리고 이노우에가 주장하는 내정개혁이 그들의 눈에는 국왕에게서 절대적 권한을 빼앗아 실질적인 권력을 국왕에게서 신하로 옮기는 것으로 비쳐졌기 때문이다. 그리고 이러한 명성황후의 이해는 틀린 게 아니었다. 일본에 의한 내정개혁안의 최대 골자는 그 전까지 미분리 상태이던 조선왕조의 내궁과 외궁의 권한을 뚜렷하게 분리해, 정치적 책임과 실권을 국왕의 사적 공간인 내궁에서 명확한 법적 권한과 의무를 짊어지는 외궁으로 옮기는 데 있었기 때문이다. 그렇기에 고종과 명성황후는 한 목소리를 내며 다음과 같이 날카로운 어투로 따지고 있다.

> 그럼에도 6월 21일 이래 군주는 거의 명목뿐인 왕위를 안고 그저 이름만 있고 손에 아무 것도 쥐지 못한 채 상황의 과정을 방관하고 있을 뿐이다. 또 개화당의 거동을 보건대 국가를 위해 성의를 다해 종사하지 않는다. 다만 6월 이후 무엇을 하고 있는지 전하면 각 아문의 명칭을 바꾸었을 뿐이다. (『일한외교사료: 제4권』 198쪽)

결국, 고종과 명성황후는 개혁 자체보다 개혁으로 인해 고종이 권력 즉 '군권君權'을 잃고 신하의 권력 '신권'이 이를 대체하는 데에 불만을 품고 있었다. 다시 말해 고종과 명성황후에게 조선왕조와 일본의 관계 자체보다 일본을 등에 업은 신하들이 '군권'을 갉아먹는 쪽이 더 큰 고민거리였던 셈이다.

그렇다고 그것이 고종 또는 명성황후가 일본이 요구하는 내정개혁에 대해 꼭 정면에서 반대의 뜻을 표했다는 의미는 아니었다. 일본군이 한성부를 군사 점령한 상태에서 그리고 이준용이 노골적으로 왕위를 호시

탐탐 노리는 상황에서 일본에 정면으로 도전하는 일은 그들에게는 자살 행위나 진배없었기 때문이다. 명성황후는 다음과 같이 말하고 있다.

> 대개 인심이 짐작할 수 없는 임오의 변동 같은 게 있다. 우리나라에 어느 날 몇 시에 어떤 춘사가 일어날지도 추측할 수 없다. 이러한 경우 나는 경이 보호해 주리라 믿는다.   (『일한외교사료: 제4권』 199쪽)

그렇기에 그들도 마찬가지로 일본의 요구에 면종복배의 자세로 응하기에 이른다. 수많은 문제를 떠안고 있던 조선왕조의 상황을 중환자에 비유한 이노우에게 고종과 명성황후는 다음과 같이 한 목소리를 내고 있다.

> 중환자라는 비유는 그야말로 오늘날의 정세에 합당하다. 이미 경이 우리나라의 정세에 그처럼 통달하고 있다는 것은 우리나라에 훌륭한 의사를 얻는 것과 같다. 이를 치료하는 방법도 경 스스로가 고안할 수 있을 것이다. 또 짐의 정부는 경험이 없는 자들로 조직되어 현재 개명주의의 첫발을 내딛고 있으니 이 때 귀국인 중 적당한 인물을 추천해 고문관으로 삼을 필요가 있다. 짐은 이에 대해 경에게 자문을 구하겠다.
> (『일한외교사료: 제4권』 202쪽)

그러나 그러한 그들의 대화는 곧바로 고종과 명성황후가 일본과의 원활한 협력 관계를 맺는 것으로 이어지지는 않았다. 실은 대원군뿐만 아니라 고종도 또한 전 평안도관찰사 민병석閔丙奭을 통해 청나라에 군의 지원을 요구하는 서한을 보낸 사실이 발각되었기 때문이다(『일한외교사료: 제4권』 209쪽). 그 배경에는 대원군뿐만 아니라 고종과 명성황후에게도 마찬가지로 평양에 집결한 청나라군이 일본군에 승리할 것이라는 예상이 깔려 있었다. 대국인 청나라가 일본과 같은 소국에 질 턱이 없다. 임오군란과 갑신정변이라는 두 번의 환란을 경험한 당대 조선왕조 지식인에게 '그것'은 하나의 '상식'으로 굳어져 있었던 듯하다.

그렇기에 고종과 청나라의 내통이 발각된 후인 11월 20일 진행된 이노우에의 세 번째 알현은 이 문제을 추궁하는 데서 시작하고 있다. '앞으로 청나라에 귀속하겠다는 의뢰심依賴心을 포기하고 전심전력으로 독립의 기초를 단단히 다질' 것을 요구하는 이노우에에게 고종은 '서한에 대해서는 후회하고 있다. 짐은 당연히 내정개혁을 추진해 열심히 국보를 진보시킬 것을 바라고 있다'고 사과하였다(『일한외교사료: 제4권』 210쪽).

'군권'과 '신권'의 대립

하지만 이 문제는 모든 대신들이 참석한 알현 자리에서 논쟁의 중심적 화제로 떠오르지는 못했다. 왜냐하면 모든 대신에게 내정개혁에 대한 의견을 묻는 이노우에를 앞에 두고 명성황후가 고종에게 무언가를 속삭인 뒤 '순간 국왕이 크게 격노한' 표정을 짓고 돌연 화제를 바꾸어 모든 대신들을 다음과 같이 비난하기 시작했기 때문이다.

> 열석 각 대신의 목소리에 따라 5월 21일 이후 짐은 거의 국무상 아무런 권리를 행사하지 못했다. 국정 전반을 각 대신이 장악했다. 그리하여 한 나라의 군권이 훼손되지 않았는가. 또 오늘 짐의 정령은 거의 궁문 안팎에서 실시되지 않고 있으니 이는 애당초 누구의 죄인가. 지금 외국의 사신들이 우리나라의 국정에 관해 지극히 기우하기에 이른 것은 어째서인가.　　　　(『일한외교사료: 제4권』 210-211쪽)

고종의 역린逆鱗을 건드린 셈이 된 총리대신 김홍집과 탁지대신 어윤중은 곤혹스러운 표정을 짓지 않을 수 없었다. 고종과 명성황후는 내정개혁에 대한 구체적인 논의에 들어가기에 앞서, 재차 '군권'의 절대성을 확인하고 '신권'을 대표하는 모든 대신에 대해 묘당에서 벌어지는 논쟁의 주도권을 잡으려 했던 셈이다. 일본이 제시한 내정개혁안은 총 20개 조에 달한다. 내용은 다음과 같다.

1. 정권은 모두 하나의 원류에서 나와야 한다.
2. 대군주는 정무를 친재할 권리가 있고 또한 법령을 지킬 의무가 있다.
3. 왕실의 사무를 국정 사무와 분리한다.
4. 왕실의 조직을 정비한다.
5. 의정부 및 각 아문의 직무 권한을 정한다.
6. 조세는 탁지아문에 일괄적으로 관리하고 백성에게 부과하는 조세는 일정한 비율로 정하며 그 밖에 어떠한 명의나 방법으로도 징수해서는 안 된다
7. 세입세출을 헤아려 재정의 기초를 정해 왕실 및 각 아문에 필요한 비용액을 정해둔다.
8. 규제를 정비한다.
9. 모든 허식을 버리고 과다한 폐해를 시정해야 한다.
10. 형법을 제정한다.
11. 경찰권을 하나로 통일한다.
12. 관리의 복무 규율을 제정해 이를 엄격히 시행한다.
13. 지방관의 권한을 제한해 이를 중앙정부에 수렴시킨다.
14. 관리 등용 및 면출에 관한 규칙을 정해 사사로이 이를 진퇴하지 못하게 한다.
15. 권력의 쟁탈 또는 시의猜疑, 이간離間의 악습을 엄금하고 정치적 보복의 관념을 품지 않게 한다.

16. 공무아문은 아직 필요하다고 인정되지 않는다.
17. 군국기무처의 조직 권한을 재편한다.
18. 사무의 필요에 부응해 각 아문의 사무에 노련한 고문관을 초빙한다.
19. 유학생을 일본에 파견한다.
20. 독립의 기초를 굳건히 하기 위해 위 내정개혁과 관련해 필요한 사항, 국시를 하나로 정하고 종묘에 고하고 이를 신민에게 선포한다.

(『일한외교사료: 제4권』 241-247쪽)

이노우에는 각 항목에 대해 차례로 설명하고 동의를 청했는데, 설명에만 이틀을 할애하였다. 이 이노우에의 설명에 대한 반응에서도 고종과 명성황후의 관심이 어디에 쏠려 있었는지를 잘 알 수 있다. 가령 고종은 대부분의 항목에 대해 '참으로 합당하다' 등 순순히 동의하는 한편, 아홉 번째 항목 즉 내궁의 사치를 비판한 부분에서는 반발하고 있다. 고종의 눈이 왕조 전체보다 오히려 내궁에 쏠려 있었음을 짐작하게 한다.

내정개혁에 대한 설명을 끝낸 이노우에는 더 나아가 고종에게 '왕실 즉 대원군, 이준용 혹은 외척들과 국정상의 모든 관계를 끊을' 것을 요구하고 있다. 일본 측의 기록에 따르면, 이 때 명성황후는 뒤쪽의 미닫이문 틈새로 줄곧 고종에게 조언을 하고 있었다고 한다. 이노우에의 의도를 살펴보자면, 여흥 민씨 세력과 함께 이 무렵 이미 일본의 통제를 벗어나고 있던 대원군에 '합동공격'을 가함으로써, 고종을 내정개혁에 끌어들이려 했다고 할 수 있을 것이다(『일한외교사료: 제4권』 234-235쪽).

이처럼 이노우에는 일단 고종과 명성황후에게 내정개혁에 대한 동의를 확보한 것처럼 보였으나 사태는 쉽게 진전되지 않았다. 내궁과 외궁 즉 고종과 명성황후 그리고 내각 각료들 사이에서 대립이 이어졌기 때문이다. 이러한 상황 속에서 이준용이 이번에는 동학에 대해 공작을 펼쳤음이 밝혀졌다. 그는 청나라군을 쫓아내고 북상하던 일본군의 틈을 노려 동학군을 한성부로 입성시키고 고종과 명성황후를 축출해 자신이 왕위에 앉으려 획책한 것이다. 이준용은 애당초 일본이 명성황후 폐위에 반대한 때부터 일본에 강한 불신감을 품고 있었다고 알려져 있다. 어쨌든 이로써 대원군과 이준용은 일본의 신뢰를 결정적으로 잃고 만다 (『일한외교사료: 제4권』 269-273쪽).

대원군과 이준용의 권세가 실추되자 고종과 명성황후는 일련의 정치적 모험에 발을 내딛게 된다. 즉 고종과 명성황후는 돌연 4명의 협판을 교체하는 인사를 일본과 내각의 허락 없이 단행했다. 정치의 실권을 새롭게 설치된 개화파 중심의 내각에 이전시키고자 했던 것이 일본 주도의 '내정개혁'의 기본 방침이었기에 일본 측이 볼 때 이는 고종이 명백히 약속을 어긴 것으로 비쳐졌다. 고종은 이러한 독단적 인사에 대해 일본과 대원군 세력이 어떻게 대처할지 확인하고 싶어했다고도 또는 '정권은 모두 하나의 원류에서 나와야 한다'는 이노우에가 제시한 '내정개혁'의 첫 번째 항목을 고종에게 전권을 부여하는 것으로 오해했다고도 전해지고 있다. 그가 단행한 이 인사의 배경에 실은 명성황후의 의도가 숨어 있었다는 사실이 밝혀진 것은 훗날이었다.

여하튼 이노우에는 이러한 고종의 방식을 '대군주는 더 이상 본 사절을 신용할 수 없다고 인정했다'고 주장하며 거세게 항의했다. 이에 대해 고종은 이 인사가 명성황후의 머리에서 나온 것임을 인정하고 '왕비가 내정에 관여하는 듯한 일은 앞으로 결코 없을 것이다'라고 두 번이나 약속할 수밖에 없었다(『일한외교사료: 제4권』 275-283쪽).

왕위에 대한 위협

명성황후와 여흥 민씨 세력은 도대체 왜 이러한 이노우에 또는 일본의 경고를 무시하면서까지 자신들의 정치 세력 확대에 힘을 기울였던 것일까. 물론 이를 그들의 정치적 권력이나 부를 추구하는 '욕망'의 관점에서 설명할 수도 있다. 하지만 여기서 하나 간과해서는 안 될 것은 고종과 명성황후가 왕세자의 지위를 이준용에게 혹시 빼앗기지 않을지 극도로 두려워했다는 점이다. 실제로 12월 8일에 진행된 이노우에의 알현 당시 고종은 다음과 같이 말했다.

> 경이 말한 대로이다. 짐은 이준용을 도저히 의심하지 않을 수 없다. 그는 6월 사변 이후에 강력하게 짐에게 고하고 있다. 일본공사는 폐비에 뜻이 있다고. 그리고 그의 심사를 헤아릴 수가 없다. 혹은 조선의 국왕을 침략하는 데 뜻이 없다고 말할 수 없다.
>
> (『일한외교사료: 제4권』 298쪽)

이에 명성황후도 마찬가지로 민승호 교살 사건을 예로 들어 다음과 같이 말하고 있다.

> 경이 말한 대로 우리나라에 언제 무슨 춘사椿事가 일어나 왕실에 위험이 발생할지 알 수 없다면 늘 위구심은 모르는 새 각종 의혹을 낳고 여인의 한심한 마음에 이윽고 동족의 비호가 필요하다는 생각을 하기에 이른다. 만약 왕실이 만전을 다하고 시종일관 안녕하다면 어찌 외척에게 국무를 맡길 필요가 있겠는가. 경이 부디 이를 이해해 달라.
>
> (『일한외교사료: 제4권』 300쪽)

이 점은 이노우에도 마찬가지로 잘 알고 있었다. 그는 무쓰 무네미쓰에게 다음과 같이 전신을 띄우고 있다.

이준용이 야심을 품고 있는 것은 근래 사람들 모두가 모르는 사람
이 없을 정도로 대원군의 진의도 전술한 바와 같다면 국왕 및 왕비가
장래를 걱정하는 것도 무리가 아니며 가뜩이나 세자가 병약하고 총명
하지 않음이 세상에 널리 알려진다면 더한층 장래를 걱정할 것이라고
추측된다.　　　　　　　　　　　　　　(『일한외교사료: 제4권』 291쪽)

조선왕조의 왕궁을 둘러싼 갖가지 비극. 그 속에서 어느새 고종과 명
성황후는 자신들과 아이들의 장래에 신경과민 상태가 되어 버렸던 것이
다. 그러나 이는 이노우에의 말과는 다소 다를지 모르겠으나, 어쩌면 당
연했을 지도 모른다. 혈육을 잇달아 정쟁 속에서 잃었고 왕궁은 몇 번이
나 군화로 짓밟혔다. 그들은 말 그대로 생사의 경계를 수차례 넘나들었
던 셈이다.

어찌되었든 당시의 상황은 삼파전을 띠고 있었다. 절대적인 '군권'을
끝까지 지키려는 고종과 명성황후, '내정개혁'으로 권력을 내각으로 옮
기려는 일본과 대신들 그리고 왕위를 노리는 대원군과 이준용. 당연히
이노우에는 위와 같은 고종과 명성황후의 주장을 그대로 수용하지 않았
다. 왜냐하면 당시 일본정부는 절대적 권력을 가진 국왕이 외척이나 일
부 왕족과 결탁하고 있는 상황이야말로 두 번에 걸친 조러밀약이나 앞
서 있었던 청나라군을 향한 구원 요청에서 전형적으로 드러나듯이 조선
왕조만의 비밀외교를 실현시키고 일본의 조선왕조에 대한 통제를 어렵
게 만들고 있다고 생각했기 때문이다.

그렇기에 이노우에는 고종을 명성황후 및 여흥 민씨 세력과 떨어뜨려
고립시키고, 정치의 실권을 내각으로 옮김으로써 무력화하려 했다. 이
를 증명할 한 예로, 이노우에는 고종과 명성황후에게 다음과 같이 직접

묻고 있다.

> 이를 묻겠다. 대군주 및 중궁은 지금까지 입시入侍의 주사主事들을
> 상대방에게 각 관에 직접 보내 외교상의 사항을 몰래 협의한 적이 있
> 다. 만약 당국자인 외아문을 빼고 군주 스스로 외국 사신과 협상하는
> 것은 해당 대신을 타국 외국인에게 신임이 없음을 드러내는 것과 같
> 다. 또 이러한 일은 결국 한바탕 대혼란을 발생시킬 뿐이다.
>
> (『일한외교사료: 제4권』 302쪽)

이에 대해 고종과 명성황후는 한 목소리로 '위와 같은 일이 종전에 없
었다고 말할 수 없지만 이후 분명 자제할 것이다'고 답했다.

그리고 이러한 상황 속에서 결정적인 사건이 터진다. 일본이 청일전
쟁에서 승리한 것이다. 그러나 그 직후에 또한 일본은 러시아, 독일, 프
랑스의 이른바 '삼국간섭'에 굴복하기에 이른다. 5월 10일, 일본정부가
청나라정부에 요동반도를 반환하기로 결정하자마자 일본은 조선에서도
정책을 대대적으로 전환할 수밖에 없었다. 이는 일본이 대륙에서 러시
아에 굴복했다는 것과 다름 없었기 때문이다.

6월 4일, 일본정부는 '대한불간섭정책'의 채택을 결정하고 이틀 뒤에는
이노우에도 일본으로 일시 귀국한다(『일한외교사료: 제4권』 390`-393쪽).
이로써 1894년 6월, 오토리가 일본군을 한성부에 점령시킨 이래 이어진
조선왕조에 대한 일본의 간섭 정책은 일단 좌절되고 만다. 고종과 명성
황후는 분명 자신들의 정치적 생명을 잃기 직전에 구사일생으로 살아났
다고 생각했을 것이다.

제7장
을미사변
명성황후의 죽음

대한제국의 패망과 그림자

1. 고종과 명성황후의 정적 제거

'무한 군권'

결국 일본정부의 개입으로 이루어지게 된 '내정개혁'은 기존의 대원군
파와 고종 및 명성황후 사이의 왕위계승권 문제와 복잡한 대립에, 궁과
는 별도로 독자적인 권한을 부여받은 내각이 새로이 가세하도록 만들
어, 이들 삼자가 대립하는 정치적 대립구조가 성립되었다. 전 장에서도
언급했듯이 이러한 상황은 본래 '무한 군권을 향유했던' 고종과 명성황
후의 입장에서 볼 때 자신들의 권력에 대한 모독과 진배없는 도전으로
여겨졌다. 이에 대해 일본공사관의 일등서기관으로 근무했던 스기무라
후카시는 다음과 같이 간결하게 설명하고 있다.

> 조선의 구습은 본래 무한의 군주전제로 모든 정무는 친재親裁에서
> 나오거나 혹은 세도라 칭하는 것의 군의를 받잡아 모든 정무를 독점하
> 는 것이 근세의 예이다. 그런데 작년 7월 이후 정권 다시 대원군의 손
> 에 들어가 재차 내각으로 넘어가 관제를 정하고 관무와 국무를 구별해
> 국내 온갖 정무를 내각이 통솔하고 국왕의 재가를 얻어 시행하는 제도
> 로 바뀐 이래 국왕 및 왕비는 왠지 정권을 내각에 빼앗긴 마음이 들어
> 어떻게 해서든 이를 왕실로 복귀시키자는 희망을 품은 것이 대저 하루
> 가 아닐 것이다.　　　　　　　　　　（「재한고심록(在韓苦心錄)」143쪽）

그러나 고종과 명성황후는 일본이 한성부를 군사 점령한 때부터 '대
한불간섭' 이후의 상황까지, 변화하는 상황을 능수능란하게 이용하면서
내각과 대원군, 이준용이라는 두 정적을 교묘하게 배제하는데 성공했
다. 청나라 또는 동학과 직접적으로 결탁해 일본의 타도를 획책했던 대

원군 무리들은 일본의 의해 정권의 중심에서 밀려나고 말았다. 1895년 4월 18일, 이노우에가 '내정개혁'의 실행에 여전히 진력을 쏟고 있던 시절, 조선왕조는 동학과 결탁해 국왕의 폐위를 꾀한 책임을 물어 이준용을 체포했다. 스기무라에 따르면 이는 경무고문관으로 조선왕조를 위해 일하던 다케히사 가쓰조武久克造의 조사 결과를 이노우에가 묘당에 직접 전달하자 묘당이 이를 바탕으로 내린 결론이었다고 한다.

예정되어 있던 이준용의 일본 공사 파견은 급거 철회되고 특별 설치된 법정에서 이준용에 대한 재판이 치러졌다. 사랑하는 손자의 체포에 깜짝 놀란 대원군은 '거의 발광하는 모습'을 보이며 법정으로 달려가, 법정의 문을 두드리면서 죄는 자신에게 있으니 사랑하는 손자가 아닌 자신을 벌하라며 법정을 향해 호소했다고 전해진다. 그의 눈에는 과거 역모 미수 사건으로 처형된 서자 이재선李載先의 모습이 떠올랐을지도 모른다. 묘당에서는 사형에 처해야 한다는 강경한 의견이 대세를 이루었으나 이노우에 공사의 거센 반대에 부딪혀 처벌은 가까스로 경기도 교동도에서 10년간 유형 생활을 보내는 것으로 일단락되었다. 판결이 있던 5월 13일. 대원군은 사랑하는 손자와 함께 교동도로 보내 주기를 청했으나 경무장의 손에 저지당하자 그대로 한성부를 벗어나 별가가 있는 공덕리의 별저에 칩거했다(「재한고심록」134-139쪽). 이러한 상황의 대원군에 대해 조선왕조는 '대원군을 존봉하는 의식 절차를' 정하고 사실상 대원군을 이 별저에 연금했다(『조선왕조실록』 고종 32년 4월 23일). 이로써 고종과 명성황후는 내각과 일본의 힘을 빌려 자신들과 왕세자에 대한 가장 큰 위협을 제거하는데 성공한 것이다.

내각 분열 공작

대원군과 이준용을 배제하는 데 성공한 고종과 명성황후는 이어서 내각의 분열을 시도했다. 그런데 명성황후는 하필이면 과거 갑신정변 당시 왕궁을 습격한 장본인 중 한 사람인 박영효와 손을 잡고 내각을 자신의 영향하에 편입시키려 했다. 명성황후는 일본의 주선으로 박영효가 과거에 지은 죄를 용서하고 내무대신 자리에 앉혔으며, 살 집을 알선하는 등 편의를 제공함으로써 점차 자신의 편으로 끌어들여 자신들의 뜻을 대변하는 존재로 이용하고자 했다(『일한외교사료: 제9권』170, `186쪽). 철종의 부마 즉 사위로 왕궁을 자유롭게 드나들 수 있는 권한을 가지고 있었던 박영효는 급속히 권력을 확대해 이윽고 김홍집, 어윤중 등 묘당의 주요 인물들과 어깨를 나란히 하였고, 더 나아가 대립하는 존재로까지 성장한다. 이로써 고종과 명성황후는 내각에 자신들의 대변자를 확보하는데 성공한다. 박영효와 대신들의 대립은 1895년 2월에 신태휴申泰休를 훈련대대장으로 임명하는 건을 둘러싸고 발생한 조희연趙羲淵 군무대신과 박영효 내무대신의 논쟁으로 표면화되어 이윽고 내각은 총사퇴를 검토한다(『일한외교사료: 제9권』196-208쪽). 고종은 '요즘과 같이 서정庶政 일체를 내각대신들이 전행專行하면 국왕도 거의 무용無用하니 짐은 왕위를 이양해야 할 것이다. 그대들이 공화정치를 수립해 나라를 다스리라' 며 자신의 의견을 거칠게 내뱉었다고 전해진다(「재한고심록」143쪽).

1895년 5월 31일, 마침내 김홍집이 총리대신 자리에서 사직하자 후임으로 법무대신이던 박정양이 총리대신을 이어받았다. 그리고 이 새로운 내각의 실권은 박영효가 장악하게 되었다(『일한외교사료: 제9권』220-222

쪽). 이쯤 되자 이번에는 고종과 명성황후가 강력한 세력을 갖게 된 박영효를 비난하기 시작했다. 신 내각은 왕궁을 경비하는 친위병을 청일전쟁 발발 이전 미군 사관이 교육한 친위대에서 일본 사관이 새롭게 훈련시킨 훈련대로 교체하였는데, 고종과 명성황후는 이 일을 꼬투리 잡아 박영효를 공격했다. 사실 고종은 이 교체를 일단 재가하였는데, 실행단계에서 갑자기 결정을 번복하고 내각에 거센 비난의 화살을 돌린 것이다(『일한외교사료: 제9권』 224쪽). 스기무라 후카시는 이러한 고종의 행동에 대해 다음과 같이 추측하였다.

> 두 폐하는 이때야말로 왕권을 회복할 수 있는 호기라고 생각했다. 그러나 새 내각의 입장이 의외로 강경하여 마침내 충돌하기에 이르렀다.
> (「재한고심록」 152쪽)

그러나 이러한 고종의 행동에는 보다 직접적인 이유가 있었다. 왜냐하면 박영효가 친위대를 배제하는 과정에서 훈련을 담당하던 미국인 사관까지 왕궁에서 쫓아냈고, 오히려 자신과 가까운 훈련대에 왕궁의 감시를 맡김으로써 사실상 일본 이외의 외국공사관과 궁 사이의 연락을 차단하려는 의도를 가졌기 때문이다. 고종과 명성황후에게는 일본과 내각의 실력자 박영효의 입김이 들어간 훈련대의 '경비'가 명백히 1884년의 갑신정변을 연상시켰으므로, 그들이 이 상황에 불안감을 느낀 것도 이상하지 않았다. 스기무라는 또 다음과 같이 기록하였다.

> 국왕은 일이 있을 때마다 왕실의 권세가 날로 쇠약해지는 것을 개탄했다. 왕은 그 시야가 왕실 내부에만 국한되어 있었고 밖에서 일어난 일에 대해서는 알 수 없었기 때문에 위병 교체 제의를 거절한 것도

무리가 아니다. [중략] 왕은 처음에는 일본을 의심하였지만 최근에는 오히려 자신의 신하와 국민을 더 의심하게 되었다. 중국이나 조선과 같이 왕조가 수시로 교체되고 왕이 곧잘 시해되는 나라에서는 결코 이상한 일이 아니다. 최근의 사례로는 지난 1882년과 1884년의 변란이 왕을 두려움에 떨게 만들었다. 왕은 지난 1882년 이래 낮과 밤이 뒤바뀌어 밤에는 항상 잠을 이루지 못했다고 한다. (「재한고심록」 154쪽)

이 스기무라의 관찰은 어쩌면 합당한 것일 듯하다. 즉 고종과 명성황후는 '만약 왕실이 일단 세력을 잃는 날에는 정부로부터 어떤 취급을 당할지 알 수 없다'고 우려했던 것이다. 고종과 명성황후는 권력을 잃었다간 필경 자신들의 안전까지 위협받게 될것이라는 확고한 인식을 가지고 있었다.

그렇기에 이 사태 때도 고종과 명성황후는 단호한 조치를 취했다. 1895년 7월 6일, 반역죄 명목으로 박영효의 체포 명령이 내려지자 박영효는 또 다시 일본으로 망명할 수밖에 없었다. 일각에서는 박영효가 '왕비에 대해 반역을 꾀했다고' 수군대었다. 또는 친위병을 억지로 훈련대로 교체시키려던 행위 자체가 그처럼 해석되었을지도 모른다. 실제로 고종은 박영효가 망명한 후인 7월 17일, 궁궐을 경비하는 시위대侍衛隊를 설치하는 등 주변을 재정비하였다(『조선왕조실록』 고종 32년 윤5월 25일).

2. 누가 명성황후를 죽였는가

고종과 명성황후의 실권 장악

여하튼 이로써 고종과 명성황후는 '대권 회복의 목적'중에 '십중팔구'
는 실현했다(「재한고심록」 154쪽). 7월 20일, 조선을 다시 찾은 이노우
에 가오루도 이러한 상황에서는 이전의 방침을 전환하지 않을 수 없었
다. 즉 삼국간섭으로 인해 일본의 영향력이 크게 축소된 만큼, 전처럼
빈번하게 고종과 명성황후의 알현을 요구해 압력을 가하기보다 그들과
의 우호관계를 유지하면서 일본의 현 영향력을 유지하는데 힘을 쏟기에
이르렀다(「재한고심록」 162쪽). 당시 이노우에가 이룬 가시적인 성과는
이준용의 석방(『조선왕조실록』 고종 32년 6월 12일)을 획득한 정도에
그치고 있다.

그러나 9월 1일, 이노우에를 대신해 미우라 고로三浦梧樓가 전권공사
로 착임할 무렵에는 상황이 크게 바뀌어 있었다. 미우라가 조선으로 떠
나기 전 이노우에와 무쓰 무네미쓰 외무대신 등으로부터 어떤 훈령을
받았는지는 유감스럽게도 명확하지 않다. 어쨌든 원로 이노우에가 조선
정계 무대에서 퇴장한 사건은 일본의 영향력을 크게 축소시키는 결과를
가져왔으며, 결국 조선왕조는 이전부터 관계를 다져오던 러시아 쪽으로
노골적으로 기울기 시작했다. 조선왕조가 이미 7월에 러시아대리공사
웨베르의 '친우'를 자처하는 미국인 르 장드르를 궁내 고문으로 임용하
면서 러시아의 영향력은 급속도로 확대되었다. 스기무라에 따르면 르
장드르는 명성황후에게 다음과 같은 '헌책사장獻策四章'을 제출했다고 전
해지고 있다. 내용은 다음과 같다.

1. 왕비와 민씨는 일체이며 민씨와 일본은 역사상 결코 서로 양립할
   수 없다.
2. 한일관계는 이웃나라라 칭해지나 그 사이에는 대해를 끼고 있어
   [러시아와] 조선 양국이 서로 국경을 접하고 있다. 까닭에 지형상
   이를 볼 때 일본보다 러시아와 친하게 지내야 한다.
3. 러시아는 세계 최강국으로 일본과 같은 나라와 비교할 수 없다.
   이를 입증하기 위해 널리 예를 들 필요가 없다. 올 봄 요동반도
   반환 하나만 보더라도 그 사실을 충분히 확인할 수 있다.
4. 러시아는 결코 조선의 독립을 해치지 않을 것이며 또 내정에 간
   섭하기를 꺼려한다. 까닭에 러시아에 의지하여 그 보호를 청하면
   지극히 안전하다. 또한 러시아는 군주전제국가이므로 그 예를 본
   받아 충분히 군권을 보호할 수 있다.

(『재한고심록』 176-177쪽)

미우라 고로
(『근세명사사진』 2, 발췌)

르 장드르의 '헌책'은 그 후 고종과 명
성황후의 행동에 큰 영향을 미친 것으로
보인다. 특히 중요한 점은 아마도 이 네
번째 항목에 러시아가 고종의 '군주전제'
를 보호해 줄 것을 명확히 했다는 점일
듯하다. 1894년 6월, 일본군이 한성부를
점령한 이래 일본과 대원군파 그리고 내
각 사이의 권력다툼으로 인해 극심한 고
통을 겪고 있던 고종과 명성황후에게 러
시아의 이 제안은 극히 매력적으로 비쳐졌음에 틀림없다.

일본공사관, 훈련대, 대원군 그리고 '개화파'

이로써 러시아는 조선왕조에서 급속히 세를 불리게 된다. 일각에서는 한반도 북동에 위치한 함경도의 한 항구를 조차租借하는 대신에 고종의 '군권'을 보호하는 밀약을 조선왕조와 러시아 사이에 이미 체결했다거나, 고종과 명성황후의 의도는 이 러시아의 힘을 빌려 일본의 입김이 작용한 훈련대를 해산하고 더 나아가 김홍집 총리대신들을 살해해 내각의 실권을 빼앗아 여흥 민씨 세력이 전면적으로 권력을 장악하는 상황을 조성하는 데 있다 등과 같은 소문이 마치 사실인양 퍼지고 있었다(「재한고심록」, 178쪽). 이러한 상황은 일본공사관뿐만 아니라 해산 소문이 퍼졌던 훈련대에도 강한 위기감을 불러왔다. 그 중에서도 훈련대 제2대대 지휘관이던 우범선禹範善은 일본공사관을 출입하면서 스기무라들과 종종 대책을 협의하고 있다.

그리고 이러한 상황은 조희연 등 과거 '개화파' 내각에 가까운 입장이던 인물들과 이주회李周會 등 박영효와 가까운 인물들을 막다른 골목에 몰아넣었다. 이렇게 궁지에 몰린 이들은 차선책으로 일본공사관을 중심으로 집결하기 시작해 한 계획을 짜기에 이른다. 구체적인 계획은 단순했다. 일본공사관 수비대 및 훈련대의 힘을 빌려 또 다시 쿠데타를 일으키는 동시에 대원군을 재차 옹립해 네 번째 정권의 자리에 앉히는 것이었다. 10월 3일, 조선 측으로부터 이러한 제안을 받은 미우라 공사는 스기무라에게 다음과 같이 털어놓았다고 전해진다.

이 상태를 방임했다간 눈 뜬 채로 조선을 러시아에 빼앗기게 될 것이다. 대원군의 탐욕과 변덕을 다스릴 방도는 나중에 강구하기로 하자. 지금은 그런 문제를 걱정할 겨를이 없다. (「재한고심록」, 180-181쪽)

결국 이 계획에서 가장 문제가 된 것은 대원군을 어떻게 처리할지였
다. 대원군은 1894년, 청일전쟁 발발에 앞서 일본군이 궁을 점거하고 그
를 정권의 중추에서 내몰았을 때 시종일관 일본에 '면종복배'의 자세를
유지하며 온갖 수단을 구사해 일본의 세력 구축을 꾀한 과거가 있던 인
물이었기 때문이다. 그렇기에 일본공사관은 계획 실행에 앞서 다음과
같은 네 가지 밀약을 사전에 대원군과 맺고 있었다.

1. 국태공[대원군]은 대군주[고종]을 보좌해 오로지 궁중 사무의 정
   리를 전담하며 일체의 정무에는 간섭하지 않을 것.
2. 김홍집, 어윤중, 김윤식 세 사람을 위시해 기타 개혁파 인물들 모
   두를 요직에 중용해 온전히 정무를 맡기며 고문관의 의견을 경청
   해 대군주의 재가를 거쳐 개혁을 결행하여 독립의 기초를 굳건히
   다져나갈 것.
3. 이재면을 궁내부대신에 김종한을 궁내부 협찬에 복직시켜 궁내
   부의 사무를 담당시킬 것.
4. 이준용을 3년간 일본에 유학시켜 그 자질을 양성시킬 것. 단, 매
   년 여름철에 귀국하는 것은 무방하다.

(「재한고심록」 181-182쪽)

'개화파'의 움직임

대원군과의 협상을 성사시키자마자 일본공사관은 곧바로 쿠데타 준
비에 돌입한다. 스기무라가 직접 준비를 담당했으며, 그 작업은 '궁궐 때
문에 기선을 제압할 것'이 두려워 졸속이라 표현할 수 있을 정도로 빠르
게 진행되었다. 궐기일은 일단 10월 10일로 정해졌으나 이 무렵부터 훈
련대와 일본공사관을 둘러싼 불온한 소문이 공공연히 퍼지게 되었고 때
를 놓칠 것을 우려한 스기무라들은 작업에 더더욱 박차를 가하기에 이

른다. 고종 측은 고종 측대로 이 소문을 고의적으로 묵인함으로써 훈련
대 해산의 구실로 이용했다. 또 러시아와 미국에 가까운 입장이던 경무
사 이윤용李允用이 장악한 경찰을 이용해 훈련대를 도발하기까지 했다
고 한다.

　이러한 상황 속에서 10월 6일, 스기무라는 직접 김홍집 총리대신을
찾아 사임을 촉구했다. 그는 왕궁과 대립하는 내각에 압력을 가함으로
써 그들을 자신 쪽으로 끌어들이려 했던 것이다. 같은 날 스기무라는 전
군부대신 조희연의 집도 방문해 권영진과 함께 훈련대의 두 대대 중 아
직 귀추가 불분명한 제1대대를 끌어들일 방안에 대해 조희연의 조력을
요구하였다. 조희연은 이 부탁을 흔쾌히 받아들였다. 스기무라는 이튿
날 7일에도 재차 김홍집을 찾았다. 스기무라로부터 대원군이 궐기한다
는 말을 들은 김홍집은 '말 그대로 대원군을 옹립할 수 있다면 다행히
오늘날의 위기를 만회할 수 있다'고 대답했다. 또 그는 내처 김윤식 외
무대신을 방문해 김윤식까지 자신의 편으로 끌어들이기 위해 공작했다.
김윤식의 의견은 김홍집보다 더욱 확고했다. 과거 '청국당'의 대표적 인
물 중 한 사람이던 김윤식은 청일전쟁 당시 청나라의 참패를 목격하고
청나라에서 일본으로 기댈 대상을 갈아탔던 것이다. 스기무라는 김윤식
의 발언을 다음과 같이 기록하고 있다.

　　김 총리는 극히 근엄한 사람이다. 까닭에 마음속으로 생각하는 바를
　　그다지 입 밖에 꺼내지 않는다. 하지만 나는 오래 전부터 사직할 결심
　　을 했으며 그렇지 않아도 의논을 하려고 했었다. 또 근래의 사태를 보
　　건대 여러 가지 정치상의 문제들이 모두 왕비의 친재를 받잡고 있어
　　왕이라 하더라도 이를 제어할 수가 없다. 뿐만 아니라 왕비는 민씨 일

족의 권세를 회복하기를 열망한 나머지 강대국에 아부하여 땅을 나누어 주며 국가가 망하는 것은 신경도 쓰지 않는 상황이다. 우리는 이조 5백 년의 신하지 민씨의 신하가 아니다. 만약 대원군이 다시 서기를 원한다면 약소하나마 힘을 다해 도울 것이다.　　(「재한고심록」 186쪽)

김윤식은 또한 '속히 김 총리를 찾아 상의해야 한다'고 대답하고 김홍집을 몸소 설득하기에 이른다. 하지만 사태는 일본공사관의 상상 이상의 빠른 속도로 진행된다. 즉 스기무라가 김윤식을 찾은 7일, 고종은 훈련대 해산을 정식으로 결정하고 8월 24일, 이미 풀려나 있던 여흥 민씨의 최대 실력자인 민영준을 왕궁으로 복귀시켜 '취체역(궁내부대신)'에 임명하기로 결정한 것이다. 고종과 명성황후는 이를 통해 일본 및 개화파 내각과 결별하겠다는 뜻을 밝히기에 이른 셈이다. 해산된 훈련대는 격앙했고 드디어 '10일까지 이를 기다릴 수 없다'는 사태로까지 번진다. 미우라 공사는 '적당한 때가 뜻밖에도 급박하니 한시라도 유예했다간 궁이 먼저 손을 쓸 수 있다. 자네들의 주장대로 내일 아침에라도 일을 도모하지 않을 수 없다'고 말하고 지금 당장 계획을 감행하자고 촉구한다. 10월 7일 오후 4시, 최종 계획이 다음과 같이 정해졌다.

1. 오카모토로 하여금 7일 오후 12시 늦어도 오전 1시까지는 마포에 도착해 여기서 기다리고 있는 통역관 스즈키 준켄鈴木順見와 검객 스즈키 시게모토鈴木重元 두 사람을 동반하고 공덕리에 있는 대원군의 저택으로 간다.
2. 우마야하라馬屋原는 훈련대 소속 사관에게 훈련대를 조정하게 하여 8월 오전 2시경에 제2대대의 일부를 공덕리에 파견하여 대원군을 맞이하도록 하고, 나머지는 성 안팎에서 대기하다가 대원군 입궐 시의 호위에 충원시키고, 제1대대는 궁궐 밖을 수비하는 척

하면서 기다렸다가 대원군이 도착하면 함께 입궐하도록 한다.
3. 아사야마 겐조淺山顯藏에게 이주회 이하 뜻을 같이하는 조선인들
   을 조종시켜 공덕리에 가서 오카모토 저택에 들어갈 때 해당 관
   저를 수비하는 순검 등이 방해하지 못하도록 도와준다.

(「재한고심록」 189-190쪽)

3. 살해의 현장

계획 결행

이러한 상황에 대해 이노우에 전 공사는 우선 궁에 입궐해 고종과 명
성황후에게 조언하겠다는 내용의 전보를 보내나 미우라는 이미 너무 늦
은 감이 있다며 따르려 하지 않았다(「재한고심록」190쪽). 미우라는 애
당초 공사에 임명될 때 내각이 명확한 방침을 제시하지 않은 것에 불만
을 품고 있었고 이를 내각이 자신에게 사실상 자유재량권을 부여했다고
간주하고 있던 셈이다(『간주장군회고록觀樹將軍軍回顧錄』 319-321쪽). 본
래 기병대 출신인 미우라는 이노우에의 명령을 충실하게 따르는 인물이
아니었다. 한성부에 거주하던 일본인들도 대부분 대원군 실각 이후 이
노우에가 보인 내궁에 대한 타협적인 자세에 불만을 품고 있어 미우라
의 위세 좋은 강경책을 지지하는 이들이 많았다.

어쨌든 미우라는 이 때 이미 왕궁 습격 계획을 굳히고 있었다. 그는
이 계획이 공사관 수비대와 훈련대만으로 성공 못 할 수도 있다고 우려
하고 구니토모 시게아키國友重章, 아다치 겐조安達謙藏 등 한성부 거주 일
본인 '장사壯士' 10여 명까지도 이 계획에 가담시킨다. 일본공사관은 '장

사'에게 조선식 복장을 입게 한 뒤 최대한 궁궐 내에 발을 들여놓지 않도록 지시하였으며, 만일 들어가더라도 날이 밝기 전에 궁 밖으로 나오라고 했다. 이는 각 열강들이 일본의 직접적 관여가 명백하다고 생각하지 않도록 처치한 것이다(「재한고심록」190쪽). 훗날 '장사'들은 당시 미우라가 명성황후 살해를 의뢰했다고 증언하였다(「재한고심록」204쪽).

여하튼 이렇게 사건은 발발한다. 훗날 히로시마지방재판소 예심판사의 취조에 따르면, 10월 8일 오전 3시경, 오카모토 류노스케岡本柳之助는 대원군을 가마에 태우고 공덕리를 출발했다. 출발하기에 앞서 오카모토는 '여우는 임기 처분해야 한다'고 외쳤다고 한다(「재한고심록」204쪽). 한성부로 향한 일행은 서대문 밖에서 우범선이 통솔하는 훈련대 일부와 합류해 일본공사관 수비대를 기다린 뒤 왕궁으로 향하고 있다. 훈련대의 실질적 지휘는 공사관 수비대 대대장 우마야하라 쓰모토馬屋原務本가 맡았다고 한다.

궁 습격에는 결국 30명 이상으로 불어난 일본인 '장사'들도 가담했다. 그 중 대부분을 당시 한성부 유일의 신문이던 한성신보漢城新報의 일본인 사원들이 차지하고 있었다. 그럼 여기서부터는 한성신보의 사원이면서 '장사' 중 한 사람으로 왕궁 습격에 가담한 고바야카와 히데오小早川秀雄라는 인물이 남긴 글을 통해 당시 사건의 양상을 자세히 살펴보도록 하자.

'장사'들은 오후 10시경, 한성부의 남대문을 나와 용산으로 향했다. 이곳에서 대원군과 사이에 중개 역할을 맡았던 오카모토 류노스케와 합류한 '장사'들은 '미우라 공사에게서 받은 방략서'에 따라 공덕리의 대원군 별저로 향했다. 용산을 출발한 시각은 오후 12시경이었다. 대원군의 별장은 궁에서 파견된 10여 명의 경관들이 '호위'하고 있었으나, 그들은

'장사'들을 보고도 움직이지 않았다고 한다.

별장에 도착한 일행은 오카모토 류노스케로 하여금 대원군에게 모든 준비가 갖춰졌음을 전달케 하고, 쿠데타에 성공하면 새벽에 게시할 예정이던 스기무라 초안의 포고문 원안을 제시했다. 오전 3시, 일행은 대원군을 가마에 태우고 공덕리를 출발했다. 일행에는 이준용도 동행했다. 공덕리에서 궁으로 향하는 대원군은 대사를 앞두고 침착한 분위기였으며, 이에 '장사'들은 '역시 대원군이다'라고 입을 모아 이야기했다고 한다. 공덕리 출발 후 얼마간이 지나 휴식을 취하는 일행에게 대원군은 고종과 왕세자에게 해를 가해서는 안 된다고 말하고 있다. 또한 대원군은 가는 길에 '장사'들에게 각 대신의 이름을 호명하며 살해해야 할 자와 살해하지 말아야 할 자를 구분했다고 한다. 오카모토 류노스케가 이를 통역했다고 하니, 오카모토가 '여우는 임기 처분해야 한다'고 말했다는 이야기는 혹시 이 대원군의 발언을 전했을 때였을지도 모른다.

여기서 계산 밖의 사건이 하나 발생한다. '장사'들은 당초 남대문 밖에서 일본공사 수비대와 합류할 예정이었다. 그런데 양자는 여기서 합류하지 못했다. 오늘날과 마찬가지로 남대문 주변에는 큰 시장이 있어 매일 아침 열리는 시장의 북새통을 통과할 때 계획이 노출되거나 지연되는 것을 우려해 일본공사관이 급거 상봉 장소를 서대문 밖으로 변경했기 때문이다. '장사'들은 대원군을 가마에 태우고 서대문으로 급히 향했다. 대원군은 서대문을 앞에 두고 우범선이 이끄는 훈련대 제2대대와 맞닥뜨리게 된다. 하지만 공덕리를 출발한 이후 중간에서 '장사'들과 합류할 예정이던 공사관 수비대는 아직 도착하지 않았고, 이때문에 본래 날이 밝기 전에 실행될 예정이던 왕궁습격은 늦어지게 되었다. 공사관 수비대가 도착한 무렵에는 이미 날이 점점 밝고 있어, 혹 계획이 발각되지 않을까를 우려한 '장사'들은 몹시 초조해했다고 한다.

이상한 흥분 속의 비극

이윽고 합류에 성공한 일행은 일본공사관 수비대를 대열의 최전방과 최후방에 배치하고 훈련대가 지키는 대원군을 가운데 두는 식으로 대오를 짜서 경복궁으로 향했다. 이 대열에서도 습격의 주력부대는 어디까지나 일본공사관 수비대이며, 훈련대는 보조하는 역할에 지나지 않았음을 잘 알 수 있다. 경복궁 정문인 광화문에 도착한 일행은 일본인 경찰부대가 미리 준비해 둔 긴 사다리를 이용해 성벽을 타고 넘었다. 그리고 방심하던 경비병을 습격함으로써 왕궁습격 계획을 실행에 옮겼다. 불시의 습격에 놀란 왕궁경비병이 우왕좌왕하는 사이 경찰부대는 별 어려움 없이 문을 여는데 성공했다. 습격에 합류한 일행은 괴성을 지르며 왕궁 안으로 돌진했다. 고바야카와 히데오는 당시의 상황을 '뼈가 울리고 살이 약동하는骨鳴肉躍 느낌'이었다고 기록하고 있다.

명성황후의 측근 세력 중에 습격을 눈치챈 자가 한 명도 없었던 것은 아니었다. 조희연이 대원군 입궐에 협력하도록 훈련대를 설득했다는 소식은 훈련대 제1대대장이던 홍계훈을 통해 군부대신 안경수安駉壽에게 전해졌다. 홍계훈은 청일전쟁 직전 묘당의 예상을 뒤엎고 자력으로 동학의 반란을 진압했던 그 유명한 인물이다. 그러나 이 정보를 접한 안경수가 왕궁에 뛰어들어가려던 순간 이미 왕궁습격은 시작되었던 탓에 그는 궁에 들어가지 못했다. 다른 한편 홍계훈은 왕궁습격에 가담하지 않은 훈련대의 1중대를 이끌고 일행의 왕궁습격을 저지하고자 왕궁 밖 일본인 경비부대가 부순 광화문에서 반격을 꾀했다. 또 그는 안경수와 함께 습격에 가담한 측의 훈련대 병사들에게 습격을 중단하라는 설득 공작도 시도했다.

하지만 그들의 설득과 반격은 실패로 끝나 결국 안경수는 도망치고 홍계훈은 전사했다. 게다가 안경수가 도망친 곳은 하필이면 '장사'들 대부분이 근무하던 한성신보였다.

어쨌든 이로써 궁의 정전인 근정전에 도착한 일행은 이번에는 갓 신설된 시위대의 저항에 직면하기에 이른다.

시위대
(『사진으로 보는 독립운동』上 발췌)

시위대를 지휘하던 인물은 오랜 세월 그들의 훈련을 맡았던 미국 육군 소장 다이McEntyre Dye였다. 그러나 동튼 직후의 습격에 대해 충분한 전투준비를 갖추지 못한 시위대는 고작 수십 분만에 무릎을 꿇었고, 이윽고 일행은 고종과 명성황후의 거처가 있는 내궁으로 우르르 밀고 들어간다.

아비규환의 내궁

내궁에 맨 처음 도착한 자들은 일본인 '장사'들이었다. 그들은 일본공사관 수비대와 훈련대가 시위대와 응전하고 있는 틈을 타 왕궁 내부의 '뒷길'을 빠져나와 잽싸게 내궁으로 들어갔다고 고바야카와 히데오는 기록하고 있다. 그에 따르면 고종이 사무를 보던 건청궁에 그들이 도착했을 때, 고종은 몇 명의 신하와 함께 서 있었고 신하들은 그가 고종임에 주의를 주었다고 한다. '장사'들은 고종을 인정하고 '경의를 표했으며, 감히 궁내에 들어가는 자'는 없었다. 그 대신 우측의 명성황후가 거처하는 방으로 몰려 들어갔다. 실내에 여성들의 비명이 울려 퍼지는 가운데, 병사와 '장사'들이 처참한 난투극을 연출하고 있었다.

왕세자비의 흰 옷에는 선혈이 낭자했으며 피가 뺨에까지 튀었다. '장사'들은 명성황후가 도망친다고 목소리를 높였으나 실제로 그들 중 명성황후가 어떻게 생겼고 어떤 인물인지 아는 자는 한 명도 없었다. 당시의 상황을 직접 목격한 시위대 교관 다이와 궁중의 러시아인 건축기사 사바틴Sabatine, A. S.은 고종이 명성황후를 빼돌리기 위해 일단 내전을 나와 외전으로 옮겼으며, 일본인들 눈에 잘 띄는 곳으로 이동했는데 일부 일본인이 고종의 이 거처까지 침입해 그 중 군복을 입은 몇몇이 고종의 어깨를 붙잡고 끌어내, 옆방에서 총을 쏘기까지 했다고 증언하고 있다 (『일한외교사료: 제5권』 265-275쪽).

그 사이 내궁의 실내에 쓰러져 있는 여인이 바로 명성황후라는 말이 삽시간에 퍼져 나갔다. 이 여인은 이제 막 침소에서 나온 듯 무릎 아래가 공기 중에 드러나 있었으며, 가슴 주변부터 양팔의 절반을 노출하고 하늘을 보고 있는 채로 숨이 끊어져 있었고 주위에는 선혈이 낭자했다고 한다. 고바야카와 히데오에 따르면 '유심히 보니 몸집이 작고 연약해 아무리 많아도 스물대여섯 살로밖에 보이지 않는 여인이었는데, 죽었다기보다는 인형이 넘어져 있는 것 같은 느낌'이었다고 한다. 이 시신은 지키는 자 한 명도 없이 실내에 방치되어 있어 말 그대로 처량한 광경이었다. 치명상은 '머리 위에 교차된 두 개의 칼자국'이었다고 적고 있다. 전날 밤, 왕궁에서는 때마침 민영준의 '취체역' 재등용을 축하하는 연회

가 열린 탓에 밤늦게 침소에 든 명성황후는 도망치지 못했다고 알려진
다. '장사'들은 이 명성황후로 추정되는 시신을 왕궁 내 동북쪽 구석에
있는 숲으로 운반해 장작을 쌓고 석유를 뿌려 태워버렸다. 이상이 조선
사에서 말하는 을미사변 즉 명성황후시해사건의 줄거리이다(『민후조락
사건閔后殂落事件』 51-103쪽, 『일한외교사료: 제5권』 461쪽, 『근대조선사:
하권』 411-419쪽).

미우라 공사는 왕궁습격이 일단락되자 즉시 입궐해 고종 및 대원군을
알현하려 했다. 일본공사관 수비대와 '장사'들은 이 때도 여전히 궁에 머
물러 있었으나, 미우라는 그들에게 궁에서 속히 떠나도록 촉구했다. 고
종은 일단 미우라의 알현을 거부하나 장안당으로 옮긴 후 이윽고 양자의
만남이 성사된다. 이 때 미우라는 고종에게 세 통의 서한을 꺼내 보이고
고종의 동의를 구했다. 고종은 모든 서한에 서명할 것을 강요당했다.

명성황후는 이렇게 살해당했다. 남아 있는 수많은 기록들을 있는 그
대로 해석하는 한 명성황후는 직접적으로 '장사'들에 의해 살해당했다고
보는 게 아마도 온당할 듯하다. 또 이 왕궁습격에 일본공사관이 깊이 관
여했다는 점도 명백하다. 스기무라는 훗날 다음과 같이 회고하고 있다.

이 사건을 도모한 유일한 목적은 궁에서 러시아당(그 우두머리는
물론 왕비로 인정된다)을 억제하고 일본당의 세력을 회복하는 데에 있
다. 수단으로는 훈련대의 힘에 기대어 대원군을 입궐시켜 왕비 기타
러시아당을 억누르고 내각이 정당하게 정사를 행할 수 있도록 한다.
그리고 살해는 온전히 이에 부수적으로 일어난 일로 주요한 목적이 아
니었다. 그 결과가 불행히도 살해를 목적으로 한 것처럼 된 것은 대세
가 그쪽으로 기울어져 간 데 불과하다.　　　　(「재한고심록」207쪽)

후에 열린 재판에서도 미우라나 스기무라 그리고 '장사'들은 이 명성황후 시해에 대해 서로에게 책임을 떠넘기고 있는 것처럼 보인다 (『재한고심록』, 207-212쪽). 또 공사관 수비대가 합류하는데 시간이 걸린 것에서 알 수 있듯이 이 습격은 애당초 계획 단계부터 조악했고 일부 '장사'들은 이 습격에 앞서 마치 자신이 '소설 속의 인물'이라도 된 양 기묘한 흥분에 휩싸여 있었다. 궁으로 향하는 도중 대원군이 그들을 부추겼고, 이에 '대세에 휘말린' 그들이 명성황후를 살해하기에 이르렀다 표현해도 이상하지 않을 것 같다. 그렇다고는 하나 말할 필요도 없이, 공사관 수비대를 앞세운 일대—隊가 궁을 습격하는 사태가 적어도 일본공사관의 깊숙한 개입 아래 이루어졌고, 또 그런 상황 속에서 누구도 명성황후의 신변 보호를 중시하지 않은 점, 더 나아가 미우라나 스기무라가 명성황후를 노골적으로 적대시해왔다는 점은 부정할 수 없는 사실이다. 그렇기에 일본정부에 책임이 있다는 것은 두말할 나위가 없을 것이다.

명성황후 폐비되다

한편 이러한 명성황후 시해는 조선왕조에 여러 형태로 영향을 미쳤다. 그 중 가장 직접적인 영향은 왕궁 습격과 대원군의 입궐로 인해, 대원군이 4번째로 조선왕조의 정권을 거머쥐게 되었다는 사실이다. 사망한 이경직李耕稙을 대신해 궁내부대신에는 대원군의 장남 이재면이 취임하였으며 조희연은 군부대신으로 화려하게 복귀했다. 시위대는 폐지되어 훈련대에 편입되었다. 그리고 다다음 날인 10월 10일, 고종의 이름으로 명성황후의 폐비가 발표되었다. 이 조칙詔勅의 내용은 다음과 같다.

짐朕이 보위寶位에 오른 지 32년에 정사와 교화가 널리 펴지지 못하
고 있는 중에 왕후王后 민씨閔氏가 자기의 가까운 무리들을 끌어들여
짐의 주위에 배치하고 짐의 총명을 가리며 백성을 착취하고 짐의 정령
政令을 어지럽히며 벼슬을 팔아 탐욕과 포악이 지방에 퍼지니 도적이
사방에서 일어나서 종묘사직宗廟社稷이 아슬아슬하게 위태로워졌다.
짐이 그 죄악이 극대하다는 것을 알면서도 처벌하지 못한 것은 짐이
밝지 못하기 때문이기는 하나 역시 그 패거리를 꺼려하기 때문이기도
하였다. 짐이 이것을 억누르기 위하여 지난해 12월에 종묘宗廟에 맹세
하기를, '후빈后嬪과 종척宗戚이 나라 정사에 간섭함을 허락하지 않는
다'고 하여 민씨가 뉘우치기를 바랐다. 그러나 민씨는 오래된 악을 고
치지 않고 그 패거리와 보잘것없는 무리를 몰래 끌어들여 짐의 동정을
살피고 국무대신國務大臣을 만나는 것을 방해하며 또한 짐의 나라의
군사를 해산한다고 짐의 명령을 위조하여 변란을 격발시켰다. 사변이
터지자 짐을 떠나고 그 몸을 피하여 임오년(1882)의 지나간 일을 답습
하였으며 찾아도 나타나지 않았다. 이것은 왕후의 작위와 덕에 타당하
지 않을 뿐만 아니라 그 죄악이 가득 차 선왕先王들의 종묘를 받들 수
없는 것이다. 짐이 할 수 없이 짐의 가문의 고사故事를 삼가 본받아 왕
후 민씨를 폐하여 서인庶人으로 삼는다.

(『조선왕조실록』 고종 32년 8월 22일)

하지만 일본정부조차 고종의 '본의가 아님'이 명백하다고 여긴 이 조
칙은 뜻밖의 방향으로 영향을 미치게 된다. 즉 왕태자(1895년 1월 2일,
'내정개혁'의 일환으로 '왕세자'에서 개칭되었다)에게 명성황후는 생모였
으므로, 그녀의 폐비는 왕태자에게 큰 충격을 안겨준다. 왕태자는 이튿
날 자신의 재능 없음을 이유로 왕태자의 지위를 반납하겠다는 상소문을
올린다. 왕태자의 의향을 읽은 고종은 명성황후를 서인으로 강등한 조
치를 수정해 그녀에게 '빈嬪'의 칭호를 내리기에 이른다(『조선왕조실록』
고종 32년 8월 23일).

대원군은 일본공사관과의 옛 약속대로 잇따라 정책 실행에 나섰다. 명성황후에 비교적 가까운 입장으로 여겨졌던 학부대신 이완용李完用, 농상공부대신 이범진李範晉, 군부대신 안경수, 경무사 이윤용 등을 파면하고 어윤중을 탁지부대신에, 앞서 언급한 바와 같이 조희연을 군부대신에 복직시켰다. 갑신정변에 가담한 서광범은 법무대신과 학부대신을 겸하게 되었고 경찰권을 장악하는 경무사에는 권영진이 임명되었다. 일본에 가까운 세력이 재정, 군사, 경찰을 장악하게 된 셈이다. 이로써 일본이 과거 주장한 '내정개혁'을 실행하기 위한 내각이 다시 구성된 듯이 보였다. 대원군의 사랑하는 손자 이준용은 정식으로 면죄되어 일본 유학의 명을 받는다. 10월 14일, 미우라는 명성황후를 대신할 고종의 새로운 왕비가 머지않아 발표될 것이라고 사이온지 긴모치西園寺公望 외무상에게 전했다(『일한외교사료: 제5권』 265-275쪽, 『조선왕조실록』 고종 32년 9월 7일).

그러나 사이온지의 말을 빌리면, 미우라의 '횡수橫手'는 결정적이었다. 중요한 점은 이 사건이 이른 아침 많은 외국인들이 지켜보는 가운데 버젓이 자행되었다는 것이다. 특히 왕궁 내부에서 미국인 시위대 교관 다이와 러시아인 어용기사 사바틴 등이 이를 직접 목격한 것은 결정적이었다. 애당초 습격에 흥분을 감추지 못했던 '장사'들

이완용
(『사진으로 보는 독립운동』上 발췌)

과 일부 공사관 경비대는 왕궁을 나온 후에도 태연하게 습격에 사용한 피 묻은 무기를 버젓이 들고 길거리를 활보했고 격앙된 나머지 자신들의 '전공戰功'을 공공연히 퍼뜨리고 다녔다. 실제로 고바야카와 자신도 왕

궁습격 직후, 서둘러 궁으로 향하는 '침통한 얼굴'의 미국 및 러시아 공사
와 마주쳤다고 기록하고 있다(『민후조락사건』101-102쪽).

'횡수'의 대가

그렇기에 이 왕궁습격과 명성황후시해사건은 한성부 주재 각국 외교
관들 사이에 거센 분노를 사기에 이른다. 대원군과 일본공사관 그리고
조선왕조 신 내각의 냉랭한 반응은 상황을 더욱 악화시켰다. 러시아 대
리공사 웨베르와 면담한 대원군은, 이 사건은 해산 명령을 받은 훈련대
가 격앙한 나머지 왕궁에 난입한 탓에 벌어진 것으로 일본공사관 수비
대는 그들을 진압하기 위해 곧바로 궁에 들어왔을 뿐이라고 강변한다
(『민후조락사건』104-105쪽). 미우라도 마찬가지로 일본인은 사건에 관
여하지 않았다고 명언하고 김홍집이 총리대신인 내각도 같은 답변을 각
국에 보냈다. 하지만 당연히 각 국의 외교관들 중 이러한 발언을 믿는
사람은 아무도 없었다. 러시아가 한성부에 수병 100명을 상륙시키면서
일본과 각국 사이의 긴장감은 점차 고조되어 간다(『일한외교사료: 제5
권』84쪽).

열강의 거센 압력에 직면한 일본정부는 사건의 진상을 규명하지 않을
수 없었다. 정부는 당시 외무성 정무국장이던 고무라 주타로小村壽太郎를
우두머리로 하는 조사단을 급거 한성부에 파견했다. 10월 15일, 한성부
에 입성한 조사단은 조속히 조사에 나서 미우라를 비롯한 피의자 44명
을 일본 국내로 차례차례 귀국시킨 뒤, 해당 군인들을 히로시마에 본거
지를 둔 제5사단에서 군법회의에 회부했고 나머지는 히로시마지방재판
소에서 재판에 부쳤다(『고무라외교사小村外交史』72-75쪽). 고무라는 그

후 그대로 주조판리공사에 취임한다.

당연히 이 상황에서 대원군을 정점으로 구성된 신생 조선왕조정부의 향방도 더더욱 불안정해진다. 미우라가 공사에서 해임된 뒤 또 다시 이노우에 가오루가 특파대사로 한성부에 입성할 무렵, 일본정부는 정책을 전면적으로 전환할 수밖에 없었다. 일본병사를 궁에서 퇴각시키고 10월 30일에는 지금까지 일본정부가 거부해 온 훈련대 해산을 감행하였으며

고무라 주타로
(『근세명사사진』上 발췌)

대신에 이 훈련대를 모체로 친위대를 결성한다. 11월 7일에는 고종이 명성황후 폐비 조칙을 거두어들이고 명성황후의 지위를 왕비로 회복시킨다. 이와 함께 군부대신 조희연, 경무사 권영진을 해임했다. 두 사람은 서둘러 한성부 밖으로 도망치지 않을 수 없었다(『조선왕조실록』고종 32년 9월 13일, 10월 10일).

명성황후 복위 조칙을 전제로 12월 1일에는 명성황후의 승하가 정식으로 발표된다. 왕비의 승하에 걸맞게 태원전에는 시신을 모시는 빈전殯殿이, 그리고 문경전에는 혼을 모시는 혼전魂殿이 설치되었다. 궁에서 명성황후의 장례식이 치러진 것은 임오군란 당시 그녀가 실종되었을 때에 이어 두 번째였다. 8일에는 명성황후의 시호 망단자諡號望單子를 순경純敬으로, 전호 망단자殿號望單子를 덕성德成으로, 능호 망단자陵號望單子를 숙릉肅陵으로 정하기에 이른다(『조선왕조실록』고종 32년 9월 13일, 10월 15일, 10월 25일).

명성황후의 죽음이 훈련대와 일본공사관 수비대 그리고 '장사'들에 의한 왕궁습격의 결과임이 세상에 밝혀지자 당연히 처벌이 이어졌다. 하

지만 당시 조선왕조에는 불평등조약인 조일수호조규로 인해 일본인을
직접 재판할 권리가 없었던 탓에 자연스럽게 그 처벌의 화살은 왕궁습
격에 가담한 조선인들에게 향해졌다. 조선왕조 법부는 '모반사건'의 범
인으로 박선朴銑, 이주회, 윤석우尹錫禹 세 사람을 체포하고 12월 29일에
재빠르게 그들에게 사형을 언도하였다(『조선왕조실록』 고종 32년 11월
14일, 『일한외교사료: 제5권』 287-290쪽).

하지만 여기서 또 다른 사건이 터진다. 훈련대와 일본공사관 수비병
에 의한 왕궁습격사건은 조선왕조 내부의 친러, 친미파에 심각한 위기
의식을 불러일으켰고 신변의 위험을 느낀 그들 중 일부는 미국과 러시
아 양국 공사관으로 피난할 수밖에 없었다. 바로 이범진, 이학균李學均,
어윤중, 이완용, 이채연李采淵, 민상호閔商鎬와 같은 인물들이다. 그들은
이 상황을 반전시키기 위해 이범진을 중심으로 한 가지 계획을 짜낸다.
즉 이범진들은 많은 자객들을 모으는 동시에 구식 군대를 중심으로 병
력 200명 정도를 끌어 모아 그들이 주도하는 쿠데타를 계획했던 것이
다. 계획에는 구 시위대 교관인 다이도 주모자 중 한 사람으로 참가했
다. 이 쿠데타 계획에서 그는 친위대의 일부인 전 시위대 사관과 연락을
취하는데 중요한 역할을 수행한다.

그들의 각본은 마찬가지로 단순했다. 구식 병사와 자객들을 중심으로
하는 무리는 궁으로 향하고, 그들과 가까운 친위대 일부를 끌어들여 문
을 열게 한다. 곧바로 궁에 난입해 국왕의 논지를 받잡고 이와 함께 김
홍집 총리대신을 비롯한 12명의 대신 및 관리를 살해하는 것이었다. 하
지만 사실상 일본 측은 이 계획을 간파하고 있었다. 미우라를 대신해 판
리공사 자리에 앉은 고무라 주타로는 미리 친위대 수뇌와 접촉해 겉으

로는 그들과 친밀한 관계를 맺고 있는 양 꾸미고 뒤에서는 그 정보를
수집하기 위해 책동하고 있었다.

고무라가 미리 간파한 대로 1895년 11월 28일 오전 1시 반, 구식 병사
들의 습격은 왕궁의 춘생문을 강제로 여는 데서 시작되었으나 기다리고
있던 친위대에 의해 저지당했다. 총성이 울려 퍼짐과 동시에 르 장드르,
언더우드Horace G. Underwood, 아펜젤러Henry G. Appenzeller, 에비슨Oliver R.
Avison 그리고 다이 등 미국인도 궁에 진입하려 하나, 마찬가지로 왕궁
수비병에 의해 저지당했다. 훗날 고무라 주타로는 이 사건에 러시아 대
리공사 웨베르가 관여한 사실은 자명하며 미국공사 실John M. B. Sill의 관
여는 불분명하나 알렌Horace N. Allen 이하의 서기관들은 이 계획을 분명
알고 있었다고 사이온지 긴모치에게 보고했다. 사건의 주모자인 이범진
은 계획이 실패하자 곧바로 러시아 선박을 이용해 상하이의 영국조계지
로 망명했고 미국공사관으로 도망친 이완용, 이채연, 민상호 등은 고종
에게서 면죄부와 함께 근신하라는 명령을 받는다(『일한외교사료: 제5권』
290-306쪽, 『고무라외교사』 79-80쪽). 훗날 '춘생문사건'이라 명명된 쿠
데타 미수사건이다.

이로써 일본공사관이 계획한 왕궁습격사건 이후 고종의 주변은 급속
도로 위험성을 더해간다. 명성황후가 살해된 지 채 한 달 반도 지나지
않아 재연된 왕궁습격사건은 고종과 왕태자가 신변의 위험을 느끼는데
충분했음에 틀림없다. 애당초 고종과 왕태자에게 신변의 위험은 왕궁
밖에만 존재하는 게 아니었다. 궁을 지키는 친위대는 대부분 과거 일본
공사관 수비대나 '장사'들과 함께 왕궁습격에 관여한 훈련대의 흐름을
계승하였다. 각국이 거듭 항의했음에도 불구하고 대원군은 여전히 왕궁

에 머무르고 있어 두 사람의 존재는 대원군이 다시 친위대를 이용해 고종을 왕좌에서 몰아내고 이준용을 왕위에 앉히려는 게 아니냐는 의심을 사기에 충분했다. 『한말비사韓末秘史』는 고종의 당시 심정을 다음과 같이 짐작하고 있다.

> 을미사변 이후 대원군 폐하는 내외의 적에게 일거수일투족을 감시당하고 있음에도 불구하고 조금도 불만을 드러내지 않은 채 명성황후의 출분出奔과 폐비 그리고 발상發喪 등의 칙령을 모조리 정부에 맡긴 채 굴욕을 감내하면서 시국의 변화를 관찰하고 있다. 하지만 내궁에서 가을 꽃들이 지고 연못에 밤의 달이 밝게 빛나는 무렵이면 옛날을 회상하고 창자가 끊어지는 비탄에 젖고 왕태자의 손을 잡고 어두운 곳에서 눈물을 흘리곤 했다. 또 이미 벌어진 이 전대미문의 사변 이후 장래어떤 일이 발생할지를 고민하고 또 이것으로 화가 끝났는지 미래에도이어질지를 생각하는 통에 밤에도 편히 잠들지 못했다.
>
> (『한말비사』 136페이지)

이러한 가운데 개화파 내각은 큰 도박에 나선다. 김홍집 내각 중 조선왕조 최고의 근대화 논객으로 유명했던 내부대신 유길준兪吉濬이 돌연조선 전역에 '단발령'을 내린 것이다. 1895년 12월 30일의 일이었다. '신체발부身體髮膚는 모두 부모에게서 받은 것이니 감히 훼상毁傷하지 않는것이 효도의 시작'이라 설파하는 유교 교리를 신봉하던 조선왕조의 당대 지식인들에게 자신의 긴 머리와 긴 수염은 효도를 실천하는 증거와다름없었으므로, 이 갑작스러운 단발령은 조선 전역에서 큰 반발을 초래했다. 단발령에 반발해 항의의 뜻으로 자결한 자가 속출하는 동시에강원도 춘천에서는 대규모 항의 민란이 발발했다. 그 배후에는 정권에서 쫓겨난 후 이미 석방된 상태이던 여흥 민씨 최대의 실력자 민영준의 책략이 깔려 있었다고 알려져 있다. 민란은 확대 일로를 걸었고 그 세력이 원주에 닿을 무렵에는 2000명을 넘어섰다고 한다. 이러한 상황 속에서 내각은 더 나아가 조선왕조 공식 달력을 음력에서 양력으로 바꾼다고 밝히고, 이와 함께 새로운 연호를 건양建陽으로 세우겠다고 발표했다. 이로써 음력 고종 33년 11월 17일이 건양 원년 1월 1일로 바뀌었다. 한반도에서 중국과 다른 독자적인 연호를 채택한 것은 그야말로 10세기 고려왕조 초기 이래 처음 있는 일이었다(『조선왕조실록』 고종 32년 11월 15일, 11월 17일).

어쨌든 이 두 가지의 명백한 서양식 개혁은 한반도 전역의 강한 반발을 사게 된다. 특히 단발령에 대한 반발이 엄청나 조선왕조는 이 반란을 진압하기 위해 본래는 왕궁 보호를 맡아야 하는 친위대를 춘천, 원주에 파견할 수밖에 없었다. 일본군도 또한 민란으로 인해 끊긴 한성부와 부산 간 전선을 보호하고 민란을 진압하는데 동원되었다. 이로써 한성부에는 미증유의 군사적 공백이 발생한다. 이러한 가운데 1896년 2월 10일, 러시아가 다시 120명의 병력을 증강하면서 한성부 주둔 러시아병사는 200명을 넘어선다. 러시아병사 증강 소식을 접한 조선왕조 각료들은 더 강한 위기감을 느끼고 일본판리공사 고무라와 차선책을 협의하기 시작한다. 그러나 이미 소용이 없었다. 이윽고 500년 이상을 자랑하는 조선왕조사에서 전대미문의 사건이 터지고 만다.

제8장
아관파천과 대한제국
고종의 고독한 패권

대한제국의 패망과 그림자

1. 아관파천

이른 아침의 탈출극

1896년 2월 11일 오전 6시. 극한의 내궁에서 사람들이 은밀히 움직이고 있었다. 경복궁 내궁에 위치한 건청궁. 고종과 왕태자는 가벼운 차림새로 걸어서, 왕태후와 왕태자비는 5, 6명의 궁녀와 3, 4명의 무관이 비호하는 가운데 왕궁의 북문인 신무문으로 향했다. 신무문에는 상해에서 귀국한 이범진, 그리고 미국공사관으로 도망친 이완용, 이채연 등이 기다리고 있었고 러시아병사 50명 정도가 그들의 앞과 뒤를 보호했다. 일행이 조선왕조의 국왕인 고종과 가족임을 보여주는 표식은 일절 찾아볼 수 없었다. 그리고 그들은 곧 러시아공사관에 도착했다. 러시아공사관에서는 지금까지 묘당에서 배척당해온 미국, 러시아 양국과 가까운 유력자들이 모여 고종과 가족의 행차를 맞이했다. 러시아 대리공사 웨베르는 고종과 왕태자를 위층의 별실로 안내하고 통역인 김홍륙金鴻陸을 제외한 모든 시종들을 물렸다. 왕태후와 왕태자비는 러시아공사관에 인접한 경운궁(오늘날의 덕수궁)으로 옮겼다(『일한외교사료: 제9권』 255-256쪽).

한 나라의 국왕이 자신의 왕궁을 자신의 의지로 떠나 하필이면 외국공사관으로 왕좌를 옮긴다. 이 전대미문한 사건의 영향은 비단 그에 그치지 않았다. 고종이 러시아공사관에 거처를 옮긴 직후 한성부 곳곳에 다음과 같은 방이 붙었기 때문이다.

목하 우리나라 변란 끊이지 않으니 이는 요컨대 난신적자亂臣賊子의 만연에 기인한다. 까닭에 짐은 이에 러시아공사관에 임거해 각국 사신의 보호를 받겠다. 하지만 너희들 백성들은 결코 소란을 피울 필요가

없고 각자의 일에 충실할 것이며 그러나 화란의 장본인인 조희연, 우범
선, 이두호李斗鎬, 이영호李玲鎬, 이범래, 권영진들을 참수해 러시아관으
로 가져와 짐의 관람에 기여하라.   (『일한외교사료: 제9권』 255쪽)

국왕의 조칙으로는 다소 온당해 보이지 않는 이 글에 어쩌면 고종의
진심이 담겨 있었을 지도 모른다. 고종은 애당초 문제의 근본은 여러 신
하들이 자신들의 권력욕 탓에 외국 세력을 끌어들여 난을 일으킨 데 있
으며 그것이야말로 명성황후 시해를 초래했다고 생각하였다. 그렇기에
고종은 이 명성황후 시해 당시 왕궁습격에 직접 힘을 빌려준 신하들을
지명해 공격한 것이다. 거기에 자신의 가정을 무참히 짓밟히고 아내까
지 살해당한 개인으로서 고종의 분노가 솔직하게 드러나 있다고 생각하
는 이는 분명 필자만이 아닐 게다.

'개화파' 내각의 최후

그리고 이 너무나도 솔직한 조칙의 영향은 비단 지목된 인물들에게만
머물지 않았다. 왜냐하면 여기서 고종이 의도한 '난신적자'가 요컨대 일
본의 지원을 받아 정권을 유지하고 있는 내각의 구성원들까지 뜻한다는
것은 어느 누구의 눈에도 자명해 보였기 때문이다. 그렇기에 고종이 러
시아공사관으로 옮겼다는 소식을 처음으로 접한 김홍집 총리대신은 어
찌되었든 간에 러시아공사관으로 한걸음에 달려가 고종을 알현하려 하
였다. 정병하鄭秉夏 농상대신도 뒤를 따랐는데, 왕궁의 정문인 광화문을
나온 그들은 방 앞에 몰려든 백성들을 목격하였다. 군중들은 우선 내각
수반인 김홍집을 보자마자 그를 끌어내리려 가마로 달려들었고, 이를
본 정병하는 가마를 버리고 곧바로 가까운 경무청을 향해 냅다 달렸다.

하지만 군중은 즉각 정병하를 에워쌌고 순식간에 그를 때려 죽이고 말았다.

김홍집이 가마에서 내리자 군중은 일순 조용해졌다. 왕궁의 경비를 맡고 있던 일본병사 몇몇이 뛰어가 일본병 수비대위소로 대피할 것을 권했으나, 김홍집은 거부했다. "오늘이 있을 것을 이미 전부터 알고 있었으며 언제 가든 죽는 것은 매한가지다"고 말했다고도 한다. 이렇게 김홍집도 군중에게 참살되었다. "시신에는 어디 한 곳 성한 곳이 없었다"고 주조판리공사 고무라 주타로는 기록하고 있다. 이것이야말로 온건개화파의 유력자로서 청일전쟁 직전에 돌연 일본군이 요구한 '내정개혁'의 최고책임자로 추대되어 어떻게 해서든 '개화'와 조선왕조의 일정한 '독립'을 양립하고자 했던 김홍집의 처참한 최후나 마찬가지였다(『일한외교사료: 제9권』 257-258쪽).

김홍집 등의 최후를 접한 내각의 각료들은 각각 변장하고 행색을 바꾸어 일본인 거주지구로 도망쳤다. 고종의 아관파천. 그것은 단순히 한 열강의 비호 아래로 들어가는 것 이상의 의미를 가지고 있었다. 그 전까지 온갖 위협에 노출되어 있던 고종이 자신의 '군권'과 내각의 '신권' 사이에서 존재하던 대립구도를 순식간에 종결지은 사건이었던 셈이다. 2월 17일에는 용인으로 도망치던 도중 어윤중이 마찬가지로 살해되고 만다(『조선왕조실록』 고종 33년 2월 17일).

러시아공사관에 들어간 고종은 즉시 새로운 내각 구성에 착수했다. 우선 이범진과 다이를 중심으로 한 친러, 친미파의 '춘생문사건' 관계자들에 대한 처분을 취소하고 현 내각의 구성원을 경질했다. 신 내각의 총리대신에는 안동 김씨의 장로 김병시를 다시금 임명했고 궁내부대신에는 이전 왕궁습격미수사건에 가담했던 이재순李載純을, 내부대신에는 박정양, 외부대신과 군부대신 겸 경무사에는 이완용, 이윤용李允用 형제를 그리고 법무대신에는 이범진을 임명했다(『조선왕조실록』 고종 33년 2월 11일).

　더 나아가 고종은 8월 23일과 10월 10일에 발표한 조칙 즉 명성황후를 서인으로 강등시킨 조칙과 명성황후를 왕비로 복위시킨다는 조칙 모두를 취소했다. 이를 통해 명성황후에 대한 처분 자체는 애당초 존재하지 않게 되었다(『조선왕조실록』 고종 33년 2월 11일). 조선왕조에서 한번 내린 처분을 이전으로 되돌리는 일과 처음부터 처분이 없었다는 것은 완전히 다른 의미이다. 이 점에서 우리는 고종이 명성황후를 어떻게 생각하고 있었는지를 짐작할 수 있다. 그러나 흥미롭게도 이 시기 고종은 명성황후의 친족인 여흥 민씨 일족을 비교적 냉정하게 대하고 있다. 당시 여흥 민씨 세력의 대표적 인물이던 민영준은 돌연 '능학백성凌虐百姓'의 죄를 물어 민형식閔炯植과 함께 징역 10년 형을 언도 받았다. 결국 그들은 교동喬桐으로 10년 동안 귀향 가는 것으로 감형되었고 5월에는 석방되기에 이르렀으나 이후에도 과거와 같은 강력한 정치권력을 회복하는 일은 없었다(『조선왕조실록』 고종 33년 2월 14일, 2월 16일).

　일각에서는 친러파, 친미파가 그들의 세력 회복을 달가워하지 않아 사전에 이를 거세하려 했다고 전해진다. 어쨌든 명성황후의 죽음으로 고종과의 직접적인 연이 끊긴 여흥 민씨 세력은 더 이상 특별한 존재가 아니었음을 여기서 알 수 있다. 고종과 여흥 민씨의 관계는 어디까지나 명성황후가 존재할 때만 성립되었던 셈이다.

'안전지대' = 러시아공사관

고종의 러시아공사관으로의 천좌遷座는 당연히 조선왕조 내부에서 친러 및 친미파의 대두로 이어졌다. 그리고 실제로 이 때 고종이 등용한 인물들은 대부분 공통점을 가지고 있었다. 즉 김병시와 같은 일부 원로들을 제외하면, 그들 모두 이 전까지 조선왕조에서 유력 가문에 속한 자들이 아니었다. 고무라 주타로는 아관파천과 함께 대두한 새로운 세력들을 '일명-名 양반'이라 칭했다. 강력한 배후 세력 없이 단독으로 묘당에 입성한 양반이라는 뜻이다(『일한외교사료: 제9권』 262쪽-263쪽).

러시아공사관 터

아마도 여기에는 고종의 의지가 어느 정도 반영된 듯하다. 총리대신으로 기용된 김병시는 고종에게 러시아공사관으로 천좌해서는 안 된다고 역설하고, 이 점이 수용되지 않으면 총리대신직을 받아들일 수 없다는 뜻을 전했으나 고종은 이를 들으려 하지 않았다. 러시아공사관 체류는 고종 자신의 강력한 의지의 결과임이 분명했다. 일본정부도 러시아 공사관에 고종의 왕궁으로의 귀환을 요구했지만 러시아병사가 지키는 러시아공사관에 압력을 가하는 짓은 양국 사이에 엄청난 긴장감을 가져올 수 있어 삼국간섭 직후 일본의 행위는 자연스럽게 크게 제약을 받을 수밖에 없었다.

본래 고종에게는 왕궁으로 귀환하지 않는 또 다른 이유가 있었다. 다시 치안이 악화되었기 때문이다. 이전 내각의 단발령으로 인해 촉발된 지방의 반란은 여전히 수습될 기미가 보이지 않았고 신 내각은 김병시가 취임을 거부한 탓에 아직 만족스런 출범조차 하지 못하고 있었다. 내각 내부에서는 벌써 친러파인 이범진과 친미파인 이완용, 이윤용의 대립이 격화되고 있었고 후자는 조속한 고종의 왕궁 복귀를 주장했다. 고종 주위에 남게 된 친위대는 여전히 신 내각으로 인해 무너진 전 내각에 가까운 자들이었으며, 그들 사이에서 불온한 움직임까지 관찰되었다.

결국 가장 중요한 것은 러시아공사관이야말로 고종과 왕태자가 가장 완전하게 경호를 받을 수 있고 외부의 위협이 차단된 안심할 수 있는 공간이었다는 점이다. 실제로 모토노 이치로本野一郎의 질문에 러시아임시대리공사 웨베르는 다음과 같이 대답했다고 한다.

> 조선 국왕을 환궁시키라는 요구에 대해서는 애당초 이견이 없다. 그러나 본사는 이미 이를 국왕에게 권고했지만 아무리 해도 국왕이 이를 승낙하지 않고 있다. 그리고 좋은 수단이 없다. 11일 사변 직후에 일본 군대를 왕궁 앞에서 퇴거시키지 않는 것은 국왕의 환궁을 지연시키는 한 원인이라고 말할 수 있다.　　　(『일한외교사료: 제9권』 277쪽)

또 4월 16일, 러시아공사 히트로보M. A. Hitrovo는 고무라에게 다음과 같이 답변했다.

> 국왕의 환궁은 국왕 자신의 뜻에 일임하는 동시에 러시아공사는 궁에서 국왕의 신변이 완전히 안전하다는 점이 확인되는 대로 환어시키는 게 가능하다고 인정하고 있다. 국왕의 장래 안전에 대해 한 점의 의혹도 없을 때 러시아 공사는 흔연히 왕에게 왕궁으로의 환어를 권고해야 한다. 일본 공사는 일본 장사의 단속에 대해 가장 완전하면서 효과적인 조치를 취할 것임을 보증해야 한다.　　　(『일한외교사료: 제9권』 279쪽)

이에 대해서는 일본정부도 '대체로 그쪽의 의견을 채택해도 사실 무방하다'고 생각했다.

결국 중요한 점은 고종과 가족을 둘러싼 상황이 너무나도 불안정했기에, 그들은 그런 상황에서 어떻게든 벗어나 신변의 안전을 확보하려 했으며 또 그러한 그들에게는 조선왕조의 신하나 군대까지도 극히 경계해야 할 대상이었다는 점일 것이다. 러시아는 여기에 편승해 고종을 자신의 수중에 두고, 일본의 입김이 영향을 미치던 내각을 붕괴시키기 위해 이 상황을 이용했다. 그렇다고 러시아가 고종을 마음대로 주물렀다는 뜻은 아니다. 실제로 한 나라의 국왕이 자국의 공사관에 거처를 두고 있다는 지극히 노골적인 상황으로 인해 러시아는 다른 열강들의 거센 비난에 직면하기에 이른다. 일본의 외교문서에 따르면 '재류 외국인은 조선에서 발생하는 모든 죄악을 러시아공사에 귀결시키는' 모양새였다. 그렇기에 러시아도 자국에 우호적인 정권을 세운 후에는 조선왕조의 정치가 조기에 정상화되기를 바라고 있었다. 외무대신을 역임한 사이온지 긴모치는 8월 19일, 러시아 측의 요청에 대해 다음과 같이 말했다.

> 러시아국 정부에서는 조선 국왕이 장기간 그 공사관에 머물기를 바라지 않아 종종 그 환궁을 권고했으나 국왕은 러시아병사가 왕궁을 보호해 주지 않으면 환궁할 뜻이 없다며 그 권고를 거부했다. 그런데도 러시아국 정부는 오늘날 이 모양새를 장기간 지속하는 것은 극히 바람직하지 않다고 판단해 무조건 조선 국왕의 요구에 응해 당분간 약 20명 정도의 러시아국 호위병을 붙여 국왕의 안심을 사 그 환궁을 실행시키려 하고 있다. (『일한외교사료: 제9권』 290쪽)

이 글에서는 고종이 러시아공사관으로 옮긴 뒤 이미 반년이 지난 시점에서 러시아가 어떻게 해서든 사태를 해결하기 위해 열심히 방책을 모색하고 있었음을 짐작할 수 있다. 바꾸어 말하면 사태는 상당히 기묘한 전개를 보이고 있었다. 애초 러시아는 분명 자국의 정치적 의도 아래 친러파, 친미파 세력을 이용해 고종의 아관파천을 실현했다. 그러나 고종은 그대로 러시아공사관에 눌러앉아 버렸고 러시아는 오히려 그 처리에 골머리를 앓게 되었던 셈이다. 애당초 고종과 왕태자 그리고 그들의 시중을 드는 사람들이 대거 공사관에 들어앉으면서 러시아공사관은 본래의 업무까지 지장을 받는 지경이었다.

또 앞의 사이온지의 글에서도 알 수 있듯이 고종은 왕궁 귀환의 조건으로 조선병사가 아닌 러시아병사의 호위를 요구했다. 조선왕조의 신하와 군대를 믿지 못했던 고종에게 러시아공사관은 절대적인 안전을 보장해 주는, 신뢰할 수 있는 공간이었으며 동일한 안전성의 확보 없이 궁으로 복귀하는 것은 도저히 불가능하게 느껴졌다. 하지만 러시아병사들이 단독으로 궁을 경비할 경우 러시아가 다른 열강들의 비난을 사리란 것은 불 보듯 뻔해 러시아로서는 가급적 그런 사태는 피하고 싶었다. 결국 러시아는 라이벌일 터이던 일본정부와의 협의 하에 고종을 러시아공사관에서 내보내기 위해 조선병사의 훈련을 서두르기에 이른다.

고종을 궁으로 되돌려 보내려는 움직임은 신하들 사이에서도 점차 활발해졌다. 한 나라의 국왕이 외국공사관에 머무르는 상황은 역시 수많은 조선왕조 지식인들에게도 굴욕적인 사태로 비쳐 어떻게 해서든 이를 해결해야 한다는 분위기가 고조되었기 때문이다. 이쯤에서 본래의 왕궁인 경복궁이나 창덕궁이 아닌 이미 왕태후와 왕태자비가 머무르고 있고, 러시아공사관에서도 지근거리이며 규모가 작은 경운궁에 국왕과 왕태자를 옮기자는 아이디어가 타협책으로 부상한다. 실제로 러시아공사관에 체류 중이던 고종도 수차례 러시아병사가 경호하는 가운데 경운궁까지 발걸음을 하곤 했다. 경운궁은 갑자기 조선왕조의 정궁에 걸맞은 모습을 갖추기 위해 대대적인 개수에 들어가 1896년 9월 28일 일단 공사가 끝난다(『조선왕조실록』 고종 33년 8월 10일, 9월 28일).

그러나 고종은 이것만으로 만족할 수 없었다. 그에게는 러일 두 나라로부터 자신과 가족들의 안전을 보장한다는 취지의 확약을 받아내는 동시에, 자신들을 해칠 우려가 있는 각종 세력을 미리 제거할 필요가 있었기 때문이다. 11월 22일, 돌연 친위대 간부가 일제히 체포된다. 전날 독립공원에서 열린 독립문 정초식을 위해 오랜만에 러시아공사관 밖으로 거동한 고종을 납치해, 강제로 환궁을 실현하고, 신 내각의 중진인 박정양, 이재순, 민영환 등을 살해하려 했다는 혐의였다. 독립문의 정초 자체는 청나라로부터 조선왕조가 '독립'했음을 보여주는 것으로 당시 고종의 방침과도 일치했기에 이 자체가 문제가 되지 않았음에 주의할 필요가 있다. 하지만 이 혐의가 사실에 근거한 것인지는 알 수 없다. 어쨌건 이로써 고종이 신변의 위협을 하나씩 확실하게 제거해 나간 것은 분명했다. 이 사건의 이틀 후인 11월 24일, 고종은 같은 달 28일까지 경운궁으로 옮긴다고 공식적으로 발표하였다.

하지만 경운궁 복귀는 약속한 일정대로 이뤄지지 않았다. 이번에는 고종의 환궁에 의한 정세 변화로 인해 권력의 핵심에서 밀려날 것을 두려워한 묘당의 일부 관료들이 역으로 이를 저지하려고 획책했기 때문이다. 물론 그들이 그리 생각할 만도 했다. 이미 1896년 6월 20일, 아관파천의 최대 공로자였던 친러파 이범진이 돌연 재미특명전권공사로 좌천되었다. 러시아공사관을 나온 고종이 그들 친러파와 그에 가까운 세력을 전면적으로 버릴지도 모른다는 생각은 결코 기우가 아니었다(『조선 왕조실록』 고종 33년 6월 20일).

그럼에도 결국 1897년 2월 20일, 고종과 왕태자는 경운궁으로 거처를 옮기기에 이른다. 이에 앞서 1월 6일에는 대행왕후大行王后 즉 명성황후에게 재차 문성文成이라는 시호가 내려지고 능호는 홍릉洪陵, 전호는 경효景孝로 정해진다. 앞서 과거의 조칙을 취소함으로써 재차 장례식도 수정하게 된 것이다. 그리고 3월 2일에는 시호가 다시 명성으로 바뀐다. 오늘날 명성황후라 불리는 이유는 이 시호에서 유래한다.

하지만 명성황후의 장례식을 치르기 전 고종에게는 반드시 해야 할 중차대한 일이 있었다. 아관파천에서 경운궁 환궁에 이르는 시기는 언뜻 한 나라의 국왕이 외국공사관의 보호에 몸을 위탁한 굴욕적인 시기로 보인다. 하지만 고종에게는 조선왕조에서 신하에 대한 자신의 압도적인 우위성을 확보하기 위한 획기적인 과정이었다. 그는 러시아와 일본으로부터는 연이어 고종과 그의 가족에 해를 끼치지 않겠다는 약속을 받아냈다. 묘당의 윗자리에 눌러앉은 김홍집과 어윤중 같은 '잔소리꾼'에다가 개혁 지향적인 관료들은 묘당에서 모습을 감추었다. 명성황후의 관계에 기대서 개입을 하던 여흥 민씨 세력조차 사라졌다. 수차례 반기를 들어 배신의 쓴맛을 맛보게 한 군대는 숙청되었다. 고종은 그에 대한 위협을 제거하는데도 성공했다.

그렇기에 아관파천 중에 고종은 1894년에 일본이 한성부를 군사 점령한 이래 여러 세력들이 자신의 뜻을 무시하고 진행한 개혁을 잇달아 폐지했다. 조선 전역에 혼란을 가져온 단발령을 폐지함과 동시에 8월 16일에는 연호도 광무光武로 새로이 정하였다.

2. 대한제국의 성립

황제 즉위

그리고 마침내 1897년 9월 25일, 농상공부협판 즉 농상공부 차관이던 권재형權在衡이 고종에게 황제 자리에 앉을 것을 청하는 상소문을 올린다. '천하를 다스리는 중국 황제'의 신하로서 '국왕'의 칭호에 안주해온 조선왕조의 수장은 이제 역사상 최초로 황제라 칭해야 한다는 것이었다. 이 상소문은 고종의 격찬을 받았으며 이후 고종의 칭제稱帝를 요구하는 상소문이 빗발쳤고 점차 그 기운이 무르익어 간다. 9월 30일에는 총리대신에서 명칭을 바꾼 의정대신 심순택이 고대의 마한, 진한, 변한 삼한 통일의 대업을 계승한 한반도의 지배자가 황제라 칭하는 것은 당연하다고 발언한다. 어떤 이가 황제에 오르기 위해서는 그가 지배하는 왕조가 '제국'에 상응하는 역사를 가져야 한다. 심순택은 그것을 저 멀리 고대까지 거슬러 올라가 신라가 삼한통일을 이룩한 역사에서 찾은 것이다. 그리고 신라의 '통일'을 고려로부터 계승한 조선왕조는 제국에 걸맞은 충분한 존재라고 주장하였다(『조선왕조실록』 고종 34년 9월 25일, 9월 26일, 9월 30일).

그리고 드디어 마지막 의식이 시작된다. 10월 1일, 심순택과 조병세가 백관을 거느리고 황제 존호를 요구하기 위해 정청庭請해 세 차례 아뢰나 고종은 이를 또 다시 고사한다. 이튿날에도 정청해 다섯 차례 아뢴 끝에 마침내 고종은 이를 수락한다. 곧바로 즉위식을 거행하기 위한 원구단 건축이 시작되었고 즉위식은 10월 12일로 정해졌다.

이로써 고종이 황제에 즉위하는 날이 다가왔다. 의식이 치러진 원구단은 지금도 서울 웨스틴 조선호텔의 중원에 작은 건물로 남아 있다. 경운궁에서 원구단에 이르는 짧은 길은 이 의식을 구경하려는 사람들로 북새

고종이 황제 즉위식을 거행한 당시의 원구단
(『사진으로 보는 독립운동』上 발췌)

통을 이루었으며 고종은 오전 10시, 경운궁의 인화문을 나와 원구단으로 향했다. 즉위식 광경을 실제로 목격한 기구치 겐조의 기술을 통해 자세히 살펴보자.

> 원구대문 밖에 어가御駕가 도착하자마자 그곳에서 평복해 있던 좌장례가 무릎을 꿇고 국왕에게 어가에서 내려 가마에 탈 것을 주청하면 왕이 천천히 내려 가마에 올라탄다. 이 때 좌우장례가 선도하며 동문으로 들어가 휴게소에서 왕이 면복으로 갈아입고 출어하면 장례원경이 무릎을 꿇고 왕에게 규圭를 잡을 것을 주청한다. 왕이 규를 잡고 왕태자가 그 뒤를 따른다. 장례원경이 선도해 왕이 원구에 오르고 정중히 단위를 응시하면 집사는 막을 올리고 기다린다. 왕은 남쪽을 향해 선다.
>
> 이로써 식은 끝나고 왕은 이에 다시 황제의 자리에 오른다. 의정 심순택은 잔뜩 허리를 숙이고 세 번 무답舞踏하고 세 번 고두叩頭하여 높이 만세 만세를 외치고 문무백관을 대신해 축의를 표한다. 이로써 황제식이 끝났다. (『근대조선사: 하권』 483쪽)

황제의 즉위식이 끝나자 이를 종묘와 사릉단에 고하는 의식이 거행되었고 고종은 경운궁으로 돌아왔다. 새로운 국호는 '대한大韓'이라 정해졌다. '조선왕조'는 '대한제국'으로, 그 약칭 또한 '조선'에서 '한국'으로 바뀐

것이다. 참고로 오늘날 '한국'의 정식명칭이 '대한민국'인 것도 이 '대한
제국'에서 유래했다. '민국'은 '중화민국'과 마찬가지로 공화국의 의미이
다. '제국' 즉 전제 국가였던 국가가 공화국이 되었기 때문에 '대한민국'
이라 한 것이다.

여하튼 여기까지 봤을 때 분명한 것은 이 시기 고종이 즉위한 '황제'
는 근대적이라기보다는 오히려 중화 제국의 전통을 계승하는 성격이 농
후했다. 즉 이 시기 고종의 즉위는 대한제국이 대청제국이나 대일본제
국, 나아가 러시아제국이나 대영제국과 대등한 독립국임을 국내외에 천
명함과 동시에 일본의 한성부 군사 점령 이후에 이루어진 각종 정치적
개혁을 부정하는 복고적 요소를 적지 않게 내포하는 것이었다.

'명성황후'의 장례

고종이 국왕에서 황제로 즉위함에 따라 왕태자의 칭호도 황태자로 개
칭되었다.

'황제'에게는 '황후'가 필요했으며 그 지위는 생존하는 고종의 여러 측
실을 차치하고 죽은 명성황후에게 부여되었다. 이렇게 하여 결국 민비
는 '명성황후'가 된 것이다. 그리고 고종이 황제에 즉위하면서 가장 먼저
대대적으로 한 일이 바로 '명성황후'의 장례식을 다시금 치른 것이었다.
총호사 즉 장례위원장에는 시원임대신 중 가장 연장자인 조병세가 임명
되어 능묘 정비가 이루어졌다. 이는 조선 사상 최초이자 최후로 거행된
'황후'의 장례식이었다. 고종은 궁궐 습격 사건에서 비명의 죽음을 맞이
한 명성황후에게 최대한의 예우를 한 것이었다.

명성황후의 국장은 11월 22일부터 행해졌는데 다시 기쿠치 겐조의

묘사를 빌리자면 장례는 다음과 같이 이루어졌다. 장례 행렬이 경운궁을 출발한 것은 오전 11시. 큰 깃발과 홍전등을 든 일대를 선두로 친위대가 그 뒤를 이었으며 군대의 뒤에는 총호사 조병세

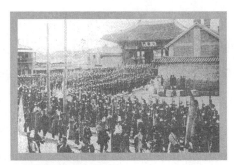

명성황후의 장례 행렬
(『사진으로 보는 조선시대 속 생활과 풍속』발췌)

가 따랐다. 능묘를 감독하는 산능도감山陵都監, 가마꾼, 금위군의 뒤로 비로소 황제, 황태후, 황태자, 황태자비의 모습이 보이고 그들의 가마는 예비 담군擔軍의 호위를 받고 있었다. 그 뒤를 외국 사신이 따르고 묘당을 구성하는 대신과 당상관이 그 뒤를 쫓았다. 그들은 1천명 가까운 군대의 호위를 받았는데 마지막으로 한성부 및 근교의 군대 3천명 정도가 뒤따랐다. 명성황후의 국장은 황제부터 신하, 외국 사신, 나아가 한성부 근교의 군대까지 거의 모든 사람들이 참가하는 거대한 행사였다. 참석자는 총 1만3천명에 이르렀다고 한다.

황제는 이 국장을 위해 새로이 정비된 도로를 지나 오후 3시 홍릉이라 이름 붙인 능묘에 도착했다. 장례원掌禮院 장로가 무릎을 꿇고 진전進前을 주청 하자 황제는 상복 차림으로 영위 앞에 곡례, 즉 명성황후의 죽음을 탄식하여 우는 의식을 행하고 재배再拜한 후, 서쪽을 향해 서서 향을 세 번 태웠다. 의정대신 심순택은 신하를 대표하여 애책哀冊을 올린 후 무릎을 꿇고 절을 했으며, 계속해서 각국 대표 및 각 관의 대표가 배례를 하였다. 명성황후가 시해된 것은 1895년 10월 8일. 이것이 파란만장한 인생을 살다 간 명성황후에게는 인생의 '마지막 장례식'이었다.

명성황후의 '마지막 장례식'이 거행되기까지 실로 2년 이상의 세월이 필
요했던 셈이다. 고종과 황태자는 이 장례식이 있은 후 경운궁에 명성황
후의 위패를 모신 경효전景孝殿에서 하루도 거르지 않고 예배를 올렸다
고 한다.

홍릉
(『눈으로 보는 옛 조선』(目でみる昔日の朝鮮) 上 발췌)

제위에 즉위한 후 자신
의 최대 염원이기도 했던
명성황후의 국장을 대대적
으로 거행하여 '대한제국'
의 위신을 세운 고종. 그러
나 그 후에도 고종의 주변
에는 조사弔事가 끊이지 않
았다. 명성황후의 국장이
거행된 지 불과 2개월 후인 1898년 1월 8일, 여흥부대부인 즉 대원군의
정실부인이자 고종의 생모인 인물이 세상을 하직했다. 고종과 마찬가지
로 그녀의 인생 또한 본가인 여흥 민씨와 남편인 대원군 사이에서 엄청
난 고뇌를 강요당해야 했다. 사랑하는 손자 이준용이 일본으로 유학을
떠난 후 그녀는 사는 보람을 잃은 듯 살았다고 한다.

사료에는 그다지 등장하지 않아 동향을 알 수 없었던 그녀의 인생에
도 한반도의 복잡한 정치적 상황이 어둡고 긴 그림자를 늘어뜨리고 있
었음은 의심의 여지가 없다.

한 시대의 종말

그리고 다음 달인 2월 22일, 마치 아내의 뒤를 쫓듯이 대원군이 세상

을 떠나게 된다. 대한제국
의 성립과 함께 대원군에
게도 또한 헌의獻懿 대원왕
이라는 칭호가 주어져 있
었으므로 정확하게 말한다
면 '대원군'이 아니라 '대원
왕'이었던 셈이다. 한때는

대원군 장례식
(『사진으로 보는 조선시대 속 생활과 풍속』발췌)

절대적 권력을 자랑하던 그도 고종의 아관파천 이후에는 공덕리의 조용
한 별저에서 사실상 연금 상태로 부인과 함께 조용히 여생을 보내는 노
인으로 전락해 있었다.

왕가 지류 집안의 넷째 아들로 태어나 궁핍한 청년 시절을 보냈으며,
당시 조선에서는 이미 노경에 접어든 43세에 갑자기 찾아온 차남의 국
왕 즉위라는 보기 드문 요운을 만나 조선왕조 정계에 혜성과 같이 등장
한 그는, 그 후 30년간 조선왕조 정계를 질주했다. 많은 사람들이 그를
두려워하고 또 동시에 많은 사람들이 그에게 기대했다. 70여 년 남짓의
생애 동안 실제로 그가 정치적 실권을 잡은 것은 1863년부터 73년까지
10년에 지나지 않았다. 1882년 임오군란, 1894년 일본군에 의한 옹립.
그리고 1895년 궁궐 습격 사건과 동시에 이루어진 궁궐 입성 또한 결국
그에게 며칠에서 몇 주 정도 정치적 권력을 부여한 것에 지나지 않았다.
그러한 의미에서 보면 본래 대원군은 세상을 떠나기 약 25년 전에 이미
정치적 사명을 끝낸 인물이었다.

그럼에도 불구하고 많은 사람들이 대원군이라면 무엇인가를 해줄 것
이라고 기대했고 또 그렇기에 그를 계속해서 이용했다. 아마 그가 단지

국왕의 생부였기 때문이었기만은 아니었음이 틀림없다. 가령 어느 개화
파 인물은 개화 정책에 반대하는 대원군에 대하여 다음과 같이 말하였다.

> 대원군의 호위虎威가 아니었다면 개화를 막고 수구적 정책을 관철
> 할 수 없었을 것이리라. 그렇다고 해서 대원군이 아니고서야 수구적
> 정책을 바꾸고 개화 정책으로 전환할 수도 없었음이라.
>
> (『근세조선정감』 121쪽)

그가 죽음을 맞이했을 때 대원군은 만으로 77세, 여흥부대부인은 79
세였다. 파란만장한 인생이지만 동시에 훌륭한 죽음이었다고 할 수 있
을 것이다. 죽음을 앞둔 대원군은 이러한 스스로의 생애를 돌아보며 어
쩌면 만족했을지도 모른다. 대원군과 여흥부대부인은 함께 별저가 있던
공덕리에 매장되었다.

3. 독차毒茶사건

고종의 새로운 주변

명성황후가 시해되고 대원군도 세상을 떠났다. 고종 치세 중기를 물
들인 김옥균, 박영효, 또 김홍집, 어윤중, 김윤식 등 개화파의 색채를 띤
유능한 관리들은 목숨을 잃거나 조선 각지로 흩어졌다. 혹은 멀리 일본
을 비롯해 각국으로 망명할 수밖에 없는 처지였다. 고종과 황태자의 지
위를 위협했던 이준용이나 이재선도 어느덧 정치적 영향력을 잃고 망명
하거나 혹은 처형되었다. 일본과 러시아는 국제사회가 주시하는 가운데

어떠한 움직임도 취하지 못한 채 그토록 소란스러웠던 고종의 주위는 어느덧 잠잠해지고 있었다. 생부, 생모, 양모, 부인도 떠나고 그의 지위를 위협하던 라이벌들도 떠나간 후, 고종 주위에 여전히 건재한 사람은 평범하고 변변치 못한, 느긋한 성격과 늘 웃는 얼굴로 알려진 친형, 이재면 정도였다.

그러나 이것이 고종의 완전한 고립을 의미하지는 않았다. 명성황후를 잃은 고종은 생전 명성황후의 시위상궁으로 러시아공사관 체재 시에 자신의 시중을 들었던 엄씨와 관계를 맺게 되면서 1897년 10월 20일에 황자를 생산한다. 엄씨는 이 출산으로 인해 귀인의 지위를 획득하고 훗날 순헌황귀비純獻皇貴妃라는 칭호를 얻게 된다 (『조선왕조실록』고종 34년 10월 20일, 10월 22일, 39년 10월 28일). 그녀가 즉 엄비이다. 황후라 지칭하지 않았던 이유는 출신이 비천하다는 점, 그리고 무엇보다 명성황후에 대한 배려에서였을 것이다.

어쨌든 이렇게 해서 엄비는 사실상 명성황후 사후 고종의 정실 지위를 차지하게 된다. 더불어 이 때 태어난 남아는 그 후에도 순조롭게 성장해 추후 이은李垠, 영친왕으로 불리게 된다. 즉 대한제국 마지막 황태자로 알려진 인물이다. 고종은 최종적으로 명성

엄비
(『사진으로 보는 조선시대 속 생활과 풍속』발췌)

황후나 엄비와의 사이에 태어난 아이를 포함해 9남 4녀를 두었는데 그 중 5남 2녀가 요절했다. 또한 서장자인 완화군 또한 비교적 젊은 나이에

고종과 순종
(『사진으로 보는 조선시대 속 생활과 풍속』발췌)

의문의 죽음을 맞이했기 때문에 결국 정치력을 갖는 성인이 될 때까지 산 남자는 3명에 불과했다. 이는 황태자, 영친왕, 그리고 양자 사이인 1877년 귀인 조씨의 아이로 태어난 서자 이강李堈 즉 의친왕이다. 그러나 의친왕의 경우, 황태자나 영친왕과는 대단한 차이가 있었다.

명성황후 생전에 고종의 아이를 생산했던 장씨는 명성황후의 눈을 피해 궁궐을 나올 수밖에 없었고 의친왕을 궁궐 밖에서 길러야 했다. 이러한 상황에서 성장한 의친왕은 강제적으로 한성부를 떠나 일본이나 미국 등 해외를 전전해야만 했다.

그러한 의미에서 같은 황태자일지라도 의친왕의 입장은 형인 황태자나 동생인 영친왕에 훨씬 미치지 못했다.

고종 또한 해외 유학 중에도 낭비벽이 있었던 의친왕을 탐탁하게 생각지는 않았다. 위 서술한 바와 같이 의친왕은 명성황후 시해 직후 일본에 의해 국왕으로 옹립될 것이라는 소문도 있어 고종과 황태자에게는 오히려 경계의 대상이기까지 했다. 1919년 3.1운

의친왕
(『사진으로 보는 조선시대 민족 사진집』III 발췌)

동 직후 독립 운동을 추진하는 세력을 따라 상해에 망명까지 시도한 그의 인생은 행동으로 미루어 상상할만한 단순한 삶은 아니었다.

황태자에 거는 기대

그런데 말할 것도 없이 이 3명의 남자 중에서 고종이 가장 큰 기대를 건 것은 바로 황태자 이척李坧이었다. 정식 왕위계승자이자 또 먼저 간 명성황후가 유일하게 남긴 그를 고종은 몹시도 사랑했다. 가령 1894년 11월 20일, 당시 일본군 점령하에 있던 한성부에서 교육상 왕세자를 항상 궁궐 내에 두는 것은 바람직하지 않다는 이노우에 가오루에게 고종은 다음과 같이 말한 적이 있다. 아직 명성황후 생전의 일이었다.

> 세자를 외출시키는 일은 우리나라의 관습상 어쩔 수 없을 뿐만 아니라 경찰의 사정 또한 여의치 아니하니 아니 될 일이다. 무엇을 두려워해 외출을 시키지 아니하겠는가? 그저 우리나라의 관습일 뿐이니라.
> (『일한외교사료: 제4권』220-222쪽)

고종은 마치 황태자를 궁궐 깊숙이 가두듯이 하여 지켜왔다. 장래 황태자를 왕위에 즉위시키기 위해 미래의 황제에 어울리도록, 자신에게조차 경어를 사용하지 않도록 해 부자간에 대등한 말로 이야기를 나눴다고 한다. 국왕이나 황제 된 자는 누구에게도 경어를 사용하는 것이 바람직하지 않으니 미래의 그 날에 대비해 고종은 황태자에게 국왕이나 황제로서의 말투까지 전수했던 것이다. 혹은 그 배경에는 11세라는 나이로 궁에 입궐한 고종이 일찍이 고생한 경험이 작용했는지도 모른다.

그렇기에 새로운 대한제국의 체제에 대해서도 고종은 스스로 명성황후의 분신이라고도 할 수 있는 황태자를 적극적으로 활용했다. 이는 명성황후 사후의 고종이 가장 기대를 걸고 또 신뢰할 수 있는 인물이 황태자였기 때문임이 틀림없다. 1898년 6월 29일, 고종은 칙령을 발하여 제

외국을 모방해 자신이 '대원수'로서 대한제국의 육해군을 통괄한다는 것, 그리고 자신의 아래에 황태자가 '원수'로서 그 일체의 통솔에 임할 것임을 천명했다(『조선왕조실록』고종 35년 6월 29일). 흥미로운 점은 여기에서 고종이 동시에 '비상사태가 발생하거나 출정해야 하는 상황이 발생했을 경우를 제외하고' 황태자 이외의 황자나 황손을 그 아래의 대장에 임명하지 않을 것을 정하고 있다는 점이다. 이는 고종이 다른 황자나 황손 특히 의친왕이나 이준용을 얼마나 두려워했는지를 보여준다. 같은 의미에서 봤을 때 고종의 황태자에 대한 신뢰는 절대적이었다. 고종은 어디까지나 황태자를 특별한 존재로 간주하고 스스로 황태자로 하여금 직접 군대를 통제하게 하고자 했던 것이다.

여기에서 깊이 생각을 해봐야 할 것이 바로 고종, 그리고 명성황후가 신하에 의한 '군권君權' 제한을 극도로 싫어했다는 점, 그리고 자국 군대에 대한 신뢰감을 갖지 않았다는 점, 한층 더 나아가 원래 지금까지 대원군이나 이준용, 완화군이나 이재선 등 여러 친족이 가끔 고종과 황태자의 지위를 위협하기에 이르렀다는 점이다. 고종은 이 문제를 스스로 황태자가 대한제국의 군대를 직접 통제하게 함으로써 한꺼번에 해결하고자 했던 것이다. 고종은 조선왕조를 대한제국으로 격상시켜 주위의 제반 세력에 대한 자신의 압도적인 정치적 우위를 만들어냈다. 더불어 그는 군대의 통제권을 공고히 함으로써 이렇게 스스로 획득한 것들을 것을 지켜내고자 했던 것이다.

경운궁의 비극

그러나 이러한 고종의 생각을 타파할만한 충격적인 사건이 발생한다.

1898년 9월 8일, 대한제국 최초의 '만수절萬壽節' 즉 고종의 생일에 해당하는 날이었다. 경운궁에 있는 청목재 일각에서 고종과 황태자는 궁내대신 이재순, 군부대신 심상훈, 탁지부대신 민영기 등 세 대신과 수십 명의 근위대와 함께 느긋하게 거닐고 있었다. 이 분위기에 어울리게 고종과 황태자, 그리고 세 대신, 시종 등의 앞에는 당시에는 아직 새롭고 귀했던 커피가 나왔다. 궁궐에서 펼쳐지는 황족의 하루에 걸맞은 우아한 광경이었다. 러시아공사관에서 익숙해졌는지, 황태자는 평소에도 커피를 굉장히 즐겼다고 한다. 이 때 나온 커피도 어쩌면 이를 잘 알고 있는 고종의 특별한 배려였는지도 모른다.

다만 이 날 커피는 평상시와는 달랐다. 그들 앞에 내인 커피에서는 명백히 자극적인 냄새가 났고 고종은 그저 한 입, 입에 대기만 했을 뿐 그냥 내려놓았다.

그러나 몹시 갈증이 났는지, 혹은 '만수절'에 고종의 배려를 헛되이 해서는 안 된다고 생각해서였는지 황태자는 같은 커피를 한 모금에 다 넘겼다고 한다. 바로 그때 황태자는 기절해 그 자리에 쓰러지고 말았다. 재빠르게 고종은 '독차'라고 외쳤다고 전해진다. 커피에는 독물이 섞여 있었던 것이다. 고종과 황태자 이외의 사람들은 누구 하나 그 커피에 입을 대지 않았었다.

궁에서 황제와 황태자에게 나온 커피에 독물이 혼입된 충격적인 사건은 즉 궁궐에 고종과 황태자의 암살을 도모하는 자들이 있음을 의미했다. 커피를 내온 요리인 김종화金鍾和와 어선주사御膳主事 공홍식孔洪植이 즉시 체포되었고 그 배후 관계에 대한 추궁이 이루어졌다.

결과적으로 체포된 것은 김홍륙이라는 인물이었다. 러시아공사관의 조선어 통역이었던 김홍륙은 고종의 아관파천을 계기로 측근으로서는 굉장히 빠르게 높은 관직에 올라 한성부판윤, 즉 한성부의 시장 자리에 까지 올라간 인물이다. 아관파천 당시부터 유대관계가 있었고 당시 궁궐의 취사 총책임자인 어선주사 공홍식 또한 그가 추천한 인물이었다.

그러나 이 사건이 발생하기 직전 김홍륙은 공사 혼동과 고관으로서 걸맞지 않은 성품을 이유로 갑자기 관직에서 해임되어 흑산도로 유배되게 되었다. 러시아 공사와 너무 가까이 지냈다는 점, 또 집안도 좋지 않은 그가 권력을 쥐게 된 것에 대해 고종을 비롯한 사람들이 탐탁지 않게 여겼기 때문이라고 한다. 사실 그는 예전에도 고종이 보낸 것으로 알려진 자객에 의해 경상을 입은 적이 있어 러시아를 등에 업고 있었던 김홍륙과 고종이 벌써부터 심각한 대립 상황에 있었다고 할 수 있다.

그러니까 유배 도중 김홍륙은 공홍식을 호출하여 아편을 쥐어주었고 이 아편을 공홍식이 김종화로 하여금 커피에 타도록 했다는 것이다. 이것이 대한제국의 공식적인 조사 결과이다(『조선왕조실록』고종 35년 9월 12일, 10월 10일).

하지만 아편만으로는 황태자가 그 자리에서 기절할 정도의 효과밖에는 없었을 터이니, 여기에서 말하는 '아편'이라 함은 단순히 '독물'을 의미하는 것이었는지도 모른다.

그런데 동석한 고종과 황태자 이외의 사람들은 왜 커피에 손조차 대지 않았던 것일까? 그 뒤에 더 큰 배경이 있었던 것은 아닐까? 진상은 오늘날까지도 베일에 싸여있다.

어쨌든 오늘날 '독차 사건'이라 불리는 사건에서 중요한 것은 이 사건이 황태자의 몸에 그 후까지 큰 영향을 남기게 되었다는 점이다. 황태자

에게 남긴 후유증이 어느 정도였는지는 대한제국 황실의 최대 비밀이
며, 일본 통치가 시작된 이후에도 궁내청과 이왕직은 결코 이 점에 대해
언급하고자 하지 않았다.

그러나 이로써 일찍이 이노우에 가오루가 '병약하고 총명하지 못하다'
라고 혹평한 황태자는 대한제국에서 다시금 중요한 정치적 역할을 수행
하기가 어려워졌다. 황태자는 이미 명성황후 생전부터 성 기능에 장애
가 있음이 알려져 있었고 그가 아이를 낳을 수 없으리라는 것도 잘 알고
있었다. 1904년 12월 31일, 헌종비, 홍태후의 장례에 황태자와 면회한
스웨덴의 저널리스트, 아손 그렙스트W. Ason Grebst는 황태자에 대하여
다음과 같이 서술하였다.

> 황제의 곁에 서있는 황태자는 심한 추남이었다. 작고 살찐 체격에,
> 얼굴은 희고 부어 있어 생기가 없고, 입술은 두껍고 육감적이며 코는
> 낮고 굵은 눈썹 사이에는 주름이 가득했다. 누런 두 눈을 신경질적으로
> 끊임없이 깜빡이며 잠시도 쉬지 않고 여기저기에 시선을 보내고 있다.
> (『비극의 조선』悲劇の朝鮮 178쪽)

이렇게 하여 고종은 자신이 마지막에 의지할 수 있는 친족인 황태자
마저 정치적으로 잃게 되었다. 또한 신하에 의해 황태자가 장애를 얻고
자신 또한 독살의 위협에 노출되면서 신하에 대한 고종의 불신감은 한
층 더 고조된다.

4. 독립협회라는 '아래로부터의 위협'

독립협회의 탄생과 그 성격의 변화

그러한 가운데 고종을 위협하는 또 하나의, 그리고 지금까지와는 성격을 달리하는 세력이 대두하게 된다. 이 시기의 한반도에서 개화 운동으로 큰 주목을 받은 독립협회가 바로 그것이다. 독립협회는 본디 청나라의 칙사를 맞이하기 위한 문이었던 영은문을 대신하여, 새롭게 프랑스의 개선문을 모방해서 청나라로부터의 조선왕조의 '독립'을 상징하는 '독립문'을 건축하기 위해 만들어진 단체이다. 설립 시기는 아직 고종이 러시아공사관에 체재할 무렵으로 거슬러 올라간다. 명성황후 시해 사건에 즈음하여 훈련대의 일부와 함께 궁궐의 수비를 시도한 안경수가 회장, 그리고 친미파의 중심적 인물 가운데 하나로 여겨지던 이완용이 위원장으로 있었던 점에서도 알 수 있듯이 출발 시점에서 이 단체는 대신급 고위 관료가 중심이 된 어용단체적 성격이 강한 조직이었다. 독립협회가 독립문 건설에 착수한 것은 1896년 11월 21일의 일이다(『조선왕조실록』고종33년 2월 21일).

영은문
(『사진으로 보는 독립운동』上 발췌)

독립문
(『사진으로 보는 조선시대 민족 사진집』I 발췌)
왼쪽에 영은문 터가 보인다.

그렇지만 독립협회는 1897년 중순에 접어들면서 점차 그 성격이 달라진다. 8월 29일에는 협회가 주최하는 '토론회'가 개최되고 점차 하급 관료나 통역 학교의 교원들이 진출해 나간다. 그리고 1898년에 들어서면서부터는 종래 협회를 주재하던 고급 관료들은 주도권을 상실하고, 협회는 점차 반정부적 색채를 강하게 띠게 된다. 그들은 대한제국이 차관 등의 담보로 러시아나 일본, 나아가 미국이나 프랑스, 독일 등지에 여러 권익을 팔아 넘기는 데에 반대해 정부와 열강에 대하여 이러한 조약의 철회를 요구했던 것이다. 3월 10일에는 한성부 중심의 종로에서 만민공동회라는 민중 집회가 거행되어 러시아의 침략 간섭 정책에 대한 규탄의 목소리를 냈다. 그들은 군사·재정면에 있어서 러시아인 고문을 해고하고 군사와 재정을 실로 대한제국의 손에 돌려줄 것을 요구했다.

만민공동회의 참가자는 한때 만 명을 넘었으며 대한제국정부는 이 요구에 부응하여 러시아인 군사 및 재정고문을 해고하는 한편, 독립협회의 고문인 서재필을 국외로 내친다. 그는 미국 망명 시절에 이미 미국 시민권을 가지고 있기 때문에 외국인이라는 이유에서였다. 또 고종과 내각은 새롭게 어용 단체적 조직인 황국협회를 조직해 독립협회에 대항케 했다(『근대 조선의 변혁 사상』174쪽). 고종은 또 만민공동회가 개최된 다음날인 3월 11일, 독립협회 부회장에서 회장으로 승격된 이완용을 전라북도 관찰사로 좌천시켰고(『조선왕조실록』고종 35년 3월 11일), 독차 사건에 앞서 1898년 7월 9일에는 고종 폐위를 도모했다고 하여 안경수에게도 체포령을 내렸다. 결과적으로 안동수는 어쩔 수 없이 일본으로 망명할 수밖에 없었다(『일한외교사료: 제4권』220쪽).

그렇지만 두 명의 고급 관료를 잃으면서 오히려 독립협회의 반정부적

자세는 오히려 첨예해진다. 이에 고종과 대한제국은 종래와 같은 왕조 혹은 제국의 내부나 열강의 위협과는 다른, 내부의 '아래로부터의 위협'에 직면하게 되었다.

관민공동회와 '헌의 6조'

3월에 열린 만민공동회에 의해 정부로부터 일정한 양보를 쟁취해낸 것을 자신들의 승리라고 간주한 독립협회는 나아가 10월 29일 의정대신 서리 박정양, 군부대신 민영환을 포함한 정부 각 대신을 불러들여 '관민공동회'를 개최했다. 이 장소에서 독립협회는 다음의 '헌의 6조'를 각 대신에게 들이대고 이에 서명할 것을 요구했다. 그 요지는 다음과 같다.

1. 외국인에게 의지하지 말고 관민이 한마음으로 힘을 합하여 전제 황권을 공고히 할 것
2. 외국과의 이권에 관한 조약은 각 대신과 중추원 의장이 합동 날인하여 시행할 것
3. 국가 재정을 탁지부에서 전관하고 예산과 결산을 국민에게 공포할 것
4. 중대 범죄를 공판하되 피고의 인권을 존중할 것
5. 칙임관을 임명할 때는 정부의 자문을 받아 다수의 의견에 따를 것
6. 정해진 규칙을 실천할 것

(『근대 조선의 변혁 사상』190쪽)

압력에 무릎 꿇은 박정양 등은 결국 이에 서명하게 되었고 고종을 설득하여 그 재가를 받는데 일단 성공한다. 정부는 '헌의 6조' 최종 항목의 구체적 실행책으로 본디 관료들에 의해 구성되는 자문회의였던 중추원을 개편하고 관선·민선 반반의 구성으로 할 것을 제안했으며, 아울러

민선 의원 25명을 독립협회가 선출하도록 의뢰했다. 중추원이란 본래 조선왕조의 국왕이나 묘당에 대한 전통적 견제기관이었던 '간관'을 폐지한 후에 만들어진 기관이다. 독립협회는 여기에 자신들의 대표를 보냄으로써 이 자문회의를 일약 국민의회적 성격의 것으로 변모시키고자 했던 것이다.

그렇지만 이러한 독립협회의 요구는 고종의 입장에서 용인할 수 있는 성격의 것이 아니었다. 왜냐하면 이 '헌의 6조'는 결국 최초의 항목에 있어 형식적으로 '전제황권을 견고하게 한다'고 서술한 부분을 제외하면 전면적으로 황제의 '군권'을 제한하고자 함과 다름이 없었기 때문이다. 사실 항목 가운데 몇 가지는 일찍이 고종과 명성황후가 이노우에 가오루에 의해 강요당한 '내정 개혁'과 아주 흡사하기까지 했다.

고종의 반격

그렇기에 더더욱 고종은 11월 4일 반격을 꾀하게 된다. 고종이 의정부 참정 박정양, 법부대신 서정순徐正淳, 찬정 이종건李鍾健, 농상공부대신 김명규, 탁지부대신서리협판 고영희高永喜, 참찬參贊 권재형 등 관민공동회에 참석한 대신을 갑자기 해임한 것이다. 고종은 다음과 같이 말했다.

> 대신은 이미 직책상 알지 못할 리가 없으나 잘못을 충고하는 의리로 볼 때 혼자서 보고하거나 여러 명이 연명으로 상소를 올려도 안 될 것이 없는데, 민회民會로부터 재촉을 받고 나서 손 가는 대로 옳다고 쓰고 갑자기 결재할 것을 청하였으니, 짐朕에게 불안한 점이 있다. 이에 그대로 둘 수 없으니, 당시의 시임 대신을 모두 본관에서 파면시키도록 하라. (『조선왕조실록』고종 35년 11월 4일)

고종은 같은 날, 독립협회를 비롯한 제반 단체들에게 해산을 명하고 11월 5일에는 이상재李商在 등 독립협회의 중견 간부 17명을 체포하기에 이르렀다. 11월 6일에는 조병세를 의정, 조병식을 참정, 박제순을 농상공부대신, 민종묵을 외부대신, 민영기를 탁지부대신으로 하는 신 내각이 발족된다. 조병식은 독립협회에 대항하는 신 정부조직, 황국협회의 배후에 있다고 지적되는 인물이다. 신 내각이 러시아공사관에 가까운 사람들에 의한 수구적 내각임은 누가 보더라도 명백한 일이었다. 당연한 일이지만 독립협회에 호의를 갖고 있는 사람들은 이러한 조치에 크게 반발했다. 그들은 다시금 만민공동회를 연일 개최해 '정부의 반성'을 촉구하게 된다.

그렇다면 어째서 고종은 갑자기 독립협회에 대한 역습으로 돌아선 걸까? 강재언姜在彦은 조병식이 고종에게 독립협회에 대해 아뢴 것을 그 이유로 들고 있다(『근대 조선의 변혁 사상』193쪽). 그러나 그보다 큰 요인은 고종을 향한 러시아의 지지였으리라. 조병식과 민종묵은 구 내각이 경질되기 전날, 독립협회 탄압에 대한 러시아 공사의 견해를 묻고, '대개 정당이라 함은 국정에 방해가 된다. 아무쪼록 이를 타파하는 것만 못하다'는 언질을 했던 것이다(『일한외교사료: 제9권』406쪽). 1898년은 아직도 황제가 다스리는 제정帝政 러시아가 건재하던 시대로, 그런 시대를 살던 러시아 공사의 말이었으니 지극히 당연했을지도 모른다. 이에 조병식과 민종묵은 독립협회에 대한 강경 자세로 돌아서도 '노국露國은 상당한 보호를 주저치 않을 것이다'라고 고종에게 상소했고, 즉석에서 고종이 독립협회의 해산을 결정, 간부의 체포로 이어진 것이다. 그 근본에는 확대되는 독립협회의 기세에 대한 고종의 '공포'가 존재했다. 당시의 주한임시대리공사 히오키 에키日置益는 이와 같이 내각 경질 배경을 추측한다(『일한외교사료: 제9권』405-409쪽)

그러나 이 단계에서 고종의 독립협회 탄압은 러시아를 제외한 열강의 지지를 확보한 것은 아니었다. 특히 독립협회에 가장 가까운 입장에 있던 미국 공사는 대한제국 정부에 의한 독립협회 탄압에 대하여 강한 우려를 나타내었고, 영국, 프랑스 공사 및 독일 영사 또한 대한제국이 이를 군사력을 이용해서까지 탄압하는 데에 비판적이었다(『일한외교사료: 제9권』406-407쪽). 사실 11월 6일 군부대신서리 유기환兪箕煥은 어쩔 수 없이 일본공사관을 방문해 '병력 진압에 나서지 않을 수 없을 것 같다는 취지'의 변명을 할 수밖에 없었다.

이러한 열강의 복잡한 압력 속에서 신 내각은 이윽고 둘로 분열되었다. 즉 러시아의 지원을 배후로 독립협회에 대한 새로운 탄압을 주장하는 조병식이나 민종묵을 중심으로 하는 세력과 미국과 영국, 일본을 배려해 온건한 해결책을 모색하는 민영기, 민병석, 민영환 등의 세력이었다(『일한외교사료: 제9권』408쪽). 한편 독립협회의 강경 자세는 일관되었다. 11월 15일 그들은 종로에서 집회를 개최하고 다음 5개조를 받아들일 것을 정부에 요구했다.

1. 5흉간凶奸(조병식·민종묵·유기환·김정근·이기동)을 체포할 것
2. [먼저 약속한] 6개 조목을 실행할 것
3. 정부 대신에는 국민이 인정하는 인물을 채용할 것
4. 각 협회를 복설復設할 것
5. 조병식·민종묵은 본디 매국을 본령으로 하는 자이다. 고로 저회這回 집권 시 외국과 어떠한 위기를 양성하고 도모했을 것이니. 그러므로 아무쪼록 그 집권 중 외관과의 복서復書를 공개하여 인

민의 의혹을 풀 것

(『일한외교사료: 제9권』408쪽)

이러한 독립협회의 행동은 고종에게는 그들이 '욕망이 점차 증대'한 것이라고 이해되었고 강한 공포를 느끼게 되었다(『일한외교사료: 제9권』 408쪽). 그렇기에 고종은 밀서를 내려 보부상 등 행상인 500명을 동원해 독립협회의 집회를 습격했다(『일한외교사료: 제9권』409쪽). 11월 20일에 일어난 일이었다. 독립협회는 많은 부상자를 냈고, 이에 격앙된 사람들이 조병식, 민종묵, 윤용선尹容善, 유기환, 민영기 등의 집을 습격해 부수기에 이른다. 고종은 이에 대하여 경무사 즉 경찰력을 동원해 군중의 해산을 도모하지만 역으로 경찰은 군중에게 격퇴되는 형국이었다(『일한외교사료: 제9권』410쪽).

동요한 고종은 노신 김성근金聲根과 전 내각의 구성원으로 독립협회에 호의적이었던 민영환과 박정양을 각각 참정과 내부대신에 명하고 내각에 복귀시키도록 했지만 사태의 혼란을 두려워한 그들은 입궐조차 하려고 하지 않았다.

고종은 어쩔 수 없이 11월 22일 독립협회를 공적으로 승인하고, 또 '외국에 의뢰하여 국체를 훼손한 자' 즉 친러파 조병식, 민종묵 등에 대한 처벌을 약속했다(『일한외교사료: 제9권』410-411쪽). 한성부는 바야흐로 대한제국 정부의 손을 떠나 무질서화되었으며, 마치 혁명 직전과도 같은 상태에 돌입하게 된다.

일본의 공조

이러한 가운데 고종을 구한 것은 일본이었다. 히오키 에키는 한성부의 상황에 대하여 다음과 같이 본국의 아오키 슈조青木周蔵 외무대신에게 전보를 쳤다.

> 성내의 인심은 흉흉하고 한韓 정부는 완전히 무능력하여 이를 진압하지 못한다. 아마 조만간 양자간 대충돌이 일어나 결국 무정부 상태가 출현하게 될지도 모를 것으로 추측된다. (『일한외교사료: 제9권』410쪽)

이에 대하여 도쿄의 아오키는 다음과 같이 회신했다.

> 이와 같이 불온한 상황이 지속될 때에는 열국의 감정을 해하게 됨은 물론이거니와 나아가 열국의 한국 내정에 간섭을 초래할 우려가 있다. 그러므로 신속하게 진정될 수 있도록 동국 정부 및 황제에게 충분히 권고해야 한다. (『일한외교사료: 제9권』427쪽)

그러나 이러한 아오키의 훈령에 대하여 히오키는 아직 확신을 갖지 못하였기에 그는 아오키에게 다음과 같이 다시금 전보를 쳤다.

> 전훈電訓과 같이 주의로써 정부 및 황제에게 권고를 시도하기를 여러 번인데 정부라는 것이 매일같이 대신들을 경질하여 확고한 성립을 이루지 못하고 있다. 황제는 그저 인민의 분개에 대하여 복수적인 처치를 하고자 조병식, 이용익의 배후와 모의하기에 분분하여 충언을 듣고자 하지 아니하는 형국이다. 그러하니 한 정부 및 황제에게 속히 민중을 진정시킬 방법은 병력을 쓰는 외에는 없다. 지금 병력을 쓰고자 해도 (一)병정을 써 이를 진압할 힘이 있는지 의심스럽고 (二)설사 일시적으로 진정된다고 할지라도 어쩌면 전국의 혼란을 앞당길지도 모른다. (『일한외교사료: 제9권』428쪽)

이러한 히오키의 의견에 대하여 아오키는 그럼에도 불구하고 어쨌든 소란을 진정시킬 필요가 있고 러시아를 비롯한 각국 공사와 잘 의견교환을 하여 권고를 할 것, 그리고 폭력만 밀어붙인다고 해서 되는 일이 아님을 고종에게 전하도록 명하였다. 즉 여기서 아오키는 분명히 러시아와 보조를 맞춰 고종이 독립협회를 강경하게 탄압할 것을 지지한 것이다.

이렇게 하여 히오키는 아오키의 훈령에 따라 11월 25일 고종을 알현해 이러한 일본 정부의 '권고'를 전하게 된다. 이 알현에서 히오키는 고종에 대하여 일본 정부가 '당국 독립의 안전 장구長久를 희망'하며 '본관의 사견으로' '폐하는 바야흐로 완전히 정부를 소유하지 못한 채 되는대로 정사를 돌봐야 할 이유가 없다'고 그 상황을 설명한 후 '본관의 권고에 따라 정부를 조직하여 일체의 상무를 그에 위임'할 것을 요구했다. 그 요구라 함은 다름아닌 박정양 및 민영환을 다시금 내각에 기용하는 것이었다.

알현이 끝나자 고종은 좌우의 신하를 물리고 히오키를 은밀히 불렀다. 히오키는 이러한 모습을 보고 고종이 일신의 안전에 대해 강한 우려를 갖고 있으며, '경우에 따라서는 우리 수비대에 보호를 요청할 수도 있겠다'고 추측하게 된다(『일한외교사료: 제9권』419-423쪽)

고종은 이러한 히오키와의 회담을 일본이 독립협회보다 자신을 지원하는 것이라고 받아들였다. 이로써 고종은 다음날부터 적극적인 행동에 나서게 된다. 11월 26일 궁궐의 정문인 돈례문까지 몸소 나간 고종은 독립협회 회원과 그들과 대립중인 보부상 집단에게 해산을 명하게 된다. 이러한 이례적이라고도 할 수 있는 국왕 자신에 의한 직접적인 훈계는 큰 효과를 거둬 두 단체의 참가자들은 만세 삼창을 외치고 해산에 응했다고 히오키는 아오키에게 전했다『일한외교사료: 제9권』431쪽).

한편 그렇다면 왜 고종은 이 때 일본 측의 '권고'에 이토록 민감하게 반응한 것일까? 이는 히오키가 이해한 바와 같이 고종이 민중에 대하여 병력을 사용하기를 희망하고 있었고 일본이 이를 용인했다고 생각했기 때문이다. 사실 히오키는 알현에서 다음과 같이 말하였다.

> 대체로 정부는 일국의 치안을 보전하고 질서를 유지할 권리 의무가 있다. 혹 만약 신민으로 하여금 치안을 방해하고 질서를 어지럽히는 자가 있다고 한다면 이를 진압하기 위해 응당한 조치를 하는 것이 당연한 권능이다. (『일한외교사료: 제9권』414쪽)

결국 상황은 다음과 같았다. 독립협회의 활동으로 한성부의 치안이 흐트러지는 가운데 고종은 병력을 출동시킴으로써 이를 한꺼번에 탄압해 해결하고자 했던 것이다. 앞에서도 말했듯이 러시아 정부는 이에 암묵적 지지를 보냈지만 영국, 프랑스 양국 공사 및 독일 영사는 오히려 독립협회에 앞서 보부상 집단의 해산이 선행되어야 한다고 주장했으며, 미국 공사는 한층 더 나아가 독립협회의 보호를 강하게 주장했다. 그렇지만 당초 미국이나 프랑스와 함께 독립협회 탄압에 엉거주춤한 태도를 보이던 일본 정부가 병력 사용까지 용인하는 자세를 내보임으로써 고종은 단번에 자신이 원하는 방향으로 선회할 수가 있었던 것이다. 궁정 문앞에서의 훈계는 이를 위한 전초 준비에 지나지 않았으며, 그는 자신의 타이름에도 불구하고 다시금 독립협회가 행동을 취했을 경우에는 이를 병력으로 탄압하겠다는 결심을 이미 굳히고 있었음에 틀림없다.

어쨌든 여기에서 고종은 일단 독립협회 등의 복설復設을 공식적으로 인정하고 또 앞서 독립협회가 요구한 5흉간의 처분, 6개 조목의 실시, 보부상 해산의 요구도 수용하는 자세를 보였다. 현안인 중추원을 둘러싼 문제는 11월 29일 정부가 추천하는 4명, 황국협회가 추천하는 29명 그리고 독립협회에서 17명을 추천하기에 이르렀다. 참고로 이 때 임명된 중추원 의관 중에는 훗날 대한민국의 초대 대통령에 취임하는 젊은 이승만도 이름을 올렸다. 당초 25명이었던 것에 비하면 후퇴한 것이기는 하나, 이렇게 하여 그들은 대한제국의 공적 조직으로서 일각을 차지하는데 성공한다. 중추원 의장에는 정부가 추천한 이종건, 그리고 부의장에는 독립협회 회장인 윤치호尹致昊가 선출되었다. 12월 4일에는 민영환을 참정, 박정양을 농상공부대신으로 하는 독립협회에 대하여 포용적인 신 내각이 출범하면서 정세는 일단 안정된 것처럼 보였다(『근대 조선의 변혁 사상』197쪽).

이 시기 중추원은 '법률, 칙령 제정 폐지 혹은 개정에 관한 사항' '의정부로부터 상소되는 일체의 사항' 그리고 '기타 칙령에 의해 의정부에 자문되는 사항' 또한 '의정부의 임시 건의에 대하여 자문하는 사항' '중추원 자신이 임시로 건의하는 사항' 마지막에 '인민이 헌의하는 사항'에 대하여 '의정'하는 폭넓은 권한을 갖는 존재였다. 그러나 여기에서 다시금 문제가 발생한다.

왜냐하면 중추원은 여기에 이르기까지 사태의 원인이 내각에 사람을 얻지 못한 데에 있다고 하여 12월 16일 연기식連記式에서 11명의 대신 후보자를 선출해 고종의 재가를 얻어 국정을 위임할 것을 '의정'했기 때문이다. 중추원에서 투표 결과 선정된 사람은 다음의 11명이었다. 득표

수가 많은 순서대로 민영휘(18표), 민영환(15표), 이중하李重夏(15표), 박
정양(14표), 한규설韓圭卨(13표), 윤치호(12표), 김종한(11표), 박영효(10
표), 서재필(10표), 최익현(10표), 윤용구尹用求(8표)이었다(『근대 조선의
변혁 사상』197쪽).

일찍이 친청파의 필두로 여흥 민씨의 최대 실력자였던 민영환이 최고
득표를 얻었고 또한 대원군 정권 붕괴 시 중요한 역할을 담당한 최익현
의 이름이 여기에 등장한 점은 흥미롭다. 그러나 문제가 된 것은 여기에
해외 추방된 두 인물 즉 박영효와 서재필이 들어와 있다는 점이었다. 이
는 독립협회에 이 두 명의 영향을 받은 인물이 얼마나 많은지를 보여준
다. 하지만 미국 국적이기 때문에 미국 공사관의 보호를 받고 또 같은
이유로 불법 체류자로 국외 퇴거를 당한 서재필은 차치하고도 박영효는
1884년 갑신정변과 1896년 실각 시 두 차례에 걸쳐 고종에게 모반의 죄
를 추궁 당한 인물이며, 이러한 인물을 대신으로 임명해야 한다고 '의정'
한 것은 고종이 공적으로 인정한 박영효의 모반죄를 중추원이 부정하는
것과 같았다(『근대 조선의 변혁 사상』198쪽).

당연한 일이지만 고종은 이러한 중추원의 '의정'을 받아들일 수 없었
다. 또한 이 부분에서 다시금 일본이 중요한 역할을 수행하게 된다. 왜
냐하면 박영효의 추천에 대하여 독립협회의 책임을 묻는다면 박영효의
망명국이었던 일본의 동향을 배려해야만 했기 때문이다. 이 점에 대하
여 12월 15일 간신히 한성부에 귀임歸任한 주한전권공사 가토 마스오加
藤增雄는 이틀 후인 12월 17일 고종을 알현했다. 이 알현에서 고종은 일
본에 망명중인 한국인이 독립협회와 상통하고 있지는 않은지 여부에 우
려를 표명했다. 이에 대하여 가토는 '제국 정부는 단연코 망명자 무리를

관동에서 몰아낼 것이며 그러한 행동을 충분히 억제하고 있음'을 아뢰어 일본이 독립협회를 지지하는 것은 아닌지 우려하는 고종의 심려를 불식시키는데 성공한다(『대일본외교문서: 제31권 제2책』462쪽).

이렇게 하여 고종은 12월 25일 다시금 독립협회 및 만민공동회의 죄를 들어 경찰을 관할하는 내부와 군사를 관할하는 군부에 이 철저한 단속을 명한다. 고종은 다음과 같이 말한다.

> [독립협회는] 처음에는 임금에게 충성하고 나라를 사랑한다는 취지에 입각하여 착하지 않음이 없었는데, 결국에는 도리에 어긋나고 나라를 어지럽힌다는 죄명에서 피할 수가 없게 되었으니, 의구심이 이 때문에 생긴 것이다.   (『조선왕조실록』고종 35년 12월 25일)

그리고 고종은 독립협회가 범한 죄를 11개 항목으로 나열하였다. 멋대로 집회를 실시한 점, 만민공동회를 마음대로 개최한 점, 해산 요구에 따르지 않은 점, 고관을 능멸한 점, 외국 공관에 투서해 군주의 과오를 드러낸 점, 관리를 협박해 집회에 참가시킨 점, 관청에 난입하여 사무를 어지럽힌 점, 재판에 폭력으로써 대한 점, 군대와 경찰에 투석하여 다치게 한 점, 요언으로써 선동하여 거역한 점, 망명 죄인의 임용을 도모한 점 등이다.

이렇게 대규모 탄압이 이루어졌고 독립협회 운동은 사실상 막을 내리게 된다. 독립협회 회장인 윤치호는 그 아버지, 고종 측근의 무관이었던 윤웅렬尹雄烈의 도움을 빌려 덕원감리德源監理겸 부윤府尹으로 지방 전임함으로써 겨우 화를 면했지만 그 외의 유력자 등은 외국인의 집으로 대피하거나 혹은 해외로 망명하든지 했고 또 체포되어 형벌을 받았다. 고종은 이듬 해인 1899년 1월 17일에 군부에 명해 지방의 독립협회 활동 거점까지 탄압했다. 나아가 5월22일에는 중추원 자체의 관제를 개정해 이를 황제가 임명되는 의관들로만 구성된, 오롯이 황제에게 순종하는 자문회의로 전환하게 된다(『조선왕조실록』고종 36년 1월 17일, 5월 22일).

5. '절대 왕정'이라는 사상누각

'무한 군권'의 실현

이렇게 하여 고종은 독립협회라는 거대한 규모의 '아래로부터의 위협'을 제거하는데 성공한다. 그 축출 과정에서 한반도에서 가장 큰 권력을 쥐었던 두 열강, 러시아와 일본까지 배후에 끌어들인 고종은 이 시기에 권력의 절정에 있었다고 할 수 있다. 그때까지 자신에게 수차례 이빨을 드러내며 달려들었던 군대에게 명을 내려 그들을 축출한 그 때, 고종은 실로 자신이 '황제'가 된 것을 실감했는지도 모른다.

그리고 독립협회 세력에 대한 축출이 거의 끝나가던 1899년 8월 17일. 이러한 고종의 패권 성립을 상징하는 공포되었다. 한반도에 있어서 최초의 '헌법'이라고도 불리는 '대한국 국제國制'가 바로 그것이다. 그 내용은 아래와 같다.

> 제1조: 대한제국은 세계만국에 공인되온 바 자주 독립하온 제국이니라.
> 제2조: 대한제국의 정치는 이전부터 5백 년간 전래하시고 이후부터는 항만세恒萬歲 불변하오실 전제정치이니라.
> 제3조: 대한국 대황제께옵서는 무한하온 군권君權을 향유하옵시느

니 공법에 이르는 바 자립정체이니라.

제4조: 대한국 신민이 대황제의 향유하옵시는 군권을 침손할 행위
　　　가 있으면 그 행위의 사전과 사후를 막론하고 신민의 도리
　　　를 잃어버린 자로 인정할지니라.

제5조: 대한국 대황제께옵서는 국내 육해군을 통솔하옵셔서 편제를
　　　정하옵시고 계엄·해엄을 명하옵시니라.

제6조: 대한국 대황제께옵서는 법률을 제정하옵셔서 그 반포와 집
　　　행을 명하옵시고, 만국의 공공한 법률을 효방하사 국내법률
　　　로 개정하옵시고 대사大赦, 특사特赦, 감형減刑, 복권復權을
　　　명하옵시느니 공법에 이른바 자정율례自定律例이니라.

제7조: 대한국 대황제께옵서는 행정 각 부부府部의 관제와 문무관의
　　　봉급을 제정 혹은 개정하옵시고 행정상 필요한 칙령을 발하
　　　옵시느니 공법에 이른바 자행치리自行治理이니라.

제8조: 대한국 대황제께옵서는 문무관의 출척·임면을 행하옵시고
　　　작위·훈장 및 기타 영전을 수여 혹은 체탈하옵시느니 공법
　　　에 이른바 자선신공自選臣工이니라.

제9조: 대한국 대황제께옵서는 각 국가에 사신을 파송·주찰케 하
　　　옵시고 선전·강화 및 제반약조를 체결하옵시느니 공법에
　　　이른바 자견사신自遣使臣이니라.

　　　　　　　　　　　　　　　(『조선왕조실록』고종 36년 8월 17일)

　대한국은 세계 만국이 공인하는 자주 독립된 제국이며 그 체제는 무
한 군권을 가진 대황제에 의한 만세불변의 전제 정치이다. 황제의 권리
는 누구도 방해하지 못하고 황제 이외의 그 누구도 군대를 움직이거나
법률을 정하거나, 관리를 임명하고 사람들에게 영예를 주거나 마음대로
외교를 행사할 수 없다. 불과 9개조로 이루어진 이 '대한 국제'의 발포는
확실히 고종, 그리고 이미 승하한 명성황후가 목표로 해 온 '무한 군권'
을 현실로 이루었음을 의미하고 있었다.

친족도 신하도, 나아가 열강도 민중도 방해할 수 없는 '무한 군권'. 이 국제가 발포되는 순간이야말로 고종의 정치적 승리의 순간이었던 것이다.

고독한 절대군주

1899년부터 1903년까지 4년간. 이 시기는 고종의 치세에서 그의 권력이 절정에 이르렀던 시기였다. 그러나 중요한 것은 이 시기에 '황제'로서의 고종의 권위에 도전할 수 있는 사람이 모두 사라지고 말았다는 점이다.

일찍이 그를 에워 싸고 벌어진 두 가족의 다툼, 즉 대원군을 중심으로 하는 생가와 명성황후나 조대왕대비, 나아가 그 척족에 의해 유지되었던 왕족 종가에는 어느덧 아무도 남지 않게 되었다. 대원군의 집을 계승한 것은 고종의 친형 이재면, 살아서 한 번도 노골적인 정치적 야심을 내보인 적이 없는 '마음씨 좋은 할아범'인 체 한 인물이다. 여흥 민씨 세력도, 명성황후 사후, 점차 궁에서 멀어지게 되어 그들은 예전처럼 특수한 존재가 아니게 되었다. 러일 양국은 여전히 한반도에서 권익을 둘러싸고 또는 마산에서, 또는 거제도에서 맹렬히 싸웠지만 그렇기에 그들은 단숨에 대한제국의 절대적 권력자로 올라선 고종을 차지하고자 노력했다. 그 당시 상황에 대하여 일본의 외교문서는 다음과 같이 기록하고 있다.

> 당 정부의 권력이 점차 궁내로 옮겨가고 있는 상황은 기왕旣往의 보고 및 각종 품신稟申에 의해 대략 양실諒悉한 것으로 알았던 바 근년 현저하게 분잡紛雜의 추세가 높아져 정부에 속하는 각 부국은 하나같이 외형뿐이라. 사소의 일 조차도 일절 궁중의 지시로부터 나오는 결과는 오로지 내정의 문란을 거듭할 뿐만 아니라 외교상으로도 역시 그 영향을 받는 일이 근래에 격심하고 제 외국인 사이의 각종 계약 같은

것까지도 궁중 출입자와의 사이에 가볍고 간단하게 타결됨과 동시에
그 이행 또한 각종 사정 내지 이의에 견제되어 심할 때에는 계약 그
자체의 변경 등 대부분 무정부적 부주 질서와 부주 신용을 초래하여
제 외국 사신들 모두가 악감정을 갖지 아니한 자가 없다[候]

(『일한외교사료: 제9권』 464쪽)

그러나 권력의 절정에 있던 고종은 고독했다. 일찍이 고종의 권력은
분명히 여러 가지로 견제를 받고 있었으며 그는 자유롭게 행동할 수가
없었다. 그러나 거기에는 명성황후가 있었고 당시에는 아직 '왕세자'라
고 불리던 황태자가 건재했었다. 그러나 지금은 명성황후도 없고 황태
자 또한 '독차사건'으로 장애를 얻기에 이르고 말았다. 그 외에 왕자로
서자, 의친왕 이강이 있었으나 벌써 스무 살이 넘은 그는 잠재적 황태자
의 경쟁자이기에 궁에서 멀리 떨어져 있었으며 오히려 고종의 경계의
대상이기도 했다. 1894년 이래 의친왕은 강제로 해외 유학을 떠나게 되
었고 생모인 귀인 장씨 또한 그를 출산한지 23년이 지난 1900년이 되어
서야 비로소 숙원의 칭호를 얻은 형국이었다. 막내인 이은은 아직 어린
아이로 고종에게 도움이 될 리도 없었고 고종의 옆에서 그를 지지할 수
있던 것은 이은의 어미, 엄비 뿐이었음을 알 수 있다. 엄비는 1897년에
귀인으로 승격해 1900년에 순빈淳嬪에 책봉되었다. 그녀는 그 이듬해인
1901년에 비妃로, 1903년에는 황귀비로 승격하게 된다.

그러나 명성황후의 영향력은 아직 살아 있었다. 1900년 무렵이 되자
재차 1895년의 명성황후 시해 책임자를 추궁해야 한다는 상소가 묘당에
쇄도했고, 묘당은 그 처분을 추진하기에 이른다. 1900년 5월 27일에는
1894년 대원군 입궐 당시 이준용을 주모자로 명성황후의 시해를 도모했

다는 명목으로 안경수와 권재형 두 사람이 구속, 처형되었다. 안경수는 을미사변 즉 명성황후 시해 사건 직후에는 훈련대 병사에게 궁궐 습격을 멈추도록 설득을 시도했던 당시 군부대신이었고, 권재형은 고종을 황제에 앉혀야 한다는 상소문을 쓴 장본인이었기 때문에 그들이 모반죄를 명목으로 한 이 처형에 납득했으리라고는 도저히 생각되지 않는다. 그러나 두 사람은 동시에 독립협회에 대해서도 호의적이었기 때문에 혹시 그들이 실제로는 독립협회사건의 책임을 지게 되었는지도 모른다.

어쨌든 그 후 대한제국의 정국을 살펴볼 때 이와 같이 때때로 과거 명성황후 시해의 책임을 묻는 형태로 다양한 정치 세력 간에 정쟁이 전개되었다. 일본의 외교 문서에 따르면 같은 무렵, 묘당에서는 을미사변 직후의 명성황후 폐비의 조칙에 서명한 당시 대신들의 책임을 묻는 논의도 이루어졌다. 그 중에는 고종의 친형인 이재면, 당시 외무대신 김윤식 등이 포함되어 있으며 묘당의 일부 세력과 황태자는 그들을 처형 혹은 자결하게 할 것을 강하게 요구했다고 한다.

당시 소동의 목적은 고종과 황태자, 그리고 새롭게 고종의 애비 자리에 앉은 엄비와 그 아들 영친왕에게 있어 마지막 위협이라고도 할 수 있는, 먼저 세상을 떠난 대원군의 애손愛孫 이준용을 배제하는데 있었다고 한다. 사실 일본공사관은 이 운동의 배후로 엄비의 후원을 의심하고 있었다. 1900년 6월 26일, 대한제국 정부는 일본 정부에 대하여 일본에 유학중인 이준용, 그리고 일본 망명 중으로 추측되는 조희연, 유길준, 조두황趙斗璜, 권동진權東鎭, 조의문趙義聞 등의 인도를 요구하였다. 이를 거부당한 대한제국은 일본에 자객을 보내 이준용의 살해까지 시도한다. 같은 무렵 일본공사관에는 민영환, 민영휘 등 옛 여흥 민씨 세력의 중심

인물들이 일본 공사를 끌어들여 의친왕을 옹립해 왕위 찬탈을 계획하고 있다는 내용의 괴문서가 도착했다. 역시 여기에서도 우리는 엄비의 존재를 의심해봐도 좋으리라. 황태자가 장애를 얻은 데다가, 그가 아이를 갖지 못한다는 사실도 잘 알려져 있었다. 그러한 상황 속에서 그녀는 자신의 아이인 이은이 현 황태자 다음으로, 황태자에 오르기를 열망하고 있었다. 이를 위해서는 분명히 서형인 의친왕이나 이준용이 눈엣가시 같은 존재였음에 틀림없다.

그런데 이와 같이 내궁에서 은밀한 권력 투쟁이 전개되고 있는 반면, 묘당의 상황은 안정되어 있었다. 1899년부터 1903년까지 묘당 최고자리인 의정대신에 오른 것은 윤용선과 심순택, 그리고 이근명李根明 3명뿐이었으며 또한 2인자인 참정대신의 자리 또한 신기선申箕善, 김성근, 조병직, 조병식, 서정순徐正淳, 이헌영 등 특정 인물이 교대로 차지했다. 각 대신의 면면 또한 그 지위가 움직이는 것만큼 대체로 안정되어 있어 극적인 변화는 찾아볼 수 없다.

6. 대한제국의 한계

군사비의 재확대

그렇다면 이렇게 안정된 상황 속에서 고종은 도대체 무엇을 했던 것일까? 그 점에 대해서는 다음의 표를 보면 쉽게 알 수 있다. 이렇게 보면 이 시기의 대한제국은 순조롭게 세입이 늘어나고 있는 동시에 세입보다 한층 더 빠른 속도로 군사비가 증가하고 있음을 알 수 있다.

대한제국의 세입과 군사비

서력	세입(천원)	군사비(천원)	군사비/세입(%)
1896	4,809	1,028	21.3
1897	4,191	979	23.3
1898	4,527	1,251	27.6
1899	6,473	1,447	22.3
1900	6,162	1,636	26.5
1901	9,079	3,594	39.5
1902	7,586	2,786	36.7
1903	10,766	4,123	38.2
1904	14,214	5,180	36.4

(주) 백분율은 소수점 둘째 자리 이하 버림

(출전)『조선 한국의 내셔널리즘과 소국의식朝鮮/韓国ナショナリズムと「小国」意識』225쪽. 단 1895년 데이터는 불완전하므로 삭제

그 세입에 대한 군사비의 비율은 같은 시기, 즉 러일전쟁 직전의 메이지 정부를 훨씬 능가하는 수준이었다. 군비 확장은 고종이 전권을 잡았던 시기, 대한제국 정치의 큰 특징이었다고 할 수 있다.

그렇다면 이러한 군사비는 도대체 어디에 사용된 것일까. 1899년 6월 22일, 고종은 평소 방침대로 스스로를 대원수, 황태자를 원수로 하여 육해군을 일괄적으로 통솔하는 '원수부元帥府'를 설치하였고, 계속해서 대한국 국제가 발포된 이튿날인 같은 해 8월 18일, 군부관제를 대폭 개정하였다. 가장 큰 특징은 군부대신의 권한이 크게 줄어들었다는 점이었다. 이에 따라 군령, 군정 양면에서 군부대신은 실권을 잃고 모든 것을 원수부가 일괄 관리하게 되었다.

이러한 제도적 개정을 전제로 고종은 대원수로서 군대 증강에 나서게 된다. 군대는 기본적으로 1개 대대가 5개 중대, 1개 중대가 4개 소대로 편성되어 1897년 1월에 시위대 제1대대, 3월말에 제2대대가 편성되었다. 1대대는 대략 600명 규모였던 듯하다. 또한 친위대도 같은 편성으로 9월에 제1대대와 제2대대, 1898년 7월에 제3대대가 편성되었다. 이 때

341 아관파천과 대한제국-고종의 고독한 패권

고종은 육군을 10개 대대까지 증설하는 계획을 천명한 바 있었다. 시위
대대와 친위대대에는 화력 증강도 이루어졌다. 1898년 5월, 시위대는
제1, 제2대를 추가로 연대 본부에 편성했다. 연대에는 7월에 185명으
로 구성된 포병 1개 중대가 배속되었다. 포병 부대도 점차 확장되어
1900년 12월에는 2대대로 증가했다.

또 1900년 12월 9일에는 408명으로 구성된 시위기병대대가 독립부대
로 설립되었다. 결국 1902년 10월 30일까지 2개 시위연대와 2개 친위연
대가 편성되어 약 5천명의 병력이 원수부의 통제 하에 한성부에 배치되
게 된다.

이 시기 군비 확장의 또 다른 특징은 바로 고종이 그때까지는 간과해
온 지방 군대의 확장도 이루어졌다는 점이다. 종래 한반도 각지의 군대
는 동학에 대비하기 위해 전주에 배치되어 있던 1개 진위대대 약 4백
명을 제외하면 규모나 장비도 가지각색이어서 도저히 근대적 군대라고
할만한 수준은 아니었다. 1899년 1월 15일, 고종은 이 지방군에 대한 개
혁에 착수하게 되어 한반도 각지의 요충지에 2중대 약 4백 명으로 구성
된 대대를 배치해 나간다. 이 중 전주와 평양에 설치된 대대는 진위대대
라 부르고 그 외에는 지방대라 통칭했다. 지방대가 배치된 것은 수원,
강화(2대대), 청주, 공주, 광주, 대구, 안동(2대대), 고성, 해주, 황주(2대
대), 안주, 원주, 북청, 경성 등 총 17대대, 6천8백 명 규모였다.

지방대는 1900년 7월 20일에는 3대대로 구성된 연대제로 개편되어 5
연대가 강화, 수원, 대구, 평양, 북청에 배치되었다. 1연대의 규모는
3,024명, 총 1만 9,152명까지 확대되었다.

분명한 사실은 이 시기가 고종 즉위 후, 조선왕조 혹은 대한제국의

군비가 가장 충실했던 시기라는 점이다. 그리고 이미 서술한 바와 같이 고종은 이 군비 확장을 위해 가능한 한 많은 자금을 투입했다. 앞서 제시하였듯이 그 비율은 대한제국 세입 전체의 40%에 가까운 수치였고, 일반회계인 경상부 세출의 40% 이상에 달한다. 그럼에도 불구하고 중요한 것은 결국 대한제국의 군대가 중앙5천명, 지방을 아울러도 2만5천명 규모에 불과했다는 점, 그 중에서도 실로 근대적 군대라 할만한 체재를 정비한 곳은 한정적이었다는 점이다. 굳이 언급할 필요도 없이 그 이유는 본디 대한제국의 재정규모가 작았기 때문이었다. 대한제국의 군사비가 세입에서 차지하는 비율이 가장 컸던 1901년조차 대한제국의 군사비는 같은 해 일본 정부의 3%에 불과했다.

내궁의 비대화

고종이 또 하나 막대한 예산을 쏟아 부은 것은 바로 궁정비였다. 1894년, 일본에 의해 강력하게 추진되었던 내정 개혁 가운데 일단은 국고 회계로 통합된 궁내부, 즉 내궁에 필요한 비용은 1897년, 고종의 최측근 중 한 사람이었던 이용익이 내장원향內藏院鄕이 되면서 다시 분리된다. 즉 궁내부 경비에는, 조선 인삼의 전매로 얻는 홍삼 전매세나 삼세參稅, 나아가 광업 경영권이나 그에 부과시킬 수 있는 세금 등 독자적인 재원을 할당할 수 있게 되었고 또 사실상 국가재정과 분리되어 독자적으로 집행하게 된다. 궁내부 경비에는 더불어 종전과 마찬가지로 국고로부터 지출되는 황실비도 존재했기 때문에 그 예산 전체에서 차지하는 비율은 해마다 비대화되었다. 현실적으로 내궁이 사용할 수 있는 경비는 공적으로 드러난 것 말고도 관직 매매에 의한 것이나 화폐 주조 차익도 있었기 때문에 실제 규모는 아마 더 방대했음이 틀림없다. 어쨌든 이렇게 하여 대한제국의 예산총액은 1896년부터 1904년까지 3.5배까지 증대하였고, 그 결과 대한제국의 재정은 세입 부분에서 큰 결함이 생기고 만다. 말할 것도 없이 이러한 상황은 대한제국이 계속해서 러시아나 일본을 비롯해 다양한 열강 정부나 은행의 차관에 의존하게 만들었다.

이들을 지키는 군대의 증강과 자유로운 궁정비의 사용, 이는 고종이 평소 바라던 바였으며, 그렇기에 이러한 군사비 확대와 궁정비 확대는 대한제국에서 고종이 전권을 획득했다는 확실한 징표였다. 왜냐하면 결국 고종, 나아가 세상을 떠난 명성황후의 바람은 다름아닌 스스로의 권위를 확립하고 또 스스로의 안전을 절대적으로 확보하는 것이었기 때문이다. 고종이 수립한 것. 이는 뒤늦게 찾아온 절대 왕정이라고도 할 만한 것이다.

재정 규모의 과소

그렇지만 고종이 불행했던 것은 그 자신이 실정한 측면도 있어 이 시점의 대한제국에는 이미 그러한 절대 왕정적인 시책을 지지할 만한 재정적, 사회적 기반이 존재하지 않았다는 점이다. 고종이 몇 번이고 강조한 바와 같이 국가재정의 10% 이상에 달하는 대한제국 궁정비의 그 금액 자체는 미미한 것이었다. 1903년, 대한제국의 황실·궁내부비는 다 합해도 당시 일본 엔으로 환산해 약 126만 엔(『조선왕조재정사연구: 4 근대편』47쪽)이었다. 비교해 보자면 메이지 정부는 황실비만 300만 엔을 지출하고 있었다(『일본경제통계총관』74쪽). 하지만 메이지 정부의 황실비는 전체 세출의 1%에 불과했다. 원로들이 실제적인 권력을 잡고 있던 일본의 메이지 천황에 비해, 고종은 대한제국에서 훨씬 더 절대적인 권한을 확립하고 있었다. 그럼에도 불구하고 고종은 메이지 천황이 쓰는 예산의 절반도 쓸 수 없었던 것이다. 그러니까 말하자면 고종에 의한 '절대 왕정'은 국내에서는 '절대'적인 것이었지만, 러시아나 일본 등 열강들이 볼 때에는 '종이 호랑이' 수준도 되지 않았다. 과연 그 원인은 한국의 적은 인구 규모로 인한 것이었을까 혹은 경제적으로 뒤쳐져있었기 때문이었을까, 아니면 대한제국의 징세력이 약했었기 때문인가, 혹은 고종 자신의 실정에 의한 것이었을까? 오늘날 이를 정확하게 '계량하기'란 불가능할 것이다. 여하튼 이러한 재정적 취약성 때문에 결국 고종의 절대 왕정 정책은 대외적으로는 무의미해진다. 즉 고종의 노력에도 불구하고 대한제국은 결국 효과적인 국방력을 얻지 못한 채 오히려 차관이 불어남으로써 더욱 열강에 의존하게 된다.

1895년 일찍이 조선왕조에 '내정 개혁'을 밀어붙이고자 했던 이노우에 가오루는 그 수단으로 조선왕조의 '이집트화'를 꾀한 적이 있었다(『세외 이노우에 공전世外井上公傳: 제4권』). 즉 방만 재정의 결과, 영국으로부터 대량의 차관을 받은 이집트가 영국의 보호국이 되었던 것을 모방해 재정난에 허덕이는 조선왕조에 굳이 적극적으로 대출을 실시해 스스로의 영향하에 넣고자 했던 것이다. 국제통이며 재정통이었던 이노우에 다운 이 책략은 결국 일본 국내의 반대로 좌절되지만 바야흐로 대한제국은 스스로 '이집트화'의 전철을 밟고 있었다. 고종의 '절대 왕정'은 그 겉모습과는 달리 언제 붕괴해도 이상하지 않을 '사상누각'이라고도 할 수 있는 존재였던 것이다.

중립화라는 궁여지책

언뜻 보기에 반석으로 보였던 이 체제는 한반도를 둘러싸고 첨예하게 대립하던 러일 양국이 각축을 벌이면 벌일수록 더욱더 동요하게 된다. 1900년, 청나라에서 의화단 사건이 발발하면서 러시아군이 만주에 진출했다. 고종은 이러한 러시아군의 움직임을 한국에 대한 침략 준비로 보고 크게 경계한다. 사실 같은 해 7월에는 의화단이 청나라에서 국경을 넘어 한국에 침입한다는 소문이 퍼졌고, 7월 22일 러시아 공사 파블로프Alexander Ivanovich Pavlov는 대한제국에 대하여 러시아군이 이를 추격해 한국 영내에 들어오는 것을 허가해달라고 요구했다. 대한제국은 이러한 러시아의 요구를 거절하고 자국 내에 침입한 폭도는 자국의 손으로 처벌할 것이라고 답한다.

이 단계에서 대한제국이 지향한 바는 대립각을 세우고 있는 러일 사이에서 중립을 선언하고, 다른 열강, 특히 미국의 보장을 끌어내는 것이었다. 한국의 러일에 대한 불신은 동시에 러일 양국이 한국의 분할에 대해서 어떠한 합의에 이르렀고 이 때문에 양국이 모두 출병하는 것은 아닌가 하는 우려로 이어지고 있었다. 사실 당시 일본 내에는 이토 히로부미와 이노우에 가오루의 한반도 분할론, 아오키 슈조와 고무라 주타로의 만한교환론滿韓交換論 등이 활발하게 논의되고 있었기에 고종의 이러한 우려가 결코 기우는 아니었다. 그렇지만 고종의 중립화안은 이 단계에서는 군사적·정치적으로 우위 입장에 있던 러시아에 의해 거부되었고 일본의 존중을 받지도 못했다.

황태자와 황태자를 둘러싼 세력이 기대를 걸었던 미국 정부도 스스로가 열세인 한반도에서는 외교적 주도권을 쥐길 주저했으므로, 결국 당시 대한제국의 중립화 정책은 허무하게 끝이 났다.

의화단 사건 이후 러시아군이 제2차 청러밀약에 근거해 만주에 주둔을 계속하는 가운데, 1902년, 일본은 영일동맹을 체결했다. 이렇게 해서 양자의 대립은 더욱 확고해졌다. 일본은 영국의 후원에 힘입어 한반도에서 '자유 행동'을 획득하기 위해 한일비밀공수동맹의 체결을 목적으로 삼았으며, 이에 반해 러시아는 만주의 권익이 중요하다고 보고 한 번은 부정했던 한반도의 중립화를 주장했다.

일본 정부는 이러한 러시아의 제안을 만주에서 발판을 마련하기 위한 시간 벌기라고 보고, 대한제국의 보호국화를 기정 방침으로 움직이기 시작한다. 1901년, 일본 정부는 일본을 방문한 한국 외부대신外部大臣 박제순에게 비밀공수동맹을 위한 조약안을 제시했지만 박제순은 이에 큰 흥미를 보이지 않았다. 러시아의 대대적인 압력이 가해지고 있는 현 상황에서 대한제국이 일본과 조약을 맺는 것은 오히려 한국에 대한 러시아의 위협을 증강시킬 뿐이라고 생각했기 때문이다. 대한제국이 바라는 바는 여전히 열강의 공동 보장을 기반으로 한 중립이나 러일 양 진영을 끌어들인 다각적 국방 동맹, 둘 중 하나였기 때문이다.

흥미로운 것은 러일 관계가 더욱 긴박해지는 1903년이 되자 고종은 몰래 궁내부 시종 현영운玄英運을 일본에 파견해 일본과도 교섭을 시도한다는 점이다. 현영운은 이토 히로부미를 방문해 '우리나라의 존립과 명호名號를 훼손하지 않는 한', '양국 사이에 국방 동맹을 체결'하기를 희망한다고 전했다.

그러나 이 동맹에는 '이면裏面'이 있었다. 현영운은 이 국방 동맹의 전제로 당시 일본에서 유학하고 있던 의친왕과 이준용의 귀국을 요구했던 것이다. 당시의 일본 정부는 현영운의 움직임 배후에 자신의 사랑하는 아들 이은을 장래 황위에 앉히고자 하는 엄비의 속내가 있다고 추측하고 있었다. 즉 엄비는, 경쟁자인 의친왕과 이준용을 귀국시켜 어떻게든 처리함으로써 이은의 지위를 확고하게 만들고자 했다는 것이다. 내궁의 문제와 자국의 안전 보장. 고종과 엄비의 입장에서 양자는 '비슷한 정도'로 중요한 문제였을지도 모른다(『일한외교사료: 제9권』325-328쪽, 『대일본 외교문서: 제33권』106쪽).

귀국한 현영운은 일본과의 제휴 필요성에 대해 상소를 올렸는데, 묘당은 이 상소로 인해 분열했다. 앞서 말한 바와 같이 러시아의 위협에 직면한 대한제국에서는 당시 두 개의 외교 노선을 둘러싼 대립이 내궁의 세력 다툼과 맞물려 전개되고 있었기 때문이다. 엄비가 일본과 동맹을 맺으면서 의친왕과 이준용을 귀국시키고, 잘되면 황태자도 건강상 문제를 들어 배제하고자 한 데에 비해, 황태자를 중심으로 하는 세력은 미국에 의존해 한반도의 중립화와 내정 개혁을 실현하고자 했다고 알려져 있다. 하지만 결국 사실은 다음과 같았다.

대한제국의 정치 중심은 점차 내궁으로 옮겨가고 있었고 그 결과로서 고종과 새로운 황비로서 부상하고 있던 엄비의 영향력이 강화되고 있었다. 엄비의 영향력이 확대되는 가운데, 점차 전 황비 명성황후의 자식인 황태자는 설 곳을 잃어가고 있었다. 또한 자신의 어머니가 일본에 의해 살해당한 황태자와 그를 둘러싼 세력은 세력 확보를 위한 제휴 상대를 선택하는 데 있어, 당시 한반도에서 세 번째로 큰 세력이었던 미국과 엄비의 권세에 눌려 묘당이 껍데기만 남지는 않을까 우려하는 일부 묘당 중신, 특히 민영환 등 여흥 민씨 출신의 대신들과 연합을 선택했다. 이는 일면으로는 한일공수동맹론을 주장하는 세력과 러일에 이은 제3세력 미국에 기대를 걸고 열강의 공동 보장에 의한 한국의 중립 실현을 모색하는 세력 다툼임과 동시에, 다른 한편으로는 엄비와 지금은 세상을 하직한 명성황후 사이의 권력 다툼이라는 성격도 갖고 있었다(『일한 외교사료: 제9권』329-331쪽).

결국 고종은 친엄비파의 유력자, 조병식을 새로운 주일 공사로서 파견하는 한편, 외교전략 면에서는 친황태자파에 가까운 한반도 중립화 전략을 선택하는 균형 잡힌 결정을 내렸다. 고종은 러일에 의해 분할될지도 모를 당시 대한제국의 상황을 우려하고 있었으며, 최종적으로 이를 막기 위한 수단으로 재차 열강의 공동 보장에 의한 중립화를 지향하게 되었던 것이다.

그러나 러일관계는 파국으로 치달았고 대한제국은 좋든 싫든 이러한 상황에 휘말리게 된다.

제9장
파국

러일전쟁

대한제국의 패망과 그림자

1. 러일 각축 속에서

중립화 정책의 파탄

고종은 러일 양국의 대립을 크게 염려하며 지켜보고 있었다. 그렇지만 영일 간에 동맹이 체결되고, 불러 동맹 또한 견고한 상황에서 제3의 선택지인 미국의 영향력에 기대를 걸고 한국의 중립화를 실현시킬 가능성은 급속히 축소되었고, 대한제국은 대응수단을 차츰 상실하게 된다. 당시 주한일본공사였던 하야시 곤스케林權助는 고종이 '예의 형세방관주의'를 취하며 '우리에 대한 자세를 정하는데 주저'하고 있으나 '우리가 행동으로서 한 걸음 나아간다면 반드시 한국 정부도 우리에게 기울 것이니'라고 언급한 바 있다(『일한외교사료: 제6권』9쪽).

실제로 고종은 크게 동요하고 있었고 일부에서는 대한제국이 러일 양군의 충돌을 두려워해 왕궁을 한성부 밖으로 옮기는 것은 아닐까 하는 관측마저 나오고 있었다(『일한외교사료: 제6권』2쪽).

러일 양국은 한성부의 병력을 점차 증강하고 일본 정부는 한국을 자신들 쪽으로 끌어들이기 위해 여러 가지 공작을 꾀했다. 그러나 일본에 대한 고종의 불신은 실로 깊었다. 일본으로부터 음양 양면에서 다양한 압력을 받아, 한일밀약에 응해야 한다고 상소한 외부대신서리 이지용李址鎔, 민영철閔泳喆 그리고 이근택李根澤에게 고종은 하야시 공사에 다음과 같은 말을 전하도록 명했다.

하야시 곤스케
(『사진으로 보는 한국의 독
립운동』상 발췌)

이지용
(『사진으로 보는 한국의
독립운동』상 발췌)

일본의 희망은 전혀 한국의 독립 및 황실의 안녕이라는 취지의 보
증을 줄 것을 요구하며, 또한 28년 경성변란 이전에도 일본으로부터
비슷한 보증을 얻었음에도 불구하고 황비 시해라는 참사가 발생한 예
를 보면 위 보증이 이번에는 가장 성실하게 이행되기를 바란다.

(『일한외교사료: 제6권』26-27쪽)

일본이 명성황후의 시해에 관여한 것이 고종으로 하여금 얼마나 일본
에 대한 불신을 강하게 만들었는지를 알 수 있는 대목이다. 고종은 결국
이러한 일본 측의 제안을 거부하고 일본과의 맹약을 주장하는 세 명에
게 다음과 같이 말했다.

한국의 독립과 관련해 한국은 중립을 지켜야 안심할 수 있으리라. 오
늘날과 같은 경우, 일본과 제휴해 노국의 분노를 사는 것이야말로 오히
려 한국의 독립에 해가 되므로 세 명의 면목을 지키기 위해서는 세 명
이 현직을 떠나는 것도 가능하리라.   (『일한외교사료: 제6권』29쪽)

그러나 이러한 고종의 제안에 대해 러시아 공사 파블로프는 '한국의
실력은 도저히 엄정하게 중립을 지키기에 부족하므로 오히려 사변에 즈

음하여 러시아공사관으로 와서 노국과 함께 제휴할 수 있다'는 취지의
진언을 했다(『일한외교사료: 제6권』31쪽). 러시아는 중립책을 명확하게
거부했으며, 오히려 고종에게 다시금 러시아공사관으로 파천하도록 제
안했다. 그러나 고종은 여전히 중립 정책을 고집하고 있었다. 이에 대해
하야시 곤스케는 현지 영국 공사의 견해로서 '고종은 자신의 국외중립
선언에 대해 영국, 프랑스, 독일, 나아가 덴마크로부터 호의적인 답변을
얻었기 때문에 이러한 국가들이 자신의 직접적 영향력을 이용해 한국의
안전을 지켜줄 것이라 오해하고 있는 것은 아닌가'라고 전하였다.

　이러한 상황 속에서 1904년 2월 6일, 고무라 주타로 외상은 러시아
정부에 국교 단절을 통보하고 일본군이 한국에 본격적인 상륙을 개시한
다. 대한제국 정부는 이에 크게 동요하였고 하야시 곤스케는 재차 이지
용 등을 통해 '우리 군대가 황실 등에 대하여 하등 불온한 거동을 취하
는 일이 결코 있어서는 안 된다는 취지'를 전하고 있다(『일한외교사료:
제6권』44, 46-47쪽). 일본 측은 엄비의 측근을 통해 고종이 프랑스 공사
관으로의 파천을 염두하고 있으며 엄비가 이를 말리고 있다는 정보를
얻었던 것이다. 언급할 필요도 없겠으나 프랑스는 러시아의 동맹국이었
기 때문에 하야시는 이 사태를 저지하기 위해 최선을 다할 수밖에 없었
다. 또는 하야시가 일찍이 전한 바와 같이 이 시점에서도 아직 고종은
국외 중립을 선언한 프랑스가 나서서 대한제국을 지켜주기를 기대하고
있었는지도 모른다.

　이윽고 2월 9일, 일본군 2,500명이 한성부에 들어와 대한제국의 수도는
사실상 일본의 제압하에 들어가게 된다. 같은 날 인천 앞바다 해전에서
일본 측이 승리를 거둠으로써 일본은 인천 근해의 해상권도 거머쥔다.

2월 12일, 러시아 공사는 프랑스군함에 의해 퇴거했으며, 일본은 일단 대한제국에 대한 압력을 독점하게 된다(『일한외교사료: 제6권』47-58쪽).

사태가 크게 변하면서, 2월 11일, 고종은 가토 후지타로 인천부 영사관 영사 등을 접견했다. 고종은 여기에서 '중립의 통첩을 각국에 전하고자 할 때에는 러일개전에 임하여 양국 병사의 입한入韓을 예방할 수 있음을 깊이 믿었는데 이 또한 부질없으니'라고 한탄하고 있다. 고종은 분명히 스스로의 중립 선언에 큰 기대를 걸고 있었던 것이다(『일한외교사료: 제6권』59쪽)

한일의정서

그러나 일단 상황이 돌변해 한성부가 일본군에 점령되는 상황에 이르자 한국 정부는 또다시 일본에 양보할 수밖에 없게 된다. 2월 14일, 고종은 인천앞바다 해전에서 일본의 승리에 대하여 하야시 곤스케에 축하의 말을 전했다.

> 대한국 황제 폐하는 일본 함대의 명예 있는 전승 소식을 접하고 일본이기에 이를 축하함과 아울러 한국의 지위를 돌아보고 대등하게 동경을 표하노라. (『일한외교사료: 제6권』63쪽)

여기에서 주의해야 하는 것은 이 때의 상황이 한성부 그 자체는 일본에 의해 점령당한 상태지만 왕궁 그 자체는 가령 갑신정변이나 을미사변 때와는 달리 아직 자유를 유지하고 있는 상태라는 점이다. 바꾸어 말하면 한국은 이 시점에서 아직 '중립국'이었다. 그럼에도 불구하고 고종이 한 이 말은 일본의 입장에서는 조금 당돌하게 느껴졌다. 아마 이 시

점에서 고종은 국외 중립의 한계를 깨닫고 그에 대한 의지를 포기한 것
이리라. 임오군란과 청나라군에 의한 대원군 납치, 갑신정변, 청일전쟁
시 일본군의 왕궁 점령, 그리고 을미사변. 계속되는 왕궁 내의 외국군
침입을 경험한 고종에게 자신에 대한 위협이 이미 심각한 상황이라고
여겼던 것임이 틀림없다. 이러한 대한제국의 정책 변화로 2월 23일, 한
일의정서가 체결되었다. 한국 측에서 교섭에 임한 것은 외부대신서리
이지용이었다. 조약의 내용은 다음과 같다.

> 제1조: 한일 양국간의 항구불역의 친교를 보지保持하고 동양의 평화
> 를 확립하기 위하여 대한제국 정부는 일본 정부를 확신하고
> 시정의 개선에 관한 그의 충고를 용인할 것
> 제2조: 일본 정부는 대한제국의 황실을 확실한 친의로서 안전 강녕
> 케 할 것
> 제3조: 대일본 정부는 대한제국의 독립 및 영토의 보전을 확실히 보
> 장할 것
> 제4조: 제3국의 침해에 의해서나 혹은 내란으로 인해서 대한제국의
> 황실의 안녕 혹은 영토보전에 위험이 있을 경우에는 일본제
> 국 정부는 속히 임기 필요한 조치를 취할 수 있고 충분한 편
> 의를 줄 것. 일본제국 정부는 전하의 목적을 달성하기 위해
> 서 군사상의 필요한 지점을 임기 수용할 수 있게 할 것
> 제5조: 양국 정부는 서로의 승인을 얻지 않고서는 후일 본 협정에
> 위반하는 협약을 제3국과 개정할 수 없게 할 것
> 제6조: 본 조약에 관련하는 것으로 다하지 못한 세부 조항은 일본제
> 국 대표와 대한제국의 외부대신 사이에 임기로 협정할 것
> (『일한외교사료: 제6권』85-88쪽)

그러나 고종의 심경은 아직도 흔들리고 있었다. 궁에는 안주安州 혹은
평양平壤 방면에서 러시아군이 집결을 시작하고 있다는 정보가 들어왔

고, 고종은 의정서 조인을 연기하고 전황을 지켜보고자 했다. 교섭에 임한 이지용은 한때 고종의 측근이었던 이용익으로부터 '대죄인'으로까지 매도를 당했으며, 처벌이 두려워 한성부 밖으로 도망치는 건 생각조차 못하는 상황이었다. 일본 정부는 최후의 단계에서 이지용을 설득해 간신히 의정서를 조인하기에 이르렀다. 그렇지만 이지용은 그 후에도 계속해서 묘당에서 비난을 받게 되었고 하야시 곤스케는 그 배후에 고종의 속내가 있다고 생각했다. 3월 3일, 보부상 등이 일으킨 소란 사건으로 인해 이지용의 집 근처에서도 폭탄 2발이 폭발했다(『일한외교사료: 제6권』 77쪽).

이로써 3월 7일에는 종래의 내각이 쓰러지고 조병식을 참정으로 하는 신내각이 발족하기에 이른다. 3월 4일, 사전에 그 정보를 입수한 하야시 곤스케는 이 내각을 '근래 보기 어려운 유망한 내각'이라 말하는 한편 '지금 폐하의 의사가 불확정한 결과로 자칫하면 현 내각에 반대하는 잡배들이 편승하게 될 것'이라고 고무라 주타로에게 전하고 있다(『일한외교사료: 제6권』 108쪽).

2. 내정과 외교 사이에서

이토 히로부미의 등장

3월 12일에 일본 정부는 고종을 '위문'하기 위해 추밀원樞密院 의장 이토 히로부미를 특파대사로 한성부에 파견할 것을 전했다. 17일, 고종이 직접 보낸 고종 전용의 열차를 타고 인천부에서 한성부에 도착한 이토는 다음날 고종을 알현했고, 이틀 후 고종은 이토에게 대한제국의 최고 훈장을 수여했다. 이것이 고종과 이토의 첫 만남이었다. 그러나 이 때 이토의 한성부 체재는 단기에 그쳤고 이토는 3월 25일, 고종에게 작별 알현을 한 후, 27일에는 인천부를 출발해 일본을 향했다. 하야시 곤스케는 이토를 대하는 고종의 모습을 '진실되게 열심히 환대'했다고 평가하고 있다(『일한외교사료: 제6권』121-130쪽)

고종이 이토를 친절하고 정중하게 대한 데는 이유가 있었다. 3월 25일, 이토의 '작별 인사'를 위해 열린 식사를 겸한 접견 장소에서 고종은 단도직입적으로 이토에게 다음과 같이 잘라 말했다.

> 짐이 지금 경에 대해 털어놓는 의견을 듣고자 하지 아니하는 것은 우리 내각대신들 중 대부분이 짐에게 국정에 관하여 참견하지 않기를 희망하는 것과 같다. 요컨대 내각에 의결된 국정의 대소 사항은 일의 양부 득실에 관계없이 모두 이를 수긍한다. 짐은 그저 그 요청에 따라 반드시 이를 채택하며 거부하는 권능 따위는 없으니 혹 짐의 의견을 듣고 이에 대한 옳고 그름을 가리는 일이 있다면 각 대신들은 실로 짐의 행위를 비의非議하고 군주의 나아가야 할 길이 아니라고 배척하며 불평을 호소할 것이라. 이를 태서 각국의 예에 견주어도 군주가 일국의 국정에 관하여 그 적부득실을 반복적으로 고려해 감히 실추되지 않도록 각의에 들어가 간섭하는 예가 없다. 하는 수 없이 우리 각 신하들이 바라는 바대로 전혀 그에 반하지 못하느니. 짐은 매우 당혹스럽고도 곤란한 기분임을 어찌하면 좋을지 경에게 묻고자 한다.
>
> (『일한외교사료: 제6권』144쪽)

분명한 것은 이 러일전쟁의 발발이라는 결정적 단계에서조차 고종은 여전히 신하로 하여금 자신의 '군권'이 침식당할 것을 매우 두려워했다는 것이리라. 바꾸어 말하면 여기에서도 고종의 눈에 비친 것은 다름 아닌 일본의 세력 확대를 이용해 신하들이 자신의 '군권'을 위협하고 정치적 실권을 앗아가는 모습이었다. 이토는 이러한 고종에 대해 황제가 내각회의 그 자체에 개입하는 것은 역시 부적절하므로, 신하를 신뢰하고 내각회의의 결과를 존중하며, 만약 그럼에도 내각회의가 큰 실수를 저지르고 있다고 황제가 판단했을 경우에만 '군권'을 발동하면 좋을 것이라고 조언했다.

그러나 고종이 이와 같이 생각한 것은 어쩌면 이상할 것이 없을지 모르겠다. 1884년 갑신정변 당시에도, 또한 1894년 갑오개혁 당시에도 사실 일부 신하들은 다양한 형태로 일본과 손을 잡고 고종의 권력을 빼앗는 방향으로 움직였기 때문이다. 그리고 그것은 아마 당연한 일이었을지도 모른다. 일본에 의한, 혹은 일본을 모델로 한 개혁은 필연적으로 고종에게 메이지 천황과 같은 '군림은 하되 통치는 하지 않는' '장식적 의미의 군주'를 요구하고 있었기 때문이다. 본디 고종은 메이지 천황의 상황에 대해 어느 정도 정보를 얻었을 터이다. 그러한 의미에서 고종은 당초부터 '일본 모델'을 매력적으로 생각하지는 않았음이 분명하다. 고종은 이 알현에서 이토와 이별할 때 '이별의 창연愴然함을 견디지 못해' '가까운 장래에 재회의 기회가 있음을 기대하노라'고 말했다(『일한외교사료: 제6권』155쪽). 그리고 그 날은 물론 머지않아 찾아오게 된다.

그런데 그 사이에도 일본에서는 한국을 보호국화하기 위한 준비가 착실하게 진행되고 있었다. 4월 8일, 하야시 곤스케는 고무라 주타로에게 '한국 경영'에 대해 '가장 유리하고 가장 용이한 것은 미경지未耕地의 개간'이라며 일본인 이민의 가능성을 언급하고 있다(『일한외교사료: 제6권』160-171쪽). 4월 20일에는 한국 정부가 고용하는 외국인에 대한 처우를 논의하는 등 점차 그 계획이 세부적으로 이야기된다. 5월 5일, 하야시 곤스케는 고종을 알현하고 '내관 및 잡무 책임자'의 정치 관여를 '엄금'할 것을 고종에게 직접 요청했다(『일한외교사료: 제6권』199-200쪽). 5월 20일에는 함흥에서 러시아 병사가 한국 병사와 전투를 시작해, 형식적이라고는 하나 한국도 러시아와 교전 상태에 돌입하게 된다. 한국 내에서는 일부 유생들로부터 일본을 배척하라는 상소문이 올라와 논의는 점차 뜨거워진다.

이러한 상황 속에서 고종은 이토 히로부미의 재방문을 희망했다. 고종은 메이지 천황에게 다음과 같은 전문을 보냈다.

> 대한제국 황제 이희, 대일본제국 폐하에게 친전하느니. 폐국의 서정개선은 지금 그 기회에 해당한다. 그렇다면 본국 신료를 비롯해 더욱 신중해야만 하는데 시행 조치는 항상 지체된다. 짐은 물론이거니와 폐하의 중신 후작 이토 히로부미의 견식이 탁월함을 안다. 이번 봄에 사명을 받잡고 와 논의를 해보니 심히 짐의 뜻과 잘 맞았으니. 혹 이 사람을 얻어 그를 좌우에 두고 서정에 참가케 한다면 즉시 개선을 기대할 수 있으리라.　　　　　　　　(『일한외교사료: 제6권』253쪽)

결국 이 단계에서 고종은 신하들의 권력 확대를 두려워하고 있었으며, 그들을 견제하기 위해 이토 히로부미의 권위를 이용하고자 했다고 할 수 있다. 또한 고종이 당시의 주한공사 하야시 곤스케를 신뢰하지 않았던 것도 중요하리라. 최초 내한 당시 고종은 이토에게 궁중 일본인 고문관 파견을 요청했고, 이토는 고종에게 하야시를 신뢰하고 맡기라고 회답했다. 그러나 고종은 이에 난색을 표했다. 역대 일본 공사들이 때때로 고종이 기피하는 일부 신하와 결탁하여 그 권력 확대를 지원해 왔음이 명백했기 때문이다. 그러한 의미에서 고종이 보다 상위 권위를 지닌 이토에게 매달리고자 했음은 어느 정도 이해가 간다. 그러나 이 시점에서 러일은 한창 전쟁 중이었으므로 이토가 즉시 내한하기란 불가능했다. 이에 대해 궁에서는 일부 하야시 곤스케가 이토의 내한을 달가워하지 않아 '고의로 방해했음에 틀림없다'는 의심까지 하고 있었다(『일한외교사료: 제6권』261쪽). 하야시는 '당국의 폐해는 모두 궁중으로부터 나오기에' 시급히 궁중 개혁을 실시할 것을 요구하고 있었고 이에 대해 고종 등은 위기감이 고조되고 있었다. 사실, 이 점에 대해서는 일본 정부 내부를 보더라도 하야시의 입장이 약간 돌출되는 면이 있었고, 고무라 주타로 외상은 하야시에 대해 이를 '득책이 아니라'라 하며 반대하고 있다(『일한외교사료: 제6권』267-268쪽)

제1차 한일협약을 둘러싼 줄다리기

왜냐하면 이 시점에서 일본은 이미 한국 측 외부대신 박제순과 함께 훗날 제1차 한일협약으로 이어지는 (1)일본인 한 명을 재무감독으로 고용할 것 (2)일본 정부가 추천하는 외국인을 외교 고문으로 고용할 것 (3)중요한 외교 안건에 대해서는 미리 일본 정부의 대표자와 협의할 것을 내용으로 하는 조약을 체결하기 위해 움직이고 있었기 때문이다. 즉 한국의 보호국화 준비를 진행하고 있던 상황 속에서 궁중 개혁을 선행함으로써 고무라는 쓸데없이 고종을 자극하는 일을 피하고자 했던 것이다. 앞서 대한국 국제를 보면 명백하듯이 외교에 있어서도 최종적인 결정권한은 고종에게 있었으며 이러한 고종이 일본에 비협력적인 입장을 취하도록 내모는 것은 한국의 보호국화를 늦추게 됨을 의미하고 있었다. 사실 묘당에서는 특히 이 조약, 특히 제3항에 대하여 이의를 제기하는 자가 많았고 러일 전쟁의 진행으로 인해 사태는 여전히 유동적이었다. 결국 이 조약의 교섭 과정에서 하야시 곤스케는 제1항의 재무감독을 재무고문으로 명칭 변경하고 나아가 제3항은 단념하고 조인하는 것까지 검토했다, 하야시 곤스케에 따르면 그 배경에는 고종 본인이 이를 반대하였기에, 그가 '은연적인 수단'을 써서 대신이나 묘당 구성원을 움직여 교섭을 지연시켰다고 한다(『일한외교사료: 제6권』278쪽).

　고종과 일본 정부, 그리고 묘당 사이의 미묘한 줄다리기는 이 시점에서도 계속되고 있었다. 어려운 상황 속에서 새로이 임명된 외부대신 이하영은 병을 이유로 자택에 틀어박혀 나오지 않았고, 그의 서리 즉 대리 역할로 임명된 윤치호는 자신은 대리이기 때문에 이러한 중대 사안을 결정할 권한이 없다며 책임을 회피했다. 결국 사태는 하야시 곤스케가 직접 서기관과 사이토 스에지로 중령을 앞세우고 궁에 들어와 심상훈 참정대신 및 민병석 궁내대신이 임석한 가운데 고종의 재가를 직접 요구함으로써 '해결'되게 된다. 흥미로운 것은 여기서 고종이 마지막 저항을 하여, 제3항의 '일본 정부 대표자와 협의할 것'이라는 문장에서 '대표자'라는 단어를 삭제한 점이다. 여기서는 고종이 하야시와 일본공사관을 얼마나 싫어했는지, 그리고 일본국 정부와 얼마나 직접 교섭하기를 원했는지 알 수 있다. 체결은 8월 22일에 이루어졌다(『일한외교사료: 제6권』278쪽).

　한국 묘당에는 이를 비난하는 상소문이 쇄도했고 고종은 참정대신 심상훈을 경질했다. 고종은 여전히 일본이 요구하는 개혁을 '표면으로 동의'하면서도 한편으로는 '대부분은 채택하지 않으며' 시간 벌기를 이어

갔다. 고종은 확실히 러일 사이의 미묘한 정국 속에서 '시국을 관망'하고 있었던 것이다. 고종은 11월 5일, 황태자비 민 씨가 서거한 것을 이유로 1년간 상에 임할 것을 발표하였고, 이를 재차 개혁을 지연시키는 수단으로 이용했다. 황태자 혹은 왕세자비의 죽음에 1년이나 되는 기간 동안 상을 유지하는 것은 조선왕조의 전례에 반한다고 하여 묘당의 상당수가 반대했으나 고종은 이를 강행했다. 또한 고종은 이 장의를 명목으로, 일본 내에 사실상 강제로 머물고 있었던 자신의 측근, 즉 본디 러시아에 가까운 입장을 갖고 있던 전 주 러시아공사관 이용익을 귀국시키는데 성공했다(『일한외교사료: 제6권』321-322쪽).

때는 바야흐로 여순旅順 공방전으로, 일본이 고전을 면치 못하던 무렵의 일이었다. 고종은 '다음 봄에 이르면 러시아 병사들이 대거 내습해올 것'이라는 설을 믿으니, 어차피 우리만 일본에 기우는 것은 득책이 아니라'고 생각했다. 11월 26일, 하야시 곤스케는 이러한 상황 속에서 '황제의 태도를 선명히 하고, 동시에 이를 일정 불변의 방침 아래에서 시종始終케 하는 것은 우선 절망이라 하지 않을 수 없다'며 사실상 포기한 듯한 뉘앙스의 전문電文을 고무라에게 보냈다(『일한외교사료: 제6권』321-322쪽).

이렇게 하여 고종과 일본공사관 혹은 일본 정부와의 관계는 교착 상태에 빠지게 된다. 그렇지만 그 사이에도 일본은 착실하게 대한제국의 각 관청에 고문을 보내 그 내부를 장악해 나가고 있었다. 흥미로운 점은 고종이 이 점에 대해서는 고문의 인선 이외에는 그다지 반대하는 모습을 보이지 않았다는 점이다. 혹시 그는 러시아가 승리했을 시 일본과의 조약과 마찬가지로 고문들의 임명 또한 '없었던 일'로 하면 된다고 생각하고 있었는지도 모른다.

하야시 곤스케는 봉천회전奉天會戰 직전인 2월 8일, 궁내대신이 된 이용익 등이 상소를 올려 작성된 것으로 보이는 국서 5통이 러시아, 프랑스를 비롯해 각국에 보내졌다고 고무라 주타로에게 타전을 했다. 이 국서에서 고종은 한국이 일본의 위압을 받고 있으며 이 상황에 간섭해 줄 것을 각국에 요구했다고 한다. 고종과 궁은 러시아군이 패전을 거듭해 한국 국경으로부터 멀어져 가는 사태에 위기의식을 느껴, 이를 비밀외교를 통해 만회하고자 했던 것이다. 그렇지만 이 밀서 공작은 일본의 간섭에 의해 실패했고 각국은 이를 채택하고자 하지 않았다(『일한외교사료: 제6권』404-406, 423-460쪽). 그리고 3월 1일, 일본군은 봉천에서 러시아군에 박빙 끝에 승리를 거두게 된다.

또 하나의 압력

한편 제1차 한일협약에 의해 한국에 파견된 일본인 재무고문인 메가타 다네타로目賀田種太郞의 재정 개혁은 생각지 않은 방향에서 고종에게 위협을 가하고 있었다. 당초 정부 재정 개혁부터 착수한 메가타는 '궁의 재정 정리가 정부의 재정과 큰 연관이 있다'는 생각에 이르렀고, 이에 개혁의 범위가 황실 재정에까지 미치게 되었기 때문이다. 이 상황에 대해 하야시 곤스케는 '국왕의 배금주의를 감안해 지당한 기한까지 황실을 증가시켜 충분히 안심하게 하고 정부사업을 원활하게 진행할 것'을 메가타에게 권장했으나 메가타의 조사 결과는 오히려 참담한 황실 재정 상황을 드러나게 했다. 즉 대한제국 황실은 러청은행에 고종의 측근, 현상건의 명의로 예금된 40만 냥을 제외하면 '구식 은화 약간 기타 소액의 현금이 있을 뿐인 궁핍한 상황이다. 경상제經常諸 수입만으로는 정리가 곤란'한 상황이었다(『일한외교사료: 제6권』503쪽).

그리고 그러한 가운데 5월 28일, 일본은 동해 해전에서 러시아에 승리한다. 급속히 포위망이 좁혀오고 있는 가운데, 고종이 여기에서 마지막으로 기대한 것은 미국이었다. 그리하여 일찍이 독립협회의 일원으로 중추원 의관까지 맡았고 바로 최근까지 옥중에 있던 이승만은 인맥과 어학 능력이 높이 평가되어 급히 미국으로 파견됐고, 일본 압박의 부당성을 호소하게 되었다. 7월 19일, 하야시 곤스케는 고종에게 알현을 요구하지만 고종은 컨디션이 좋지 않다는 이유로 이를 거절했다. 이러한 고종의 태도로 묘당은 무질서 상태가 되었고 대신들의 상당수는 한성부를 떠나 '형세를 방관'하게 된다. 8월 15일, 고종의 최측근이었던 이용익은 강원도 관찰사로 좌천되었고 고종은 다시 수족을 잃었다.

그리고 결국 9월 7일, 포츠머스에서 러일 양국은 강화 조약에 조인했다. 주지하는 바와 같이 그 중개역은 다름아닌 고종이 가장 기대를 걸고 있던 미국이었다. 그러나 고종은 아직 단념하지 않았다. 고종은 강화 조약 직후 이에 반대하는 이른바 히비야 사건日比谷事件이 발발했다는 소식을 접하고 러일의 전쟁 상태가 여전히 계속될 것이라는 희망적인 관측을 갖고 있었다. 결과적으로 이 시기의 고종은 오히려 '점진적인 배일排日주의'로 기울게 된다. 고종은 영국인 베셀Ernest Thomas Bethell이 간행한 신문에 자금을 투입하고 여기에 배일적 논의를 게재하면서, 동시에 러시아를 계속해서 설득하고 있었다. 하야시 곤스케는 다음과 같이 상황을 설명하고 있다.

한국 황제는 유래 다른 세력의 압박을 완화하기 위해서는 반드시 그와 동등한 다른 세력을 유치하여 양자를 대치시켜 교묘하게 이를 조종하고 상호 균등하에서 국가를 보전함으로써 유일한 정책으로 삼고자 하는 것은 먼저 청일의 알력, 가깝게는 러일의 각축을 보더라도 명료하다. 황제는 홀로 국제상의 관계에 대하여 그러한 주의를 취할 뿐 아니라 황제의 폐행壁幸받는 자, 이른바 권신과의 사이에 대해서도 마찬가지이다.　　　　　　　(『일한외교사료: 제6권』539쪽)

하야시 곤스케의 이러한 분석은 고종의 일면을 잘 간파한 것이었다. 결국 고종이 지금까지 해온 일은 대외 관계나 국내 정치에 있어 어떤 일정한 세력의 도량을 막기 위해 다른 새로운 세력을 이용하는 것이었다. 아니, 더 정확하게는 고종에게는 대외 관계와 국내 문제의 구별조차 애매했다. 아관파천으로 일본의 영향력과 동시에 일본과 결탁했던 개화파 세력을 뿌리째 솎아내었듯이, 혹은 러일 양국 정부의 지지를 배후에 두고 독립협회를 괴멸시켰듯이 고종에게는 대외 관계와 국내 문제가 구별하기 힘들 정도로 뭉뚱그려져 있었다. 결국 고종이 일관되게 중요시한 것은 자신의 눈앞에 존재하는 위협을 없애는 것, 그리고 그리하여 스스로의 절대적 권력을 유지·획득하는 것이었다.

그러나 이를 고종의 권력욕이나 금전욕에서 나온 것이라 생각하는 것은 너무 성급한 일이리라. 고종의 입장에서 보면 자신의 가족을 지키는 것과 직결되어 있었기 때문이다. 궁극적인 문제는 결국 개인으로서의 고종이 무력했다는 점이다. 대한제국이 성립된 후, 그는 군사력과 황실 재정 확대에 힘을 쏟았다. 그러나 막상 러일 양국이 전쟁을 시작했을 무렵, 양자는 어떠한 도움도 되지 못했다. 군대는 너무나 무력하고 황실 재정은 일본에 비해 초라하기 그지없었다.

그렇기에 러일 전쟁의 종결과 강화 조약에 대한 영국, 프랑스, 미국, 독일을 포함한 세계 열강의 지지는 고종에게 위기적 상황을 가져왔다. 이미 한반도를 자신의 세력권으로 확보한 일본에 대해 대항자로서 이용할 수 있는 열강은 존재하지 않았고, 이런 곤란한 상황 속에서 대신들의 상당수는 상황을 방관하며 책임을 회피하고자 했다.

이리하여 진정한 파국을 맞이하게 된다.

제10장

한국의 보호국화와
고종의 퇴위

그렇다면 어찌할 도리가 없다

대한제국의 패망과 그림자

1. 제2차 한일협약과 고종

원군 없이 시간 벌기

고종은 일본에 대한 경계심이 더욱 강해졌다. 그는 머지 않은 장래에 일본이 그게 무엇이든 간에 아주 큰 요구를 해올 것이라 예상하고 있었고, 이에 프랑스를 비롯한 열강의 공사관으로 파천하거나 지방으로 도피하는 방법을 고려하였다. 고종은 또한 당시 내각을 '일본당'으로 보고 신용하지 않았으며, 일부 대신 또한 스스로 아관파천 당시의 김홍집이나 어윤중과 마찬가지 운명으로 종국을 맞이하는 것은 아닌지 우려하기 시작했다.

한편 1905년 10월 27일, 일본은 한국 보호권 확립의 실행을 각의 결정하고, 그 시기를 11월 초순으로 정했다. 교섭 담당은 하야시 곤스케 공사로 일단 정해지긴 했으나 '한국 황제의 불안 불식'을 위해 고종과 일정한 신뢰관계가 있는 것으로 여겨진 이토 히로부미를 특파 대사로 파견하기로 변경되었다. 고종이 자신의 내각을 신용하지 않았던 것과 마찬가지로 일본 측도 이러한 어려운 교섭을 실시하기에 즈음해 갑오개혁 당시의 김홍집처럼 한국에서 자국의 대변자로서 역할을 수행할 인물을 발견하지 못했던 것이다. 이리하여 대한제국의 운명을 결정하는 종국의 장에서 대한제국 황제 고종과 원로 이토 히로부미가 직접 대치하는 극적인 장면이 연출되게 된다. 게다가 앞서 서술하였듯이 이토를 지명한 것은 고종이었다. 이토 히로부미는 11월 8일에 부산에 도착했고 9일에는 이미 한성부에 들어와 있었다. 11월 10일, 이토 히로부미는 고종을 알현하고 메이지 천황의 친서를 건넸다.

그러나 여기서부터는 쉽지 않았다. 신속한 알현을 요구한 이토 히로부미에게 고종은 '병'을 이유로 알현을 거부했고 첫 본격적인 알현은 11월 15일 오후 3시에나 어렵사리 이루어졌다. 하야시 곤스케는 이러한 상황 속에서 '만일 폐하의 주저로 인해 정부 대신의 의견이 정리되지 못해 승낙의 회답이 지연될 경우에는 제 외국에 대한 체면을 감안하여 즉시 우리의 확정 의견을 한국 정부에 공연히 통고하여 신속하게 실행하는 방법을 취하는 것도 도모하기 어렵다'며 애를 태우고 있었다.

알현에서 고종은 '신료는 물론 종친에게도 겉으로 말하지는 못하나 감히 경에게 기탄 없이 고백하겠다'고 선언하고 그때까지 일본이 취해온 시책을 비난했다. 명성황후 시해에서 시작된 비난은 다양한 화제로 확대되었고 국가 및 황실 재정 정리 문제, 일본에 의한 군비 축소 작업까지 이르게 되었다. 이에 대해 이토는 어디까지나 강경했다. 그는 다음과 같이 말했다.

> 하지만 폐하에게 물으니 한국은 어떻게 오늘날에 생존하게 되었고 또 한국의 독립은 누구의 덕택인고 하니 답은 하나라. 폐하는 이를 알면서도 오히려 불만을 토로하는 것뿐이라. (『한국병합사료: 1』21쪽)

고종은 이에 대해 '그 부분은 짐도 능히 분별하고 있다'고 말한 후 일단 논의를 후퇴시켰다. 그러나 고종은 어디까지나 새로운 조약에 회의적이었고 일본 정부의 한국에 대한 '호의'를 역설하는 이토에게 다음과 같은 우려와 의구심을 표명했다. 즉 첫째 그렇게 회의적이라면 외교권 위임과 같인 '형식'은 불필요하지 않은가 하는 점, 둘째 일단 외교권을 양도하게 되면 '오스트리아−헝가리'의 헝가리, 또는 '열국이 아프리카를 대하는 것과 같은 지위'에 한국이 빠지게 되는 것은 아닌가 하는 점이었다.

결국 당시 알현에서 고종은 '정부 신료에게 자문을 하고 또 일반 인민의 의향도 살필 필요가 있다'고 말해 이 문제에 대한 즉각적인 판단을 회피한다. 이토는 이에 대해 귀국은 '군주전제국이 아니냐'고 언급하고 고종이 인민을 선동해 일본의 제안에 반항을 도모하고자 함이 아니냐며 추궁했다. 이토는 이 발언을 '작금의 유생들을 선동해 상소 건백을 하게 하고 비밀로 반대 운동을 하게 하는 일은 우리 군대가 탐지할 수 있다'고 말을 맺었다. 결국 이러한 일본의 교섭은 '시일을 지연시킬 수 없는' 이토, 그리고 교섭의 지연을 최대한으로 요구하는 고종 사이에서 매듭을 짓지 못한 채 이토가 양보하는 형국으로 오후 7시에 종료된다.

한규설
(『사진으로 보는 한국의 독립
운동』上 발췌)

권중현
(『사진으로 보는 한국의 독립
운동』上 발췌)

그리고 다음날인 11월 16일 오후 4시, 이토는 대한제국 내각의 각 대신 및 원로들을 자신이 묵는 여관으로 초대하여 그들과 회담, 아니 담판을 벌였다. 당시 한국 내각에서 가장 높은 자리를 차지하던 이는 참정대

신 한규설, 내부대신 이지용, 법부대신 이하영, 학부대신 이완용, 농상
공부대신 권중현, 국부대신 이근택, 탁지부대신 민영기, 전 참정대신 심
상훈이었다. 외부대신 박제순은 하야시 곤스케와의 별도 회담 때문에
참석하지 못했고, 전 참정대신 민영환은 이 초대를 거절했다. 회담은 어
제 고종을 알현한 결과 고종이 신속한 타협을 약속했다는 이토의 말로
시작되었다. 이에 대해 한규설은 이미 고종으로부터 이 문제에 대하여
자문을 받았다며 다음과 같이 말했다.

> 지금 대사에게 우리가 요구하고자 하는 바는 한국의 독립은 본디
> 자국의 힘에 기인하니. 먼저 일본의 부지扶支 보호에 근거하고 또 그간
> 대사는 다대한 노력과 알선을 하셨으니 종시 대사의 동정을 기다려 결
> 국 형식상으로라도 이름을 보전하길 희망한다. 일본 정부의 이번 제안
> 은 대세 기다릴 수 없는 일임을 양해하지 못하는 것도 아니나 우리의
> 사정도 또한 조금은 고려해주길 바란다.   (『한국병합사료: 1』28쪽)

이에 대해 이토는 지금까지 일본이 얼마나 한국에게 호의를 베풀어
왔는지에 대해 일장 연설을 했다. 그러나 이 단계에서 한국 측은 타협하
지 않고 여전히 '형식상'이라는 '이름'의 '보전保全'을 요구했다.

타협이라는 이름의 대답

그리하여 드디어 11월 17일, 그날이 찾아왔다. 시간은 이미 오후 8시
를 가리켰고 이토 히로부미는 한반도에 주둔하는 일본군 책임자인 하세
가와 요시미치長谷川好道와 함께 궁궐에 들었다. 그러나 이토의 방문을
알린 궁내부대신 이재극에게 고종은 '인후부의 종기'를 이유로 알현에
응하지 않고 '정부대신으로 하여금 타협을 하도록' 명하게 된다. 즉 고

종은 대한제국의 운명을 결정할 가장 중요한 국면에 스스로 직접 마주하기를 거부한 셈이다. 바꿔 말하면 그는 스스로 '타협' 대신에 신하로 하여금 '타협'을 하도록 함으로써 눈앞에서 자신의 책임을 회피한 것이리라.

이리하여 고종이 없는 자리에서 이토와 각 대신의 마지막 '교섭'이 시작되었다. 내각의 수장인 한규설이 최초로 입을 열고 자신들은 '타협을 하라'는 고종의 칙명에 반하더라도, 또 참정대신의 직을 사임하거나 또는 처형에 처해지더라도 한국의 독립이 '형식만으로 라도 존재하기를 갈망'한다고 말한다. 이에 대하여 이토는 일본은 한국의 독립 그 자체를 빼앗고자 함이 아니라고 말하며 각 대신에게 각각의 의견을 묻기 시작했다.

외부대신 박제순은 자신의 의견으로는 조약에 '단연코 동의하지 않는다'고 하면서 '(고종의) 명령이라면 방법이 없겠으나'라고 덧붙였고, 이토는 이에 대해 고종이 '타협을 성사시켜야' 한다고 명하였으니 반대한 것이 아니라며, 다소 강압적으로 정리를 했다. 박제순은 자신이 '명령' 운운하여 언질을 잡힌 것에 억울한 표정을 지었지만 침묵했다고 한다.

계속해서 탁지부대신 민영기가 '절대적으로 반대'라는 뜻을 표명했지만 이에 대해 법부대신 이하영은 이번 사태는 제1차 한일협약이 있음에도 불구하고 때때로 일본에 대한 배신 행위를 한 한국이 스스로 초래한 것이라고 말하며 조약 체결은 어쩔 수 없다는 취지를 분명히 했다. 해석에 따라서는 계속되는 비밀외교를 실시한 고종을 비판하는 것으로 이해할 수 있는 내용이다.

뒤를 이어 학부대신 이완용은 다음과 같이 더욱 명확하게 조약 체결에 대한 찬성의 뜻을 밝혔다.

> 이번 일본의 요구는 실로 대세에 따른 것이라. [중략] 또한 일한이
> 이미 강약을 달리하니 우리이게 이를 거부할 힘이 없다는 것은 아직도
> 감정이 충돌하고 아직도 시기가 절박한 오늘날 원만하게 타협을 이루
> 어 일본의 요구를 용인함과 동시에 우리 쪽 요구도 수용케 하여 그들
> 과 우리의 합의 하에 체결을 이뤄야 한다.
>
> (『한국병합사료: 1』45-46쪽)

그 뒤를 이어 군부대신 이근택이 자신도 이완용과 같은 의견이라고
말하면서 논의의 흐름이 만들어지게 된다. 내부대신 이지용, 농상공부
대신 권중현도 그에 이어 내각의 다수를 차지하는 형국이 되자 이토는
참정대신 한규설을 다음과 같이 몰아붙인다.

> 귀 대신이 보듯이 우리 제안에 절대적 부동의 뜻을 갖고 있는 것은
> 귀 대신과 민 탁지부대신 뿐이다. 아마도 보통 체결의 상궤常軌로 다수
> 결에 따라 귀 수상은 본 문제를 완전히 가결한 것으로 인정하고 필요
> 한 형식을 준비해 재가를 얻고 조인을 실행하게 할 권능이 있다.
>
> (『한국병합사료: 1』46-47쪽)

이에 대해 한규설은 '진퇴를 잘 결정해 삼가 대죄를 기다릴 수밖에 없
다'고 말하며 흐느껴 울었고, 어쩔 수 없이 별실로 물러나게 된다. 그 후
교섭은 조문의 내용에 이르렀고 궁내부대신 이재극과 내부대신 이지용
의 손으로 상소를 올린 후 정식으로 고종의 수정 의견이 가필된 후 재가
되었다. 이로써 조약은 체결되었다(『한국병합사료: 1』48쪽). 고종은 물
러나고자 하는 이토에게 이재극을 통해 다음과 같은 말을 전하였다.

이번 신 조약의 성립을 보라. 양국을 위해 축하해야 할 것이다. 짐은 병체病體로 인해 다소 피로를 느껴 서둘러 자리에 들어야 한다. 경 또한 노체老體로 심야까지 분명 피로함을 느꼈으리라. 돌아가 빨리 잠자리에 들라.

(『한국병합사료: 1』48-49쪽)

이근택
(『사진으로 보는 한국의 독립운동』上 발췌)

그리하여 대한제국의 운명을 결정짓는 제2차 한일협약이 체결되었다. 조문은 다음과 같았다.

일본국 정부 및 한국 정부는 양 제국을 결합하는 이해 공통이 주의를 확고하게 함을 원하여 한국의 부강지실富强之實을 인정할 수 있게 될 때까지 이 목적으로 위하여 아래 조관條款을 약정한다.

제1조: 일본국 정부는 도쿄 주재 외무성을 경유하여 금후에 한국이 외국에 대하는 관계와 사무를 감리 지휘함이 가하고 일본국의 외교 대표자와 영사는 외국에 있는 한국의 신민과 이익을 보호함이 가함

제2조: 일본국 정부는 한국과 타국 간에 현존하는 조약의 실행을 완수하는 책임을 맡게 되었으며 한국 정부는 금후에 일본국 정부의 중개를 거치지 아니하고 국제적 성질을 갖는 하등의 조약이나 약속을 하지 않기로 서로 약속함

제3조: 일본국 정부는 그 대표자에게 한국 황제 폐하의 궐하闕下에 1명의 통감을 두되 통감은 전적으로 외교에 관한 사항을 관리함을 위하여 경성에 주재하고 친히 한국 황제 폐하를 내알內謁하는 권리를 가짐. 일본국 정부는 또한 한국의 각 개항장과 기타 일본국 정부가 인정하는 곳에 이사관Resident를 두는 권리를 갖되 이사관은 통감의 지휘 하에 종래 재한국 일본

영사에 속하던 일체 직권을 집행하고 아울러 본 협약의 조관
을 완전히 실행하기 위해 필요한 일체 사무를 관리함이 가함

제4조: 일본국과 한국 간에 현존하는 조약과 약속은 본 협약 조관에
저촉하는 것을 제외하고는 모두 그 효력을 계속하는 것으로 함

제5조: 일본국 정부는 한국 황실의 안녕과 존엄을 유지함을 보증함

위에 의거하여 하명下名을 각 본국 정부에서 상당한 위임을 받아 본
협약에 기명 조인한다.

(『한국병합사료: 1』36-37쪽)

이 중 제5조 및 제3조의 '통감은 전적으로 외교에 관한 사항을 관리한
다'는 문언은 일본 측의 권한이 무한히 확대되는 것을 우려한 한국측 각
료의 의견으로 삽입된 것이며, 또 전문의 '한국의 부강지실富强之實을 인
정할 수 있게 될 때까지'라는 문장은 이 상황이 영원토록 지속되는 것을
우려한 고종이 직접 수정 및 가필한 것이라고 한다. 참고로 널리 알려져
있듯이 오늘날 보존되고 있는 이 조약의 원본에는 외부대신인 박제순의
서명은 있지만 고종의 서명이나 인장은 존재하지 않는다. 이것이 고종
이 할 수 있었던 최소한의 저항이었는지 여부는 알 수 없다.

그러나 명백한 사실이 하나 있다. 이는 적어도 고종이 이 조약 체결에
이르는 과정에서 명확한 반대 의사를 표하지 않은 채, 오히려 이 조약에
대하여 소극적 승인을 하고 결과적으로 각료에게 '타협'을 요구하는 쪽
으로 선회했다는 점이다. 한규설이나 박제순의 입장에서 보면 고종이
일찍이 '타협'이라는 방침을 명언한 것이 이토와의 교섭의 폭을 축소시
킨 셈이다. 그것이 고종의 진심이었는지는 차치하고라도, 고종의 이 말
때문에 대신들은 조약에 반대할 때마다 그들의 의견이 '절대 군주'인 고
종의 뜻에 반하는 것이 되어 버렸고 이에 이토의 질책을 받았던 것이다.

고종은 자신의 책임을 단기적으로 피하고자 했을지도 모른다. 그러나 그 행위는 결과적으로 명백히 '대한제국'과 황제인 자신의 목을 죄는 결과를 가져오고 말았다.

한편 이 조약이 체결된 그 순간부터 한성부는 불온한 기운에 휩싸이게 된다. 조약에 명확한 찬성의 뜻을 보인 학부대신 이완용의 집은 불태워졌고 조약을 비판하는 상소문이 쇄도했다. 이러한 상황 속에서 일본에 의한 보호 정치가 시작된다. 이토는 11월 27일 '작별 인사'를 위해 고종을 알현했다. 먼저 고종은 이토가 폭한의 습격을 받았다는 소식에 대하여 우려의 뜻을 표명하고 이토에게 다음과 같이 말했다.

> 지금 우리나라는 마땅한 시기를 조우하였다. 명실상부하게 시정 개선을 여행勵行해 나가야 할 것이다. 이는 실로 중흥의 대업이니 부디 경의 계옥啓沃을 기대해 마지않노라.　　　　(『한국병합사료: 1』72쪽)

이토 히로부미에 대한 의심과 '기대'

이처럼 제2차 한일협약 체결 직후에도 고종은 여전히 이토 히로부미에 대한 기대를 표명하고 '만전을 다해 돌아오는 날짜를 연기'하도록 노력했다. 그는 이로써 이토가 '각 대신 협변 및 각부 고문'과 함께 '선후 처분에 관해 경으로부터 친히 설시 지도'할 것을 요청했다. 또 고종은 물러가기 전에 황태자 및 영친왕을 굳이 이토 히로부미와 만나게 했다. 이는 일단 조약이 체결된 이상 실력자인 이토를 자신의 편으로 만들고자 함을 의미하고 있었다. 이토는 그러한 고종에 대하여 내각 개조의 필요성에 대해 진언하고 박제순을 참정대신에, 윤치호를 외부대신서리에 임명하도록 추천했다(『한국병합사료: 1』73-74쪽)

　이러한 가운데 11월 26일부터 원임대신이기도 한 궁내부 특진진관 조병세 등이 2품 이상의 다른 관료 들을 인솔하여 협약을 폐기하고, 또 조약에 조인한 외부대신 박제순 등을 참죄斬罪에 처함과 동시에, 내각을 해산하고 구성원을 재판에 회부할 것을 요구하는 대규모 상소를 시작했다. 고종은 다시금 조병세 등에 대하여 이 조약이 자신의 뜻에 따른 것이라는 취지의 설유說諭를 하지만 조병세 등은 상소를 계속했고 결국 고종은 하야시 곤스케의 상소에 응하는 형태로 조병세 등의 해산을 명하고 이에 따르지 않은 그들의 관직까지 박탈했다. 고종은 또한 같은 상소를 올린 민영환 등에 대해서도 처분의 뜻을 밝혔다. 11월 28일, 오히려 고종은 지난 번 이토의 제안에 따르는 형태로 조병세 등이 참죄에 처할 것을 주장한 외부대신 박제순을 참정대신의 직에 임명한다. 자신의 의견이 수용되지 않은데 절망한 민영환은 그 다음날 칼로 목숨을 끊었고, 12월 1일에는 조병세가 음독 자살을 했다. 대한제국은 두 사람에게 각각 충정忠正이라는 시호를 내렸다. 황제의 명을 반한 자에게 '충忠'이라는 글자가 들어간 시호를 내린 데는 복잡한 당시의 상황이 여실히 반영되어 있다고 할 수 있겠다(『조선왕조실록』고종 41년 11월 26일, 11월 28일. 『한국병합사료: 1』86-88쪽).

　그러나 고종은 이미 새로운 상황에 적응하고자 최선을 다해 노력하고 있었다. 민영환이 자결한 날, 고종은 일본공사관에 '요구 각서'를 내렸다. 내용인즉 황실 재정에 관한 것이었다. 고종은 황실비용에서 경상비와 임시비를 통합한 일정 금액을 확보함과 동시에 황실 소장의 광산, 또는 인삼 전매 등으로부터 얻는 이익을 종래대로 황제 전용의 재원으로 확보하게 하고 '황실의 재정 및 소유 재산에는 정부재정고문의 간섭 없이 제실에서 이를 처리토록 할 것'을 요구했다. 이는 한마디로 말하면 제2차 한일협약에서 대한제국 국가의 장으로서의 외교권을 상실한 고종이 그 영향이 황실, 즉 자신과 자신의 가족에게 직접 미치지 않도록 요구한 것이다. 이 단계에서 고종에게 중요한 것은 무엇보다 황실의 안정이었던 것으로 보인다. 12월 21일, 일본에서는 통감부 및 이사청 관제 理事廳官制가 칙령으로 정식 발포되어 이토 히로부미가 초대 통감에 임명되었다.

1906년 이토는 한국을 3번 방문하였는데 3월 9일 고종을 알현했다. 그 자리에서 고종은 황태자와 영친왕을 좌우에 두고 그들로 하여금 이토와 악수를 나누도록 했다. 고종은 재차 '시설 개선과 관련하여 짐이 정부대신과 잘 협의할 수 있기를 희망'한다고 이토에게 요청했다. 이토는 3월 25일, 다시금 고종을 알현하러 갔다. 마침내 고종은 그 자리에서 문제의 핵심을 파고들었다.

> 짐은 여기에 의문이 있다. 확실히 경의 실제 설명을 듣기를 원하노라. 다름이 아닌 귀국 황실을 비롯해 경이 우리 나라의 부식扶植에 열심인 친절은 일본국민 전체의 의지와 일치되는 결과인지 어떤지 여부이다. (『한국병합사료: 1』72쪽)

고종은 확실히 일본이 보호에서 더 나아가 한국을 병합하려고 하지는 않을까 우려하고 있었다. 이에 대해 이토는 일본의 여론은 '위 정부로부터 아래 국민에 이르기까지 한국의 독립 부식에 찬동'한다며 그러한 우려를 일언지하에 부정했다. 이 후 두 사람은 한국의 시정 개선에 대하여 세세한 내용을 논의했다. 헤어질 때, 고종은 이토에게 '짐과 경 사이에

항상 의사소통을 도모하는 것이 가장 긴요하다'며 자신 이외의 다양한
비방중상에 귀 기울이지 말 것을 부탁했다. 고종은 표면으로 이토와 친
하게 지내면서도 속으로는 자신이 서양 열강과 통하고 있다는 일부 소
문이 이토의 마음을 상하게 하는 것은 아닌가 걱정했다고 한다.

그리고 실제로 이토 또한 고종의 진의에 대하여 깊은 의심을 갖고 있
었다. 1906년 7월 2일, 이토는 고종 알현 시 다음과 같이 말했다.

> 제국 정부가 통감을 경성에 주재하게 하기에 이른 연유는 작년 11
> 월에 한일 양국 간에 체결된 협약의 결과에 근거한 것으로 그 조약은
> 폐하가 아시는 바와 같이 폐하의 희망을 수용하여 문구 등을 수정해
> 칙재勅裁를 거쳐 체결된 것이다. 그런데 웬일인지 폐하는 위 조약에 근
> 거하여 제국 정부가 파견하는 통감 즉 본관의 임무를 승인하지 아니하
> 는 듯 하다.　　　　　　　　　　　　　　　　　(『한국병합사료: 1』72쪽)

이에 대해 고종은 '작년 협약은 방금 경이 전한 바와 같이 짐의 희망
에 따라 문구 등을 수정한 후 위 협정을 체결한 바와 같다'고 변명했다.
고종은 제2차 한일협약이 자신의 의향에 따라 성립되었음을 여기에서
재인식한 셈이다. 그 배경에는 고종이 각국 영사(보호국이 되어 직접 외
교 관계는 없어졌으나 각국의 영사관은 여전히 한성부에 존재했다)와의
회담을 실시하기에 앞서 이토의 대리인 하세가와 요시미치 한국 주재 군
사령관이 배석을 요구한 바, 갑자기 회담 그 자체를 취소한 일이 있었다.

이토는 내궁에 보관된 모든 외교문서의 원본 제시를 요구했고 내궁으
로부터 '무녀들'을 배제하고 '궁중의 숙청'을 실시해야 한다고 말했다. 즉
이토는 이로써 고종에 의한 과거 및 미래의 비밀외교를 근절하고 외교
권을 자신의 수중에 넣고자 했던 것이다. 이토는 이와 병행해 이 '숙청'

을 위해 일본 관헌인 '고문경찰顧問警察'이 왕궁 경비를 맡도록 통지했다. 또한 이토는 '폐하가 대소사를 불문하고 모든 정사에 간섭하는 것은 좋지 않다'고 말했다(『한국병합사료: 1』232-238쪽). 이토가 한국 정치에서 내궁, 그리고 고종의 영향력을 배제하고자 했음은 명백했다.

2. 최후의 비밀외교와 좌절

헤이그 비밀특사 사건

이렇게 하여 일단은 수복된 것처럼 보였던 고종과 이토의 관계는 급속도로 악화되어 가게 된다. 황실의 특권을 유지하고 비밀외교의 가능성을 모색하는 고종과 그의 권력을 형식적인 것으로 만들고자 하는 이토. 두 사람의 대립은 원리적이고도 결정적이었다고 할 수 있겠다. 고종은 내각을 통해 '고문경찰'에 의한 왕궁 경비를 반대하게 했다. 이토는 황실의 재산에도 도전장을 내밀어 황실 소유의 토지에 병원을 건축할 것을 제의했다(『한국병합사료: 1』264-265쪽).

이토는 또 7월 31일 각의에서 '황실의 수세收稅를 전폐'하고 징세의 일체화를 요구했다(『한국병합사료: 1』338쪽). 이는 명백히 고종의 '요구각서'를 무시하는 처사였다. 10월 11일의 알현에서도 이토는 고종에게 내궁의 개혁을 요구하며 '잡배雜輩들'을 주위에서 물리쳐야 한다고 재차 요구했다. 이에 대해 고종은 이토가 직접 각의에 참여하여 이를 지도하는 한편, 자신이 사실상 그 결정 과정에서 배제되어 있는 데에 불만을 토로했다. 고종은 한국 통감이란 외교권에 대해서만 관할권을 갖는 존재이며, 마치 국왕을 대신하는 것처럼 내각을 주재하는 것은 명백한 월권 행위라고 생각했다. 이에 대해 이토는 제2차 한일협약 제5조 '일본국 정부는 한국 황실의 안녕과 존엄 유지를 보증한다'는 문언을 확대 해석해 한국 황실의 안녕과 존엄을 유지하기 위해서는 내궁 개혁이 필요하며 자신은 일본 정부로부터 그 전권을 위임 받았다고 주장했다.

고종은 이토의 태도로 인해 그를 불신하는 마음이 커졌으며, 이러한 불만을 다양한 형태로 해외로 전함으로써 열강들을 움직여서 사태를 해결하고자 시도했다. 영국의 잡지 『트리뷴』에 제2차 한일협약은 한국 황제의 의사에 반한 것이라는 취지의 기사가 게재되었고 10월 30일, 알현의 장에서 이토는 그 책임을 고종에게 물었다. 궁지에 몰린 고종은 곧바로 이 기사를 부정하는 서한을 트리뷴지에 보낼 것을 약속했다.

이토 또한 고종에 대한 불만이 고조되어 갔으며 이후 그는 알현의 장에서 노골적으로 고종을 비난하게 된다. 이토는 계속해서 고종의 진의가 '배일排日'에 있으며 배후에서 이를 선동하는 것이 아니냐며 지적했고 고종은 이에 대해 변명을 되풀이할 따름이었다.

그러나 얼마 안 가 이러한 고종의 변명이 불가능한 날이 찾아오게 된다. 1907년 5월 22일 알현에서 이토는 먼저 참정대신으로서 내각 수반을 맡고 있는 박제순의 '사직의 결심을 번복하는 모양'에 대해 말한 후 고종에게 돌연 다음과 같은 말을 꺼냈다.

> 폐하는 항상 교언영색巧言令色으로 한일 교의交誼의 친밀함을 전하지만 이는 완전히 우리를 우롱하는 것으로 속으로는 이와 완전히 반대이다. 폐하는 깊은 마음은 알 수가 없어 아마도 폐하의 음모사략은 이를 알지 못하지만 이른바 하늘이 알고 남이 알고 내가 아는 것처럼 언

젠가 세간에 폭로되어 얼마나 폐하가 이를 음폐陰蔽하고자 해도 전혀
무익한 일이라. 현재 본관에게 확실한 증거가 있으나 가령 폐하는 미
국인 허버트에게 청하기를 만국평화회의에서 한국국권회복에 대해 운
동을 펼쳐야 하며, 그 운동비로 거액의 금액을 주었으며 그 금액에 대
한 지출이 궁핍하여 달리 금전책을 찾은 사실이 있다. 이처럼 폐하의
행위는 바꿔 말하면 한일협약에 위배되는 것이며 폐하는 명백히 책임
자이다. 제국 정부는 이를 불문에 부칠 수 없다.

(『한국병합사료: 1』476쪽)

이에 대하여 고종은 '허버트 운운하는 건은 짐은 금시초문이다. 혹은
짐이 신료 중에서 짐의 취지를 달리 하여 그와 같이 운동을 했는지 여부
는 모르겠으나 짐은 결코 그러한 일을 의뢰한 적이 없다'고 변명했으나
이토는 '어떻게 폐하가 그러한 변명을 할 수 있는지 무용無用하다'며 이
를 배척했다. 마찬가지로 알현에서 이토는 트리뷴지의 기사에 대해서도
고종이 친서를 보낸 결과라고 단정하고 있었다. 당시 한국 내각은 일본
에 대한 타협적인 자세 때문에 대한자강회大韓自彊會나 서우회西友會 등
계몽단체로부터 신랄한 비판을 받
고 있었으며 그 수반인 박제순의
심적 고통은 극한까지 치달아 있
었다. 박제순은 예전부터 내각 수
반 사임을 요구하고 있었으므로
이토는 이 기회를 이용해 우선 자
신의 뜻에 가장 충실하게 따르는
이완용을 내각 수반에 앉히게 된다.

헤이그 특사
(『사진으로 보는 한국의 독립운동』상 발췌)
왼쪽부터 이준, 이상설, 이위종

다만 이 시점에서 아직은 고종의 책임이 본격적으로 도마에 오르지는

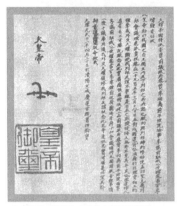

고종의 옥쇄가 찍힌 특사위임장
(1907년 4월 20일자)
(『사진으로 보는 한국의 독립운동』상 발췌)

않았다. 사태는 6월 29일, 이상설, 이준李儁, 이위종李瑋鍾 등이 헤이그에서 개최된 제2차 만국평화회의에 고종의 위임장을 제시하며 출석을 요구하면서 고종은 옴짝달싹 못하는 지경에 이른다. 즉 앞서 고종이 부정했던 일이 고종 자신의 위임장에 의해 현실이 된 셈이다. 본 사건은 내궁 어용교사였던 미국인 허버트Homer B. Hullbert와 고종의 조카 조남승이 계획하고 이상설, 이준이 고종의 신임장을 의탁하였으며 러시아 황지 니콜라스 2세에게 보낸 친서를 건넸던 것으로 알려져 있다(『일한병합: 1』37쪽). 고종은 러시아 황제에게 보낸 친서에 다음과 같이 썼다.

한국은 일찍이 러일 개전 전에 중립을 선언하였다. 이는 세계 모두가 아는 바이다. 지금의 형세는 심히 분개를 참을 수 없으니. 폐하와 귀국이 화를 입을 수 있음을 유념하여 이에 짐이 사절로 하여금 귀국의 형성으로서 이 회의에서 설명할 수 있도록 하여 만국이 공연히 물의를 야기한다면 즉시 이로 인해 아무쪼록 귀국의 원권原權을 찾을 수 있을 것이라. (『일한병합: 1』37-38쪽)

이토 히로부미의 결단

그들의 회의 출석은 각국에 의해 거부되었지만 7월 10일, 허버트 등도 헤이그에 합류하여 제2차 한일협약이 고종의 의사에 반하는 것임을 신문이나 기자회견 장을 이용해 대대적으로 선전했다. 이처럼 사건이

확대 양상을 보이는 가운데 사흘 전인 7월 7일 이토는 당시 총리대신이
었던 사이온지 긴모치西園寺公望에게 전문을 보내 다음과 같이 말하였다.

> 헤이그에서 폐하의 파견위원은 위임장을 소지하였음을 공언하고 또
> 신문에 일본의 한국에 대한 행동을 악의적으로 비난한 이상 그들이 폐
> 하에 의해 파견되었음은 세계가 숙지하는 바임을 명백히 제기하였다.
> 이에 궁중은 매우 번민하는 상태이다. 어제 총리대신 본관을 찾아와
> 말하기를 선후책을 어떻게 도모하면 좋겠는가. 한국 정부에도 사태의
> 중대함은 소상히 양해하였다.　　　　　　(『한국병합사료: 1』476쪽)

그리고 이토는 사이온지에게 '이제 우리 정부에서 취할 수 있는 수단
방법(가령 여기에서 한 걸음 나아가 조약을 체결하여 우리에게 내정상
의 권리를 양여讓與하는 등)은 묘의廟議를 거쳐 훈시해 줄 것을 바란다.
양위 등은 본관이 심히 주의하여 한인으로 하여금 거사를 그르쳐 그 귀
책사유를 일본에 돌리는 등은 본디 윤허할 수 없는 바'라고 전하였다.

어쨌든 이 단계에서 이토는 이미 고종에 대
한 신뢰를 완전히 잃게 되었다. '본관이 생
각하기에 이대로 가다가는 황제의 음모사
략을 두절하기에 부질없다고 믿는다'는 것
이 이토의 본심이었다. 이토는 아무리 생각
해봐도, 고종 자신이 재차 승인한 제2차 한
일협약을 위배하고 비밀외교를 전개하는
것을 더 이상 용납할 수가 없었던 것이다.

데라우치 마사타케
(『근세명사사진』1 발췌)

이러한 이토의 요청에 따라 사이온지는 '원로 여러 신하 및 각료 모두
신중히 숙의한 결과', 7월 12일 '제국 정부는 지금 기회를 놓치지 않고 한

국 내정에 관한 전권을 장악할 것을 희망함'을 결정하고 '실시 정황에 대한 참작은 필요에 따라 이를 통감에게 일임'했다(『한국병합사료: 2』상 598-601쪽). 이 때 사이온지는 이 처리를 위한 구체안을 몇 가지 마련해 각료들에게 제시했다. 구체안의 내용은 첫째, 한국 황제로 하여금 그 대권에 의한 내치정무의 실행을 통감에게 위임하게 할 것, 둘째, 정부로 하여금 내정에 관한 중요 사항은 모두 통감의 동의를 얻어 이를 실행하고 시정 개선은 통감의 지도를 받게 할 것, 셋째 군부대신과 탁지부대신에 일본인을 임명할 것, 마지막으로 '한국 황제로 하여금 황태자에게 양위하게 할 것'이었다. 흥미로운 점은 당시 일본의 원로나 각료 사이에서는 이 기회를 이용해 한국 내정을 장악해야 한다는 의견이 대세를 차지한 반면, 고종을 퇴위시키는데 찬성한 것은 추후 초대 조선 총독에 취임한 데라우치 마사타케寺內正毅 한 사람이었다는 것이다.

이러한 상황 속에서 이완용을 총리대신으로 하는 한국 정부는 한 발앞서 고종의 양위를 실현하였고, 이로써 대한제국의 독립을 지키고자 생각했다. 7월 16일, 고종을 알현한 그는 황태자에 대한 양위를 고종에게 직접 요구했다. 고종은 이에 대해 '짐은 죽어도 양위하지 않겠다. 경등은 통감의 사주를 받아 짐을 배신하려는 것이다'고 답하였다(『한국정미정변사』79쪽).

3. 고종의 퇴위

최후의 조건

결국 그 날은 오고 말았다. 이토는 7월 18일, 고종을 알현했다. 그리고 이 회담은 고종이 황제로서 이토를 마지막으로 접견하는 것이었다. 이 자리에서 먼저 고종은 다시금 헤이그에 출현한 밀사가 자신과 무관함을 강조했으나 이토는 더 이상 들으려고 하지 않았다. 고종은 이러한 이토의 태도를 보고 다음과 같이 말했다.

> 그렇다면 어찌 할 도리가 없다(폐하 이 때 낮은 목소리로). 우리 내 각대신 등은 짐에게 이제 양위를 요구한다. 이에 대한 통감의 의견은 어떠한가 　　　　　　　　　　　　　　(『한국병합사료: 2』605쪽)

이에 대해 이토는 자신은 외신이며 그러한 중대사에 대하여 의견을 논할 입장이 아니라며 말문을 연 후 다음과 같이 말했다.

> 세간의 설이 그러하다. 통감은 의친왕을 밀거나 혹은 이준용으로 하여금 제위에 오르게 하고자 한다는 말에 대하여 이는 전혀 근거 없는 허구 부설浮說이며 본관은 폐하에게 그러한 배반의 의사는 결코 없다고 고하였다. 　　　　　　　　　　　(『한국병합사료: 2』606쪽)

이토의 이 한 마디는 아마도 고종이 최후의 결단을 내리는데 중요한 역할을 했을 것이다. 몇 번이고 말했듯이 고종은 대원군의 애손이었던 이준용이 자신이나 황태자의 지위를 위협하지는 않을까 경계했고, 또 자신의 자식이면서도 오직 궁궐 밖에서 키운 의친왕과의 사이에 신뢰관

계가 전혀 없었다. 고종은 그들의 손에 제위가 넘어갈 것을 두려워해 어
떻게든 자신이 쌓아 올린 '황제'의 자리를 자신이 사랑한 두 명의 자식,
즉 명성황후가 남긴 황태자와 엄비와의 사이에서 태어난 영친왕에게 주
고자 했다. '독차 사건' 이후 황태자가 신체에 문제를 안게 되었음은 주
지의 사실이므로 고종의 입장에서 먼저 황위를 황태자에게 계승하게 하
고 그 뒤를 이어 자식을 볼 수 없는 황태자의 뒤를 영친왕이 잇게 하는
것이 기정 방침이었으며 이 단계에서 마지막 바람이었다.

즉 이토는 마지막으로 그의 의향을 시사한 셈이다. 이리하여 고종은
드디어 퇴위를 결심하게 된다. 1907년 7월 18일, 그는 자신의 양위 조칙
을 발했다. 조칙은 다음과 같이 말하고 있다.

> 아! 짐朕이 역대 임금들의 크나큰 위업을 계승하고 지켜온 지 이제
> 44년이 되었다. 여러 차례 큰 난리를 겪으면서 정사가 뜻대로 되지 않
> 아 인재등용이 더러 적임자로 되지 못하여 소란이 나날이 심해지고 조
> 치가 시기에 대부분 맞지 않아 근심스러운 일이 급하게 생겼다. 백성
> 들의 곤궁과 나라의 위기가 이보다 심한 때가 없어서 두려워하는 것이
> 마치 얇은 얼음을 건너는 듯하다.
>
> 다행히 황태자의 덕스러운 기량은 하늘이 준 것이고 훌륭한 명성은
> 일찍부터 드러났다. 문안을 하고 식사를 살펴보는 겨를에 도움을 주는
> 것이 컸고 정사를 베풀고 개선하는 방도에 부탁할 만한 사람이 있게
> 되었다.
>
> 짐이 가만히 생각하건대 황위를 물려주는 것은 원래 역대로 시행해
> 오는 규례였고, 또한 우리 선대 임금들의 훌륭한 예의를 옳게 계승해
> 야 할 것이다. 짐은 지금 군국軍國의 대사大事를 황태자로 하여금 대리
> 代理하게 하노니, 의식절차는 궁내부宮內府와 장례원掌禮院에게 마련하
> 여 거행하도록 하라.
>
> (『한국병합사료: 2』606쪽, 『조선왕조실록』고종 44년 7월 18일)

다음 날 황태자는 형식대로 고종에게 양위를 멈추기를 구하는 상소를 올렸으나 이는 의식일 뿐이었다(『조선왕조실록』고종 44년 7월 19일). 이토 등의 이해에 따르면 조선왕조로부터 대한제국에 이르는 전통에는 선왕이 생존 중에는 왕위를 잇는 임금의 즉위식을 거행하지 않는 것이 관례라고 하여 '황태자로 하여금 대리하게 하노니'라는 말은 양위를 의미하는 것으로 해석되었다(『한국병합사료: 2』607-608쪽). 사실상 새로운 황제, 즉 순종은 칙사를 종묘에 파견하여 양위함을 보고하게 하고, 경운궁 중화전中和殿에서 권정례權停例가 거행되었다. 일본 측은 이 권정례를 순종의 즉위식으로 해석했다. 이리하여 고종은 퇴위하고 황태자가 대리 청정을 시작하게 된다. 물론 고종 자신은 이 '대리'라는 말에 의미를 두고 기회가 찾아오기를 기다렸다는 설도 있다. 아니, 고종은 이 두 가능성 모두를 고려하고 있었다고 하는 편이 적절할지도 모르겠다.

양립인가 대리인가

총리대신이었던 이완용 등은 이 의식을 완성하기 위해 순종에게 정식 황제의 칭호를, 그리고 고종에게는 태황제의 칭호를 부여하고자 했다. 일본으로부터 겨우 귀국 허가를 받아 7월 17일, 이제 막 궁내대신에 취임한 박영효 등은 완강하게 저항했다. 박영효는 순종은 어디까지나 대리이며 황제는 여전히 고종이라고 해석하고 있었다(『한국병합사료: 2』616-619쪽).

박영효
(『사진으로 보는 한국의 독립운동』상 발췌)

그러나 이러한 새로운 칭호의 부여는 강행되었고 박영효 등은 관직을 박탈당하고 체포되기에 이른다. 이완용은 다음과 같은 상소를 올렸다.

이 달 18일, 태황제의 칙지勅旨를 받잡나니. 우리 폐하는 군국의 서정을 대리하여 이미 짐이라 칭하고, 태황제 존봉尊奉의 의식절차는 이미 준비가 끝났다.　　　　　　　(『한국병합사료: 2』622쪽)

이리하여 고종의 퇴위는 기정 사실이 되었다. 일본 정부는 그 직후인 1907년 7월 24일, 한국 정부와 제3차 한일협약을 맺고 한국 정부는 내정의 다양한 면에서 '통감의 동의'를 필요로 하는 상태로 전락하고 만다(『한국병합사료: 2』634-638쪽). 8월 1일에는 순종의 조칙에 따라 '우리의 현재 군대는 용병으로 조직되므로 여전히 상하가 일치되는 국가 완전 방위를 이루지 못하고 있다'고 하여 '황실의 시위侍衛에 필요한 것을 선정하여 배치해' 해산하기에 이른다. 이렇게 한국은 드디어 실질적으로 독립국으로서의 면모를 상실하게 된다. 참고로 여기에서 마지막으로 '황실 시위'의 병력만 남긴 것은 그때까지 고종의 '군비 증강'의 방향성을 고려했을 때 다소 아이러니한 결과였는지도 모른다(『한국병합사료: 2』643쪽, 『조선왕조실록』순종 즉위년 8월 1일).

그러나 고종과 그 가족의 입장에서 중요한 것은 고종의 퇴위에 맞춰 두 가지가 이루어지는 것이었다. 첫째, 이로써 '대한제국'의 대부분의 권한이 외궁 늑 내각, 나아가 한국 통감으로 옮겨가게 되었다는 것이다. 사실 고종 재위 시에는 빈번하게 알현을 요구하던 이토도 순종 즉위 이후에는 빈도가 극단적으로 줄었고 그 내용 또한 의식적인 것에 불과했다. 바야흐로 한국을 대표하는 것은 황제가 아닌 내각, 더욱 정확하게는 통감이었다.

둘째, 고종이 사랑하는 두 아들, 즉 순종 및 영친왕과 떨어지게 되었다는 점이다. 이토는 고종의 영향력이 순종에게 미칠 것을 두려워해 한때는 고종을 일본으로 보내는 방법까지 고려했었다. 그러나 결국 두 사람은 한성부 내의 다른 궁궐에 격리되었으며 순종 즉위 이후, 그때까지 방치되었던 창덕궁의 수리를 서두르게 되었다(『한국병합사료: 2』624쪽). 1907년 11월 13일, 순종은 이 창덕궁으로 옮기게 되었고, 이리하여 경운궁에 남게 된 고종은 대한제국의 새로운 내궁으로부터 격리되었다(『조선왕조실록』순종 즉위년 11월 13일).

또한 순종이 즉위한 지 얼마 지나지 않은 8월 7일에는 황태자의 자리에 오른 영친왕에게 11월 19일 일본 유학 명령이 내려져 통감인 이토 히로부미가 태자태사太子太師, 총리대신 이완용이 태자소사太子少師에 임명되었다. 12월 5일, 황태자는 일본으로 출발했다(『조선왕조실록』순종 즉위년 8월 7일, 11월 13일, 11월 19일, 12월 5일). 후에 엄비가 말한 바에 따르면 황태자는 1년에 한 번 반드시 한성부로 돌아올 수 있도록 약속을 했다고 한다. 그러나 실제로 그가 한성부에 돌아온 것은 병합 직후의 극히 짧은 시기를 제외하면 1911년, 엄비의 장례식 때였다. 즉 영친왕과 엄비에게는 유학 출발일이 사실상 이별의 날이었던 셈이다. 생전

이토 히로부미와 영친왕 이은
(『사진으로 보는 조선시대 속 생활과 풍속』발췌)

엄비는 훗날 통감이 된 데라우치 마사타케에게 이에 대해 강력하게 항의했다고 한다(『이왕궁비사李王宮秘史』 66쪽).

1908년 4월 17일, 이토는 고종을 마지막으로 알현했다. 이 마지막 알현은 예전과는 사뭇 다른 분위기 속에서 이루어진 듯 하다. 고종의 발언 대부분은 일본 유학중인 황태자, 즉 영친왕의 생활에 대해서였다. 고종은 이토에게 이렇게 말했다.

> 귀국으로부터 돌아온 우리나라 사람들이 모두 그의 장점을 들며 오직 칭찬만 하느니. 아직 아무도 그의 결점을 지적하여 짐에게 말한 자가 없다. 고로 이는 의심할 여지가 없나니 바라건대 경의 소견으로 그의 실제상을 밝혀주길 바라네.   (『한국병합사료: 2』812쪽)

'황제'로서의 모든 것을 잃고 내궁으로부터도 격리된 고종은 바야흐로 어린 아들 황자가 잘 성장하기를 바라는 고독한 노인이 되어 있었다. 즉위일로부터 45년, 예전의 소년은 어느덧 57세가 되어 있었다.

퇴위 후의 고종

대한제국의 패망과 그림자

조용하고 고독한 일상

11세에 국왕에 즉위하여 퇴위하기까지, 고종은 모든 세력과 해외의 열강에 농락당한 한반도의 정치 한 가운데에 있었다. 일본 통치기, 조선 왕족을 가까이에서 볼 수 있었던 일본인은 그 파란만장한 생애에 대하여 다음과 같이 말하고 있다.

> 태왕 전하 40여년의 생애는 내가 말할 것도 없으나 이조 말세의 군주로서 국보國步는 고난에 처했고, 그 빼어난 재략과 넘치는 지혜와 기술로써 한반도에 군림하며, 때로 국정을 친재親裁하여 대소 신료를 조종하고 혹은 스스로 궁정 외교에 즈음해 열국 사신과 절충하며 내외에 대한 정치적 수완을 떨쳤다. 그 사이에 조선국왕전하, 조선국 대군주 전하, 대한국 황제폐하, 대한국 태황제 폐하, 이태왕 전하 등 5차례 존호가 바뀔 만큼 국세의 쇠함과 성함이 있었다. 각국의 제왕을 보더라도 1대에 5번이나 존호가 바뀐 인물은 동서를 막론하고 거의 유례를 찾아볼 수 없으니 그 생애가 얼마나 파란만장하고 성쇠가 많은가. 역사가가 봐도 흥미로운 왕자는 달리 없을 것이라 할 만하다.
>
> (『이왕궁비사』55-58쪽)

황제의 자리에서 퇴위한 고종은 정치적 실권을 잃고 경운궁에서 생활했다. 대한제국의 정치적 실권은 내각과 한국 통감으로 옮겨갔고, 또 제국의 의식적 중심은 순종이 기거하는 창덕궁이 되었다. 대한제국의 신하들은 고종과 엄비는 고종의 장수를 기원하여 경운궁에서 '덕수궁'으로 개칭된 궁궐에 하릴없이 남겨졌다(『조선왕조실록』순종 즉위년 8월 6일).

1909년 10월에는 이토 히로부미가 하얼빈에서 암살되었다. 고종은 이 암살에 대하여 자신의 측근이었던 조민희를 대련大連으로 보내 위문하도록 명했다. 이토의 국장이 거행된 11월 4일, 고종은 통감 공저를 직접

퇴위 후 고종이 지낸 덕수궁
(『눈으로 보는 옛 조선目でみる昔日の朝鮮』上 발췌)

찾아가 이토의 후임으로 통
감 자리에 취임한 소네 아라
스케曾禰荒助를 접견했다. 자
신을 괴롭혔던 이토의 죽음.
고종이 이를 어떻게 받아들
였는지 알려진 바는 없다
(『조선왕조실록』순종 2년

10월 27일, 10월 29일, 11월 4일).

그 후에도 고종의 주위는
조용했다. 1909년 6월 24일
한국의 경찰권을 일본에 양도
한 한일각서에 대해서도, 또
자신의 퇴위와 군대 해산으로
인해 야기된 의병 운동에 대
해서도 고종이 특별한 관심을
보인 행적은 없다.

병합 직후의 덕수궁 석조전 앞 촬영
(『사진으로 보는 조선시대 속 생활과 풍속』발췌)앞줄
왼쪽 3번째부터 데라우치 마사타케, 영친왕 이은, 고
종, 순종

그리고 1910년 8월 22일, '한국 병합에 관한 조약'이 체결되어 대한제
국이 소멸한 날조차 마찬가지였다. 소네의 뒤를 이어 통감이 된 데라우
치 마사타케와 이완용 사이에 이루어진 교섭으로 인해 순종과 고종에게
는 각각 자신이 기거하는 궁전의 명칭을 따서 창덕궁 이왕 전하, 덕수궁
이태왕 전하라는 칭호가 부여되었다. 이미 실권을 잃은 대한제국의 황
족에게 병합은 곧 자신의 지위가 황제에서 이왕으로, 또는 태황제에서
이태왕으로 격하됨을 의미했다(『조선왕조실록』순종 3년 8월 29일). 이

에 대한 고종의 생각 역시 남아있지 않다.

왕궁은 남았다

여기에서 주의해야 할 점이 하나 있다. 바로 한국의 일본 병합이 즉 고종이나 순종이 왕족 신분이 아니게 됨을 의미하는 것은 아니라는 점이다. 즉 한국 병합으로 인해 한국 정부는 해체되고 총리대신이었던 이완용을 비롯한 자들은 영원히 자신의 권력을 상실했다, 그러나 창덕궁과 덕수궁, 이제는 한성부에서 경성부로 이름이 바뀐 이 지역에 존재하는 두 궁궐은 종래와 변함없이 존재하고, 여기에는 많은 궁녀들이 기거하며 그 안에서는 고종이나 순종을 공식 호칭인 '전하'가 아닌 '폐하'로 부르는 것까지 허용되었다(『이왕궁비사』105쪽).

바꿔 말하면 병합이라 함은 국가로서의 대한제국의 종말을 의미했다. 그러나 그것은 조선왕조시대부터 이어져 온 왕궁의 두 가지 세계, 즉 내궁과 외궁 중 외궁, 즉 국가만 사라진 데 불과했다. 국왕과 왕족은 여전히 그 곳에 존재하며, 그곳에는 그들을 중심으로 한 세계가 엄연히 존재했다. 1907년 고종이 퇴위한 그 때, 내궁은 이미 외궁에 대한 영향력을 상실했다. 그렇기에 외궁, 즉 국가의 소멸은 다시금 내궁에 커다란 영향을 주지는 않았다. 병합은 순종이나 고종의 입장에서는 그 역사적 의의만큼 극적인 것으로는 실감하지 못했을지도 모른다.

국가를 잃고 궁만이 그것도 두 곳이나 존재했다. 한국 병합 이후의 경성부에는 이러한 특이한 상황이 있었다. 두 궁 때문에 '이왕직李王職'이라는 새로운 관청이 일본 정부 궁내성의 일부국으로 신설되어 창덕궁 이왕에게는 90명의 직원과 전사보典祀補 25명, 전의보典醫補 7명과 기수

技手 9명이 배치되었다. 덕수궁 이태왕, 즉 고종에게도 20명의 직원과 이 왕직 전의보 2명, 왕세자(영친왕의 칭호도 황태자에서 왕세자로 격하되 었다)에게는 직원 2명과 전의보 1명이 배치되었다(『조선왕조실록』순종 3년 12월 30일).

명백한 사실은 고종이 그 인생의 마지막 9년을 아이러니하게도 일본 의 보호를 받는 형태로 살았다는 점이다. 그것이 고종에게 행복이었는 지 어떤지는 모른다. 그러나 확실한 것이 하나 있다. 바로 고종이 '무엇 인가'와 싸울 필요가 없어졌다는 점이다. 생부 대원군은 이미 세상을 떠 났고 이에 대항하던 명성황후와 그녀를 지지하던 여흥 민씨 세력도 사 라진지 오래였다. 고종과 명성황후가 자신의 권력을 위협한다고 하여 경계했던 개화파 세력은 괴멸했고 밑으로부터의 개화를 요구하던 독립 협회 사람들도 사라져 갔다. 일본과 결탁해 자신을 황제의 자리에서 끌 어내린 이완용 무리는 자신이 실현한 한국의 병합으로 인해 권력을 잃 었고, 그 부아가 치미는 이토 히로부미마저 모습을 감췄다.

애초에 지켜야 할 것조차 거의 남아있지 않았다. 사랑하는 부인인 명 성황후는 이미 세상에 없고 순종은 고종으로부터 격리되어 창덕궁에 자 신만의 '왕궁'을 두고 있었다. 순종은 창덕궁에 화재가 발생했을 때조차 덕수궁에 들어가기를 원하지 않았고 고종과 함께 하는 것을 선택하지 않았다. 그의 눈에는 이제 늙어서 자신보다 왕세자에게 더 관심이 많은 고종이 더는 눈엣가시로밖에 보이지 않았는지도 모른다. 왕세자는 멀리 도쿄에 억류되어 있었고 1911년에는 후처인 엄비마저 세상을 떠났다. 사인은 장티푸스였다고 하며, 이에 서둘러 귀국한 왕세자는 감염을 걱 정한 주위의 '배려'로 어머니의 시신에 다가갈 수조차 없었다. 왕세자는 장례식이 끝난 후 다시 도쿄로 돌아갔고 고종은 이제 깊은 고독 속에 남겨지게 되었다.

과거로부터의 방문자

퇴위 후 고종의 일상에 자그마한 에피소드도 없었던 것은 아니다. 엄비도 세상을 떠난 1915년. 순종의 장인인 윤덕영이 고종에게 갑자기 다음과 같은 제안을 했다. 이 책에도 서술한 바와 같이 1895년에 명성황후가 시해된 직후, 일본군의 압력 아래에서 고종은 명성황후를 폐비하고 계비를 찾은 적이 있었다. 윤덕영이 이 때 계비로 내정되어 있던 김씨라는 여성을 찾아내 실제로 고종의 내궁에 들여보내고자 한 것이다. 참고로 이 시점은 명성황후가 시해를 당한 후 이미 20년이 지난 시점이었다. 1895년 당시 왕비 후보자의 나이는 15세에서 25세. 이 기록을 남긴 이왕직 직원 곤도 시로스케權藤四郎介는 이 여성이 47세 정도였다고 기록하고 있는데 계산이 맞지 않는 이유는 확실치 않다.

어쨌든 한반도에서 혼기를 훌쩍 넘긴 그녀는 왕비 후보자로 선정된 이후 독신을 고수해 왔다고 한다. 명성황후 시해 이후 일본의 세력이 급속도로 후퇴하고 고종이 당시 왕세자와 함께 러시아공사관으로 파천하면서 자신의 시중을 들었던 엄비와 맺어진 것을 생각하면 이 김씨 또한 한반도를 둘러싼 정치적 비극의 피해자라 할 수 있다.

순종의 장인으로, 또 총독부와 가까운 입장에 있었던 윤덕영은 5월 기일을 택해 김씨의 집에 가서 그녀를 마중하였고 행렬을 정비하여 덕수궁에 들여보냈다. 고종은 김씨에게 아무런 관심을 보이지 않았고 그녀는 왕궁의 좁은 방에서 칩거하듯이 지낼 수밖에 없었다. 명성황후를 시해한 일본인들이 간택한 후보자였기 때문이었는지, 단순히 김씨의 나이나 생김새가 문제였는지는 알 수 없다(『이왕궁비사』96-103쪽). 생전의 고종은 그녀와 얼굴을 마주하는 일조차 없었고 김씨가 처음으로 고종의 용안을 본 것은 고종의 장례식 자리였다고 곤도는 기록하고 있다. 그녀는 처음으로 마주한 자신의 '남편'의 시신을 목전에 두고 언제까지고 울기만 했다고 전해진다.

사랑하는 아이들에 대한 생각

고종에게 남겨진 즐거움 중 하나는 양귀인과의 사이에서 1912년 5월 25일에 태어난 자신의 막내인 딸의 성장이었다. 고종은 이 때 실로 60세, 환갑의 나이에 본 딸이었다. 1916년 4월 1일, 고종은 복녕당 아지福寧堂阿只 라는 이 딸을 위해 자신이 거주하는 덕수궁 내 즉조당에 '유치원'을 만들었다(『조선왕조실록』순종 14년 4월 1일). 복녕당 아지의 출생에는 어떠한 특별한 사정이 있었는지, 그녀는 그때까지 고종의 딸로서 공식적으로 인정을 받지 못한 상태였다. 그러나 이 유치원을 개설한 고종은 초대 조선 통감이 된 데라우치와 복녕당 아지를 만나게 하고, 1917년 데라우치로 하여금 복녕당 아지를 자신의 딸로 인정하게 하는데 성공했다고 한다(『이왕궁비사』283-286쪽).

1921년 5월 4일, 복녕당 아지는 정식으로 덕혜라는 이름을 부여 받고 왕족의 열에 이름을 올리게 되었다(『조선왕조실록』순종 19년 5월 4일). 훗날 그녀는 일본에 유학하며 정신병을 얻게 되는데, 쓰시마 번주의 후예인 소 다케유키宗武志와 결혼했고 나중에는 이혼하게 되는 '이씨 조선의 마지막 왕녀' 이덕혜가 바로 그녀다(『덕혜공주』).

그러나 고종에게 최대의 걱정은 역시 왕세자였다고 한다. 그 중에서도 특히 순종이 자식을 생산하지 못하는 상태에서 대를 잇기 위해서라도 그에게 거는 기대가 컸음이 틀림없다. 이왕직 직원 중 한 사람으로 일본 통치기에 고종과 순종을 가까이에서 모신 영선과장 곤도 시로스케에 따르면, 그렇기에 고종은 1918년 가을, 왕세자의 혼인 상대가 나시모토미야 마사코梨本宮方子로 정해진 것을 적어도 겉으로는 무척 기뻐했다고 한다.

잘 알려진 바와 같이 왕세자에게는 이미 1906년에 간택된 민영돈閔泳敦의 딸, 민갑완閔甲完이라는 약혼자가 있었다. 당연한 일이지만 나시모토미야 마사코가 왕세자비로 정해지면서 왕세자와 민갑완의 혼담은 깨지게 되었다. 이 사태에 대하여 고종은 덕수궁 찬시장贊侍長이었던 김춘희金春熙에게 '조선 여자 중 왕세자비로 삼을 만한 이가 한 사람도 없다'고 말했고, 이왕직 차관이었던 고쿠분 쇼타로國分象太郎에게는 '이 경전慶典을 하루라도 빨리 거행하여 내 외로운 마음을 위안코자 한다'고 말했다고 한다(『이왕궁비사』164쪽). 고종의 이러한 말을 들은 자가 많았으니 적어도 그가 실제로 그렇게 발언했음은 틀림없는 듯 하다. 그것이 고종의 본심이었는지 아니면 체념으로 인한 강렬한 조소였는지는 알 수 없다. 제2차 한일협약 체결 과정에서 여실히 드러나듯이 고종은 때때로 자신의 본심을 숨기고, 이를 통해 책임을 피하고자 생각했다. 이 때 고종의 발언이 그와 같은 '배려'에서 나온 말이었다고 해도 이상할 것은 없다.

어쨌든 왕세자와 나시모토미야 마사코의 예식은 1월 25일에 도쿄 아자부의 왕세자저에서 거행하기로 결정되어 1월 20일에는 경성부에서 사절단이 출발했다. 고종은 '희색이 만연하여' 이 사절을 환송했다고 전해지고 있다.

죽은 것은 '누구'인가

그리고 고종의 본심은 영원히 밝혀지지 않은 채 끝나게 된다. 왜냐하면 고종은 이 사절을 떠나 보낸 1월 20일 밤, 갑자기 쓰러져 돌아올 수 없는 길을 떠났기 때문이다. 원인은 뇌일혈. 고종은 순식간에 위독한 상태에 빠졌다고 곤도는 기록하고 있다. 평소에 건강했던 고종의 갑작스러운 위독 상태는 이왕직의 입장에서도 의외의 사태로 받아들여졌다. 곤도는 '태왕 전하가 중태에 빠지셨으니 즉각 나오시오'라는 조선어 말투로 걸려온 전화를 받고 순간 평소 병약했던 순종과 착각한 것은 아닌가 하고 생각해 '창덕궁인가'라고 반문했다고 한다. 고종의 갑작스런 죽음에 대해서는 오늘날에도 독살설이 존재한다. 그러나 설득력 있는 사료는 존재하지 않는다.

이왕직의 주요 직원과 일본 정부에 의해 작위를 받아 새로운 '조선 귀족'으로 대두한 옛 왕조 실력자들의 대부분은 이미 왕세자 결혼식의 사절로 출발한 후였기 때문에 이왕직의 대응 또한 매우 혼란스러웠다. 어쨌든 덕수궁에는 순종을 비롯해 경성부에 남아 있던 궁궐 관계자나 왕족이 도착해 고종과의 마지막 작별을 슬퍼하게 된다. 곤도에 따르면 고종의 죽음은 1919년 1월 21일 오전 1시 45분. 이리하여 고종은 만 66세의 나이로 파란만장한 생애를 마치게 되었다(『이왕궁비사』174쪽).

갑작스런 고종의 죽음은 조정과 백성을 혼란케 할 수 있다고 하여 공식 발표는 고의적으로 늦춰졌다. 우선 21일 그가 위독하다고 세간에 전해졌고, 총독부는 1월 22일 오전 8시, 이태왕이 이 날 6시 20분에 서거했다고 공식 발표했다(『이왕궁비사』176쪽). 고종의 죽음으로 왕세자의 혼인은 연기되었고 조선총독부와 이왕직 사이에 고종의 장례식을 어떻게 치르고 고종을 어떻게 모셔야 할 것인지에 대한 논의가 이루어졌다. 조선왕조의 국왕이며 대한제국의 황제이고, 또 일본 통치하의 덕수궁 이태왕이었던 인물을 대일본제국이 어떻게 떠나보내야 할 것인가?

초기의 조선총독부
(『눈으로 보는 옛 조선目でみる昔日の朝鮮』上 발췌)

첫 번째 문제는 고종을 어떠한 명칭으로 어디에 매장할 것인가를 둘러싼 문제였다. 고종은 이미 '대한제국 황제' 당시 자신의 능묘를 금곡리에 마련하였으므로 일반적으로 생각하면 여기에 매장하는 것이 당연했다. 그러나 일본 정부 궁내성의 이해에 따르면 고종의 묘는 '이태왕'의 묘에 불과하며 따라서 공식적으로는 황족의 묘에만 용납되는 '능'이라는 명칭을 사용할 수 없다고 했다.

이 문제를 피하기 위해 고종의 죽음 직후, 순종의 장인인 윤덕영은 고종을 그가 생전에 마련한 남양주의 금곡리가 아닌 경성부 청량리에 있는 '홍릉', 즉 명성황후의 묘에 합장할 것을 주장했다. '왕후'의 '능묘'에 '이태왕'을 합장함으로써 '대한제국 황제'에 적합한 '능묘'를 부여한다는 기발한 묘책이었다. 하지만 이러한 주장도 이왕직에 의해 거부되었고 결국 고종은 자신이 대한제국 황제 시절에 마련한 금곡리에 매장된다

(『이왕궁비사』193쪽). 이 에피소드에는 당시 고종을 둘러싼 사람들의 고종에 대한 다양한 견해가 전형적으로 녹아 있다.

조선 귀족이나 이왕직이 혼란스러운 논의를 하던 무렵, 고종이 기거했던 덕수궁 밖에서는 갑자기 큰 사건이 발생했다. 1919년 3월 1일, 고종의 죽음을 계기로 이른바 '3.1운동'이 발발한 것이었다. 경성부 안의 거리는 '독립 만세'를 외치는 민중으로 넘쳐났으며 이 운동은 한반도 전역으로 확대되었다. 장례식을 위해 덕수궁에

3.1운동 '독립만세'를 외치는 민중
(『사진으로 보는 한국의 독립운동』上 발췌)

들어온 순종과 왕세자에게 궁녀들은 다음과 같이 말했다고 한다.

조선은 독립했습니다. 감축 드리옵니다. 전하! 전하!

(『이왕궁비사』193쪽)

아이러니하게도 이러한 독립 운동 속에서 거행된 3월 3일 고종의 장례식은 일부 조선의 옛 방식을 채택하면서도 기본적으로는 '온전한 일본의 옛 방식'하에서 '국장'으로 거행되었다. 참고로 고종 이전에 대일본제국의 '국장'으로 치러진 인물은 이와쿠라 도모미岩倉具視, 산조 사네토미三条實美, 그리고 시마즈 히사미쓰島津久光, 아리스가와노미야 다루히토 친왕有栖川宮熾仁親王 등 11명에 불과했으므로 '국장'으로 고종을 모신 자체에 문제는 없었다. 문제는 이왕직의 상급 관청인 궁내성이 자신들이 인정한 규정에 따라 어디까지나 '대일본제국의 국장'은 '대일본제국

의 격식'으로 치러져야 한다는 원칙론에 심하게 구애되었다는 점에 있었다. 결과적으로 국장 장소에는 일본 측 대표로 조선 총독인 하세가와 요시미치 이하 문무관이 대례복을 입고 장례식에 참석하는 한편, 조선 측의 유력자로는 이완용, 송병준 등 몇 명 되지 않는 인사가 참석한 데 그쳤다. 조선인 전체의 장례 참석자 또한 70명 정도에 불과해 식장은 한산했고 공석만 눈이 띄었다고 한다. 결국 일본식 국장에 집착한 결과로 궁내성과 조선총독부의 위신은 땅에 떨어졌다.

배경에는 이 장례식이 일본식으로 치러진다는 것에 대한 조선인의 강한 혼란과 반발이 있었다(『이왕궁비사』193-194쪽). 앞서 서술했듯이 거리에는 왕세자와 나시모토미야 마사코의 결혼에 반대하는 사람들에 의해 고종을 총독부가 독살했다는 소문이 아주 그럴싸하게 퍼지고 있었다. 국장 종료 후, 장례식은 곧바로 능묘로 모시는 이씨 왕가의 장례인 '내장內葬'으로 이어졌다. 일본 정부가 행하는 국장과는 대조적으로 이 '내장內葬'에 참가한 사람은 7, 8천 명에 이르러 고종의 능묘가 있는 금곡리에는 1만 5천명이나 되는 사람들이 운집했다. 한산했던 '국장'과 성대

고종의 장례식 행렬
(『사진으로 보는 조선시대 속 생활과 풍속』발췌)

한 '내장'. 이는 여전히 한반도 사람들에게 고종이 '이태왕'이 아닌 '대한제국 황제'임을 의미했다. 금곡리에서의 '내장'은 4일까지 이어졌고 5일에 그들이 경성부로 향하면서 장례 행렬은 해산한다. 도중에 한 무리의 유학자들이 무릎을 꿇고 대열에 독립 상소문을 건네고자 시도했다.

그러나 호위하는 일본 병사들은 당연히 이를 물리쳤고 장례 행렬은 '무사히' 덕수궁에 도착했다(『이왕궁비사』195쪽). 2월 16일에는 이미 명성황후의 시신도 청량리의 '홍릉'에서 금곡리에 자리잡은 고종의 묘로 이장되었다. 즉 명성황후에게는 '마지막 장례'가 있었던 22년 뒤, 시해된 지 24년만에 겨우 '안면安眠의 땅'에 도착하게 된 셈이다. 오늘날 고종과 명성황후는 함께 이곳에 잠들어 있다.

그렇기는 하나 여기에서 문제가 하나 남아 있었다. 결국 고종이 안치된 금곡리 능묘를 어떻게 부를 것이며 어떠한 비를 세워야 할 것인가? 조선 귀족들은 '대한고종대황제 홍릉'이라고 새겨야 한다고 주장한 반면 조선총독부는 '이태왕 전하'라고 해야 한다고 주장했다. '전 대한고종대황제 홍릉'이라는 타협안까지 제시되어 일단 이 안으로 결정되었고 묘비가 새겨지게 되었다. 그러나 이 타협안도 일부 조선 귀족의 강력한 반대로 철회되었고 결국 준비된 능비는 금곡리 일각에 운반된 채 4년이라는 세월이 흘렀다. 놀랍게도 그 동안 고종의 묘에는 비석조차 없었던 셈이다.

그리고 1923년 3월 어느 날, 한 노인이 결심을 해 한밤중에 사람을 모아 4년간 누워있던 능비를 깨끗이 닦고 고종의 능 앞에 비를 세웠다. 그의 이름은 고영근高永根이다. 그는 일찍이 독립협회에 대항하는 황국협회의 부회장으로 선출되었으나 중간에 독립협회 부회장으로 선회한 후 1903년에는 고종의 명으로 일본에 건너가 명성황후 시해 시 훈련대 제2대대장이었던 우범선禹範善을 암살한 경력의 소유자였다. 다음날 아침, 그는 순종이 사는 창덕궁 앞에 상소문을 지니고 나타나 단죄를 기다렸다. 이왕직은 당황하여 도쿄의 궁내성 판단에 따르기로 했다. 결국 한반도 여론에 대한 배려도 있어 고영근은 고령을 이유로 처벌을 받지 않았다. 이리하여 겨우 고종의 묘는 그 '이름'을 얻을 수 있게 되었다.

오늘날 홍릉 옆에는 고종과 명성황후의 자식으로, 1926년에 서거한 순종과 그의 비들이 합장된 유릉裕陵이 나란히 자리하고 있다. 마치 아직 명성황후가 살아있을 무렵의 고종의 가족을 보는 듯하다.

작은 구릉의 중간쯤에 위치하는 그들의 묘에서는 아득히 거리 풍경이 내다보인다. 음력 정월이 되면 그곳에서 하늘을 향해 춤추는 연의 모습까지도 찾아 볼 수 있으리라. 고종은 그 연을 바라보면서 가족들과 무슨 이야기를 나누고 있을까.

저자의 말

　황제의 용안은 개성이 없지만 원만하게 보였고, 몸은 작은 편이었
다. 눈은 상냥한 듯 하나 작고 사시인지라 시선을 어딘가에 고정하지
못하여 항상 허공을 떠돌고 있다. 노랑색 목장에 서양식 나이트캡과
비슷한 높은 모자를 쓰고 드문드문한 턱수염과 콧수염을 기르고 있지
만 마치 마음씨 좋은 목욕탕 노파 같은 인상을 준다. 외교관이 조의를
표할 때마다 황제는 허리를 구부리고 머리를 숙이거나 무릎을 꿇었는
데 내가 평소에 갖고 있던 인상과는 전혀 달랐다. 그 불행한 황제에게
나는 일종의 연민을 느꼈다. 그는 이 [황태자 명성황후의] 장례식날 뿐
만 아니라 평소에도 하루라도 마음 편할 날이 없었으리라.

(『비극의 조선』178쪽)

　이 책은 비운의 대한제국 마지막 황제인 고종과 명성왕후를 재조명한
조선왕족의 역사이다. 미네르바 서방에서 평전선집을 집필해 달라는 의
뢰를 받은 필자가 대한제국을 선택한 이유는 몇 가지가 있다.

　첫째, 일제강점기 이전의 조선왕조에서는 국왕이 다른 누구보다도 커
다란 권한을 부여 받고 있었으니 그들을 이해하지 않고 조선사를 이해
하기란 불가능하다고 생각했기 때문이다. 19세기 후반 이후의 조선 근
대사에서 연구자의 눈은 때론, 김옥균이나 김윤식 등의 '개화파' 인물들,
또는 안중근이나 유관순 같은 민족 운동의 비극적 주인공에 쏠리기 십
상이다. 그러나 그것만으로는 역사의 방대한 흐름을 읽어낼 수 없다. 근
대 조선사 - 그 중심에 있던 것은 1863년부터 1907년까지 실로 44년에

걸쳐 왕위에 있었던 고종으로, 적어도 왕조 정치에서 사람들은 그의 협력과 지지 없이 아무런 일도 할 수 없었다. 그리고 어느 시점까지 고종의 뒤에는 항상 명성황후가 있었다. 이 두 사람을 차치하고 근대 조선사를 논하는 것은 불가능에 가깝다.

그러나 더욱 중요한 것은 두 번째 이유이다. 이 책에서 알 수 있듯이 고종과 명성황후는 결코 조선왕조나 백성들의 행복과 발전, 나아가 국가의 독립을 위해서만 노력했다거나, 재능과 이성, 그리고 도덕심이 넘치던 인물은 아니었다. 그러나 많은 이들이 그들의 존재를 무의식중에 간과한 채 뛰어난 재능의 소유자, 아름다운 이상을 논하던 사람들이었다는 결론에 도달한다. 확실히 그러한 이야기는 때로는 너무나 아름답기에, 우리를 매혹하기에 충분하다.

하지만 필자는 생각한다. 역사는 항상 **빼어난** 재능과 도덕심을 갖춘 성인군자에 의해 만들어지는 것은 아니다. 고종은 결코 재능 넘치는 인물은 아니었으며 평생 동안 많은 오류를 범하기도 했다. 명성황후는 고종보다는 우수했는지도 모른다. 하지만 왕위 계승 문제를 둘러싼 그녀와 대원군의 대립은 당시 조선사에 어두운 그림자를 드리웠음이 분명하다.

명백한 사실은 친정 초기를 제외하면 고종이나 명성황후의 시선이 조선왕조의 발전과 독립의 유지와 같은 고상한 목적보다는 오히려 더 직접적인 자신의 권력 - 즉 '무한 군권'의 - 유지라는 더욱 구체적이고 가까운 곳을 향하고 있었다는 점이다. 그러나 적어도 필자는 그러한 그들을 보고 웃을 수가 없다. 내궁이라는 삶의 공간이 군화에 의해 짓밟히고 그때마다 많은 육친을 잃는다. 이러한 일들을 반복적으로 경험해야 했던 그들에게 권력 강화는 곧 자신과 가족의 안전을 지키는 것과 직결되어 있었다. 그렇기에 그들은 다양한 수단을 구사하여 '무한 군권'을 추구했고, 이로 인해 무수한 시행착오를 경험했다.

여기에서 강조하고자 하는 바는 그들의 행동을 이해하고자 한다면 먼저 그러한 그들의 눈높이에 맞출 필요가 있다는 점이다. 고종과 명성황후는 자신과 사랑하는 아이들을 지키기 위해 열심히 노력했다. 그들의 입장에서는 자신들에게 위협이 되는 요소가 있다면, 그 인물이나 세력이 어떤 피부색을 하고 어떤 말을 쓰는 지 따위는 중요하지 않았으리라. 자신을 지키기 위해서는 권력이 필요했고 권력을 갖고 있기에 국내외 다양한 세력으로부터 위협을 받았다. 그 근저에 있는 것은 결국 그들과 그들의 가족이 사실은 무력하다는 상반되는 사실이었다. 국왕 혹은 왕비라는 지위에 있었으나 실제로 그들에게 충성하는 자는 결코 많지 않았다. 그리고 그 배경에는 그들이 군림하고 있는 조선왕조 또는 대한제국 그 자체가 무력했다는 사실이 존재한다.

그리고 다양한 노력에도 불구하고 결국 그들의 가족 중에 마지막까지 무사태평을 누린 자는 오직 고종 한 사람뿐이었다. 순종은 독차 사건으로 인해 큰 장애를 얻었고 명성황후는 암살되었으며 영친왕마저 일본으로 끌려가야 했다. 그렇다면 왜 고종만 무사할 수 있었는가? 아이러니하게도 그는 다름아닌 조선왕조의 국왕이었기 때문일 것이다. 고종은 홀로 왕가에 들어갔으며, 홀로 세상을 하직했다. 처음에는 의욕적으로 시작한 그의 치세는, 때묻지 않은 선의에도 불구하고 순식간에 심각한 파탄을 맞이했으며 끊임없이 시도한 열강과의 비밀외교도 거의 대부분 공연히 열강을 자극하는 결과로 끝나게 된다. 고종은 결단력이 없고 우유부단하며 때로는 신하들에게 책임을 떠넘겼다.

그러나 어떠한가? 그러한 그에 대해 그들과 같은 눈높이에 서서 비난할 수 있는 자, 우리 중 누구인가? 영웅에게 눈을 돌리기는 참으로 쉽고 명쾌하다. 그러나 역사는 영웅으로만 완성되기에는 너무도 복잡하다.

이렇게 말하는 필자가 이 책을 집필하기에 즈음해 사료를 중심으로 갖가지 어려움을 마주해야 했다는 점을 여기에서 고백해야 할지도 모르겠다. 적어도 박학비재薄學非才한 필자가 조선왕조에서 대한제국에 이르는 정치나 사회를 충분히 이해했다고 말하기는 어렵기에 여기에는 많은 오류나 오해가 있을지도 모르겠다.

또한 이 책의 주요 등장인물 가운데 명성황후나 대원군은 주로 왕조의 공적 제도로부터 벗어난 곳에서 활약한 인물이며 그러한 그들의 실상을 그려내기 위해 이 책에서는 신중한 역사가라면 채택하지 않았을 법한 2차적 사료도, 굳이 다양하게 인용했다. 이를 통해 당시의 정치 사회적 실상이 오히려 잘못 묘사되었다면 이는 오롯이 필자의 책임이다.

이러한 상황 속에서 오늘날 어려운 출판 상황에도 불구하고 이 책이 세상에 나올 수 있었던 것은 필자가 지금까지 몇 번이고 도움을 받은 미네르바 서방, 특히 편집자 다비키 가쓰지 씨의 덕택이다. 모든 저작은 편집자와 필자의 공동작업에 의한 산물이며 혹 이 책에 조금이라도 볼 만한 부분이 있다면 이는 전적으로 편집자의 공이다. 짧은 인생에서 다비키 씨와 같은 우수한 편집자를 만난 것은 정말로 다행이 아닐 수 없다. 또한 교정에는 필자가 소속된 고베대학대학원 국제협력연구과 대학원생인 모리구치 마이 씨, 시미즈 도오루 씨, 요시다 세이이치 씨, 또 삿포로 대학의 김성 선생님께 도움을 받았다. 이 자리를 빌어 감사의 마음을 전하는 바이다.

마지막으로 항상 그렇듯이 이 책은 가족의 도움 없이는 완성되지 못했을 것이다. 어리석게도 대량의 업무를 자진해서 떠안은 채, 대학을 둘러싼 크나큰 변화 속에서 날마다 자신의 존재 의의를 추궁해야만 하는 상태에서 가벼운 정신적 불안 상태에 빠져있던 필자를 따뜻하게 지켜봐준 아내 도키코와 두 딸, 후타바와 시즈쿠의 격려가 없었더라면 필자는 저작 활동은커녕 인생조차 내던져 버렸을지도 모르겠다. 사람은 항상 타인의 도움 없이는 살아갈 수 없는 법. 새삼스레 그러한 당연한 말을 적으며 붓을 놓고자 한다.

2007년 8월 나가노현 히메키히라의 한적한 거처에서

기무라 간

대한제국 패망과 그림자 연표

한국력	일본력	서력	고종	명성	한국에서 일어난 사건	해외에서 일어난 사건
정조 23	간세이(寬政) 10	1799			민치록 탄생	
24	11	1800			8월 23일 순조 즉위 정순왕후 수렴청정 시작 이 무렵부터 세도정치가 시작됨	
순조 18	분세이(文政) 원년	1818			여흥부대부인 탄생	
20	3	1820			12월 21일 흥선대원군 탄생	
28	11	1828			이창응(흥녕군) 사망	
30	텐포(天保) 원년	1830			민승호 탄생	
헌종 2	7	1836			이구(남연군) 사망	
3	8	1837				9월 4일 모스 전신기 발명
8	13	1842				8월 29일 남경조약 체결 아편전쟁 종결
14	가에이(嘉永) 원년	1848			이최응(흥인군) 사망	
철종 2	4	1851		0	11월 17일 명성황후 탄생	
3	5	1852	0	1	9월 8일 고종 탄생	
5	안세이(安政) 원년	1854	2	3		3월 31일 일미화친조약 체결
9	5	1858	6	7	민치록 사망	
11	만엔(万延) 원년	1860	8	9		10월 영국/프랑스군, 제 2차 아편전쟁에서 베이징 점령 11월 15일 러시아 연해주 영유
13	분큐(文久) 2	1862	10	11	3월 18일 진주민란 발발	
고종 원년	겐지(元治) 원년	1864	12	13	1월 16일 고종 입궐 1월 20일 고종 관례식 1월 21일 고종 즉위 3월 18일 의정부 복설 4월 4일 러시아 경흥에서 통상 요구 8월 28일 서원정리령 9월 13일 사설서원의 토지와 노비의 소유를 엄금함	
2	게이오(慶応) 원년	1865	13	14	4월 11일 '대전회통' 편찬 시작 4월 26일 경복궁 중건 시작	
3	2	1866	14	15	3월 26일 명성황후 왕비로 결정됨 3월 29일 조대왕대비 수렴청정 철폐 4월 15일 고종 명성황후와 결혼 9월 2일 제너럴 셔먼호 사건 10월 16일 병인양요	
5	메이지(明治) 원년	1868	16	17	5월 3일 오페르트 도굴 사건 5월 31일 이선(완화군) 탄생	10월 23일 메이지 유신 시작
7	3	1870	18	19		1월 26일 도쿄 요코하마 전보업무 시작
8	4	1871	19	20	5월 9일 47개 서원 이외의 서원	9월 26일 나가사키

					엄금 6월 11일 신미양요 12월 25일 명성황후 제1왕자 출산 (4일 후 사망함)	블라디보스토크 전보업무 시작
10	6	1873	21	22	3월 11일 명성황후 제1왕녀 출산 (몇 개월 후 사망) 12월 14일 최익현, 대원군 비판 상소 12월 22일 최익현, 재차 상소 12월 23일 고종 친정 시작 대원군 실각 12월 29일 고종, 시임대신 해임	2월 도쿄 나가사키 전보업무 시작 도쿄와 세계가 전신으로 연결됨
11	7	1874	22	23	2월 22일 고종, 청전 폐지 결정 이후 재정 파탄 심각해짐 3월 25일 순종 태어남 4월 28일 고종, 만동묘 복설 8월 26일 이유원과 박계수, 고종의 독단적인 행동을 비판	
12	8	1875	23	24	1월 5일 민승호 폭살 사건 1월 7일 한창부부인 사망 2월 6일 순종 왕세자가 됨 5월 9일 명성황후 제3왕자 출산 (13일 후에 사망함) 5월 26일 이유원 영의정 사직 6월 9일 신정파수군 설치 7월 20일 고종, 대원군 복귀를 요구하는 상소를 올린 유생들을 처형 8월 2일 무위소 설치 7월 24일 대원군, 한성부 복귀 9월 20일 강화도 사건	
13	9	1876	24	25	2월 11일 조일교섭 시작 2월 27일 강화도 조약 체결 5월 14일 이선 완화군에 봉해짐 6월 2일 수신사 김기수, 메이지 천황 알현	
14	10	1877	25	26	5월 13일 이강(의친왕) 탄생	
17	13	1880	28	29	2월 21일 이선(완화군) 사망 6월 7일 묘당, 이홍장의 밀서에 대해 의논 8월 14일 고종, 이홍장에게 유학생 파견 지원을 요청	
18	14	1881	29	30	8월 29일 이유원 유배 9월 8일 고종, 김윤식을 영돈사로 임명 10월 19일 이재선 역모 사건	
19	15	1882	30	31	3월 9일 순종 관례식 3월 15일 민태호의 딸, 왕세자비로 결정됨 4월 16일 순종,	

					민태호의 딸과 결혼 5월 22일 조미수호조약 체결 6월 6일 조영수호조약 체결 6월 20일 조독수호조약 체결 7월 19일 임오군란 발발 7월 24일 대원군, 정권 장악 고종, 명성황후가 죽었다고 발표 8월 10일 청/일 양국 해군, 인천 앞바다 도착 8월 20일 일본공사 하나부사가 고종을 알현 8월 26일 청국군에 의해 대원군 납치 8월 30일 제물포 조약, 인천 개항 조약 체결 9월 12일 명성황후 환궁 11월 3일 친군건군좌우영 설치 11월 17일 조청상민수륙무역장정 11월 30일 감생청 설치	
20	16	1883	31	32	1월 12일 묄렌도르프, 통리교섭통상사무아문협판에 임명됨 2월 2일 마건상, 의정부찬의 정2품 및 통리교섭통상사무아문협판에 임명됨 3월 29일 당오전 주조 개시 11월 22일 친군전영 설치	
21	17	1884	32	33	1월 1일 통리통상사무아문, 통리군국사무아문 설치 3월 14일 묄렌도르프, 전원국총판 겸임 7월 7일 조로수호조약 체결 9월 11일 친군후영 설치 12월 4일 갑신정변 발발, 일본군 왕궁 침입 12월 6일 청국군, 왕궁 침입 개시 일본군 패주 12월 17일 갑신정변 관련자 친족 처벌 12월 23일 친군별영 설치	
22	18	1885	33	34	1월 15일 고종, 대신들에게 마음을 펴는 별유를 반포 4월 18일 청일 양국 텐진조약 체결 4월 27일 주일러시아공사관서기관 스페예르, 한성부에 들어옴(제1차조로밀약사건) 5월 4일 영국군, 거문도 점령	

					7월 23일 이홍장, 고종과 러시아 사이의 비밀교섭을 비난 7월 27일 묄렌도르프, 협판 해임 10월 4일 임오군란 관계자 처형 10월 5일 대원군, 한성부 복귀 조선왕조, 대원군 연금 10월 6일 러시아대리공사 겸 총영사 웨베르, 한성부에 들어옴 10월 11일 이홍장, 원세개를 조선총리교섭통상사의로 다시 파견 12월 21일 김옥균 등에 의해 거병 계획의 소문이 전해짐	
23	19	1886	34	35	4월 8일 데니, 협판내무부사 취임 6월 4일 조불수호통상조약 체결 7월 고종, 심순택을 파견해 웨베르에게 보호를 요청(제2차조로밀약사건) 8월 24일 청국해군, 인천부 도착 8월 28일 원세개, '조선대국론' 송부 이 무렵 고종 폐위를 구상함 9월 3일 외교권한, 통리통상아문으로 이동 고종의 비밀외교가 어려워짐 11월 9일 고종, 서양, 그리고 일본에 공사 파견을 결정	
24	20	1887	35	36	1월 17일 박정양, 청국공사관을 거치지 않고 직접 미국 대통령을 알현 2월 7일 왕세자 관례식	
25	21	1888	36	37	5월 29일 친군영을 장어영, 통위영, 총어영 세 영에 통합	
26	22	1889	37	38	10월 24일 함경도관찰사 조병식, 방곡령 발령(방곡령 사건)	
27	23	1890	38	39	6월 4일 조대왕대비(신정왕후) 사망	
28	24	1891	39	40	3월 28일 르 장드르 협판내무부사 취임	
29	25	1892	40	41	4월 29일 그레이트하우스 협판내무부사 취임 12월 19일 동학, 대규모집회 개최	
30	26	1893	41	42	3월 29일 동학, 한성부에서 복각 상소 4월 25일 동학, 보은군에서 대규모 집회 5월 10일 고종, 원세개에게 청국군 파병 요청하나 원세개가 거부	

31	27	1894	42	43	2월 15일 전봉준 등 고부군에서 봉기 3월 28일 김옥균, 상하이에서 고종이 보낸 자객에 의해 암살당함 5월 6일 홍계훈, 장위영 병사 800명을 이끌고 출진 5월 31일 전주 함락 6월 1일 조선왕조 청국군 파병을 정식으로 요청 6월 7일 일본정부, 조선왕조에게 파병 통고 6월 8일 청국군, 아산에서 상륙 개시 6월 10일 일본군, 인천에서 상륙 개시 6월 11일 홍계훈, 전주 탈환 6월 13일 일본군, 한성부 입성 6월 27일 특명전권공사 오토리 게이스케가 고종을 알현 오토리, 내정개혁을 권고 7월 10일 노인정회담 개시 7월 18일 조선왕조, 일본정부내각개혁안을 거부 7월 19일 원세개 귀국 7월 23일 일본군, 왕궁 점거 대원군 정권 장악 7월 25일 청일 풍도 앞바다에서 교전(사실상 청일전쟁 개전) 7월 26일 민영준 유배 7월 27일 군국기무처 설치 김홍집, 영의정 겸 기무처 총재 취임 8월 5일 김홍집, 총리대신 취임 각종 '대신' 설치. 8월 27일 조일양국동맹 체결 10월 28일 특파전권대사 이노우에 가오루, 고종을 알현 (이노우에의 내정개혁 개시) 11월 4일 이노우에, 고종·명성황후를 내알	1월 4일 불로동맹 체결
32	28	1895	43	44	4월 18일 이준용 체포 5월 17일 대원군 연금 5월 31일 김홍집 내각 총사퇴 박영효 총리대신서리 취임 박정양 총리대신, 박영효 내무부대신 취임 6월 4일 일본정부 '대한불간섭' 정책 결정 6월 6일 이노우에 가오루, 일시 귀국 7월 6일 박영효 실각, 일본	4월 17일 청일강화조약 체결 4월 23일 삼국간섭 5월 10일 일본정부 요동반도 반환 결정

				망명 7월 17일 시위대 설치 7월 20일 이노우에 가오루, 한성부 재착임, 내정개혁 후퇴 9월 1일 미우라 고로 전권공사 착임 10월 3일 이주회 등, 미우라에게 대원군 재옹립을 제안 10월 6일 일등서기관 스기무라 후카시가 김홍집, 김윤식, 조의연 등에게 협력 의뢰(7일까지 이어짐) 10월 7일 훈련대 해산령 10월 8일 일본인 '장사', 훈련대, 일본공사관수비대 등이 왕궁에 난입해서 명성황후를 살해(을미사변) 대원군 정권 복귀, 내각 개조 10월 10일 명성황후 폐비 조칙 10월 11일 왕태자 양위 상소 명성황후에게 '빈'의 칭호 주어짐 10월 12일 민영준 복권 10월 15일 고무라 주타로 외무성 정무국장, 사건 조사를 위해 한성부에 들어감 10월 17일 일본정부, 미우라 고로에게 복귀명령 고무라 주타로 공사 취임 10월 30일 훈련대 해산 11월 7일 명성황후 폐비 조칙 철회 11월 28일 친러·친미파 왕궁난입미수(춘생문 사건) 12월 1일 명성황후의 죽음 공표 12월 29일 박 선, 이주회, 윤석우 등이 명성황후 시해범으로서 처형 12월 30일 단발령 반포	
건양 원년	29	1896	44	1월 1일 새로운 연호 '건양'으로 정함 2월 10일 러시아, 한성부 내의 병력 증강 2월 11일 고종과 왕태자, 아관파천 김홍집, 정병하 군중에 의해 살해됨 개화파 내각 붕괴 2월 17일 어윤중, 용인에서 살해됨 3월 11일 고종, 10월 10일 이후 있었던 명성황후에 관한 모든	

					조칙을 철회 3월 15일 민영준 유배 6월 20일 이범진, 주미공사로 좌천 9월 28일 경운궁 개수 완료 11월 21일 독립협회, 독립문 건설 착수 11월 22일 친위대 간부 숙청	
광무 원년	30	1897	45		1월 6일 명성황후의 시호를 문성, 능호를 홍릉, 전호를 경효로 결정 2월 20일 고종과 왕태자, 경운궁 환궁 3월 2일 명성황후의 시호를 명성으로 개정 8월 16일 새로운 연호 '광무' 발표 9월 15일 권재형, 고종에게 칭제 상소 10월 1일 심순택과 조병세가 백관을 이끌고 황제 존호 봉재를 요구 10월 12일 고종, 황제 즉위 대한제국 성립 10월 20일 이은(영친왕) 탄생 10월 24일 궁인 엄씨 귀인에 책봉 11월 22일 명성황후 국장	
2	31	1898	46		1월 8일 여흥부대부인 사망 2월 22일 흥선대원군 사망 3월 10일 독립협회, 만민공동회 개최 3월 11일 이완용, 전라북도관찰사로 좌천 6월 29일 고종 대원수, 황태자 원수 취임 7월 9일 안경수에게 고종암살미수 혐의로 체포령, 안경수 일본 망명 9월 8일 독차 사건 10월 29일 독립협회, 관민공동회 개최 11월 3일 러시아 공사가 고종을 알현 러시아 공사, 독립협회 탄압 지지 11월 4일 고종, 박정양 내각 파면 독립협회 탄압 개시 11월 6일 조병세 내각 성립 11월 12일 중추원 관제 개정 11월 15일 만민공동회 정부에게 5개조 요구 11월 22일 고종, 독립협회 복설	

				용인 11월 25일 주조임시대리공사 히오키 에키가 고종을 알현 히오키, 고종의 강경방침 지지 11월 29일 중추원 의관 결정 12월 16일 중추원, '국정위임자' 결정 12월 17일 주한전권공사 가토 마스오가 고종을 알현 가토, 고종의 독립협회 탄압 방침 지지 12월 25일 고종, 독립협회와 만민공동회 탄압 개시	
3	32	1899	47	1월 15일 고종, 지방군 개혁 착수 5월 22일 중추원을 이전의 관제자문회의로 되돌림 6월 22일 원수부 관제 반포 8월 17일 대한국 국정 반포	
4	33	1900	48	5월 27일 안경수와 권재형, 을미사변을 이유로 처형 6월 26일 대한제국, 일본에 망명 및 체류중인 이준용 등의 인도를 요구 7월 22일 대한제국, 러시아의 의화단을 동반한 한국영내통과요청을 거부	
5	34	1901	49	8월 3일 귀인 엄씨, 순비 책봉	
6	35	1902	50		1월 30일 영일동맹 체결
7	36	1903	51	8월 1일 고종의 밀사로 현영운이 일본으로 건너감 12월 25일 순비 엄씨, 황귀비 책봉	
8	37	1904	52	1월 25일 러시아 공사, 고종에게 다시 아관파천을 제안 2월 9일 일본군, 한성부 침입 2월 12일 러시아 공사, 한성부에서 퇴거 2월 14일 제물포 해전 (러일전쟁 발발) 고종, 일본의 승리를 축하 2월 23일 한일의정서 체결 3월 3일 외부대신 이지용의 집에서 폭탄 폭발 3월 17일 이토 히로부미, 한성부 도착 3월 18일 이토, 고종을 알현 3월 27일 이토, 인천을 통해 일본으로 돌아감 5월 20일 한국군, 러시아군과	2월 6일 일본, 러시아에게 국교단절 통고

				교전 8월 22일 제1차 한일협약 체결 11월 5일 황태자비 민씨(순명효황후) 사망 고종, 일년상을 명함	
9	38	1905	53	2월 8일 고종, 서양의 5개 국가에 일본의 위압을 비난하는 국서를 보냄 7월 14일 미국에 있던 이승만을 경유하는 대미국서송부계획이 발각 11월 9일 이토, 한성부에 들어옴 11월 15일 이토, 고종을 알현 제2차 한일협약 교섭 본격적으로 개시 11월 17일 고종, '정부대신들이 타협할 것'이라는 방침을 결정 제2차 한일협약 체결 11월 29일 고종, 일본공사관에 '요구각서' 전달 민영환, 제2차 한일협약에 반대하여 자결 12월 1일 조병세, 음독자살 12월 21일 통감부 및 이사청 관제 반포 이토 히로부미, 초대 통감으로 취임	3월 1일 일본, 봉천 회전에서 승리 5월 28일 일본, 동해 해전에서 승리 9월 7일 포츠머스 조약 체결 10월 27일 일본 각의, 한국보호국화 방침 결정
10	39	1906	54	7월 2일 이토, 고종에게 자신의 임무를 존중하라고 요구 7월 31일 이토, 황실의 수세를 전폐하기로 결정	
융희 원년	40	1907	55	5월 22일 이토, 고종의 비밀외교를 힐문 6월 29일 이상설 등이 고종에게서 위임장을 받아 제2회 헤이그 만국 평화 회의에서 참석을 요구함(헤이그 밀사 사건) 7월 16일 이완용 등 한국 각료, 고종에게 퇴위 요구 7월 17일 제3차 한일협약 체결 7월 18일 이토, 고종을 알현 고종 퇴위 조칙 발표 8월 1일 한국군 해산 8월 7일 영친왕 이은, 황태자로 책봉 11월 13일 순종, 창덕궁으로 환궁 12월 5일 황태자, 일본 유학 출발	7월 1일 사이온지 내각, 고종의 비밀외교에 강경책으로 대응하기로 결정
3	42	1909	57	6월 24일 한일각서(경찰권	10월 26일 이토 히로부미,

				양도) 요구	하얼빈에서 암살당함 11월 4일 이토 히로부미 국장
4	43	1910	58	8월 22일 한일합병조약 체결 8월 29일 순종에게 '창덕궁 이왕 전하' 고종에게 '덕수궁 이태왕 전하' 황태자에게 '왕세자 전하'라는 호칭이 주어짐 12월 30일 이왕직 관제 반포	
	44	1911	59	7월 20일 엄비(순헌황귀비) 사망	
	다이쇼(大正) 원년	1912	60	6월 22일 이덕혜(덕혜옹주) 탄생	
	7	1918	66	1월 21일 고종 사망, 국장 (4일까지 계속해서 이어짐) 4월 10일 대한민국 임시 정부, 상하이에 수립 11월 9일 이강 망명 미수	
	9	1920		4월 28일 이은, 나시모토노미야 마사코(이방자)와 결혼	
	10	1921		8월 18일 이진 탄생	
	11	1922		5월 11일 이진 사망	
	14	1925		3월 30일 이덕혜, 도쿄 유학	
	쇼와(昭和) 원년	1926		4월 26일, 순종 사망 이은, 왕세자가 됨 6월 10일 순종 국장 6.10 만세운동	12월 25일 다이쇼 천황 사망 쇼와 천황 즉위
	4	1929		5월 30일 복녕당 귀인 양씨 사망 6월 5일 복녕당 귀인 양씨 장례	
	6	1931		5월 8일 이덕혜, 소 다케유키와 결혼 12월 29일 이구 탄생 이구 왕세자가 됨	
	22	1947		10월 18일 이은, 신적강하와 동시에 일본 국적도 상실함	
	25	1950		8월 3일 이구, 미국 유학	
	34	1959		3월 16일 이은, 뇌일혈로 쓰러짐 10월 25일 이구, 미국인 줄리아와 결혼	
	39	1963		11월 22일 이은, 한국으로 귀국	
	41	1966		2월 3일 윤대비(순정효황후) 사망	
	45	1970		5월 1일 이은 사망 4월 7일 이은, 대한제국 황태자로서 국장이 치러짐	

※ 날짜는 전부 양력으로 작성하였으며, 나이는 만 나이로 기재하였습니다.

저자 기무라 간木村 幹

　1966년생. 교토대 대학원 석사과정 수료 및 박사(법학). 에히메대학 강
사, 한국국제교류재단의 연구펠로, 하버드대학 객원연구원, 고려대학교 객
원 등을 거쳐 현재 고베대 대학원 국제협력연구과 교수로 재직 중. 제2기
한일역사공동연구위원회 연구위원. 저서로는 『조선/한국의 내셔널리즘과
소국의식』(미네르바서방, 제13회 아시아태평양상 수상), 『한국 권위주의적
체제의 성립』(미네르바서방, 제25회 산토리학예상 수상), 『한반도를 어떻게
볼 것인가』(슈에이샤신쇼), 『고종·민비』(미네르바서방), 『한국현대사』(쥬
코신쇼), 『근대 한국의 내셔널리즘』(나카니시야출판), 『일한역사인식문제
란 무엇인가』(미네르바서방, 요미우리·요시노사쿠조상 수상) 등 다수가
있다.

역자 김 세덕金世德

　1970년 전남 영광에서 태어나 일본에 유학했다. 고베대 대학원에서 정치
학을 전공했으며 효고현립대학 강사 등을 거쳐 현재 일본 아시야대 교육학
과 교수로 재직 중이다. 옮긴 책으로는 『조선/한국의 내셔널리즘과 소국의
식 ―조공국에서 국민국가로』(산처럼) 『한국 권위주의적 체제의 성립』(J&C
출판) 등이 있다.